XINSHIJI
KUAIJIXUE ZHUGANKE
XILIE JIAOCAI

新世纪会计学主干课系列教材

管理会计

◇ 主　编　许　萍
　副主编　林丽花　郑礼光

厦门大学出版社
XIAMEN UNIVERSITY PRESS

图书在版编目(CIP)数据

管理会计/许萍主编. —厦门:厦门大学出版社,2010.1(2012.7 重印)
(新世纪会计学主干课系列教材)
ISBN 978-7-5615-3413-7

Ⅰ.管… Ⅱ.许… Ⅲ.管理会计-教材 Ⅳ.F234.3

中国版本图书馆 CIP 数据核字(2009)第 200266 号

厦门大学出版社出版发行

(地址:厦门市软件园二期望海路 39 号 邮编:361008)

http://www.xmupress.com

xmup @ xmupress.com

南平市武夷美彩印中心印刷

2010 年 1 月第 1 版 2012 年 7 月第 2 次印刷

开本:787×960 1/16 印张:26.75

字数:468 千字 印数:3 500～7 000 册

定价:36.00 元

前　言

　　管理会计是一门将现代化管理技术与会计融为一体的边缘科学。管理会计孕育于19世纪末,20世纪30年代公司经济在世界性的产业革命完成后,生产、经营与管理方面发生历史性转换,传统的财务会计管理也向现代会计控制方向转变,反映在会计控制方面的重大变化是会计学科中的一个新兴分支学科——"管理会计"已粗具雏形。20世纪50年代,管理会计形成一门独立学科,此后管理会计便以蓬勃的生机逐渐发展、完善,它与现代财务会计并驾齐驱,在公司经济管理中日益显示出重要作用。在20世纪80年代以前,管理会计的发展历程基本上可以分为执行性管理会计和决策性管理会计两个阶段,其研究主题为价值增值。进入80年代以后,世界范围内高新技术蓬勃发展,并被广泛应用于经济领域,工业经济开始向知识经济过渡,管理会计领域出现了许多新的思想和方法,管理会计的主题已经从单纯的价值增值转向企业组织对外部环境变化的适应,但主要还是围绕如何为优化企业"价值链"服务和为价值增值提供相关信息而展开的,这使得管理会计开始有了传统与现代(或新兴领域)之分。21世纪世界经济的基本特征是国际化、金融化和知识化,企业的经营环境发生了巨大变化,管理会计的主题是企业核心能力的培植。因此,管理会计不仅是现代管理科学方法渗透会计领域所取得的成果,也是会计学科发展的必然趋势,在企业现代化经济管理中发挥着越来越重要的作用。我国于20世纪80年代引入管理会计学科,并结合中国国情加以研究和应用,取得了一定的成果。与此同时,管理会计学科在国外无论是理论研究还是实践研究都有了许多新的发展。因此我们要不断吸收管理会计新的创新思想,结合我国的实际情况,应用到我国经济实践中。

　　本教材是厦门大学出版社新世纪会计学主干课系列教材之一。本教材一方面介绍"传统"管理会计中的经典内容,另一方面尽可能较全面地吸收、借鉴国内外相关领域最新的管理会计理论和成就,体现管理会计领域自20世纪

80 年代以来的新发展和新内容，并反映我国在管理会计上取得的理论研究成果和成功实践经验，力求在结构体例和内容的广度、深度上有一些新的突破。

本教材由许萍担任主编，林丽花、郑礼光担任副主编，主编、副主编负责全书的总体结构设计，大纲的拟定和初稿的修改、补充、编撰，最后由许萍统纂、定稿。各章编写分工如下：许萍执笔前言和第一、二、三、四、七、八、十一、十二、十三、十四、十五章，林丽花执笔第五、六章，郑礼光执笔第九、十章。本教材的编写得到福州大学和福州大学管理学院、会计系的大力支持。本教材在编写过程中参阅了大量中外书籍和文献，恕未一一列明。在此，一并表示衷心的感谢！

在编写过程中，我们虽然在体系和内容上作了较大的努力，但由于时间和水平有限，不妥之处在所难免，敬请读者批评指正，以便再版时进行修改、补充。

编者
2010 年 1 月

目　　录

前　言

第一篇　管理会计基本理论

第二篇　传统管理会计

第三篇　管理会计的新兴领域

GUAN LI
KUAIJI

管理会计基本理论

01

第一章 管理会计的产生与发展

第一节 管理会计的萌芽

管理会计实质上是会计与管理的有机结合,它在企业管理中起着十分重要的作用。会计的管理作用最初集中体现在成本管理方面。15世纪末期复式记账法在意大利问世就有了比较严格的成本概念,因为在复式记账法下的概念框架、概念结构、报告格式等都是建立在"剩余产权理论"之上的,成本被当做剩余产权所有者权益的减少。随着手工艺作坊的发展,特别是18世纪中叶工业革命在英国兴起之后,以机器作为动力的工厂制逐渐成为企业的主导形式。工厂制企业业主经营工厂的目的就是谋取利润并尽量使之最大化。由于利润等于收入减去成本,他们就必须知道如何计价存货成本和产品成本。19世纪初期,工业取得了较大的发展,在当时的单一活动的企业组织里,业主、经营主持者及其管理人员都逐渐认识到,谋取最大利润必然要提高效率,即扩大产出和(或者)减少投入。因此,他们设法记录工厂在生产过程中的加工成本和单位成本。此时,使用成本资料的目的,不仅在于衡量企业的全部利润,而且也用于计量和评价企业内部生产过程的效率,财务报告对存货的计价也不完全依赖于成本,而是采用市价。因此,此时的成本计算是独立于财务会计之外的。19世纪下半期,尤其是在19世纪最后的20年,工业化大生产格局已处于形成过程之中,在生产方式上开始从工场手工业向使用机器的工厂制度过渡。随着时间的推移,企业的规模越来越大,同时要求筹集大量资金用在昂贵的生产设备上,这就使折旧费用大幅度增长,产品固定成本的增加对公司盈利的影响日益扩大。再加上生产的品种日趋多样化,使间接费用的分配成为成本计算面临的一大难题。与此同时,竞争的压力又要求为产品提供较正确的成本数据,以实现成本计算与利润计算的直接联系。在这种情况下,客观上要求成本计算的技术方法着重于解决折旧费用的计算和产品间接费用的分配。而此时的注册会计师,也要求对外财务报告的数据取自归集成本的账户,要求成本计算能为财务报告提供直接可靠的销售产品的成本数据。这样,在19世纪与20世纪之交,人们已逐步集中精力研究与解决这方面的问题。在其起始阶段,这种计算是在账外进行的。经过较长一段时间的实践,由于成本计算的系统化、科学化发展,要求账外计算转入账内计算,使得成本的形成、积累与结转被纳入复式记账体系,实现了成本会计与财务会计的结合,这标志着成本会计的正式诞生。但由于受多种因素的影响,这一目标的实现并非一蹴而就,而是经历了一个较漫长的历史过程,直到1920年才实现。正如美国著名会计学家保罗·加纳(Paul Garner)指出:"工厂记录与财务记录的结合,在进入本世纪以前,是以相当缓慢的速度发展着的,直至1920年,才创立了全部具体的结合方法。"

从历史上看,会计发展或创新的中心总是与经济强国相联系的。19世纪末期美国已经逐渐取代英国登上世界经济霸主的地位。20世纪初期,为了应对第一次世界经济危机,美国许多企业开始推行泰罗制。泰罗制是人类历史上第一个系统的企业管理理论创立,它以科学管理学说为基础,强调提高生产效率和工作效率,通过时间研究和动作研究,制定在一定条件下可以实现同时又最具有效率的标准,以实现生产各个方面的标准化。标准制定后,必须严格执行,不允许一切可避免的浪费存在。泰罗先后出版了《计件工资制度》(1895)、《车间管理》(1903)、《科学管理的原则和方法》(1911),概括了"泰罗制"的内容。《科学管理的原则和方法》一书对标准化管理制度的确定,为"标准成本制度"的确立奠定了思想及理论基础。"泰罗制"下的标准成本制度包括确定成本中心、制定成本标准、实际成本计算、成本差异分析、成本反馈(业绩)报告、实施整改或经济奖惩。

1919年,美国全国成本会计师协会成立,协会会员由会计师与工程师组成,从此,会计师与工程师开始联合研究标准成本问题,其研究成果被推广应用。1920年,英国成本会计师协会与美国工程师协会合作研究成本问题,在研讨过程中,他们在实行标准成本、加强成本管理方面意见一致,而在是否把标准成本计算纳入复式簿记体系方面却发生了分歧。工程师们的指导思想在于坚持科学管理制,从提高生产效率出发,试图建立一种管理型标准成本计算与控制方法,而会计师们则从提高经济效果出发,主张把标准成本计算纳入复式簿记系统。尽管在美国全国成本会计师协会中的会计师与工程师之间也存在这种分歧,然而在学会中有一些工程师十分赞同会计师的主张,如 G.C.哈森便认为,只有事前将标准成本计算纳入会计系统,才能形成真正的标准成本会计。当时著名会计学家哈特菲尔德教授十分赞赏这一观点。其后,经过十多年的研究与实践,工程师与会计师的观点终于取得一致,从此标准成本计算与复式簿记方法密切结合,成为会计系统中的有机组成部分,在成本控制方面发挥了越来越突出的作用。这一重要历史事实是 20 世纪管理会计得以形成之关键。

事实上,G.C.哈森在具体解决标准成本会计方面的贡献也是突出的。他运用泰罗制的原则,主张将科学管理方法、标准成本与会计结合起来。1930年他在早期发表的论文《有助于生产的成本会计》(1919 年 6 月)、《新工业时代的成本会计》(1919 年 12 月及 1920 年 1 月)的基础上写成了《标准成本》一书。该书包括标准成本、预算控制和差异分析三个方面的标准成本会计系统,将严密的事先计算引入会计体系中,将事先计算、事中控制和事后分析结合在一起,实现会计与管理的结合,对提高企业的效率起了很大的作用。该书是对标准成本会计的一个科学总结,其影响颇为深远。1932 年 E.A.坎曼发表了题为《基本标准成本:制造业的控制会计》的论著,进一步明确了标准成本会计对管理会计产生的实质性影响。此外,值得注意的是这个时期经济管理学家对成本管理问题研究的参与。1923 年,克拉克围绕产品制造费用的研究,提出了可变成本、不变成本、边际成本,以及机会成本等一系列概念,其研究成果对于管理会计的形成及其发展都具有一定的影响。

"预算控制"是作为科学管理原理中另外一个重要方面被引进到管理会计中的,它曾经被一些学者称为管理会计形成的两大支柱之一。1921 年美国《预算与会计法案》的颁布是对预算控制思想产生影响的起点,次年著名学者麦金西的《预算控制》一书问世,书中所持重要依据之一便是《预算与会计法案》。麦金西较为系统地阐述了实行科学的预算控制等问题,其见解具有开创性。1922 年美国全国成本会计师协会第三次会议还以《预算的编制和使用》为专题展开研究,这次会议的研究成果不仅把对有关"预算控制"方面的内容引向深入,而且掀起了 1923—1929 年全美会计师与工程师协同研究预算控制问题的高潮,七年间所产生的研究成果对于管理会计的形成起到了十分重要的作用。据 1931 年美国全国工业会议委员会在《制造业的预算控制》一文中的统计,在 1930 年前后,美国有 162 家公司实行了预算控制,其中 80% 是在

1922 年以后才实行的。可见,正是由于"预算控制"的理论研究与实践并进,才使管理会计逐步奠定了根基。

标准成本与预算控制在美国的推广,使管理会计的理论体系粗具雏形。管理会计的形成还同时受到"差异分析"及"本量利分析"方法引入应用的影响。由于"差异分析"方法通常是配合"标准成本"与预算控制"工作进行的,故它对管理会计形成的影响与"标准成本"和"预算控制"所产生的影响是一致的,而"本量利分析"方法所产生的影响却是从一个新的管理方位体现出来的。

20 世纪初,在对以往有关成本计量问题研究的基础上,人们逐步对成本性态有了一定的认识,如 1903 年 H.赫斯所发表的《制造业:资本成本、利润和股利》、1911 年韦伯纳所发表的《工厂成本》、1916 年斯科维尔的《成本和制造费用的分配》、1921 年威廉斯的《工程师对成本会计的态度》及其他在 1934 年出版的《弹性预算、费用控制和经理的活动》,以及经济学家克拉克对若干成本概念的划分等等,都对"本量利分析"方法的形成有着直接的影响。同时,在对成本性态分析、认识的基础上,又产生了与"本量利分析"方法形成直接相关的成果。如 1909 年学者诺珀尔首创的"利润坐标图"与 1930 年工程师亨利·赫斯撰文对"盈亏临界图"所作的进一步研究,都十分清楚地揭示了成本—产量—利润之间的关系。1933 年诺珀尔的《利润工程学——促使企业盈利的应用经济学》出版,又在"本量利"关系的阐述方面把理论研究与具体实践结合起来。正是在以上研究成果的基础上,"本量利分析"方法渐自融合于管理会计之中,成为 20 世纪前期管理会计内容中的一个重要内容。

在 20 世纪前期,与管理会计有关的代表作主要有:

(1)1922 年与麦金西《预算控制》同时出版的奎因坦斯的《管理会计:财务管理入门》,不仅首次提出"管理会计"的名称,而且阐明了企业的会计管理工作与财务管理工作之间的关系。但当时他还只是把管理会计局限于企业内部财务管理的范围内。

(2)1923 年学者布利斯的《经营管理中的财务效率和营业效率》一书出版,次年他又出版了《通过会计进行管理》一书。这两部著作都强调把相关会计信息应用到企业经营管理过程之中,并强调提高企业经营管理人员对企业财务与营业效率的控制水平。

(3)1924 年麦金西的专著《管理会计》出版。他在书中指出,企业的会计工作不能停留在以往的会计之上,而应当把一些以科学管理为基础的、面向未来的会计概念及其会计程序纳入到以经营管理为目的的会计制度中去。麦金西还指出,会计应当把握住标准,并注意在标准与业绩比较的基础上做好服务于经营管理的记录。此外,他还认为,实行管理会计还应当有相应的组织保障,并认为当时美国已在企业中推行的"总控制长"制度是为在企业中实行管理会计创造了一个最基本的条件。当时美国企业中推行的"总控制长"制度或在财务副总经理之下分设"总控制长"与"财务长"分工理事的组织制度,不仅成为当时,也确实成为以后在企业中推行管理会计的组织保障。

(4)1928 年学者 H. F. 格雷戈里发表了《企业管理中的会计报表:结合为维持有效管理和控制所实行的标准和业绩记录程度,论述财务报表和营业报表的使用》一文,文中强调指出,将科学管理理论与方法应用到企业内部管理方面,是改进企业经营管理状况的奋斗目标之一。

(5)1929 年学者 M. V. 海斯的《供经理控制用的会计》一书问世,这部书进一步阐明了建立管理会计的基本思想,一方面认为管理会计的核心应当是标准和科学而系统的记录,另一方面又指出管理会计中所提供的信息是与企业决策层有关的信息。这种见解对于管理会计形成具有重要的影响。

总之,上述论著是管理会计形成时期的代表之作,它们所产生的影响既体现于当时,也影响到以后管理会计的发展。

第二节　管理会计的产生与建立

会计界普遍认为,管理会计产生于 20 世纪 50 年代,并在 50 年代以后得到发展,至 80 年代已初步建立(或形成)了管理会计的理论体系与方法体系。

一、管理会计体系的初步形成

管理会计的产生与发展是和二战以后资本主义世界社会经济和科学技术的新发展直接相联系的。第二次世界大战之后,资本主义社会有许多新的特点,一方面科学技术突飞猛进,并运用于生产之中,生产力获得迅速发展;另一方面,资本主义企业进一步集中,企业的规模越来越大,生产经营日趋复杂,企业外部的市场情况瞬息万变,国内、国外市场竞争日益激烈。在这种形式下,要战胜对手,提高竞争能力,仅从内部进行科学合理的管理是不够的,更重要的是要提高灵活反应的决策能力和高度适应能力,否则,就会在剧烈的竞争中被淘汰。"经营的重心在管理,管理的重心在决策"成为企业管理的新指导方针。泰罗制科学管理学说有一个根本性的缺陷,那就是只重视生产的个别方面,忽视生产的全局,忽视同企业外部的联系。这种理论显然同新的经济情况不相适应。因为,在新的情况下,大量实践证明:企业的盛衰、成败、生存、发展,首先取决于企业采取的方针、决策是否正确,所定的目标是不是同外界的客观经济情况相适应,如果方针、决策不对,经营目标定错了,企业的个别环节生产效率再高也无济于事,还将在剧烈的竞争中被淘汰。因此,现代管理科学认为,尽可能提高企业内部生产经营各个方面、各个环节的生产和工作效率固然很重要,但更重要的是要把正确进行经营决策放在首位。同时,将人看作经济人,忽视了人的积极性、主动性和创造性,不能适应经济发展的需要,所以泰罗制逐渐为以运筹学和行为科学为基础的现代管理科学所取代。

运筹学主要运用现代数学和数理统计学的原理和方法,把复杂的经济现象建成各种各样的数学模型,运用数量化的管理方法和技术,帮助管理当局进行最优化的预测和决策,以提高企业的管理水平,争取获得最优的经济效益。行为科学则是运用心理学、社会学和人类文化学等学科的概念、原理和方法,研究人产生各种行为的主观动机和客观原因,揭示人的各种行为的规律性,为在各种环境下理解、预见和引导人的行为提供基本的线索和依据。管理学家们借用行为科学的研究成果,通过对组织中的个体、群体和组织本身的行为研究,重新审查组织目标、组织环境、组织结构和领导方式等若干方面,为企业管理提出了许多行之有效的原理、原则和方法,形成了企业管理的行为科学学派。

1950 年 6 月英国企业会计管理考察团赴美考察结束,在同年 11 月所发表的题为《管理会计》的报告中指出:"管理会计是以帮助管理当局制定政策和控制日常经营活动的方式来提供会计信息的。"这体现了 50 年代英美国家的管理会计思想。美国学者马特西克曾在《管理会计的过去、现在和未来》一文中评述 1950 年 W. F. 瓦特教授所撰《管理会计》教科书时明确指出:瓦特教授的这部新作是以往几十年间撒下的种子所结出的硕果。

20 世纪 50 年代初责任会计概念的明确提出及内容定位是向现代管理会计演进的一个重要标志。1950 年,H. B. 艾尔曼在《与责任会计相关联的基本企业计划》一文中明确指出:责任会计"把管理会计的控制系统同管理组织或部门管理人员的责任结合在一起"。学者 J. A. 希金斯除基本上赞同这一观点外,还在他 1952 年出版的《责任会计》一书中表述了新的见解,认为责任会计是根据成本管理目标而设置的会计系统。同时,以上两位学者都主张集中计算成本,把被考核单位以往以生产为中心或以成本为中心的方面转移到以责任为中心的方面,并强调相应设立企业内部报告制度。这是以上两位学者在推动管理会计发展方面的主要贡献。此后,在行为科学的进一步影响之下,对责任会计的认识不断得到提高,其中有关"责任会计系着重研究与责任中心工作相关的成本、收益和资产"的结论在整个会计界基本上达成共识,由此责任会计成为现代管理会计中的重要组成部分。

50 年代在现代管理会计基本体系构建方面也取得了进展。从管理会计目标研究方面看,50 年代初,学者 B.E.戈茨便明确指出:"管理会计提供基础信息,以便让经营人员拟定关于企业各项活动的计划,并进行控制。"其见解在当时具有先导性作用。更为重要的是,在美国会计学会 1955 年度及 1958 年度的报告书中,对管理会计之目标进一步作出了明确表述。如在 1958 年的报告中指出,管理会计工作在于协助经营管理人员拟定达到合理经营的计划,并依此作出明智的决策。这是体现在现代管理会计思想方面的一个明显进步。

1952 年在伦敦举行的国际会计师联合会上通过了"管理会计"这个专业术语,标志着会计正式划分为"财务会计"和"管理会计"两大领域。财务会计侧重于为外部的报表所有者提供信息,而管理会计则侧重于为管理当局提供经营决策所需的相关信息。

二、管理会计较为完善的理论和方法体系的建立

20 世纪 60 年代以来,国外一些学者把行为科学应用于管理会计,使管理会计理论不断丰富和充实。"行为科学"是从人们的社会心理方面去研究经济管理的一种理论。最早对"行为科学"理论进行研究和表述的,是美国的埃尔顿·梅奥(Elton Mayo)和他的助手弗里茨·罗特利斯伯格(F.J.Roeth Lisberger)。梅奥和罗特利斯伯格在探索提高劳动生产率的途径中,分析生产效率的提高原因,不在于工作条件和环境的变化,而在于人的因素,而且受社会环境、社会心理的影响。在梅奥与罗特利斯伯格的倡导下,30—40 年代逐步形成了一种新的管理思想,人们称之为"人群关系论"。

"人群关系论"的出现,导致美国许多学者转向对人们的各种需要、欲望、情绪、思想、动机、目的、行为,以及人与人的关系、个人与集体关系的研究。精神病学、哲学、心理学、生物学相继以"行为科学"为研究内容,1949 年,"行为科学"这一概念第一次出现。50 年代之后,"行为科学"迅速形成和发展,美国的亚伯拉辛·马斯洛(Abraham Maslow)把人的需要分为:生理上的需要、安全上的需要、社会性的需要、尊重的需要、自我实现的需要这五个层次。他认为,只有尚未满足的需要才能成为激励人的因素,而人的需要又是按重要性的等级排列的,人就是为了满足需要而不断地工作的。

"行为科学"提出了工作中必须重视人的因素,恢复"人的尊严"和"人性",

这固然是出于调和资本家与雇佣工人、领导与被领导、工人与工人之间的矛盾的目的,但客观上也调动了人的积极性,提高了生产效率,开辟了资本主义管理实践的新道路。目前在实践中较有成效的,是让职工比较直接地参与企业的管理工作,以满足职工"自我成就"愿望,加强职工责任心的"参与管理"这种形式,以及把管理目标层层分解,让职工自主制定目标、自主管理、自我控制。"目标管理"方式,就是以目标为出发点和归宿的,并为经营计划会计、控制会计提供理论根据。

在经营决策方面,"目标管理"在确定经营目标、成本目标、利润目标等方面得到具体运用;经营预测和决策除了考虑各种物质技术资源的影响外,更多地研究企业中工人的行为动机,把"人"作为"活的资源要素",探索其与企业活动的因果关系。在应用管理会计进行成本控制方面,以行为科学为理论依据,建立各种责任中心,实行所谓"民主管理",以激发职工在经营管理中的主动性和积极性。以上这些应用了行为科学研究成果的管理会计理论,被称为"行为会计"。

1965年1月,英国成本和工厂会计师协会将1931年创办的《成本会计师》杂志更名为《管理会计》,显然,这是一种迎合时代潮流的举动。当时在杂志更名声明中指出:"成本会计工作是管理会计中的很重要的组成部分。"这一结论对于其后管理会计的发展具有很重要的作用。与这一历史事件相关联的是莱昂德·R.艾米教授的见解,这位教授指出:管理会计向管理当局提供信息并指导其行动,至少与外部报告同样重要。他还进一步指出:以往为决策问题提供信息是会计师最薄弱的环节。然而,从战略上讲,这却是最重要的任务。由上述可见,理顺成本会计与管理会计的关系,并明确企业的管理会计工作与企业经营决策的相关性,是体现在60年代管理会计研究中的最重要的思想,也是研究中力求着重解决的问题。

进入70年代后,在经济发达的国家及地区,不仅管理会计理论研究工作又有进一步的发展,而且管理会计的推广应用也进入到实质性工作阶段。1972年美国全国会计师协会开始举办"审定管理会计师"(CMA,一译为执业管理会计师)考试,对考试合格者颁发给"管理会计师证书",作为上岗的依据。其后,经过十多年的努力,CMA考试已在美国的67个城市举行,这时,诸如《华尔街日报》及其他刊物上的招聘广告已把CMA与CPA(注册会计师)并列作为必备条件。1980年,在巴黎举行的世界会计人员联合会第一次会议上,也把管理会计的应用作为研究主题,这次国际会议的举办表明,管理会计的影响已开始扩大到世界范围。

在70年代,管理会计的发展进一步受到行为科学、管理科学、数学、计算机,以及相关数量科学的影响,取得了许多新的成就。从行为科学的影响方面讲,1971 年出版的 E. H. 柯普兰的《管理会计和行为科学》及 1973 年出版的 A. G. 霍普伍德的《会计系统与管理行为》堪称代表之作。从数量科学影响方面讲,在 60 年代管理会计中,将诸如"回归分析法"、"学习曲线"等引进应用的基础上,70 年代又将概率论引入决策模型的建立方面。

通过引进、吸收相关学科新的理论和方法,在 20 世纪 80 年代初,管理会计体系逐步完善和建立。其基本框架包括:决策与计划会计和执行会计两个部分。决策以经营决策经济效益的分析评价为核心,计划则是对经营决策选定的有关方案的数量表现和加工、汇总,执行则是以责任会计为核心,着重于经营活动进程和效果的评价和控制。

第三节 管理会计的发展

从 20 世纪 80 年代起,人类社会正在由工业时代转变为信息时代,管理会计开始进入一个大变革、大发展的时期,可以说这是一个由传统管理会计向新型的现代管理会计过渡的历史转折点。

一方面,高新科技蓬勃发展,电子数控机床、电脑辅助设计、电脑辅助工程、电脑辅助制造和弹性制造系统被广泛应用于生产之中,使生产的自动化水平进入了一个崭新的时代。同时,由于经济的高度发展引起社会需求的重大变化,导致由传统的"大量生产"向"顾客化生产"的历史性大转变,这一切同生产上的高度电脑化、自动化所形成的"弹性制造系统"相结合,为企业适应顾客复杂多变的需求进行灵活反应提供了经济、技术上的可能与保证。根据现代市场经济中技术——管理——经济相辅相成的原理,这种社会经济和科学技术的重大变革和发展,必然要对传统管理会计产生重大的冲击,从而在管理会计中不断孕育出新的领域,使之同社会经济和科学技术新发展所形成的企业内外新的环境和条件相适应,如作业管理与作业成本计算、适时生产系统与存货管理、质量成本管理会计、产品生命周期成本管理会计、资本成本管理会计、增值会计、人力资源管理会计、环境管理会计等。

另一方面,当代市场经济高度发展,国际化大市场竞争更趋激烈,这就要求进一步科学地加强宏观调控的力度。这一大趋势导致宏观管理会计理论与方法应用的扩展并形成新的领域,包括:投资项目的国民经济评价、宏观资金流动会计、国际管理会计、战略管理会计等。同时,以平衡记分卡或"社会绩效模型"为基础设计的公司业绩评价体系取代了单纯的财务业绩指标体系。该体系不仅与战略相连接,而且与公司的激励制度结合在一起,大大拓宽了管理会计的范围。

21世纪,在大科学、高新技术进一步发展,学科之间交叉影响、相互渗透现象进一步增强的情况下,以及在经济全球化、一体化发展态势的进一步推动之下,可以预见,管理会计的发展前程远大、风光无限,但又任重道远,开拓创新将更加艰巨。在未来,只要会计学者、管理学者、会计师及其工程师们在管理会计的研究、实践中进一步通力合作,各国政府、企业,以及相关国际组织继续鼎力支持,各相关方面认真总结与汲取20世纪管理会计产生与发展过程中的经验和教训,管理会计便一定能发展成为一门系统、完善且具指导性、实用性的学科,在世界经济、国家经济、企业经济管理中发挥越来越重要的作用。

第四节　西方管理会计的引进与中国管理会计的发展

党的十一届三中全会以来,我国的社会主义经济建设进入了新的历史发展阶段,迈出了改革开放的坚定步伐,提出了建设有中国特色的社会主义理论,把企业作为市场主体,自负盈亏、自主经营、自我发展、自我约束。企业由此从单纯地按计划生产转为面向市场进行生产经营,企业管理从单纯的生产管理向经营管理发展。为了全面提高经济效益,企业必须着眼于企业与外部的联系,从企业全局入手,进行科学的决策。在这种环境下,自然而然地要求会计作出相应的反应。而此时,西方的管理会计也已经发展到决策性管理会计阶段。在余绪缨教授等会计前辈的努力下,西方管理会计传入我国,并在我国发展起来。这以后我国管理会计的发展基本上是沿着两条线进行的。一方面是对西方管理会计原理和方法的引进和吸收,另一方面是结合经济形势的变化,对我国原有的管理会计实践加以改进完善,使其同我国已变化的经济状况相适应。

西方管理会计的引入得益于我国的改革开放。改革开放使我们的思想得到了解放,认识到国外建立在社会化大生产基础上的先进管理经验和方法是可以为我国所用的,使我们有机会接触到西方的管理会计理论。1980年10月,在北京召开的第三次全国会计工作会议呼吁全国会计界学习和借鉴西方管理会计的有用经验,管理会计开始被引入我国,大学里开设了管理会计课程,编著管理会计教材,与国外进行学术交流,为企业的经营者进行培训,从而使管理会计中诸如本量利分析、全面预算、项目经济评价、经济订货量、成本性态分析等原理和方法为大家所熟悉。渐渐地,我国会计理论界也开始了对管理会计理论的探索,试图找出将西方管理会计理论用于我国实践的道路。同时,在广大会计学者的努力下,西方管理会计的一些最新研究成果也很快传入我国,例如,作业成本计算、全面质量管理、战略管理会计、宏观管理会计、国际管理会计等。可以说,在理论上,我国管理会计一直在追踪着国外管理会计的最新动向与发展。

在理论界引入管理会计的同时,我国的实务界也在完善管理会计的方法。改革开放之后,面对市场竞争的压力,一些企业重新启用了在我国早就实行的一些管理会计方法。例如,在责任会计方面,与经济责任制的实施相配合,在班组核算的基础上,推行科学化的厂内经济核算体系;更进一步,则是设立厂内银行,将内部责任单位相互间的往来视同商品交易关系,按厂币进行计价结算,从而明确划分各责任单位的责、权、利,以准确掌握各单位的投入、产出和资金占用情况,并将其与经济利益相挂钩,促进责、权、利的统一,从而形成了有中国特色的责任会计制度。这方面我国企业的实践经验较多,例如,早在70年代末,大庆油田就率先恢复了经济核算制,实行资金成本的分级、归口管理。对油田内部的二级核算单位和油田财务处一级核算单位之间以及二级核算单位之间的经济往来,实行内部计价结算,自计盈亏,以反映各核算单位资金成本计划的完成情况。为便于结算,油田还设立了内部结算中心,将商品货币关系引入企业内部。而在 1979 年,抚顺钢铁厂在当地财政局帮助下开始了厂币核算的试点,把各生产车间和有关科室视同独立核算单位,按厂内确定的价格制定产量、质量和各项能耗定额或计划指标,核定一定的资金定额,以此发放相应数量的厂币,作为独立经营的资金。期末结算时根据各核算单位留存厂币的多少,考核其产量、能耗和质量指标的完成情况,并以此为依据进行奖惩。试点取得了很好的经济效果,并很快得到推广。

再如,生产技术财务计划编制,在计划经济条件下,以生产计划的编制为主,而在市场经济条件下则要以销售预算编制为主。过去,企业只考虑生产,不考虑市场的约束,成本计划不是按照价值规律的要求制订的。而现在企业面对的市场竞争,实际上是价格竞争,以与市场隔绝的成本为基础制定价格、进而再编制销售计划将无法适应市场的需要。于是,一些企业开始以市价为基础,在确保目标理论的基础下倒算出目标成本,并将目标成本分解到销售、生产、材料供应和设计等部门,并特别强调对设计部门进行技术经济分析,以求得产品的技术性和经济性的统一。这方面的典型经验是邯钢经验。邯钢从1991年起推行"模拟市场核算，实行成本否决"的经营机制，以"市场、倒推、否决、全员"为基本内涵，以成本管理为基本核心，带动企业管理的全面加强。1996年全国企业管理工作会议提出企业应向邯钢学习，随即各部委和新闻单位纷纷展开对邯钢经验的跟踪报道，全国企业掀起学邯钢的热潮。以后，邯钢还把"模拟市场核算"的机制引入资产投资领域，探索出资本投资决策的途径。

在推行责任会计的时候，我国企业的一个特点是重视职工的参与。我国企业一直重视职工的主人翁地位，号召职工参与献计献策。譬如在责任会计建设中，我们引进了西方行为科学的激励理论，真正做到尊重人、关心人、理解人、爱护人，充分调动广大员工的生产积极性、创造性和主动精神，大大提高了企业的凝聚力和向心力。可见，我国管理会计文化建设的一个重要特点是坚持"以人为本"，充分重视人在企业管理中的地位与作用。以中创软件工程股份有限公司为例，该公司将"与您共发展"作为企业文化的核心，强调与员工共同发展、与客户共同发展、与合作伙伴及支持者共同发展，以及与竞争对手共同发展四项文化内容，在企业内部形成以学习、创新、顾客价值为核心的管理会计能力。这表明，只有当企业与员工、合作伙伴、支持者、客户、竞争对手之间存在相互信任的基础时，企业才有凝聚力；只有在企业采取的策略能使大家都得到发展时，企业才能得到发展。在劳动者的收入分配上，取消了"大锅饭"，实行多劳多得，特别是认识到了经营者对企业的重要性，有些企业开始实行经营者年薪制度，为鼓励职工参与管理设立有关的奖励制度。

我国管理会计是从企业实践中一点一滴经验的总结开始发展的，随后在借鉴西方管理会计经验与方法的基础上，进一步完善与扩展具有中国特色的管理会计理论与方法体系。从实践情况看，我国管理会计的应用与西方发达国家相比还有一定距离，主要以预测、决策、价值工程等方法为主。据统计，在管理会计中应用最多的方法为财务分析、本量利分析、固定资产投资决策方法等。大多数企业的信息系统依然是为财务会计而非管理会计设计的。20世纪90年代中期，随着财政部、中国会计学会、中国总会计师协会的大力倡导和重视，加之国家自然科学基金、社会科学基金的资助，一些体现时代发展要求及先进水平的管理会计方法也在我国企业中得到了应用，譬如：作业成本及其分析方法在我国企业中开始得到应用；强化"源流管理"的目标成本创新方法也全面在国内企业中推行，如"质量在现场渗透于制造过程"、"成本几乎决定于设计阶段"也为企业所熟知。此外，为适应现代企业制度的建设，一些创新的管理会计方法，如期权激励等经营者财务问题也开始被引入管理会计研究领域,战略成本管理、电子预算等方法也被我国的大中型企业采用。为了适应网络经济、信息经济的发展,企业越来越多地通过网络从事各种商业活动以及进行经济信息的交流,人们对生产经营概念的理解也发生了变化。网络、信息技术与管理会计手段的结合已成为管理会计发展的一项重要内容。

思考题

1. 管理会计产生的基础是什么?
2. 管理会计如何随着经济的发展而发展?
3. 我国应如何进行管理会计的实践与理论研究?

管理会计
基本理论

　　管理会计在其发展过程中,也许是受实用主义哲学思想的影响,西方学者把管理会计看作是一门技术方法,更多地致力于管理学、数量经济学等相关学科的理论研究,不断地在管理会计的技术方法上加以改进和完善,并发展了用于预测、决策、资本预算、成本控制、业绩评价等的专门方法。但对管理会计的基本理论——关于管理会计实践的一般理论知识体系则研究不多。而管理会计理论是对管理会计实践的本质和规律性的认识,对其进行探讨,有助于建立前后一贯的基础性理论系统,规范管理会计的行为,指导管理会计的实践。在管理会计向职业化发展的过程中,管理会计的职业团体注意到了这个问题。例如,美国的全美会计师学会(NAA)下属的"管理会计实务委员会"、国际会计师联合会(IFAC)下属的"财务和管理会计委员会"在其所颁布的公告中都对管理会计的目标、职能进行了研究。

第一节　管理会计的定义和特征

一、管理会计的定义

（一）国外对管理会计的定义

1. 狭义管理会计

　　从 20 世纪 20 年代到 70 年代,国外会计学界一直是从狭义上来研究管理会计的,认为管理会计只是为企业内部管理者提供计划、决策与控制所需信息的内部会计。

　　(1)1958 年,美国会计学会管理会计委员会对管理会计作了如下定义:

"管理会计就是运用适当的技术和概念,处理企业历史的和计划的经济信息,以有助于管理人员制订出合理的、能够实现经营目标的计划,以及为达到各项目标所进行的决策。管理会计包含着为进行有效计划的制订、替代方案的选择、对业绩的评价以及控制而进行的各种必要的方法和概念。另外,管理会计研究还包括经营管理者根据特殊调查取得的信息以及与决策的日常工作有关的会计信息的收集、综合、分析和报告的方法。"

(2)1966 年,美国会计学会的《基本会计理论》认为:"管理会计是运用适当的技术和观念,对经济主体的实际经济数据和预计的经济数据进行处理,以帮助管理人员制定合理的经济目标,并为实现该目标而进行合理决策。"

狭义管理会计定义的基本要点是:

①管理会计以企业为主体进行管理活动;

②管理会计是为企业管理当局的管理目标服务;

③管理会计是一个信息系统。

2.广义管理会计

进入 20 世纪 80 年代,国外会计学界对管理会计研究的外延开始扩大,出现了广义的管理会计概念。

(1)1980 年,美国管理会计师协会下属的"管理会计实务委员会",将管理会计定义为:"管理会计为管理人员提供用于企业内部计划、评价、控制,以及为确保企业资源的合理运用及管理所需的财务信息,是一个确认、计量、累积、分析、编报、解释与沟通的过程。同时,管理会计还包括编制供非管理当局如股东、债权人、管理机构及税务机关等使用的财务报告。"

(2)1982 年,英国成本与管理会计师协会(ICMA)提出了一个新的广义的定义,认为除审计之外,会计的其他各个组成部分,包括财务会计、司库、预算和成本会计,均属于管理会计。认为财务会计也应属于管理会计的原因是:财务会计的一切工作都服务于管理需要,财务报表也是管理决策的依据之一。这一观点已获得国际会计师联合会(IFAC)的赞同。

(3)1988 年,国际会计师联合会的常设分会"财务和管理会计委员会"对管理会计的定义是:"管理会计是指在企业内部,对管理当局用于规划、评价和控制的信息(财务的和经营的)进行确认、计量、积累、分析、编报、解释和传输的过程,以确保其资源的利用并对它们承担经管责任。"

(4)1997 年,美国管理会计师协会(IMA)对管理会计的定义是:"管理会计是一个增值的不断改进的过程,它涉及计划、设计、衡量和运用财务和非财务信息的系统,它指导管理活动,激励努力,并支持与建设为实现组织的战略、战术和运行目标所必需的文化价值。"

广义管理会计定义的基本要点是：

①管理会计既为企业管理当局的管理目标服务,同时也为股东、债权人、管理机构及税务机关等非管理集团服务;

②管理会计作为一个信息系统,它所提供的财务信息包括用来解释实际和计划所必需的货币性和非货币性信息;

③从内容看,管理会计既包括财务会计,又包括成本会计和财务管理。

(二)国内对管理会计属性的研究

在国内,对什么是管理会计也存在不同的观点。

1.汪家佑教授认为:管理会计是西方企业为了加强内部经营管理,实现最大利润,灵活运用多种多样的方式方法,收集、加工和阐明管理当局合理地计划和有效地控制经济过程所需要的信息,围绕成本、利润、资本三个中心,分析过去、控制现在、规划未来的一个会计分支。

2.李天民教授认为:管理会计主要是通过一系列专门方法,利用财务会计提供的资料及其他有关资料进行整理、计算、对比和分析,使企业各级管理人员能据以对日常发生的一切经济活动进行规划与控制,并帮助企业领导作出各种决策的一整套信息处理系统。

3.羡绪门教授认为:管理会计是一种财务性的经济信息系统,同时,又是一种服务性的管理活动,它通过提供信息执行反映的职能,通过控制执行管理的职能。管理会计作为一个信息系统,主要是对财务、成本数据进行处理、分析、说明、解释和建议,帮助企业领导进行计划、决策,控制生产经营活动,达到提高经济效益的目的。

4.谷祺教授将管理会计划分为广义管理会计和狭义管理会计。广义的管理会计,是用于概括现代会计系统中区别于传统会计,直接体现预测、决策、规划、控制和责任考评等会计管理职能的那部分内容的一个范畴。狭义的管理会计,又称微观管理会计,是指以强化企业内部经营管理、实现最佳经济效益为最终目的,以现代企业经营活动为对象,通过对财务等信息的深加工和再利用,实现对经济过程的预测、决策、规划、控制和责任考评等职能的会计分支。

5.温坤教授认为:管理会计是企业会计的一个分支。它运用一系列专门的方式方法,收集、分类、汇总、分析和报告各种经济信息,借以进行预测和决策,制订计划,对经营业务进行控制,并对业绩进行评价,以保证企业改善经营管理,提高经济效益。

6.余绪缨教授提出了包括微观管理会计、宏观管理会计、国际管理会计三个组成部分的"广义管理会计体系"新概念。其中"微观管理会计"包括"微观投资决策会计"和"微观经营会计"两个组成部分,从微观上研究如何为提高企业经济资源的配置效益(体现在项目的投资效益上)和使用效益(体现在项目建成投产后的经营效益上)提供有用信息。"宏观管理会计"从宏观上研究如何在整个国民经济范围内,为提高经济资源的配置效益(建设项目从国民经济看的投资效益)和使用效益(项目建成投产后从国民经济看的经营效益)提供有用信息。"国际管理会计"是为研究如何在跨国经营活动中最大限度地提高经济资源的配置效益和使用效益提供有用信息。它是现代管理会计的基本原理和方法结合跨国经营活动的环境和条件进行具体应用而形成的一个新领域。

　　管理会计的定义虽然存在差异,但也有许多共同的观点。综上所述,管理会计属于管理学中会计学科的边缘学科,是以提高经济效益为最终目的的会计信息处理系统;管理会计既为企业管理当局服务,同时也为企业外部的非管理集团服务;管理会计运用专门的方法,通过一定的工作,为管理和决策提供信息,并参与企业经营管理;管理会计的研究已突破狭义管理会计的局限,向广义管理会计发展。

二、管理会计特征

　　所谓特征,是一事物区别于其他事物的特别显著的征象、标志。管理会计是现代会计的一个分支,作为管理信息系统的一个子系统,与财务会计比较,其主要特征有:

　　1.管理会计侧重于规划未来。管理会计的职能侧重于对未来的预测、决策和规划,对现在的控制、考评和评价。

　　2.管理会计的会计主体是多层次的。为了适应管理的需要,管理会计既要提供反映企业整体情况的资料,又要提供反映企业内部各责任单位经营活动情况的资料,因而,其会计主体是多层次的。

　　3.管理会计侧重于对内提供管理信息。管理会计通过各种专门的技术方法,主要向企业内部的各级管理人员提供有关的经济信息,以利于其制定目标、作出决策、编制计划、进行控制和业绩评价。

　　4.管理会计不存在统一的标准或固定的规范或依据。管理会计是企业内部管理个性化需求的产物,强调为特定的信息使用者提供相关的信息,不受会计准则、会计制度的制约。管理会计可以根据企业的实际情况、管理人员的要求和决策的类型,采用灵活多样的方法获取信息,进行加工处理,具有很大的灵活性,不存在统一的标准或固定的规范或依据。因此也不需要经过第三者的验证。

5.管理会计不要求数字的精确性。管理会计主要以预计要发生的和企业未来的经济行为为加工对象,所产生的信息面向未来,未来期间影响经济活动的不确定性因素比较多,因此,对信息的要求强调相关性和及时性。这决定了管理会计所提供的信息不能绝对精确,一般只能相对精确,管理会计认为近似胜于精确,可以在估算的基础上提供信息。

6.管理会计大量采用非货币量度。为了适应不同管理活动的需要,管理会计虽然主要使用货币量度,但也大量采用非货币量度,如实物量度、劳动量度、关系量度(如市场占有率、销售增长率)等。

7.管理会计有专门的程序和方法。管理会计包括了决策性会计和执行性会计两大部分。在程序上没有一定的要求,不需要建立严格的账簿体系。在方法上,采用分析性的方法来掌握其研究对象。为了使决策建立在科学的基础上,大量应用现代数学方法(如微积分、线性规划、概率论、运筹学等)和计算机技术,形成了诸如本量利分析、差别分析、边际分析、资本预算、净现值法等方法。这些方法不仅涉及常数而且涉及变数,在方法上呈现精密化趋势。

8.管理会计不要求定期编制规定的报告,可以根据需要编制各种各样的报表,报告形式可以自由设计,所提供的是企业详细资料的报告,可以根据企业整体进行编制,也可以对某一个组成部分进行编制;在编制时间上可以不受固定期间的限制,可以按年、季度、月份来编制,也可以按周、按天来编制;可以编制过去期间的报表,也可以编制未来某一期间的报表。

9.管理会计的成本计算有较大的灵活性。成本计算是财务会计与管理会计所共有的一个重要的领域,但在不同的领域里,成本计算却体现出不同的特征。在管理会计领域,成本计算有了较大的灵活性和发展空间,出现了各种各样的成本概念,如边际成本、机会成本、变动成本和固定成本等,为了不同的管理目的的需要,可以采用不同的方法来计算成本,例如用变动成本法计算产品成本,以准确地揭示本量利之间的关系,为决策者作出产品类型、结构和成本等方面的决策提供依据;利用作业成本计算法,以揭示成本随成本动因而变化的关系,为追本溯源、进行作业管理提供依据;可以计算各种类型的质量成本,为推行全面质量管理提供经济依据;可以计算环境成本,为进行与环境有关的决策提供依据等。

10.管理会计不要求国际协调。管理会计不要求进行协调化,它的国际化研究,是研究在跨国经营活动的环境和条件下,例如涉及不同的货币、不同的税制、不同的投资风险和经营风险时，如何具体运用管理会计的基本原理和方法，以便为最大限度地提高经济资源的配置效益和使用效益提供有效的信息。

第二节　管理会计的职能和目标

一、管理会计的职能

（一）职能同目标的关系

西方会计学家从来就没有谈论过管理会计的职能问题，一般只涉及管理会计的目标。"职能"（function）和"目标"（objective）是两个不同的概念。"会计的职能"是指会计固有的本质属性，属于客观存在的东西；而"会计的目标"则是指根据不同时期的客观需要和可能，会计所要达到的目的，它随着环境的改变而改变。但无论怎样，会计的目标总不会超越会计本身的职能。

（二）管理会计的职能

古今中外的历史可以证明：会计的职能是随着社会经济的日益发展而逐步扩大的。新中国成立以后，我国会计界一般都认为，会计具有"反映"和"监督"两大基本职能。这是根据马克思在《资本论》中对会计所作的科学概括，即"对过程的控制和观念总结"来理解的。但是，在 20 世纪 50 年代初期，西方现代会计为了适应生产规模的扩大和社会经济发展的需要，已逐步形成了"财务会计"和"管理会计"两个子系统，于是会计实践就远远超过单纯的事后反映和定期监督的范围。"财务会计"仍具有"反映"和"监督"两项基本职能；而新派生出来的管理会计是对财务会计职能的延伸与扩展，将反映与控制紧密结合在一起，综合发挥作用。管理会计把传统的职能扩大到以下三个方面：

1. 规划

规划主要是利用财务会计提供的资料以及其他相关信息，对利润、销售、成本、资金需要量等重要经济指标进行科学的预测分析。它着重于提供一定条件下生产经营各个方面未来一定时期内可能实现的目标，并以预测为基础，帮助各级管理人员对生产经营、投资筹资等一次性的重大经济问题作出专门的决策分析。管理会计通过提供决策支持，形成一定时期的最优方案，并对方案进行加工、汇总，形成企业的全面预算，借以指导当前和未来的经济活动。

2. 控制

控制是指控制企业的经济活动，使之严格按照决策预定的轨道进行。为此,将全面预算加以分解,形成各个责任中心的责任预算,使它们明确各自的目标、任务,并以责任预算所规定的指标作为开展日常经营活动的准绳,起到事前控制的作用。在预算执行中,通过信息的反馈进行调节,起到事中控制的作用。

3.评价

评价主要是在事后根据各责任单位编制的业绩报告,把实际完成情况同预算目标进行对比,并分析差异发生的原因,用来评价和考核各责任中心尤其是有关人员的工作业绩,并通过信息反馈,及时对企业生产经营的各个方面起制约和促进作用。

综上所述,规划、控制、评价是管理会计的三大职能。这三个职能是相互联系、相互作用的,它们结合在一起,综合地发挥作用,形成一种综合性的职能。管理会计是为经营管理决策提供可靠的数据,为决策作出正确的分析与评价,并为执行决策所确定的方案制订相应的规划、控制与考核制度。

二、管理会计的目标

管理会计的目标是指管理会计信息系统要达到的目的和要求。管理会计是适应企业加强内部管理、提高企业竞争力的需要而产生和发展起来的,其最终目标是提高企业的经济效益。但在管理会计具体目标的论述中,存在不同的观点。

1.1966年,美国会计学会在《基本会计理论》中提出:管理会计的目标是为管理者服务,帮助管理者制定合理的经济目标,并为实现该目标进行合理决策。

2.美国会计学会(AAA)下设的"管理会计学科委员会"对此作过研究。他们认为,管理会计确定管理会计的目标,是建立管理会计理论结构的一项基础工作;并于1972年提出管理会计目标分为基本目标和辅助目标两个层次。其中,基本目标是向企业管理人员提供内部经营管理信息,协助企业管理人员制定决策。辅助目标有四个:

(1)协助履行计划管理职能。包括:①目标的确定;②资源最佳流动的规划及其计量。

(2)协助履行控制职能。包括:①将公司的结构与其目标联系起来;②设置并维持一套有效的传输和报告系统;③测定现有资源的利用情况,揭示"例外"的业绩,并查明造成这些"例外"的因素。

(3)协助履行组织职能。包括:①确定对公司全部目标有重要影响的相应业绩范围的经济特征;②通过与目标有关的实际业绩信息的传输,来促进各个预期业绩的实现；③在可确认的业绩和责任范围内，衡量业绩应强调指出与目标不一致的程度。

(4)参与企业的经营管理。包括：①计量相关成本的投入和收回或产出的统计上的计量；②及时地把适当的、具有基本经济特征的数据，传输到与评价业绩有关的人员手中。

3.1986年，美国会计师协会下属的管理会计实务委员会在《管理会计公告——管理会计的目标》中指出：管理会计应实现以下两个目标：

(1)为管理和决策提供信息。管理会计应向各级管理人员提供以下经选择和加工的信息：①与计划、评价和控制企业经营活动有关的各类信息；②与维护企业资产安全、完整及资源有效利用有关的各类信息；③与股东、债权人及其他企业外部利益关系者的决策有关的信息。

(2)参与企业的经营管理。

4.李天民教授认为，管理会计的总目标是协助管理当局作出有关改进经营管理、提高经济效益和社会效益的决策。其具体目标分为四个方面：

(1)确定各项经济目标；

(2)合理使用经济资源；

(3)调节控制经济活动；

(4)评价考核经济业绩。

上述观点的贡献在于：①确定管理会计要为管理和决策提供信息；②确定管理会计要参与企业的经营管理。

对管理会计的目标，可以从以下几点了解：

(1)管理会计是适应企业加强内部经营管理、提高企业竞争力的需要而产生和发展起来的，因此，管理会计的最终目标应设定在满足社会需求的基础上，实现价值的最大增值，提高企业的经济效益。

(2)实现提高经济效益的最终目标，管理会计应实现以下两个分目标：①为管理和决策提供信息；②参与企业的经营管理。

(3)管理会计应向各级管理人员提供以下经选择和加工的信息，这种信息既包括各个来源形成的货币信息(主要来源于财务会计和成本会计，反映价值的形成和价值增值过程)，也包括各种非货币信息(如与作业、竞争等有关的信息，主要反映使用价值的生产和交换过程)：①与计划、评价和控制企业经营活动有关的各类信息，这些信息有利于各级管理者加强对经营过程的控制，实现最佳经营；②与维护企业资产安全、完整及资源有效利用有关的各类信息；③与股东、债权人及其他企业外部利益关系者的决策有关的信息，这些信息将有利于投资、借贷及有关规章的实施。

第三节　管理会计的信息质量特征

管理会计师作为企业经营活动的观察者和报告者，能否有效地执行规划、控制、评价等职能时，取决于管理会计信息的有用性，即取决于管理会计信息的质量特征。管理会计信息质量特征，是管理会计报告目标的具体化，而管理会计的目标则是决定管理会计信息质量特征的基础。

一、管理会计信息的质量特征的讨论

国外对管理会计信息质量特征的讨论，是基于"为内部管理人员服务的信息"而展开的。

1996 年，美国会计学会在《基本会计理论》第四章"为内部管理人员服务的信息"中主要探讨了五项标准，即相关性、可认证性、不偏性、计量可能性和传递适应性，同时指出这些标准用于内部报告和外部报告时的概念与准则。委员会提出了下列与效益信息有关的几项特征：(1)相关性及目标间的相互关系；(2)准确性、精确性和可靠性、中立性和可追溯性；(3)综合性；(4)灵活性和适应性；(5)及时性；(6)可理解性、可接受性、激励性和公允性。1987 年，美国新出版的由海尔康编写的《管理会计》一书，对管理会计信息的基本特征提出了新的见解，认为有价值的管理会计信息应具有相关性、准确性、及时性、可理解性和注重成本效益原则等特征。

1988 年，国际会计师联合会的《论管理会计概念》(征求意见稿)又提出了对提高决策者信息质量有益的六个管理会计概念和标准：(1)经管责任；(2)可控性；(3)可靠性；(4)增量性；(5)相互依赖性；(6)相关性。

二、管理会计信息的质量特征

管理会计所提供的信息必须具备以下质量特征。

(一)相关性

相关性是指管理会计所提供的信息与管理当局的决策相联系或对预期产生结果有用的特性。无论是进行短期决策还是进行长期投资决策，都需在备选方案中寻找最佳方案并作出判断和决策。只要存在可供选择的不同方案，就表明决策中存在"差别"，需要进行分析、比较和评价，以便从"差别"中选出理想的方案,作为未来行动的依据。因此,管理会计信息的相关性,就是指帮助信息使用者提高决策能力所需要的那种发现"差别"、分析和解释"差别",从而能从"差别"中作出选择和判断的特性。故相关的会计信息必须具备两个条件:(1)通过预测获得的未来信息;(2)在各可供选择的方案之间发生的各种用货币计量的"差别"。为此,会计人员必须熟悉企业的经营活动,并了解管理当局的信息需求,以便从大量的数据中选择对管理当局决策有用的重要信息。特别是在当今的信息爆炸时代,这一选择过程将更为困难。要完成这一任务,会计人员首先必须确定管理当局决策对信息的需求情况,然后对各种可取得的数据进行加工分析,并从中选择对管理当局决策有用的信息。

(二)准确性

准确性是指管理会计所提供的信息在有效使用范围之内必须正确反映客观事实。不正确的信息会导致管理当局的决策失误。强调信息的正确性,必须明确信息的正确性和精确性两个不同的概念。要求提供正确的信息,并不意味着要求提供的信息越精确越好,管理会计更重视信息的准确性。在许多情况下,采用近似的方法,以线性关系代替非线性关系,以基于确定性的分析方法代替基于不确定性的分析方法,反而可以取得较好的实践效果。例如,在制订生产计划时,有关未来销售的预测(估计)数据,比来自过去销售的精确数据更为有用。

(三)及时性

及时性是指管理会计必须为管理当局的决策提供最为及时、迅速的信息。只有及时的信息,才有助于管理当局作出正确的决策;反之,过时的信息将会导致决策的失误。强调信息的及时性,必须明确及时性与精确性的关系。在需要信息时,速度往往高于精确。信息获得速度越快,则经理人员越能迅速解决问题。经理人员往往宁愿以牺牲部分精确性换取信息的立即可用。因此,在管理会计上,估计值或近似值可能比精确的信息更为有用。及时性本身不能增加相关性,但不及时的相关信息将使相关性完全消失。

在某些情况下,管理会计信息的及时性,要求会计人员定期(如每日、每周或每月)提供计划性信息。例如,每日的现金收支报告,将有助于管理当局有效地管理安排日常现金使用;而每周的产品成本报告,则有助于管理当局对产品成本的有效控制。在另一些情况下,管理会计信息的及时性,则要求管理会计师以不定期为基础或只在需要时编制管理会计报告,为管理当局提供决策信息。

在准确性和及时性之间,管理会计更重视及时性,甚至愿意牺牲部分准确性以换取信息的及时性。提高信息的及时性,可以通过缩短信息的经历时间来完成。信息的经历时间,由间隔时间和延迟时间两部分组成。间隔时间是指编制彼此相毗连报告的时间差;而延迟时间则是指处理数据、编制报表和发布报告所必需的时间。有效地缩短上述两个部分的时间间隔,就可以提高管理会计的及时性。

(四)简明性

会计信息的价值在于对决策有用。简明性(conciseness)是指管理会计所提供的信息,不论在内容还是在形式上,都应简单明确、易于理解,使信息使用者理解它的含义和用途,并懂得如何加以使用。简明性强调:(1)凡是对管理者作出某种判断或者评价有重要影响的信息,必须详细提供;(2)凡是对管理者作出某种判断或评价没有重要影响的信息,可以合并、简化后提供。

明确而易于理解的信息,有助于管理人员将注意力集中于计划与控制活动中的重大因素上。例如,在为管理当局提供有关成本控制的信息时,揭示成本差异的信息将有助于管理当局重视差异,并采取有效措施消除不利差异、保持有利差异,从而促进企业的健康发展。

(五)客观性

客观性是指由两个以上有资格的人利用相同的规则、程序和方法,对同样一组数据进行检验,可以得出基本相同的计量结果,得出基本相同的验证结论。客观性要求管理会计信息是中立的,不带任何偏向,特别是当数据用来对信息进行评价或作为分配资源和解决争端的根据时,更应如此。

(六)灵活性

灵活性是指数据能够成为几种不同类型的信息从而为不同管理目的服务的程度。它既取决于把所应用的基本数据分为哪几个明确的类型,又取决于每个类型的综合程度。

第四节 管理会计的对象和基本假设

一、管理会计的对象

按照一般的说法,一门科学或学科,应有其特定的对象,管理会计也不例外。围绕什么是管理会计的研究对象,国内理论界基本形成三种不同的观点:

(一)现金流动论

持该观点的学者认为管理会计的对象是企业的现金流动,主要理由是:

1. 作为一门学科研究的对象,应该贯穿于该学科的始终,因为它是该学科有关内容的集中和概括。从内容上看,现金流动贯穿于管理会计的始终,表现在预测、决策、预算、控制、考核、评价等各个环节。

2. 通过现金流动,可以把企业生产经营中的资金、成本、利润等几个方面联系起来,进行统一评价,为改善生产经营、提高经济效益提供重要的、综合性的信息。现金流动表现为现金流入和现金流出两个方面,这两方面在数量上和时间上的差异,最终会影响企业的经济效益。(1)收入减成本等于利润,虽然一定期间内收入的现金与支出的现金不等于该期间的收入和成本,但从根本上讲,企业的盈利受现金流入量与现金流出量的制约。(2)现金流入与现金流出时间上的差异,制约着企业的资金占用水平。一项现金支出表现为现金流出,如果它能够很快回收,形成现金流入,则生产经营中占用的资金就少。(3)通过货币时间价值的换算,把现金流动时间上的差异表现为数量的差异,从而可以对生产经营中的成本耗费水平、资金占用水平和盈利水平进行综合、统一的评价。

3. 现金流动具有最大的综合性和敏感性,可以在预测、决策、预算、控制、考核、评价等各个环节发挥积极能动的作用。

(二)价值差量论

1. 一般说来,现代管理会计的基本内容,包括成本性态与变动成本计算、盈亏分界点与本—量—利分析、经营决策的分析与评价、资本支出决策的分析与评价、标准成本系统、责任会计等方面,而价值差量是对每一项内容进行研究的基本方法,并能贯穿始终。

2. 价值差量具有很大的综合性,管理会计研究的"差量"问题,既有价值差量,又包括实物差量和劳动差量,后者是前者的基础,前者是后者的综合表现。

3. 现金流动不能作为管理会计的对象,因为现金流动仅在经营决策和资本支出决策的分析和评价中涉及,其他内容均不直接涉及现金流动,因此现金流动并不能在现代管理会计中贯穿始终。现金流动恰恰是企业财务管理学所要研究的对象。

(三)资金总运动论

持该观点的学者认为管理会计的对象是企业及其所属企业过去、现在和将来的资金总运动。其主要理由是:

1. 管理会计与财务会计是现代会计分系统的两个子系统,两者同属于会计这一范畴,因而管理会计与财务会计从总体上来说有共同的对象——资金运动。运动的基本形式是空间和时间。但是,两者由于分工的不同,在"时"、

"空"两方面应各有侧重。管理会计的对象,在时间上侧重于现在以及未来预期的经济活动及其发出的信息,在空间上侧重于各级责任单位部分的、可供选择的或待定的经济活动及其发出的信息;而财务会计的对象,在时间上侧重于过去的、已经发生的经济活动及其发出的信息,在空间上则侧重于整个经济主体的系统的、连续的、综合的经济活动及其发出的信息。

2.把资金总运动作为管理会计的对象,与管理会计的实践及历史发展相吻合。

上述观点从不同角度对管理会计的对象进行了论证,各有道理。

如果从综合角度来看,管理会计的对象可理解为:

1.从管理体现经济效益的角度上看,管理会计的对象是企业生产经营活动中的价值运动。在商品经济条件下,企业的生产经营活动表现为两个方面:一方面表现为使用价值的生产和交换过程,另一方面表现为价值形成和价值增值过程。管理会计以生产经营活动中价值形成和价值增值过程为对象,通过对使用价值的生产和交换过程的优化,提供信息并参与决策,以实现价值最大增值的目的。

2.从实践角度上看,管理会计的对象具有复合性的特点。一方面,管理会计致力于使用价值生产和交换过程的优化,强调加强作业管理,其目的在于提高生产和工作效率。因此,作业管理必然强调有用作业和无用作业的区分,并致力于消除无用作业。为此,必须按生产经营的内在联系,设计作业环节和作业链,为作业管理和管理会计的实施奠定基础。可以说,作业管理使管理会计的重新架构成为可能。另一方面,在价值形成和价值增值过程中,管理会计强调加强价值管理,其目的在于提高经济效益,实现价值的最大增值。因此价值管理必然强调价值转移、价值增值与价值损耗之间的关系:价值转移是价值增值的前提,减少价值损耗是增加价值增值的手段。为此,必须按照价值转移和增值的环节,设计价值环节和价值链。可以说,价值管理使管理会计的重新架构成为现实。

二、管理会计的基本假设

假设是人们对那些未经确切认识和无法正面论证的事物和现象,根据客观的正常情况和趋势所作出的合乎情理的判断和解释,它对于任何学科的产生与发展都是不可缺少的,并成为学科理论研究与实践工作的基础。

我国会计界对管理会计应用理论与实践的许多方面(如本一量一利分析、责任会计、全面预算、作业成本管理、战略管理会计等)都进行了广泛和深入的研究,极大地丰富了管理会计的应用理论并促进了管理会计的应用。但是对管理会计的基本理论研究(如管理会计的对象、理论架构、内容体系等)的讨论却并不深入。西方会计学者一直认为管理会计是各种应用技术和方法的综合体,从而忽略了包括假设在内的管理会计基本理论的研究。从管理会计的实践看,不研究管理会计的基本理论就无法架构管理会计的学科体系,就无法解决管理会计学与其他学科的关系;而不对管理会计假设进行研究,也不利于管理会计基本理论的架构。因此,管理会计假设的研究不仅有其存在的必要性,而且有其必然性:一方面,它能够促进管理会计理论的发展;另一方面,它可以从根本上促进管理会计实务的发展。

管理会计的假设和原则,是近年来人们在对管理会计学基本理论进行规范性研究时,参照财务会计基本概念框架结构而提出的课题,迄今尚无定论。美国会计学会沿用构建财务会计假设和原则的框架,从会计信息论的角度,围绕"为什么提供信息"、"为谁提供信息"、"提供什么样的信息"和"怎样提供信息"等问题,设计了一系列管理会计基本假设和基本原则。对此,中外许多学者提出了不同的看法。

管理会计假设应当围绕管理会计工作系统构成要素和工作质量标准来设计。所谓管理会计假设,是指为实现管理会计目标,合理界定管理会计工作的时空范围,统一管理会计操作方法和程序,满足信息收集与处理的要求,从纷繁复杂的现代企业环境中抽象概括出来的,组织管理会计工作不可缺少的一系列前提条件的统称。从管理会计学科发展角度看,管理会计假设按其对管理会计的影响范围和程度看,可以分为基本假设和具体假设两个层次。

(一)基本假设

基本假设是指对管理会计学的理论和实践产生全面、重大影响的假设,对其进行深入研究有利于整个管理会计的重新架构。

1. 会计主体假设

会计实体假设,是对管理会计对象运行的空间范围和活动立场所做的限定。但由于管理会计是向企业内部管理人员提供有选择的、特定的或部分管理的内部会计,因此管理会计主体更具有层次性。管理会计主体可以是整个企业,但更多的是企业内部各个责任层次的责任单位,它主要根据管理当局在企业内部经营管理活动中的具体需要而定,具有多样性和灵活性的特点。正是因为管理会计的会计主体假设区别于财务会计的会计主体假设,才使得管理会计的管理活动得以深入到责任单位,深入到作业层面。

2. 持续经营假设

持续经营假设规定了会计活动在时间上的不间断性,对管理会计而言,其所进行的规划与决策、控制与业绩评价活动主要是以财务会计提供的信息为依据的,而财务会计取得的会计信息必须以企业在其生产经营期间内不间断地持续经营为前提。因此,持续经营假设也同样适用于管理会计。

3. 会计分期假设

会计分期假设,是对管理会计对象运行的时间范围的规定,即把企业持续不断的生产经营和筹资、投资活动,划分为一定的期间,以便及时提供有用的管理信息。但是,由于管理会计的工作重点是为企业内部各级部门管理人员服务的,因此,会计分期的时间跨度不局限于对外报告的月、季、年,而应根据企业本身的具体情况和需要,灵活进行分期(可以短到一天、一周、一季,也可以长到 10 年、20 年)并编制内部报告,用于控制和评价各责任单位的经济活动。因此,管理会计的会计分期具有较大的灵活性和不确定性。

4. 货币时间价值假设

货币时间价值假设,是指等量货币在不同时点上具有不同的价值,管理会计的许多决策就是在此假设基础上作出的。在现代管理会计中,规划、控制和评价企业经济活动时,除应用货币作为计量单位外,还要广泛采用其他非货币计量单位,例如标准实物计量单位、质量综合计量单位、创新程度、市场占有率等等。另外,在长期投资决策和筹资决策中,我们绝不能假定货币价值不变,而必须考虑货币在不同时间的价值是不相等的,以此作为前提条件。因此,财务会计的货币计量和币值不变都不能成为管理会计的基本假设。而货币的时间价值恰应成为长期投资决策和长期筹资决策的重要前提,因为只有这样,才能使决策的结论更加科学、更为合理。

5. 风险价值可计量假设

风险价值可计量假设,是指所有的不确定性决策都可以转化为风险性决策,不仅风险具有价值,而且风险价值可以计量。决策按照风险程度的大小,分为确定性决策、风险性决策和不确定性决策。由于对未来的结果及其出现的概率无法把握,不确定性决策往往采用非数学计量方法进行。尽管投资决策中的风险价值只是一种虚拟的报酬,并不存在一定的客体可以直接计量,但是这一假设却为管理会计解决现实问题提供了可能。

6. 多种计量单位假设

与财务会计的货币计量假设不同,管理会计在进行规划与决策、控制与业绩评价活动时,其计量单位除货币单位外,还可以使用实物量单位、时间量单位和相对数单位等。多种计量单位的选择,即根据企业内部经营管理的不同需要来选择不同的计量单位,也是管理会计区别于财务会计的一个重要方面。

（二）具体假设

具体假设是指对管理会计学的理论和实践中某一方面产生影响作用的假设,对其进行深入研究有利于管理会计某一内容的完善。

1.成本性态可分假设

所谓成本性态是指成本总额与业务量变动之间的数量关系。成本性态可分假设,是指一切成本可以按其性态划分为固定成本和变动成本。管理会计运用的许多概念和方法都是建立在成本性态可分假设之上的,如固定成本、变动成本、贡献毛益等概念,本—量—利分析方法、弹性预算编制方法、标准成本差异分析方法等。当然,成本性态的可分是在"一定期间和一定业务量范围内"这个假设条件下才成立的,超出这个限制,固定成本也会发生变动。此外,实务中广泛存在的混合成本,在决策时往往采取一定的方法进行分解,与实际情况有一定的差异,有一定的主观随意性。因此,固定成本与变动成本的划分并不是绝对的,它带有一定的假定性。

此外,管理会计还可以为进行决策分析,根据成本的相关性将成本划分为相关成本和无关成本;在实施责任会计制度时,为了对成本中心的责任成本进行有效的控制,根据成本的可控性,将成本分为可控成本与不可控成本;为了实施作业成本计算法,根据成本动因将成本划分为短期变动成本、长期变动成本和固定成本等等。成本分类的多样性充分体现了管理会计的"为不同目的而采用不同成本"的特点。

2.技术性假设

技术性假设是指用于某一具体管理会计事项、直接约束和规范个别管理会计程序与方法的应用性命题。

例如,为了应用本—量—利分析法来预测盈亏临界点、目标销售量和目标销售额,规划企业的目标利润和编制利润预算等,就必须假设某些有关因素为不变的常量,否则就无法找出有关变量之间的函数关系。因此,本—量—利分析法的假设条件是:在一定时间和一定业务量范围内,企业产品的销售单价、单位变动成本、固定成本总额、生产能力和产品品种结构都维持不变。又如,在推行责任会计制度时需要假设各层次的责任单位能够保持整个企业经营目标的一致性。如果各责任中心都各自为政,只顾及各自的小团体利益,则责任预算指标的分解、落实、执行、考评等就无法正常进行,推行责任会计制度也就成了一句空话。管理会计的技术性假设需要根据技术方法的特点和在实践中的应用情况加以确定,因而技术性假设具有较强的务实性和解决具体问题的针对性。

3. 未来现金流量可确知假设

未来现金流量可确知假设是指与某一方案相关的未来现金的流出量和流入量是可预计的。这一假设是分析方案优劣的基础。

第五节　管理会计与相关学科之间的关系

管理会计作为一门综合性的交叉学科,吸收了许多相关学科的研究成果,并将其与自己的研究对象有机结合,这些相关学科主要有系统科学、运筹学、管理学和经济学。因此管理会计兼有这些相关学科和会计学的特点,它一方面随着计算、分析、传输技术的发展而发展;另一方面又随经济、管理等学科的发展调整自己的方法体系,为管理当局提供更相关的信息。

一、管理会计与系统科学的关系

系统科学是 20 世纪形成的方法论的科学,是用系统的观念来理解和看待世界,并用系统的方法来研究和处理各种复杂事物的科学学科群。系统论强调从整体性的原则出发去分析系统各要素之间以及系统与环境之间的相互联系及相互作用,发挥系统的整体功能,以提高系统的效应。其基本特征是整体性、有机性和动态性。系统科学对现代管理会计的指导作用主要表现在以下方面:

根据系统论的观点,现代企业是一个相对独立的开放的动态系统,围绕既定的目标运行。管理会计要从整体性原则出发,考虑企业与外部环境的适应关系以及企业内部各部门间的相互协调关系,遵循整体最优的原则,运用现代数学方法和计算工具进行定量分析,为决策者制定最优决策、确定最优经营目标提供基本的经济信息。由于系统与外部环境存在动态的有机联系,最优决策需要考虑企业所处社会经济环境的变化,例如国家有关政策、法规发生变化,企业的决策也必须与这种变化的政策法规环境相适应;又如企业决策必须考虑国家环保法规要求,否则可能面临强制关闭的风险。

从管理会计体系的建设来看,管理会计系统属于企业决策支持系统,向决策者提供有用信息,其本身就是一个信息系统,具有特定的目标——股东价值的最大化,表现为未来现金流量贴现值的最大化。该目标贯穿于管理会计系统的始终。管理会计系统包括了决策和执行会计两大部分,实际上是管理会计作为控制系统所具有的前馈控制系统和反馈控制系统的体现。企业最优决策转化为一定期间的全面预算，再转化为各个子公司的责任预算，在预算执行过程中，管理会计要对预算执行情况的信息进行加工处理，并反馈给决策者，使他们据以调节、引导企业活动向着既定目标前进。这实际上是控制系统的循环过程，同时也体现了信息系统在控制过程中的作用。由管理会计所提供的信息，是管理信息系统的一个重要构成部分，具有最大的综合性和敏感性，对有效控制系统的实施起着重要作用。

总之，系统科学是软科学的一个重要支柱，系统科学的发展为同一软科学组成部分的管理会计提供了重要的方法论工具，揭示了管理会计研究对象的运动规律，对管理会计系统的建立具有重大意义。

二、管理会计与运筹学

广泛运用运筹学的数量方法是现代管理会计的一个重要特征，也是现代管理会计从描述性科学向精密科学转变的标志。现代管理会计对运筹学方法加以吸收、运用，从而将复杂的经济活动尽可能地用简明精确的数学模型表达出来，并利用数学方法对所掌握的各种数据进行加工处理，揭示有关变量之间的相互联系和一定条件下的最优数量关系，为管理当局进行最优决策提供客观、科学的依据。

管理会计中数量方法的运用主要表现在以下几个方面：

1.利用回归分析模型研究成本与产量之间的依存关系，并对成本进行预测。

2.利用一般代数模型进行盈亏平衡点的分析、成本性态的一般分析，利用多元回归分析和学习曲线进行成本性态的扩展分析。

3.利用数学分析模型求极值的原理进行最优化决策，例如根据生产中边际成本和平均成本之间的关系，确定成本的最低点，根据边际成本和边际收入之间的关系，确定利润的最高点，确定生产的最优批量决策、存货最优订货决策等。

4.利用数学规划模型，包括线性规划、非线性规划、动态规划和目标规划等方法解决数学分析模型无法解决的最优化决策，例如多目标的最优决策、存在一定制约条件时的产品最优组合决策。

5.利用矩阵代数模型进行投入产出分析，为生产计划的编制、服务部门成本的分配提供依据。

6.利用概率模型进行不确定条件下的决策，并辅以敏感性分析，使所提供的数据更符合实际情况,从而提高决策的科学性和准确性。

三、管理会计与经济学

经济学的研究对象之一是对稀缺资源的合理配置问题,而管理会计要服务于对企业经济资源的分配,二者具有相通之处。经济学的许多概念直接为管理会计所用。例如供成本分析用的边际成本、机会成本概念,需求效用理论,各种市场条件下的产品定价策略等。有些经济学的研究内容与管理会计的研究相结合,更是促进了管理会计的发展。这主要有信息经济学和代理人说。

信息经济学以信息是经济产品为前提,借用经济学、信息论原统论和信息科学的相关知识,研究信息的成本、价值等经济性能,进行信息的成本效益分析等。管理会计作为管理信息系统的子系统,所产生的信息具有最大的综合性。决策者与执行者之间的信息沟通,主要是通过管理会计信息来进行的。信息经济学中关于信息的经济特性的概念、理论和方法,完全可以应用于管理会计之中。但是,直到 20 世纪 80 年代中期之前,人们对管理会计的研究仍然建立在管理会计信息的取得不需花费成本的假设之上,热衷于建立各式各样的数学模型,采用深奥的数学方法,从而增加对信息的需求,但并不考虑由此而增加的信息成本。进入 80 年代中期之后,人们才注意到将信息是一种经济产品这一信息经济学的重要前提引入管理会计中,这意味着取得信息要付出一定的代价,而利用信息能获得一定利益。是否需要获取增量信息,要确定利用增量信息的价值,以此进行成本效益分析。

经济学的代理人说是将现代公司作为其研究的重点,把现代公司复杂的层级组织简化为契约,认为契约问题的实质是信息,解决不确定环境中的信息不平衡可以采用建立分权型组织机构、按共担风险原则建立激励机制和设计有效的信息系统三种途径。经济学的代理人说与会计在一定范围内是交叉的。因为,会计作为信息系统,其产出——会计信息是契约当事人签订契约的基础,是契约的构成要素之一,同时也是监督契约执行和评估契约执行结果的手段。管理会计的代理人说是在 20 世纪 70 年代开始的,到 80 年代以相曼和瓦克等构造的基本框架为代表标志着它的形成。管理会计的代理人说框架由12 个要素和 3 个相互联系的模型构成。12 个要素包括主人与代理人的数目和特征、信息分布、可供选择的信息系统的集合、可行报酬水平的集合、代理人问题的解决、最佳契约及其特征等;3 个模型包括通用模型、基本模型和分类模型。管理会计的代理人说的研究主要是通过代理模型进行的规范研究,其研究范围的涉及面很广,包括责任会计、成本分配、业绩评价、信息系统选择权的分配、预算制度等方面。

例如,在预算制度方面,代理人说认为预算是签订契约的基础,而契约是否达到最优必须具有自我约束性和符合帕累托最优原则。为此,应鼓励代理人直接参与预算的编制,预算必须具有生产效率和共担风险效率互相替代以及置前最佳的特征。对预算执行过程中形成的差异,则通过引进信息成本发展了差异调查的模型,即根据因调查而获得的净收益和毛收益之比和该系统仍处于控制状态的概率的差额来决定是否进行调查,差额为正数则进行调查,反之,则不调查。代理人说提供了代理人对差异调查模型的行为反映机会。在转移价格的制定方面,转移价格具有划分权责、激励和整合三个方面的作用,这三者必须统筹兼顾,才能避免次代化现象的出现。因为转移价格是相关责任中心的经理人员之间契约的要素,同时也是这些中心经济与契约达成的要素,转移价格的制定涉及责任中心经理和企业整体的利益。在成本分配方面,代理人说认为成本分配将影响分摊部门经理的个人利益,向部门分配成本不一定拘泥于技术方法,而是要与企业的整体目标相联系,使企业整体的期望效用和部门经理的期望效用达到最大。

四、管理会计与管理科学

科学管理理论的中心是提高劳动生产率,为此,必须在时间和动作研究的基础上实现操作和用工的标准化,并按科学作业的要求选择和培训工人,实行刺激性的工资报酬制度。一般管理理论认为,管理和经营是两个不同的概念,管理是经营活动的一个部分,是一种一般性的科学技术,人们可以通过学习和训练懂得管理并提高管理水平。行政组织理论则提出了理想的行政组织体系理论。古典管理理论尽管有各种表现形式,但其实质是一样的,即用当时所掌握的科学方法和手段对管理的过程、职能和方法进行探索和试验,进而确定以科学为依据的理论、原则和方法。这些理论在当时的历史条件下具有先进性,但由于以"经济人"的假设为基础,强调科学性、精密性,对人的因素注意较少,把工人看作机器的附属品,虽然提高了劳动生产率,但却激起了工人的反抗。第二次世界大战后,这些理论逐渐通过社会心理学、社会学等理论向行为科学发展。

行为科学主要运用心理学、社会学、人类文化学等学科的概念、原理和方法,来研究人产生各种行为的主观动机和客观原因,揭示人的各种行为的规律性,为在各种环境下理解、预见和引导人的行为提供基本的线索和依据。行为科学克服了古典管理理论的不足,将人看作社会人,重视人的需求和动机的研究,重视人力资源的开发和利用,具有积极的意义。行为科学以新古典组织理论为基础,其产生主要是为了满足管理界日益增长的"应该注重组织内部人的因素"的需要。其侧重点在于人际关系和人力资源,其主要贡献在于提出了群体动态、非正式组织、管理监督风格、参与管理和自我实现等几个概念。

管理会计是会计向企业管理纵深发展的产物,是会计与管理综合发展的结果。因此,管理会计理论的形成与发展在很大程度上受当时流行的企业管理理论的影响。例如在科学管理学说的指导下,形成了标准成本会计系统,制定标准成本、进行差异分析等。科学管理的盈亏平衡分析、库存控制理论、概率论等方法则促成了管理会计上的盈亏平衡点分析、经济订货量分析、不确定性条件下的决策等方法的产生。社会系统理论和决策理论关于信息系统和信息在决策中的作用的分析对于认识管理会计信息系统的特性也有重要意义。又如,在古典管理理论的指导下,管理会计在总体上是为企业利润最大化服务的,服务目标单一,提供的信息种类以货币形式为主,激励因素也是单一的,只考虑经济利益。而在行为科学指导下的管理会计,则适应目标从单一化向多样化转变,决策准则从最优化向满意准则转变,要求研究激励—贡献之间的最佳关系,发挥多种激励机制的作用,采用多样化的指标进行业绩计量、评比和监控。

五、管理会计与财务会计的联系

管理会计与财务会计是从近代企业会计中分离出来的两个分支,在企业的经营与管理活动中,财务会计通过信息系统将财务会计信息主要提供给企业外部的信息使用者,服务于社会各个利害关系集团,而管理会计则主要通过信息系统提供相关管理信息给企业的管理者和决策者。二者存在明确的分工。但两者之间具有千丝万缕的联系,彼此相互渗透、相互补充、密切联系。

1.起源相同

管理会计与财务会计都是在传统会计中孕育、发展和分离出来的,作为会计管理的重要组成部分,标志着会计学的发展和完善。

2.目标相同

管理会计和财务会计共同服务于企业管理的目的,其最终目标都是为了使企业能够获得最大利润,提高经济效益。财务会计具有反映和控制的职能,其基本方法,如凭证的审核,复式记账法,账表、账账、账实的核对等,同时也是一种内部控制的方法。对外财务报告在取信于外部利害关系集团的同时,也使企业的各种经济契约关系得以维持,这样企业的持续经营才成为可能。而管理会计更是直接为企业的经营管理服务。

3. 基本信息同源

在企业内部只有一个基本的会计信息系统,即财务会计系统。管理会计所使用的信息尽管广泛多样,但基本信息来源于财务会计,有的是财务会计资料的直接使用,有的则是财务会计资料的加工、改制和延伸,同时又根据管理的需要,创立自己独特的理论与方法,以提供面向未来的信息资料。

4. 服务对象交叉

虽然管理会计与财务会计有内、外之分,但服务对象并不严格、唯一,在许多情况下,管理会计的信息可为外部利益集团所利用(如盈利预测),财务会计为企业内部决策提供有用信息。

5. 某些概念相同

管理会计使用的某些概念,如成本、收益、利润等与财务会计完全相同,有些概念则是根据财务会计的概念引申出来的,如边际成本、边际收益、机会成本等。

六、管理会计与财务管理的关系

管理会计和财务管理都是为了满足企业追求价值最大化的需要而产生的,但是管理会计立足于通过提供优化企业作业链所需的相关信息从而达到价值链的优化;而财务管理则立足于在作业链优化的基础上通过企业在市场上的投资、筹资和利润分配等行为来达到现金流转的平衡。

长期以来,在管理会计与财务管理之间的关系上存在较多的争议,财务管理的投资决策、流动资金管理、财务预算和财务分析等内容,与管理会计的经营预测、长期投资决策、经营预算、财务比率分析和存货控制等内容存在着重复交叉现象。

20世纪初,快速扩张企业生产规模的内在需求要求增加资金的投入,而资金短缺成为生产规模扩张的最大障碍,于是以生产资金筹措为主要内容的财务管理应运而生。在财务管理理论后来的发展中,无论是立足于降低综合资金成本的资本结构理论、追求投资回报最大的投资管理理论,还是对各种证券进行收益比较分析的证券评价理论,其最终目的都是为了追求企业价值最大化。

正是由于两者最终目标的一致性,使得管理会计和财务管理在其理论的发展中,都吸收了现代管理科学的一些新成果,如预测、决策、预算和控制等,充实了各自的学科内容。当然这也使这两个学科在以后的发展中出现了许多重复交叉的地方。

管理会计是随着科学技术和社会生产力的发展而逐步从传统会计中派生出来的,管理会计与财务管理产生的动因虽然都是为了提高企业效益,但总的来说,管理会计发展的立足点是寻求企业作业链效率的提高,从而探求价值链的优化;而财务管理的立足点是通过企业在市场上的理财行为以求达到企业现金流转平衡的目的。

管理会计和财务管理的对象是有联系的,经营管理活动必然包括资金运动。从这点上说,管理会计和财务管理在对象上确实有交叉,但管理会计的对象更加宽泛,而财务管理的对象更加专一,这也体现了管理会计为整个经营管理服务,而财务管理是对财务活动的管理,是专门化的管理。

思考题

1. 什么是管理会计?
2. 如何理解管理会计的基本职能和目标?
3. 什么是管理会计的信息质量特征?
4. 管理会计的基本假设有哪些?
5. 为什么管理会计与相关学科之间存在密切关系?
6. 为什么说管理会计的形成是会计发展史上的重要里程碑?

03

第三章

管理会计专业组织与职业道德

第一节　管理会计专业组织

一、美国管理会计师协会

美国管理会计师协会（Institute of Management Accounting，IMA）由美国成本和管理会计师组成，是美国规模最大的一个全国性内部会计人员组织。其前身为 1919 年于美国纽约州成立的全国成本会计师协会（NACA）。当时该协会以专门研究成本会计为宗旨，后来，研究范围不断扩大，以至包括了整个管理会计领域。1957 年该协会改名为美国全国会计师联合会（National Association of Accountants，NAA）。自 1991 年 7 月 1 日起改名为管理会计师协会。管理会计师协会在美国 200 多个城市设有分会，并在世界上许多国家设立了分部，拥有 70 多万会员。其规模仅次于美国注册会计师协会，是美国第二大专业会计组织。IMA 是国际管理会计学科的奠基者，在美国以及世界范围都享有重要的地位。该协会的宗旨是：(1)研究和发展以管理为目的的会计方法和程序；(2)实施管理会计课程教育计划；(3)鉴别管理会计师的学术和能力，举办注册管理会计师的统一考试，并向考试合格者颁发证书。

为了适应管理会计这一领域的发展需要，协会于 1972 年设立了管理会计实务委员会和注册管理会计师协会（ICMA），并创办机关刊物《管理会计》（月刊），探讨当前的管理会计实务。此外，协会还出版各种调查报告、会计实务报告、会计学术论文、机关刊物总索引、考试问题与解答汇编及其他研究文集等。

（一）管理会计实务委员会

管理会计实务委员会是美国管理会计师协会的下属机构，从事成本会计、管理会计和某些财务会计问题的研究。其主要职责是：

（1）对财务会计准则委员会、成本会计准则委员会、政府会计准则委员会、证券交易委员会和国际会计准则委员会等会计准则制定团体所提出的各种会计和财务报告问题，表明管理会计师协会的正式态度；

（2）为管理会计师协会的会员以及企业界提供管理会计概念、政策和实务的权威性指导。

管理会计实务委员会负责研究和制定管理会计指导原则，分为：（1）目标；（2）术语；（3）概念；（4）实务和方法；（5）会计活动的管理。

管理会计指导原则使管理会计的研究规范化、准则化和理论化。每一指导原则的制定都是通过颁布管理会计公告的形式来进行的。指导原则的制定首先由管理会计实务委员会所属的管理会计公告小组负责确立研究项目，并监督其研究工作。形成的公告草案，要有其监督人的推荐才能提交给公告小组；在征得与会小组大多数成员赞同后，公告草案转交给专家顾问小组成员进行评议和修改；修改后的公告草案呈交给管理会计实务委员会，经委员会至少2/3的成员同意后，由管理会计师协会作为其系列公告的一部分进行颁布，并刊载在协会的刊物上。从1988年起，管理会计实务委员会发布的管理会计公告主要有：管理会计的定义、管理会计术语、资本成本、服务成本和管理成本的分摊、直接生产成本的定义和计量、企业业绩计量、直接材料成本的定义和计量、信息系统成本的分摊、间接生产成本会计、向经理报告的信息、财务文件的使用和控制等。

（二）注册管理会计师协会

注册管理会计师协会是美国管理会计师协会的下属机构，其主要任务是具体负责全国性的注册管理会计师（Certified Management Accountant，CMA）的考试及其管理。包括：（1）审核参加考试申请人的资格；（2）考试的命题、管理及阅卷；（3）颁发管理会计师证书；（4）对证书持有人监督其连续性教育。

注册管理会计师协会同时还负责美国注册金融管理师的资格考试工作。

注册管理会计师是受过专业训练、取得"管理会计师证书"的管理会计人员。"管理会计师证书"计划由美国全国会计师联合会拟定。1972年12月举行了美国第一次注册管理会计师的资格考试。"管理会计师证书"计划的目的和职能是：（1）管理会计人员有能力积极参与管理的职能；（2）管理会计人员着重于决策所需要信息的整理与分析;(3)注册管理会计师必须具有丰富的理论知识和专业技能,作为对管理当局有影响力的助手。

目前美国注册管理会计师的资格考试由总部位于新泽西州的蒙特威尔的IMA负责实施。IMA认证的CMA是一项广为认同的会计师考试,在美国享有良好的声誉,而且90%以上的会员在美国工作。许多著名的跨国公司如AT&T、摩托罗拉、3M、IBM等都参与和支持CMA的考试工作。CMA考试在中国北京、上海、广州、南京等地都有考点,考试由中国教育部考试中心组织,采用英文考试,是目前为止由教育部考试中心承办考试的唯一海外财务专业资格。

要取得"管理会计师证书",并成为"注册管理会计师",必须经过下列五个步骤:

(1)申请加入"管理会计师证书"计划,并报名参加资格考试。

(2)资格审定。申请者必须符合下列三个要求的其中一个,方可参加资格考试:

①在立案学院或大学获得学士学位;

②达到执业管理会计师协会证书委员会规定的"研究生入学考试"(KRE)或"管理研究生入学考试"(GMAT)成绩;

③注册会计师或在别国取得证书委员认可的相应专业资格证明。

(3)在连续3年期间必须通过"管理会计证书"考试规定四门课程:一是经济学、财务和管理,主要包括微观经济学、宏观经济学、国际商务、国内组织环境、运营资本管理、长期融资和资本结构、组织结构、管理和交流;二是财务会计和报表,主要包括会计准则的发展、报表编制的有关问题、会计报表分析和外部审计;三是管理报告的分析和行为学,包括成本管理、计划、控制及成绩表现评估、管理行为;四是决策分析和信息系统,包括决策理论与运营分析、投资决策分析,及与决策分析相关的量性分析。考试主要以基础知识、实用知识为主,知识覆盖面很广,具有很强的实用性、可操作性。

(4)在通过考试之前或7年之内,连续两年从事管理会计工作。

(5)遵守管理会计师职业道德规范标准。

注册管理会计师持有"管理会计证书",表明其在管理会计方面的知识、经验和能力得到良好的评价,可以在管理会计这个专门领域中开展工作,并有较高的地位。他们在早期通常从事参谋和督导工作,在后来可成为企业的主计长、财务主管和会计师事务所的合伙人。

为了保证注册管理会计师的知识更新和专业能力,管理会计师协会要求注册管理会计师在获得证书之后,每年必须参加 36 小时的专业学习,接受继续教育。实行注册管理会计师制度,目的在于使管理会计成为一个公认的专门职业,并提高管理会计的教育水准,同时,确定一个客观的尺度,借以衡量有关人员在管理会计方面所具有的知识和技能。

CMA 认证的目的在于培育管理会计人员和财务管理人员的知识广度,使其能预测商业需求及参与策略决策制定。而其考试的内容所包含的知识范围能反映管理会计人员和财务管理人员在现今商业环境所需要的能力。因此,取得 CMA 资格不仅代表其具备完整的会计及财务相关领域知识,也代表其具备高度专业标准与能力来分析企业内部财务报表、协助管理当局掌握状况、参与财务管理与拟定未来策略及执行。CMA 证书持有者主要是世界各大公司及金融机构的财务主管、财务长、CFO、CEO、成本核算师、理财师、企业管理人员。美国 100 强企业的财务经理几乎都具有 CMA 等专业资格,CMA 证书是 CEO、CFO 的强有力的敲门砖。

二、英国特许管理会计师协会

英国于 1986 年 11 月将成本和管理会计师协会(其前身是 1919 年 3 月成立的成本会计师协会)更名为特许管理会计师协会(Chartered Institute Of Management Accountant,CIMA),从而成为英国管理会计师的专业组织。英国特许管理会计师协会是国际会计师联合会(IFAC)的创始成员之一,是英国管理会计师的考试、管理与认证机构,总部设在英国伦敦,在澳大利亚、新西兰、爱尔兰、斯里兰卡、南非、赞比亚、印度、马来西亚、新加坡等国家以及中国内地和香港均设有分支机构或联络处。CIMA 目前大约拥有 15 万名会员和学员,遍布世界 150 多个国家和地区。

英国特许管理会计师协会一直以来紧密结合充满活力和挑战的商界需求,提供了世界上极具权威性的高端财务职业资格认证。凡申请加入该协会并成为会员者,必须通过一系列的资格考试,同时至少达到大学入学标准或相当学历。

1987 年以前,CIMA 的成员资格考试由基础阶段和专业阶段的两个部分组成,其中,基础阶段由两个部分构成,专业阶段由三个部分构成。1987 年 CIMA 对其成员资格考试内容作了修改。为了顺应全球经济的快速发展,迎合雇主企业在人才需求方面的变化,CIMA 于 2005 年 5 月在全球范围内采用全新的管理会计师职业资格认证体系。CIMA 的这套全新体系不仅受到企业界和学术界的广泛好评,而且成为第一个也是目前唯一一个达到国际会计联合会(IFAC)国际教育标准的会计职业资格体系。CIMA 资格不局限于会计内容,而是涵盖了管理、战略、市场、人力资源、信息系统等方方面面的商业知识和技能。

通过 CIMA 三级认证考试并达到工作经验要求者可获得 CIMA 会员资格。特许管理会计师协会会员即特许管理会计师,可在其姓名之后加注 AC-MA 或 FCMA 专衔标志。ACMA(Associate of the Chartered Institute of Management Accountants)代表特许管理会计师协会会员。FCMA(Fellow of the Chartered Institute of Management Accountants)代表特许管理会计师协会资深会员,拥有三年决策管理高层工作经验者方可申请授予这一资格。ACMA 和 FCMA 标志是财务管理人员专业实力的见证和事业攀升的加速器,被认为具有广泛的理论知识和丰富的实践经验,往往成为许多大公司猎取的目标。因此,英国特许管理会计师协会正式会员具有较高的社会地位,为社会所尊重。世界知名跨国企业,如联合利华、壳牌、福特、艾森哲等,都对 CI-MA 资格推崇备至。

三、其他国家管理会计的职业组织

除美、英以外,澳大利亚、日本、加拿大等国也有类似的管理会计师的资格考试和职业组织。例如,加拿大管理会计师协会(Societies of Management Accountants,SMA),它的会员被称为"执业管理会计师"(CMA)等。这个组织的会员都是在完成特定学习计划和通过专业资格考试之后才成为会员的。这些会计职业组织在管理会计教育、推广应用和职业化发展方面起着重要的推动和促进作用。

第二节　管理会计师的职业道德

管理会计师在对其服务机构、专业团体、公众及其本身履行职责时,有遵循最高的职业道德标准的义务。为使这一义务得到公认,有关专业机构通常会颁布相关的职业道德标准。管理会计师道德标准是管理会计师在其业务活动中应当遵循的行为规范。美国管理会计师协会下属的管理会计实务委员会于 1983 年 6 月 1 日颁布的《管理会计师职业道德准则》,是目前世界上较为完整的关于管理会计师职业道德的规定。

一、美国管理会计师职业道德规范

在《管理会计师职业道德准则》中,管理会计师被告诫:"不应采取违反这些准则的行为,也不应宽恕其企业中其他人员的此类行为。"

《管理会计师职业道德准则》的内容包括:

1. 胜任能力

(1)持续地发展知识和技能,保持相当的专业胜任能力;

(2)按照相关的法律、法规和技术规范履行职责;

(3)在适当地分析相关、可靠的信息后,编制完整和清晰的报告及建议书。

2. 保密性

(1)除非法律要求,否则非经授权不得泄露工作过程中所获得的秘密信息;

(2)告知下属助理人员对工作中所获取的信息应负有保密的责任,并且监督他们确保保密责任的履行;

(3)禁止个人及通过第三者利用或间接利用工作中所取得的秘密信息获取不道德或非法的利益。

3. 公正性

(1)避免实质上或形式上的利益冲突,告知各方各种潜在的冲突;

(2)禁止从事可能损害他们公正执业的各种活动;

(3)禁止接受各种可能影响或间接影响他们行为的礼品、纪念品或招待;

(4)禁止积极地或消极地破坏组织实现合法或道德的目标;

(5)学习交流一些可能会妨碍形成可靠的职业判断和成功完成执业的禁忌及其他一些限制;

(6)相互告知各种有利及不利的信息、职业判断及各自的观点;

(7)禁止从事或支持各种破坏职业组织名誉的活动。

4. 客观性

(1)公允和客观地交流信息;

(2)充分披露那些对潜在报表使用者正确理解管理会计报表、相关评论及所提供建议产生可预见和影响的所有相关信息。

管理会计师协会主张管理会计师有责任保持最高的职业道德标准,也有责任保持职业生存条件,防止泄露商业秘密并在其工作上保持诚实可靠和客观。这些准则向面临道德冲突的会计师提供了处理这些冲突应遵守的既定政策。

二、道德行为的解决

应用各项道德行为准则时,管理会计师会遇到怎样确认非道德行为或者怎样解决道德冲突的问题。最经常遇到的职业道德冲突是:(1)客户和管理者提出的避税建议;(2)利益冲突;(3)操纵财务报表的建议;(4)允许管理会计师自身的错误;(5)为遵循领导的命令而去做不道德的行为。如遇到严重的职业道德问题,管理会计师必须遵守权威机构制定的有关这种问题的各种规则。如果这些规则不能解决职业道德问题,管理会计师应采取如下行动:

1.除涉及有关上级外,与直接上级商讨这些问题。在此情况下,应在一开始就把问题提交给高一层主管。如果问题得不到解决,上述问题应提交给更高一层的主管人员。如果直接上级是总经理或相当于总经理,那么可取的复议当局可能是审计委员会、执行委员会、董事会、理事会或业主。假定上级与问题无关,应在上级知情下,越级上告。

2.与客观的顾问进行机要性讨论,澄清相关概念,以明确可能的行动方针。

3.如果通过各层次内部的彻底检查,依然存在不符合道德标准的问题,管理会计师对此重要问题无法解决,只能向组织提出辞职,并向组织的适当代表提交其信息备忘录。

除法律另有规定外,把这些问题告知当局或非服务于组织的个人,一般认为是不适合的。

第三节　管理会计人员的职业教育

尽管注册管理会计师的诞生晚于注册会计师,但是,由于注册管理会计师在企业内部对加强企业内部管理所起的作用越来越重要,因此引起了人们的广泛重视。为了规范和提高注册管理会计师的专业水平和执业能力,加强注册管理会计师的职业教育也显得日益重要起来。

美国全国会计师协会(National Association of Accountants,简称NAA)于1986年发布了管理会计公告第1D号《管理会计师基本知识体系》(CBOK),不仅明确了合格的注册管理会计师应掌握的基本知识体系的内容,而且也为建立管理会计专业的课程体系提供了总的指导方针。经过几年努力,美国NAA发布了管理会计公告第1E号《管理会计职业教育》。该公告的主要内容有以下几方面：

一、管理会计学科课程体系

管理会计学科课程体系的课程内容分为普通教育、商业教育和会计教育三部分。其中普通教育课程共 7 门，共 60 学时；商业教育课程共 12 门，共 36～51 学时；会计教育课程共 9 门，共 24～54 学时。具体安排如表 3-1 所示。

表 3-1　管理会计学科课程体系

题　　目	120 学时计划	150 学时计划
1.普通教育		
传播技术（普教 1）	9	9
行为科学（普教 2）	6	6
数学和统计学（普教 3）	9	9
经济学原理（普教 4）	6	6
信息系统导论（普教 5）	3	3
会计学导论（普教 6）	6	6
其他（普教 7）	21	21
合　计	60	60
2.商业教育		
法律环境（商教 1）	3	3
道德和法律环境（商教 2）	3	3
全球经济环境（商教 3）	3	3
财务规划与评估（商教 4）	6	6
技术管理（商教 5）	3	3
生产经营管理（商教 6）	3	3
市场营销管理（商教 7）	3	3
人力资源行为学（商教 8）	3	3
数量方法在工商管理中的应用（商教 9）	3	3
商业传播学（商教 10）	3	3

续表

题　目	120 学时计划	150 学时计划
企业政策（两教 11）	3	3
其他（商教 12）	—	0～15
合　计	36	36～51
3.会计教育		
信息系统（会教 1）		
管理/成本会计（会教 2）		
财务会计（会教 3）		
税收政策与规划（会教 4）		
审计概念与准则（会教 5）		
当代会计问题（会教 6）		
内部审计与经营审计（会教 7）		
当代管理会计问题（会教 8）		
其他（会教 9）		
合　计	24	39～54
学士及硕士学位要求的总学时	120	150

二、普通教育的主要内容

1.普教 1（传播技术）：学习语法规则及其在作文和口语表达中的应用；从逻辑性、清晰性和趣味性诸方面分析书面表达的合理性；培养研究技巧和利用图书馆技术。

2.普教 2（行为科学）：通过心理学、社会学或心理学与社会学的结合，来研究个人或总体的人类行为。

3.普教 3（数学和统计学）：研究数学与商业问题和商业时机的关系，讲授题目包含微积分和统计学。

4.普教 4（经济学原理）：研究国家经济体系的组织及功能，包括国民收入、就业、金融制度及经济政策，以及供应与需求、消费者选择、企业和工业经济、生产与销售经济及国际贸易。

5.普教 5（信息系统导论）：研究管理信息系统设计和运作的基本原理，重点研究信息系统的规划、开发、执行和控制以及计算机与组织信息和决策辅助系统的一体化。

6. 普教6(会计学导论)：研究会计的原则、实务及会计信息在组织决策中的作用。讲授题目包括管理会计、财会会计、非营利组织会计、税务会计及国际会计，并研究会计分析技术和技巧及其在决策中的应用。

7. 普教7(其他)：学习在普通教育课程中没有讲授的人文科学等其他课程。这些内容包括(但不限于)美术、人类学、语言学、自然科学和社会科学，其目的在于让学生获得更广泛的文科的知识。

三、商业教育的主要内容

1. 商教1(法律环境)：按照其起源和哲学的基本原理来研究美国和国际法律制度，并特别强调企业与政府之间的关系对这些法律制度的影响。

2. 商教2(道德和法律环境)：研究企业及其与各种机构之间的关系问题，重点包括：(1)贯穿于整个工商职业界的当代道德论题及难题；(2)国内和国际决策时应考虑的道德问题。

3. 商教3(全球经济环境)：研究综合经济学，即：国内国际经济中关键因素变动对就业、生产、消费、投资、储蓄、货币供应、外币汇兑、国家财政支出及价格水平的影响。

4. 商教4(财务规划与评估)：研究帮助管理者处理国内和国际财务问题如营运资本和固定资产管理、资本的扩充与保持、利润管理等问题的理论概念及分析技巧，特别是通过对企业及其所处的包括金融市场在内的环境进行综合经济分析来解决实际问题。

5. 高教5(技术管理)：研究企业的国内国际技术环境，特别着重论述工程技术和管理在研究与发展、资本项目、国际技术转让及生产和营销过程中的作用。

6. 商教6(生产经营管理)：研究包括规划、组织及控制生产过程在内的生产经营管理。具体内容有设备布置、工厂及生产线设计、生产规划、任务分析与设计、质量控制、存货管理及项目管理。

7. 商教7(市场营销管理)：研究有关国际国内商品和劳务销售的基本原理，特别是销售渠道、销售策略及有效的产品营销技巧。

8. 商教8(人力资源行为学)：研究企业组织中人类的行为与动机，分析与国际国内实际组织管理相联系的行为学方面的研究成果与文献。

9. 商教9(数量方法在工商管理中的应用)：研究数量方法在企业实际决

策中的运用,包括决策理论、线性规划、预测、排队论及企业模拟。

10. 商教 10(商业传播学):研究图文和口头的商业传播技术,包括图文报告、商业信函、法律协议和文件及演讲等。

11. 商教 11(企业政策)研究企业战略和政策及其形成和实施过程,战略决策对组织和企业环境的影响,特别是要研究企业规章制度在解决复杂的国际。国内问题方面的综合能力。

12. 商教 12(其他):学习没有讲授的其他商业课程。这些内容包括(但不限于)管理过程、财务、工业工程、国际商业实务及生产管理,其目的在于让学生们获得更广泛的商业知识。

四、会计教育的主要内容

1. 会教 1(信息系统):对搜集、处理、分析并报告有关组织的计划及实施过程信息的计算机信息系统进行开发、使用和评价;研究与各种不同特征和复杂程度企业的会计制度设计有关的现代信息系统理论,特别是研究会计系统与组织决策辅助系统及其他信息系统的一体化。

2. 会教 2(管理/成本会计):研究管理和成本会计的概念及其在企业规划和控制中的应用。具体包括生产过程及辅助生产过程的核算,业绩及生产率的衡量,以及为决策而进行的收入和成本分析。此外,还要研究现代管理会计的决策和分析技术、管理会计与新技术的结合,以及在决策过程中成本会计信息的有效使用。

3. 会教 3(财务会计):研究财务会计理论、观念和准则及其在企业决策中的应用,具体包括财务报表、会计模型、资产、负债、股东权益及其他财务会计问题。研究必要的财务披露与企业决策之间的关系,特别是会计原则对决策过程、企业决策结果对外披露的影响,民间团体对原则及准则制定环境的影响。

4. 会教 4(税收政策与规划):研究国际国内税收的基本原理、概念、法规及实务,特别是公司及个人两方面的问题;研究联邦税收对企业规划、经营和组织结构的影响,联邦税收对利润、现金流量的影响,以及对反映企业决策和税收法规变动的财务状况的影响。

5. 会教 5(审计概念与准则):研究财务审计和经营审计的基本理论和技术,包括审计准则、内部控制的设计与评估、统计方法在审计中的应用、审计证据、审计报告、政府审计中的作用、法律及道德问题,以及在组织变更与发展过程中审计作为代理人的作用。

6. 会教 6(当代会计问题)：研究最新的会计问题，特别是财务会计准则委员会、政府会计准则委员会、国内税务署、证券交易委员会、全美会计师协会及其他职业团体的最新动向及其对企业决策的影响做深入细致的研究；学生应编写并提交报告。

7. 会教 7(内部审计与经营审计)：学习内部审计及经营审计的方法，以及管理决策中对审计结果的利用。

8. 会教 8(当代管理会计问题)：研究最新的管理会计问题，特别是应对管理会计实务委员会及其他职业团体的最新公告及其对决策的影响做深入细致的研究，并学会编写和提交报告。

9. 会教 9(其他)：学习本学科课程中没有讲授的其他会计问题。这些内容包括(但不限于)会计理论、审计、信息系统、国际会计和税收等。其目的在于让学生获得更深入的会计知识。

思考题

1. 管理会计专业组织的作用是什么？
2. 注册管理会计师应具备哪些素质？
3. 管理会计人员必须遵循哪些职业道德？
4. 管理会计人员职业教育的内容有哪些？

GUAN LI
KUAIJI

第②篇

传统管理会计

04

第四章　**成本性态与本量利分析**

第一节　成本性态

一、成本性态的含义

成本性态(cost behavior)，亦译为成本习性、成本特性，它是指成本与业务量之间的依存关系，即成本如何随着业务量的变动而产生不同的变动。因为这种依存关系是客观存在的，具有固有的性质，所以称为"性态"或"习性"、"特性"。成本性态是管理会计学中最基本和最重要的成本分类标志之一。

这里的成本，是指企业为取得营业收入而付出的制造成本和非制造成本，它不仅包括产品的全部生产成本，还包括企业的销售费用和管理费用等所构成的期间成本。

这里的业务量，是指企业在一定的生产经营期内投入或完成的经营工作量的通称，可表现为多种计量单位，包括绝对量和相对量两大类。其中绝对量又可细分为实物量、价值量和时间量三种形式；相对量可以用百分比和比率等形式来反映。具体使用什么计量单位应视管理要求和现实可能而定。它是企业生产活动的业务基础。业务量可以是产品产量、人工小时、机器工作小时、销售量等。在研究成本性态时，应选择与所考察的成本存在着最直接联系的业务量。

当企业的业务量水平提高或降低时，一项特定的成本可能随之提高、降低或者不变。这就是不同的成本所表现出的不同的成本性态。研究成本与业务量的依存性,进行成本性态分析,可以从定性和定量两方面掌握成本与业务量之间的变动规律,这不仅有利于事先控制成本和挖掘降低成本的潜力,而且有助于进行科学的预测、规划、决策和控制。

二、成本按性态的分类

全部成本按其性态不同,可以分为固定成本(fixed cost)、变动成本(variable cost)和混合成本(mixed cost)三类。

(一)固定成本

1. 固定成本的定义

固定成本是指在一定相关范围内,成本总额不受业务量增减变动的影响而保持固定不变的成本项目。

2. 固定成本的特点

固定成本具有总额不变性和单位成本的反比例变动性的特点。固定成本总额的不变性是指在相关范围内,其成本总额总是保持同一个水平上的特性。单位成本的反比例变动性是指单位固定成本与业务量的乘积恒等于一个常数的特性,即单位成本与业务量成反比关系。

3. 固定成本的习性模型

假设 y 代表成本总额,x 代表业务量,a 代表一个常数,则固定成本总额的习性模型可表示为 $y=a$。在 Oxy 平面直角坐标系中,固定成本总额的习性模型是一条平行于 x 轴的直线。如果 y' 代表单位固定成本,则单位固定成本的习性模型可表示为 $y'=a/x$。在 Oxy 平面直角坐标系中,单位固定成本的习性模型是一条反比例曲线。固定成本的习性模型如图 4-1 所示。

[**例 4-1**]皇冠公司由于拓展业务的需要,从租赁公司租赁了一条生产计算机的生产线,租金为每年 1 200 000 元,其最大生产能力为每年 10 000 台。显然,当皇冠公司每年生产的计算机在 10 000 台之内时,不管其业务量(产量)如何变化,生产线的租金总成本都是不变的。所以,对皇冠公司来说,生产线的租金就是生产计算机的一项固定成本。

为了便于建立数学模型进行定量分析,现假定计算机的生产量(即业务量)为 x,其生产线的租金总成本(即固定成本总额)为 a,每台计算机所负担的租金成本(即单位固定成本)为 a/x,那么,它们之间的关系如表 4-1 所示。

表 4-1　不同产量下租金的总成本及单位成本

单位:元

计算机产量(台) (业务量 x)	租金总成本 (固定成本总额 a)	每台计算机所负担的租金成本 (单位固定成本 a/x)
2 000	1 200 000	600
4 000	1 200 000	300
6 000	1 200 000	200
8 000	1 200 000	150
10 000	1 200 000	120

从表 4-1 可以看出,在一定业务量(此处为 10 000 台)范围内,固定成本总额 a(此处为 1 200 000 元)不随业务量水平的变化而变化,即总是保持固定不变;而单位固定成本 a/x 则随业务量 x 的增加(减少)而减少(增加)。

它们还可以用图 4-1 形象而直观地描绘出来。

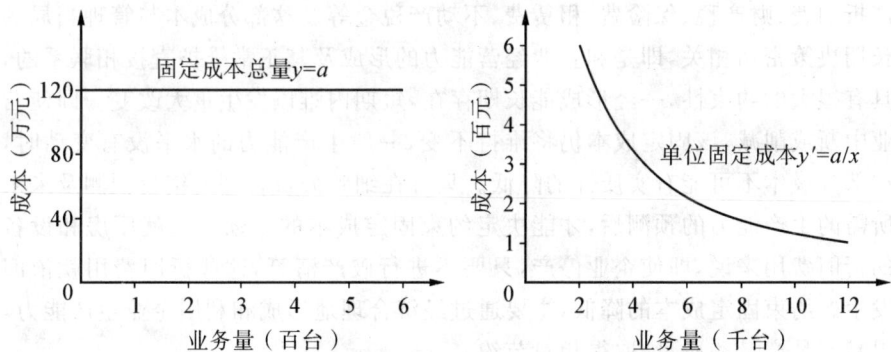

图 4-1　固定成本的习性模型

4.固定成本的内容

一般来说,成本费用中不随业务量变动的固定成本包括固定性制造费用、固定性销售费用和固定性管理费用等三个部分,如差旅费、租赁费、保险费、广告费、劳动保护费、办公费、管理人员工资、按直线法计算的固定资产折旧费及其他与业务量无关的成本费用等都属于固定成本范畴。

5.固定成本的细分

固定成本按其支出数额是否受管理当局短期决策行为的影响,可将其进一步细分为酌量性固定成本和约束性固定成本两类。区分这两类固定成本的意义在于寻求降低该类成本的最佳途径。

（1）酌量性固定成本（discretionary fixed cost）。酌量性固定成本亦称管理固定成本、规划成本和抉择固定成本，是指通过管理当局的短期决策行为可以改变其支出数额的成本项目，如广告费、新产品研究开发费用、职员培训费、科研试验费等。这类费用的支出与管理当局的短期决策密切相关，即管理当局可以根据企业当时的具体情况和财务负担能力，斟酌是否继续维持或调整这部分成本，而对企业的长期目标不致产生太大的影响。酌量性固定成本的降低，应在保持其预算功能的前提下，尽可能减少其支出数额，即只有提高酌量性固定成本的使用效率，才能促使其降低。酌量性固定成本关系到企业的竞争能力，是一种为企业的生产经营提供良好条件的成本。如企业的研发投入、职工培训都关系到企业的长远发展。

（2）约束性固定成本（committed fixed cost）。约束性固定成本亦称承诺固定成本，是指通过管理当局的短期决策行为不能改变其支出数额的成本项目，即投资于厂房、机器设备及企业基本组织结构的生产能力成本，如固定资产折旧费、财产税、保险费、租赁费、不动产税金等。这部分成本与管理当局的长期决策密切相关，即是和企业经营能力的形成及其正常维护直接相联系的，具有很大的约束性，一经形成能长期存在，短期内难以发生重大改变。即使营业中断或削减，该固定成本仍将维持不变，一般生产能力的水平没有变动时，这部分成本不可能有实质性的降低。只有在细致分析长期的销货预测及未来所需的生产能力的预测后，才能决定约束固定成本的变动。如就厂房和设备的折旧费用来说，即使企业停产，只要不进行破产清算，这些折旧费用就依旧发生。约束固定成本的降低，主要通过经济合理地形成和利用企业生产能力，提高产品产量和质量，取得相对节约。

应该注意的是，酌量性固定成本与约束性固定成本之间并没有绝对的界限，一项具体的固定成本究竟应归属于哪一类，取决于企业管理当局特定的管理方式。若该企业的管理当局倾向于经常性地分析大多数固定成本项目的可行性，则其固定成本中的酌量性固定成本的比重会较大，反之亦然。

（二）变动成本

1. 变动成本的定义

变动成本是指在一定相关范围内，成本总额随业务量的增减变动而成正比例变动的成本项目。即当业务量发生一定比例的变动时，相应的变动成本也会随之发生相同比例的变动。

2. 变动成本的特点

变动成本具有总额的正比例变动性和单位额不变性的特点。变动成本的正比例变动性是指在相关范围内,其成本总额随着业务量的变动而成倍数变动的特性。单位变动成本的不变性是指无论业务量怎样变化其单位成本都保持在原有水平上的特性。

3.变动成本的习性模型

仍以 y 代表成本总额,x 代表业务量,b 代表一个常数,则变动成本总额的习性模型可表示为 $y=bx$。在 Oxy 平面直角坐标系中,变动成本总额的习性模型是一条通过原点,以单位变动成本 b 为斜率的直线,显然,单位变动成本越大,即斜率越大,变动成本总额线的坡度越陡。设以 y 表示单位变动成本,则单位变动成本的习性模型为 $y=b$。在 Oxy 平面直角坐标系中,单位变动成本的习性模型是一条平行于横轴的直线。变动成本的性态模型如图 4-2 所示。

[例 4-2]承例 4-1,若皇冠公司每生产 1 台计算机,需要一个外购的 CPU,目前符合该公司要求的 CPU 市场价格为每个 300 元(包括运费等各项附加费用)。分析可知,皇冠公司每年外购 CPU 的成本总额与它所生产的计算机台数,即它的年生产量直接相关,可视为一项以产量为业务量基础的变动成本。现假定 CPU 的外购单价即单位变动成本为 b,计算机的年产量同样为 x,则外购 CPU 的成本总额为 bx。那么,它们之间的关系如表 4-2 所示。

表 4-2　不同产量水平下 CPU 的外购单价及成本总额

金额单位:元

计算机产量(台) (业务量 x)	CPU 的外购单价 (单位变动成本 b)	外购 CPU 的成本总额 (变动成本总额 bx)
2 000	300	600 000
4 000	300	1 200 000
6 000	300	1 800 000
8 000	300	2 400 000
10 000	300	3 000 000

从表 4-2 中可以看出,在一定的范围之内,变动成本总额(bx)随业务量水平(x)的变动而成正比例变动;而单位变动成本(b)则不随业务量水平(x)的变化而变化,即总是保持固定不变。

它们还可以用图 4-2 形象而直观地描绘出来。

4.变动成本的内容

一般来说,生产成本中的直接材料、直接人工、制造费用中随业务量成正比例变动的间接材料、燃料及动力照明费、间接人工,以及按产量法计算的折

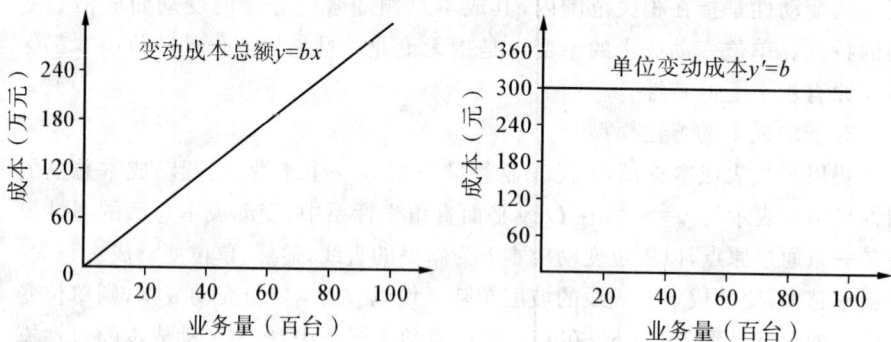

图4-2 变动成本的习性模型

旧费等,期间成本中按销量计算的销售人员佣金、装运费、包装费等都属于变动成本的范畴。

5.变动成本的细分

变动成本可根据其发生的原因进一步划分为技术性变动成本和酌量性变动成本两大类。

(1)技术性变动成本。技术性变动成本是指单位成本受客观因素影响、消耗量由技术因素决定的变动成本。例如,生产某型号的电冰箱需要外购压缩机一台,在外购条件一定的条件下,其成本就属于受设计影响的、与电冰箱产量成正比例关系的技术性变动成本。又如,一台计算机一般要用一个硬盘、一台显示器、一个主机机箱等,在这种情况下,硬盘、显示器及主机机箱的成本就属于随电脑产量成正比例变动的技术性变动成本。另外,在工资水平不变的前提下,流水作业生产岗位上的工人,其工资和福利费也是受工艺流程影响的变动成本。这类成本的实质是利用生产能力进行生产所必然发生的成本。若企业不生产产品,则不会发生这种技术性变动成本。要想降低这类成本,一般应当通过改进设计方案,改造工艺技术条件,提高劳动生产率、材料综合利用率和投入产出比率,以及加强控制、降低单耗等措施来实现。

(2)酌量性变动成本。酌量性变动成本是指消耗受客观因素决定、单位成本主要受企业管理部门决策影响的变动成本。例如,按销售收入的一定比例支付的销售佣金、技术转让费等。又如,在分散作业的计件工资制度下,由于计件单价受管理当局决策的制约,其工资成本随产量成正比例变动,所以,它也是一种酌量性变动成本。这类成本的主要特点是,其单位变动成本的发生额可由管理阶层来决定。要想降低这类成本,应当通过提高管理人员的素质、进行合理的经营决策、优化劳动组合、改善成本——效益关系、全面降低材料采购成本、严格控制制造费用的开支等措施来实现。

与固定成本不同，变动成本的水平一般是用单位额来表示的。因为，在一定条件下，单位变动成本不受业务量变动的影响而能直接反映主要材料成本、人工成本和变动性制造费用的消耗水平，所以，要降低变动成本的水平，就应该从降低单位变动成本的消耗量入手。显然，由于变动成本是以相应的业务量为基础的，所以只有通过改进技术、更新设备、提高生产率等手段，才能达到降低单位变动成本以相应降低变动成本总额的目的。

（三）混合成本

1.混合成本定义

混合成本是指全部成本中介于固定成本和变动成本之间、既随业务量变动又不与其成正比例的那部分成本。将企业的全部成本按成本习性划分为变动成本和固定成本两大类，是管理会计规划与控制企业经济活动的前提条件。但是，在实务中，往往有很多成本项目不能简单地将其归类于固定成本或变动成本，一些成本明细项目同时兼有变动成本和固定成本两种不同的特性。它们既非完全固定不变，也不随业务量成正比例变动，不能简单地把它们列入固定成本或变动成本，因而就统称为"混合成本"。

2.混合成本存在的必然性

在实际工作中，有许多成本的明细项目属于这类成本。这是因为全部成本在按其习性分类时，必须先后采用"是否变动"和"是否成正比例变动"双重分类标准。如果只按照"是否变动"的标志分类，只能界定出根本不随业务量变动的固定成本，但无法同时界定出变动成本，这是因为变动成本不仅随业务量变动，而且这种变动是成正比例的；如果只按照"是否成正比例变动"的标志分类，则只能界定出随业务量成正比例变动的变动成本，而无法同时界定出固定成本，这是因为不随业务量正比例变动的成本不一定固定不变。无论"是否变动"和"是否成正比例变动"这两个标志哪个在前，全部成本按其习性分类的结果必然产生游离于固定成本和变动成本之间的混合成本。因此，混合成本的存在具有其客观必然性。

3.混合成本的细分

混合成本与业务量之间的关系比较复杂，按照其变动趋势的不同特点，常见的混合成本有半变动成本、半固定成本、延期变动成本和曲线变动成本四种类型。

（1）半变动成本（semi-variable cost）。这类成本由两部分组成：一部分是一个固定的基数，一般不变，类似于固定成本；另一部分是在此基数之上随着业务量的增长而增加的成本,类似于变动成本。如企业需要交纳的大多数公用事业费(电话费、电费、水费、煤气费等),以及机器设备的维护保养费、销售人员的薪金等均属于半变动成本,这些费用中的一部分是基数,不管企业本期是否使用或是否有业务发生,都需要支付,属于固定成本的性质;另一部分则根据企业耗用量的多少或业务量的多少来计算,属于变动成本的性质。半变动成本的性态模型见图 4-3。这种成本又称典型的混合成本,可直接写成 $y＝a＋bx$。

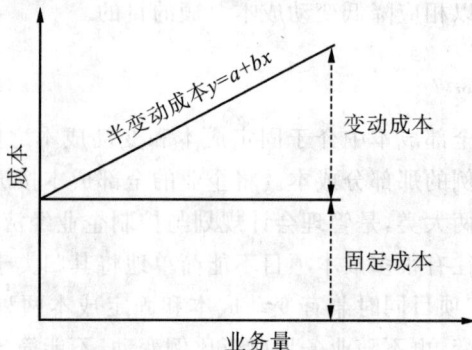

图 4-3　半变动成本模型

(2)半固定成本(semi-fixed cost),亦称阶梯式固定成本(step-fixed cost)。在相关范围内,这类成本的总额通常不随业务量的增减而变动;但业务量一旦超出相应的范围,成本总额便会发生跳跃式的变化,继而在新的业务量范围内保持相对稳定,直到业务量超出新的范围,成本总额再次出现新的跳跃为止,因此,半固定成本又称为阶梯式成本(step cost)。如企业产品质量检测人员的工资就属于半固定成本。假如某企业的质检人员每人每月最多可检测 600 件产品,那么当企业的月产量低于 600 件时,企业只需支付一名质检人员的工资,假定每个质检人员的工资为 800 元;当企业的月产量高于 600 件但低于 1 200 件时,企业则需支付两名质检人员的工资,以此类推。即该企业质检人员的工资以 600 件产品为其相应的业务量范围,每超出一个新的范围,质检人员的工资总额就会发生一次新的跳跃。半固定成本的性态模型如图 4-4 所示。

(3)延期变动成本(delayed-variable cost),亦称低坡型混合成本。这类成本是指在范围内成本总额不随业务量变动而变动,但当业务量超出这一范围后,成本总额将随业务量的变动而发生相应的增减变动的成本项目。例如,企业在正常工作时间(或正常产量)的情况下,支付给职工的工资是固定不变的,但当工作时间(或正常产量)超过规定水准,则需按加班时间的长短成比例地

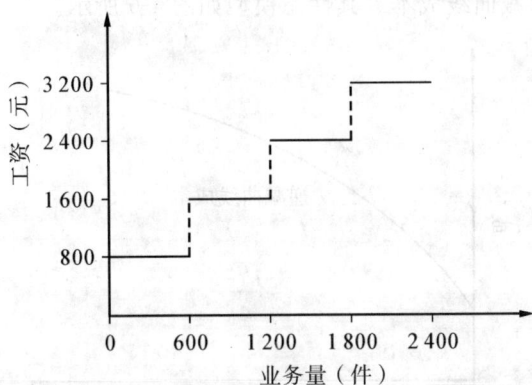

图4-4 半固定成本

支付加班费,所有为此而支付的人工成本,则属于延期变动成本。延期变动成本的性态模型如图4-5所示。

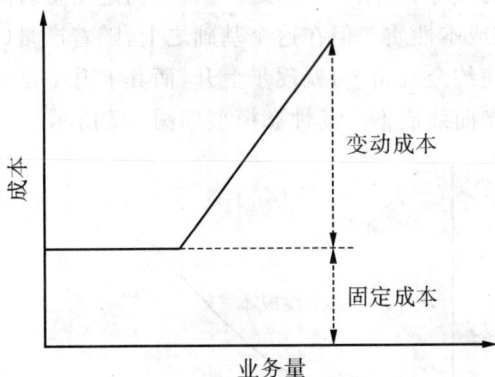

图4-5 延期变动成本的性态模型

(4)曲线变动成本。这类成本通常也有一个不变的基数,相当于固定成本,但在这个基数之上,成本虽然随着业务量的增加而增加,但两者之间并不像变动成本那样保持严格的正比例直线关系,而是显非线性的曲线关系。这种曲线成本又可进一步细分为以下两种类型:

①递减曲线成本(decrease progressively curve cost)。例如,热处理的电炉设备,每班需要预热,因预热而耗电的成本(初始量)属于固定成本性质;预热后进行热处理的耗电成本,则随业务量的增加而逐步上升。但两者不成正比例,而呈非线性关系,并且成本上升越来越慢,即其上升率是递减的,故这类

曲线成本称为递减曲线成本。其性态模型如图 4-6 所示。

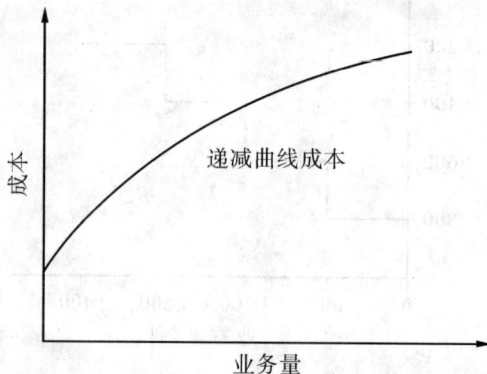

图 4-6　递减曲线成本性态模型

②递增曲线成本(increase progressively curve cost)。例如,累进计件工资、各种违约金、罚金等,当刚达到约定产量(或约定交货时间)时,成本是固定不变的,属于固定成本性质。但在这个基础之上,随着产量(或延迟时间)的增加,计件工资(或违约金或罚金)就逐步上升,而其上升率是递增的。故这类曲线成本就称为递增曲线成本。其性态模型如图 4-7 所示。

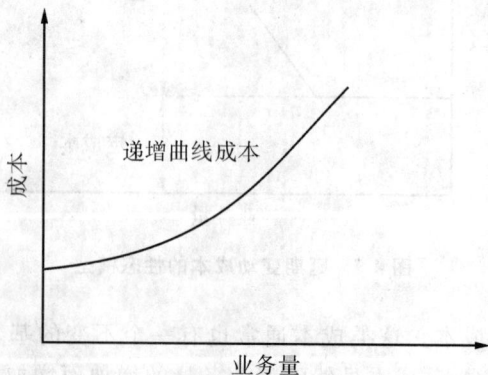

图 4-7　递增曲线成本性态模型

三、相关范围的假设

(一)相关范围的概念

对固定成本和变动成本的分类,都是建立在一定的假设基础上的,在管理会计中,广义的相关范围是指能够使固定成本和变动成本习性保持稳定不变的特定变动范围。这些条件包括:业务量的相关范围、相关时期及大环境。狭义的相关范围是指业务量的特定变动范围。如果超出相关范围,就不能保持成本特性不变。不仅固定成本和变动成本只能存在于一定的相关范围内,而且,每一类成本中的不同成本项目都可能有其不同的相关范围。相关范围是理解成本习性的一个重要概念。

(二)业务量的相关范围

1.固定成本相关范围的特定含义

第一,固定成本总额的"固定性"是对特定的期间而言的,从较长期看,所有成本都是可变的。因为随着时间的推移,企业生产经营能力的规模和质量都将发生变化,由此必然涉及厂房的扩建、设备的更新、管理人员的增减,从而引起折旧费、大修理费及工资等支出额的改变。

第二,固定成本总额的"固定性"是对特定的业务量水平而言的。这里所说的"业务量水平"一般是指企业现有的生产能力水平。因为业务量一旦超过这一水平,势必要增添设备、扩充机构、增加人员,从而使折旧费、修理费、管理人员工资等固定成本相应增加,其固定成本的固定性就不复存在。

[例4-3]承例4-1,假设皇冠公司已利用了所租赁计算机生产线的最大生产能力,此时所生产的计算机仍供不应求,公司急需扩大生产规模,那么每当其生产量超过10 000台的整倍数时,就需从租赁公司租赁一条计算机生产线。

在这种情况下,皇冠公司各业务量水平下的租金总成本如图4-8所示。

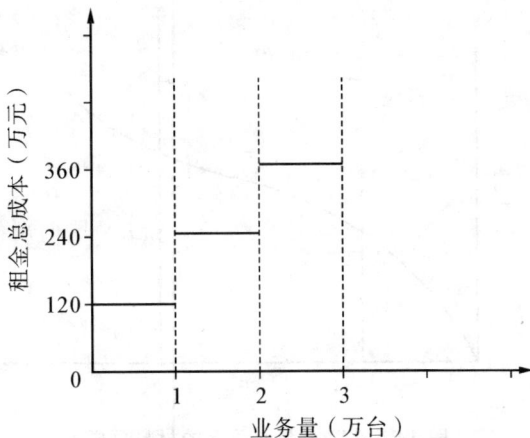

图4-8　各业务量水平下的租金总成本

从图 4-8 中可以看出,当业务量分别在 0～10 000 台、10 000～20 000 台、20 000～30 000 台的范围之内变化时,租金这一固定成本的总额不发生变化,而在业务量的变动超出相应的范围时,固定成本总额则会出现一个突变,使得各业务量水平下的固定成本呈现出一种阶梯状的变化,我们通常称使固定成本总额保持稳定不变的业务量范围为固定成本的相关范围。

该例中,租金总成本为 1 200 000 元的业务量相关范围是 0～10 000 台,租金总成本为 2 400 000 元的业务量相关范围是 10 000～20 000 台,以此类推。

2.变动成本总额和业务量之间的依存关系

与固定成本相似,变动成本总额和业务量之间也存在着一定的相关范围。在前面的分析中,我们均假定变动成本总额与业务量之间成严格的正比例关系,即完全的线性关系,但这种说法的假定条件是"在一定的业务量范围之内",一旦超出了一定的业务量范围,它们之间就可能表现出非线性关系或者另一种线性关系。也就是说,单位变动成本并非在任何情况下都是一个常数。

[例 4-4]某公司消耗甲材料,销售公司为鼓励客户成批购买其产品,给予优惠条件,如该材料单价为 50 元,一次购买 100 件以上者,优惠 2%,每件按 49 元计;一次购买 1 000 件以上者,优惠 4%,每件按 48 元计。在这种情况下,该材料单位变动成本就是 50 元、49 元、48 元,其对应的相关范围分别是 0～100 件、100～1 000 件、1 000 件以上。

在这种情况下,材料消耗量与变动成本的关系如图 4-9 所示。

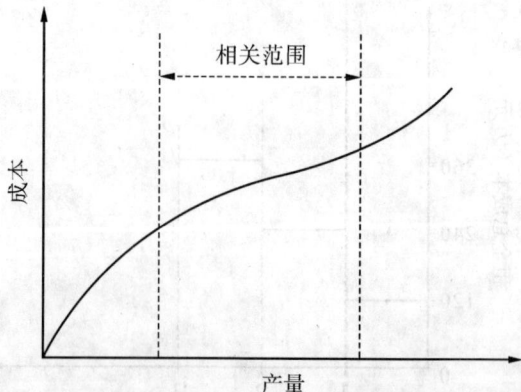

图 4-9　各消耗量水平下的材料总成本

（三）相关时期

对固定成本与变动成本的划分，还取决于所讨论的相关时期。显然，相关时期越短，归属于固定成本的企业成本内容相对就越多，归属于变动成本的就越少。比如，相关时期由一天变为一个季度时，变动成本的内容也会随之增加。

在许多成本分析中，相关时期被指定为一年。它也适用于借助成本习性进行决策的案例。但如果认为一年的相关时期适用于全部的成本分析，有时则会导致错误的结论。

（四）大环境

企业的生产经营总是处于一定的社会大环境中，因此在一定时期内，企业的成本还会受到经济环境等许多因素的影响而发生变化。如利率的调整、价格政策的变化、金融危机、国家宏观政策的调整、技术革命等，这些宏观因素的变化无疑都会影响到企业的成本，由此也会影响到企业成本的习性。

（五）相关范围的意义

固定成本和变动成本相关范围的存在，使得各项成本的习性具有相对性、暂时性和可转化性的特点，了解这些特点有助于正确地分析成本习性、合理地使用成本信息，以适应企业管理与决策对成本信息的需要。

1. 成本习性的相对性

成本习性的相对性是指在同一时期内，同一成本项目在不同企业之间可能具有不同的习性。这就要求在使用成本习性分析的结论时，应该具体事物具体分析，不能盲目套用别人作出的现成结论。

2. 成本习性的暂时性

成本习性的暂时性是指就同一企业而言，同一成本项目在不同时期可能具有不同的习性。这就要求企业管理者必须根据变化了的情况，经常进行成本习性分析，不能机械地把过去的分析结论看成是一成不变的教条。

3. 成本习性的可转化性

成本习性的可转化性是指在同一时空条件下，某些成本项目可以在其"固定性"和"变动性"之间相互转化。例如，空运代理公司向航空公司所支付的空运租金，在长期包租飞机时属于固定成本，而临时租用货位时，则属于变动成本。这就要求管理会计师灵活地分析成本习性，正确地使用成本信息。

四、混合成本的分解

管理会计为了规划与控制企业的经济活动必须首先将全部成本按其性态划分为固定成本和变动成本两大类，因此，要采用不同的专门方法将混合成本最终分解为固定成本和变动成本两部分,再分别纳入固定成本和变动成本两大类中去,这就叫做混合成本的分解(segregation of mixed cost)。常见的用于分解混合成本的方法有两大类。一类是侧重于定性分析的方法,如账户分析法、合同确认法、工程法等。采用这类分析方法,就是根据各个成本账户的性质、合同中关于支付费用的规定、生产过程中各种成本的技术测定等来具体分析,进而确认哪些成本属于固定成本、哪些成本属于变动成本。另一类是数量分析法,即利用一定期间的业务量与成本的历史数据,采用适当的数学方法进行分析,确定所需分解的混合成本的函数方程,进而将其分解为固定成本和变动成本。常用的此类方法有高低点法、布点图法和回归直线法。

(一)定性分析方法

1. 账户分析法(account analysis approach)

账户分析法亦称会计分析法。它是根据各个成本项目及明细项目的账户性质,通过经验判断,把那些与变动成本较为接近的划入变动成本,把那些与固定成本较为接近的划归固定成本。至于不易简单地划入变动成本或固定成本的项目,则可通过一定比例将它们分解为变动和固定两部分。譬如,燃料及动力成本项目,虽然它不与产量呈严格的正比例关系,但其变动毕竟与产量的关系较大,故仍可视作变动成本处理。至于管理费用以及制造费用中的间接人工、固定资产折旧费、设备租金、保险费、不动产税捐等,因它们基本上与产量的变动关系不显著,均可视作固定成本处理。但是也应考虑不同行业的具体情况,把制造费用中的外部加工费、物料消耗、运输费、低值易耗品摊销等与产量关系较密切的明细项目单独划出,列入变动成本。

账户分析法虽然粗糙一些,但简便易行,是一种有用的分解方法。但实际分析的工作量太大,不适合于规模较大的企业的成本性态分析。

[例 4-5]某企业的制造费用明细如表 4-3 所示。

表 4-3　制造费用明细表

单位:元

费用项目	固定成本	变动成本	混合成本	合　计
电费	20 000	40 000		60 000
电费管理人员工资	60 000			60 000
折旧费	100 000			100 000
物料消耗	40 000	120 000	40 000	200 000
管理费用合计	220 000	160 000	40 000	420 000

假设图中物料消耗的成本性态分类无法再进行,则可将混合成本 40 000 元按其固定成本部分和变动成本部分的比例划分。

$$物料消耗固定成本 = \frac{40\ 000}{40\ 000 + 120\ 000} = 0.25(元)$$

物料消耗混合成本中的固定成本 = 40 000 × 0.25 = 10 000(元)

物料消耗混合成本中的变动成本 = 40 000 − 10 000 = 30 000(元)

2. 合同确认法(contract confirm approach)

合同确认法是根据企业与供应单位所订立的合同(或契约)中关于支付费用的具体规定,来确认费用性态的方法,如电话费、保险费、水、电、气费等。例如电话费,电信局每月向用户收取的基本费用,可以看作是固定成本,按照用户的通话次数计收的费用则是变动成本。

由于任何种类的混合成本都含有固定成本和变动成本两部分,故所有类型的混合成本公式与总成本公式类似,都可用 $y = a + bx$ 来表示。其中 y 代表混合成本总额,a 代表混合成本中的固定成本总额,b 代表混合成本中的单位变动成本,x 代表产量。

因此,在采用合同确认法时,首先就要根据具体情况建立混合成本公式,然后即可据以分别确定固定成本总额与变动成本总额各为多少。

[**例 4-6**]假定皇冠公司与本市供电局在订立合同中规定:皇冠公司每月需支付供电局的变压器维持费 1 200 元,每月用电额度 70 000 度。在额度内每度电费为 0.40 元,如超额用电,则按正常电价 5 倍计算。若该公司每月照明用电平均为 5 000 度,另生产甲产品时,平均每件耗电 5 度。

(1)首先计算在每月用电额度内生产甲产品的最高产量:

$$\frac{用电额度内甲产品}{用电额度的最高产量} = \frac{用电额度 - 照明用电量}{甲产品每件耗电量}$$

$$= \frac{70\ 000 - 5\ 000}{5}$$

$$= 13\ 000(件)$$

(2)建立电费在额度内的混合成本公式:

在用电额度内的电费混合成本 $y = a + bx = (1\ 200 + 0.40 × 5\ 000) + (0.40 × 5) × x$

$$= 3\ 200 + 2x$$

从上述计算结果可以看出:甲产品的产量在 13 000 件以内的电费混合成本中,3 200 元为固定成本总额,每件甲产品的电费成本(即单位变动成本)为 2 元,变动成本总额为 2 元 × 产量。

（3）建立电费在额度以上的混合成本公式：

$$在用电额度以上的电费混合成本(y) = 产量13\,000件的电费成本(a) + 产量在13\,000件以上部分的电费$$

$$= (3\,200 + 2 \times 13\,000) + [0.4 \times 5 \times 5 \times (x - 13\,000)]$$

$$= 29\,200 + 10 \times (x - 13\,000)$$

从上述计算结果可以看出：甲产品的产量在13 000件以上的电费混合成本中，29 200元为固定成本总额，$10x$为变动成本总额。

3. 技术测定法（technique determine approach）

亦称"工程法"（engineering approach）。它是根据生产过程中各种材料和人工成本消耗量的技术测定来划分固定成本和变动成本的方法。其基本点就是把材料、工时的投入量和产量进行对比分析，用来确订单位产量的消耗定额，并把与产量有关的部分汇集为单位变动成本，与产量无关的部分汇集为固定成本。例如，热处理的电炉设备在预热过程中的耗电成本（初始量），可通过技术测定，划归为固定成本；至于预热后对零部件进行热处理的耗电成本，则可划归为变动成本。采用这种方法测定的结果虽比较准确，但工作量很大，特别是对某些制造费用和管理费用的明细项目，分析起来比较困难。因此，该方法通常适用于没有历史数据可供参考的企业，或已建立了标准成本制度（或已制定了定额成本），有现成的消耗定额资料可作为测定的依据的企业。

（二）数量分析法（mathematics segregation method）

数量分析法是根据混合成本在过去一定期间内的成本与业务量的历史数据，采用适当的数学方法加以分解，来确定其中固定成本总额和单位变动成本的平均值，故亦称"历史成本分析法"（historical cost analysis method）。在实际工作中最常用的数学方法有"高低点法"、"布点图法"、"回归直线法"三种。

1. 高低点法

高低点法亦称两点法，是根据企业一定期间历史数据中的最高业务量（高点）和最低业务量（低点）之差，以及它们所对应的混合成本之差，计算出单位变动成本，进而将混合成本最终分解为固定成本和变动成本的方法。

由于混合成本都包含有变动成本和固定成本两种因素，因此它的数学模型同总成本的数学模型类似，也可用直线方程式 $y = a + bx$ 来表示。

假设当业务量达到最高点和最低点时对应的直线方程分别为：

$$y_1 = a + bx_1 \tag{4.1}$$

$$y_2 = a + bx_2 \tag{4.2}$$

（4.1）式－（4.2）式得 $y_1 - y_2 = b(x_1 - x_2)$

所以有 $b = \dfrac{y_1 - y_2}{x_1 - x_2} = \dfrac{\Delta y}{\Delta x}$

即，单位变动成本 $= \dfrac{\text{最高业务量的成本} - \text{最低业务量的成本}}{\text{最高业务量} - \text{最低业务量}}$

然后将 b 值代入方程（4.1）式或（4.2）式，即可求得 a：

$$a = y_2 - bx_1$$

即，固定成本＝最高业务量成本－单位变动成本×最高业务量

或，$a = y_2 - bx_2$

即，固定成本＝最低业务量成本－单位变动成本×最低业务量

[例 4-7]海通公司去年上半年的设备维修费与机器的运转小时数的数据如表 4-4 所示。

表 4-4　海通公司 1—6 月份的设备维修费

项目＼月份	1 月	2 月	3 月	4 月	5 月	6 月
业务量（千机器小时）	7	8	5	9	10	6
维修费（元）	210	215	200	220	230	205

由表 4-4 可以看出，最高点是 5 月份，最低点是 3 月份。可按上述公式计算如下：

$$b = \frac{230 - 200}{10 - 5} = 6（元／千机器小时）$$

$$a = 230 - 6 \times 10 = 170（元）$$

或，$a = 200 - 6 \times 5 = 170（元）$

反映维修费变动趋势的直线方程为：

$$y = 170 + 6x$$

需要注意的是，选择高低点的坐标应以自变量业务量的高低为准，而不是按因变量成本的高低来选择。

高低点法分解成本简便易行，有助于管理人员迅速确定成本关系。但这种方法只以诸多历史数据中的高点和低点两个极端情况来确定一条直线，并以该直线代表所有历史数据，如果最高点和最低点是偏离较大的点，它们所代

表的可能是非典型的成本——业务量关系,其结果将是不太准确的。

2.散布图法

散布图法亦称布点法、目测画线法,是指将若干期业务量和成本的历史数据标注在用业务量和成本构成的坐标图上,形成若干个散布点,然后根据目测画一条尽可能接近所有坐标点的直线,并据此来推测固定成本和变动成本的一种方法。

运用散布图法的第一步,就是将各点画出,以便确定成本与业务量的关系。该图形称为散布图。以例 4-6 中的数据为例画图如图 4-10 所示。

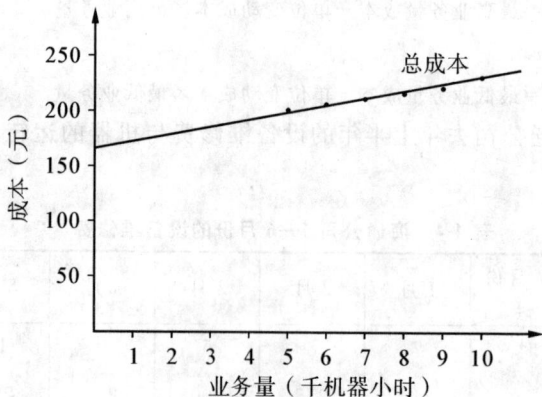

图 4-10　散布图

在图 4-10 中,成本变动趋势直线与 y 轴的交点,即为维修费用中的固定成本 $a=165$ 元;单位变动成本 b 是这条直线的斜率。

$$b=\frac{y-a}{x}$$

在图上任取一点的坐标值代入该公式中,求出 b 值。

$$b=\frac{230-165}{10}=6.5(元)$$

则反映成本变动趋势的直线方程为:

$$y=230+6.5x$$

散布图法利用散布图分解混合成本,综合考虑了一系列观测点上业务量与成本的依存关系,因此,分解的结果较高低点法准确。但散布图法的缺陷,是选择最佳直线时缺乏客观标准,成本方程式的质量取决于分析者主观判断的质量,所以,有时误差比较大。

3.回归直线法

回归直线法是根据"最小平方法"原理,从大量历史数据中计算出最能反映出成本变动趋势的回归直线方程,并以此作为成本模型的一种成本性态分析方法。

在上述的散布图中,依据散布点的趋势,通过目测可以画许多反映 x 与 y 关系的直线。其中,有的直线距离图中大多数点近一些,用这些直线表示 x 与 y 的内在联系与实际情况比较符合;有的直线距离图中大多数点较远,用这些直线则不能准确地表示 x 与 y 的内在联系。其中必有一条直线最接近图上各散布点,这条直线也能最精确地反映 y 与 x 之间的内在联系,最能代表各成本数据的平均水平,以这条直线的方程作为成本性态分析的结果也是最准确的。这一直线就是回归直线,这一直线方程就是回归直线方程。它要求各数据与该直线的总误差最小,或者说,与其他直线相比,各坐标点与该直线的距离的平方和应是最小。因此,可以用"最小平方法"原理确定该直线方程 $y=a+bx$ 中的 a 和 b。

回归直线法的数学推导以混合成本的直线方程式 $y=a+bx$ 为基础,根据这一方程式和实际所采用的一组 n 个观测值,即可得到一组用于决定回归直线的方程式。

现将方程式 $y=a+bx$ 用 n 个观测值的和的形式来反映,即有

$$\sum y = an + b\sum x \tag{4.3}$$

将(4.3)式的两边分别用 x 来加权,得

$$\sum xy = an\sum x + b\sum x^2 \tag{4.4}$$

对(4.3)式移项,得 $a = \dfrac{\sum y - b\sum x}{n}$ (4.5)

将(4.5)式代入(4.4)式,得 $b = \dfrac{n\sum xy - \sum x\sum y}{n\sum x^2 - (\sum x)^2}$ (4.6)

即可得到所需分解的混合成本的方程式。

[**例 4-8**]资料同例 4-7,有关数据如表 4-5 所示。

表 4-5

月份	业务量 x(千机器小时)	混合成本 y(维修费,元)	xy(元)	x^2
1	7	210	1 470	49
2	8	215	1 720	64
3	5	200	1 000	25
4	9	220	1 980	81
5	10	230	2 300	100
6	6	205	1 230	36
$n=6$	$\sum x=45$	$\sum y=1\,280$	$\sum xy=9\,700$	$\sum x^2=355$

将表 4-5 中最后一行数据分别代入(4.6)式和(4.5)式,得

$$b=\frac{6\times 9\,700-45\times 1\,280}{6\times 355-45^2}$$

$$=\frac{58\,200-57\,600}{2\,130-2\,025}$$

$$=5.71$$

$$a=\frac{1\,280-5.71\times 45}{6}$$

$$=\frac{1\,280-256.95}{6}$$

$$=170.51$$

由此可得混合成本(维修费)的直线方程为:

$$y=170.51+5.71x$$

回归直线法使用了误差平方和最小的原理,相对高低点法和散布图法,结果最为精确;但计算过程较繁琐,适用于计算机操作。

五、总成本公式及其性态模型

根据以上的分析,企业的总成本依其性态可分为固定成本、变动成本和混合成本三大类,其中混合成本又包括固定部分和变动部分,因此,企业的总成本公式可以写成:

总成本=固定成本总额+变动成本总额

=固定成本总额+(单位变动成本×业务量)

现用 y 表示总成本,a 表示固定成本总额,b 表示单位变动成本,x 表示业

务量,则上述总成本公式可写成:

$$y=a+bx$$

它的成本性态模型如图 4-11 所示。

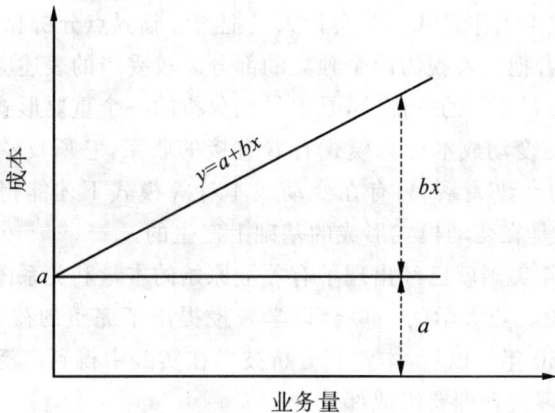

图 4-11　总成本的性态模型

第二节　本量利分析

一、本量利分析的含义及其基本公式

本量利分析,全称"成本—业务量—利润依存关系分析"(cost-volume-profit relationship analysis),是指在成本性态分析的基础上,运用数量化的模型揭示企业一定时期内的成本、业务量和利润之间的相互影响、相互制约关系的一种定量分析方法。

如果把成本、业务量和利润三者之间的依存关系用方程式来描述,可得到本量利分析的基本公式,即

销售单价×销售量−(固定成本总额+单位变动成本×销售量)=利润

或　销售总额−(固定成本总额+变动成本总额)=利润

从狭义上讲,本量利分析是指盈亏临界点分析,它是研究在一定期间内销售收入与销售成本相平衡的点,即上述公式中利润为零的销售量或销售额。

从广义上讲,本量利分析是研究产品的销售价格、数量、成本等因素的变

动对利润的影响。具体地讲是研究企业销售一定数量的产品所能获取的利润;或要求获得一定的利润所必须销售产品的数量、成本和价格水平。

因此,本量利分析不仅可以用来测定盈亏临界点,而且能够更多地应用于寻求最大限度的目标利润,作为企业经营预测、决策和目标管理的重要手段。

许多会计理论工作者和实务会计人员把盈亏临界点分析和本量利分析两者等同起来,或者把两者视为两个独立的部分。较妥当的表述应该是:盈亏临界点分析是本量利分析的一部分,是本量利分析的一个重要形式。

CVP 分析与变动成本计算模式有着直接的联系,它所反映的成本、业务量与利润之间的函数关系,只有在变动成本计算模式下才能得到充分体现。显然,CVP 分析是在变动模式形成的基础上产生的。

早在 1904 年美国就已经出现了有关最原始的本量利关系图的文字记载,1922 年美国哥伦比亚大学的一位会计学教授提出了完整的盈亏临界点分析理论。20 世纪 50 年代以后,本量利分析技术在实践中得到广泛应用,其理论日臻完善,成为现代管理要组成部分。

二、本量利分析的基本假设

本量利分析所建立的有关数学模型和图式,是以一定的基本假设为前提条件的。它们包括:

1. 成本性态的假设。即假设所有成本均已按其性态划分为固定成本和变动成本两大部分。

2. 业务量假设。即假设所有成本均以某一业务量为自变量,收入也是该业务量的函数。这种假设也叫一元函数假设。

3. 相关范围的假设。又叫线性两级假设,即假设在一定时期内,业务量总是在保持成本水平和售价水平不变所能允许的范围内变化的,于是固定成本总额的不变性和变动成本单位额的不变性在相关范围内得以保证,成本函数表现为线性方程;同时,在相关范围内,单价也不因产销业务量的变化而改变,销售收入也是直线方程。这一假定排除了在时间和业务量变动的情况下,各生产要素的价格(原材料、工资率等)、技术条件、工作效率和生产率以及市场条件变化的可能性。

4. 品种的假设。即假设只安排一种产品生产,生产出来的产品均可找到市场;若多于一种产品时,也假设在以价值形式表现的产销总量变动的情况下,不改变原有的品种结构。

5. 利润的假设。在本量利分析中,总是假设利润是事先可以预计的,或是可能实现(应该实现)的目标利润。

6.变动模式的假设。这里所讨论的各种本量利模型均假设建立在变动成本计算模式的基础之上(事实上完全成本模式在一定条件下亦可应用本量利分析技术)。

规定了上述假设,就可以十分便利地揭示成本、业务量和利润等诸因素之间的规律性联系,有助于初学者深刻理解本量利分析的基本原理。同时,了解上述假定也为在实际工作中应用本量利分析原理指出了努力方向:即不能盲目照搬本量利分析的现成结论,必须从动态的角度去研究企业经营条件、市场与价格、生产要素、品种结构与技术条件等诸因素的实际变动,去调整修正分析结论,克服本量利分析的局限性,积极应用动态分析、风险性分析和敏感性分析等技术;同时还应考虑如何在完全模式下应用本量利分析的问题。

三、本量利分析中的基本概念

(一)贡献毛益(contribution margin)

贡献毛益亦可译作边际贡献、贡献边际、创利额,它是指产品的销售收入减去相应的变动成本的差额。贡献毛益是本量利分析中的一个重要概念。贡献毛益减去固定成本之后是利润。每种产品的贡献毛益并不是企业的最终利润,但它的高低,可以反映每种产品为企业创造利润的能力的大小,即它提供了各种产品的盈利能力。因此,贡献毛益具有弥补固定成本和创造利润的特性。与贡献毛益密切有关的有以下两组专门词汇:

1.单位贡献毛益和贡献毛益总额

贡献毛益有两种表现形式:一种是单位概念,称为"单位贡献毛益",是指产品的销售单价减去它的单位变动成本后的差额。其计算公式如下:

$$单位贡献毛益(cm)=销售单价(p)-单位变动成本(b)$$

单位贡献毛益的性质是反映各产品的盈利能力,也就是每增加一个单位产品销售可提供的毛益。

贡献毛益的另一种表现形式是总括概念,称为"贡献毛益总额",是指产品的销售收入总额减去它的变动成本总额后的余额。其计算公式如下:

$$贡献毛益总额(Tcm)=销售收入总额(px)-变动成本总额(bx)$$
$$=(p-b)x=cm \cdot x$$

贡献毛益总额的性质是反映它能为企业的营业利润作出多大贡献。

比较上述两式,显然有

单位贡献毛益×销售量＝贡献毛益总额

又由本量利分析的基本公式,可以得出

利润＝销售收入总额－(固定成本总额＋变动成本总额)

＝贡献毛益总额－固定成本总额

可以看出,贡献毛益只是销售收入扣除变动成本后的余额,它首先需要补偿固定成本,只有补偿后仍有余额,才能成为企业的利润(税前),如果贡献毛益不足以补偿发生的固定成本,企业就会出现亏损。它是反映企业盈利能力的一项重要指标。

[例4-9]三维公司开发出一种新产品,准备投放市场。已知每件产品的单位变动成本为200元,生产该产品的固定成本总额为60 000元,每件产品售价为400元。经过市场调研,预计明年可售出2 000件。

(1)单位贡献毛益(cm)＝销售单价(p)－单位变动成本(b)

$$＝400－200$$

$$＝200(元)$$

(2)贡献毛益总额(Tcm)＝销售收入总额(px)－变动成本总额(bx)

$$＝400×2\ 000－200×2\ 000$$

$$＝800\ 000－400\ 000$$

$$＝400\ 000(元)$$

2.贡献毛益率和变动成本率

贡献毛益率是指以单位贡献毛益除以销售单价的百分率,或以贡献毛益总额除以销售收入总额的百分率,两者计算结果相同。它反映每百元销售额中能提供的毛益金额。现设 cmR 为贡献毛益率,则其计算公式如下:

$$贡献毛益率(cmR)＝\frac{单位贡献毛益(cm)}{销售单价(p)}×100\%$$

$$＝\frac{贡献毛益总额(Tcm)}{销售收入总额(px)}×100\%$$

变动成本率是指以单位变动成本除以销售单价的百分率,或以变动成本总额除以销售收入总额的百分率,两者的计算结果相同。它反映每百元销售额中变动成本所占的金额。现设 bR 为变动成本率,则其计算公式如下:

$$变动成本率(bR)＝\frac{单位变动成本(b)}{销售单价(p)}×100\%$$

$$＝\frac{变动成本总额(bx)}{销售收入总额(px)}×100\%$$

正因为贡献毛益率和变动成本率都是以销售收入作为100％进行计算的，两者相加为100％，故它们之间的关系可用下列公式表示：

贡献毛益率$(cmR)＝1－$变动成本率(bR)

变动成本率$(bR)＝1－$贡献毛益率(cmR)

显然，它们之间有如下关系：

贡献毛益率＋变动成本率＝1

[**例4-10**]资料如例4-9。

$$贡献毛益率(cmR)＝\frac{200}{400}×100％＝50％$$

$$变动成本率(bR)＝\frac{200}{400}×100％＝50％$$

可以验证：贡献毛益率＋变动成本率＝50％＋50％＝1

(二)经营杠杆(operating leverage)

经营杠杆是本量利分析中的另一个重要概念，根据成本性态的原理，在一定的业务量范围内，销售量的增减不会改变固定成本总额，但它会使单位固定成本随之减增，从而提高或降低单位产品的利润，并使利润的变化率大于业务量的变化率。这种由于固定成本存在，销售上较小幅度的变动引起利润上较大幅度的变动（即利润变动率大于业务量变动率）的现象，就称为经营杠杆，它可以反映企业的经营风险。

将经营杠杆量化的一个指标是经营杠杆率，亦称经营杠杆程度，它是指利润变动率相当于业务量变动率的倍数，即

$$经营杠杆率＝\frac{利润变动率}{销售变动率}$$

显然，经营杠杆是由于固定成本的存在引起的，所以企业的固定成本与变动成本在其成本总额中所占的比重即成本结构对经营杠杆有着重要的影响。一般来说，固定成本比重较高的企业具有较高的经营杠杆率，而变动成本比重较高的企业则具有较低的经营杠杆率。经营杠杆率能反映企业经营的风险，并帮助管理当局进行科学的预测分析和决策分析。

四、盈亏临界点的预测分析

盈亏临界点(break-even point)的预测分析是本量利分析方法的具体应用之一。盈亏临界点也称为保本点、盈亏平衡点，是指使企业处于销售收入等

于销售成本,即利润为零的平衡状态的销售量或销售额。盈亏临界点的销售量与销售额又分别称为盈亏临界点销售量(实物量)和盈亏临界点销售额(价值量)。

对企业来说,盈亏临界点是其经营活动中一项十分重要的管理信息,它是企业获得利润的基础,因为只有在达到盈亏临界点的基础上继续增加销售量,企业才能获得利润。

盈亏临界点理论,是19世纪90年代后期德国学者提出的,后来在美国的实际应用中得到发展。

(一)单一产品盈亏临界点的计算

对于生产并销售单一产品的企业,其盈亏临界点的计算通常有以下三种方法可以选择:

1. 本量分析法

根据盈亏临界点的定义,运用本量利分析的基本公式:

销售单价×销售量-(固定成本总额+单位变动成本×销售量)=利润

令利润=0,并对上式进行移项、整理,可得

$$盈亏临界点销售量 = \frac{固定成本总额}{销售单价-单位变动成本}$$

$$= \frac{固定成本总额}{单位贡献毛益}$$

$$盈亏临界点销售额 = \frac{固定成本总额}{贡献毛益率}$$

$$= 盈亏临界点销售量×销售单价$$

[例4-11]按例4-9的基本资料,即已知每件产品的单位变动成本为200元,生产该产品的固定成本总额为60 000元,每件售价定为400元。

要求:计算该公司的盈亏临界点销售量和盈亏临界点销售额。

将相关数据代入上述公式,则有:

$$盈亏临界点销售量 = \frac{60\ 000}{400-200} = 300(件)$$

$$盈亏临界点销售额 = \frac{60\ 000}{50\%} = 120\ 000(元)$$

2. 贡献毛益分析法

我们已经知道,产品所提供的贡献毛益总额必须首先补偿固定成本总额,若仍有余额,才能成为企业的利润;而如果贡献毛益总额不足以补偿固定成本

总额,则形成企业的亏损。那么,当企业处于盈亏临界点时,显然贡献毛益总额和固定成本总额是相等的,即有

$$盈亏临界点销售量×单位贡献毛益=固定成本总额$$

所以有

$$盈亏临界点销售量=\frac{固定成本总额}{单位贡献毛益}$$

或

$$盈亏临界点销售额=保本销售量×销售单价$$
$$=\frac{固定成本总额}{贡献毛益率}$$

通过对比可以看出,按以上两种方法计算保本销售量和保本销售额,并没有实质上的差别,只不过贡献毛益法在计算过程中使用了贡献毛益的概念。

3.图示法

图示法就是通过绘制盈亏临界图来反映企业盈亏临界点的情况。具体做法是:在直角坐标系中,以横轴代表销售量,纵轴代表总成本或销售收入,分别绘出总成本线和总收入线,它们的交点即盈亏临界点。

[例 4-12]沿用例 4-9 的资料。

根据题意,总成本线的方程为:

$$TC=60\,000+200x$$

总收入线的方程为:

$$TR=400x$$

如图 4-12 所示。图 4-12 总收入线和总成本线的交点 A 就是生产该产品的盈亏临界点。盈亏临界点 A 的坐标为(120 000 元/300 件),表示只有当产品的销售量达到 300 件或销售收入达到 120 000 元时,企业才能处于盈亏平衡状态。而在盈亏临界点 A 的左方,总成本线位于总收入线上方,表明销售量低于盈亏临界点销售量,企业的销售收入不能补偿其总成本,即出现了亏损,而且越往左,亏损区的面积越大,表明亏损额越高。在盈亏临界点 A 的右方,总收入线在总成本线上方,表明销售量高于盈亏临界点销售量,企业的销售收入补偿了全部成本后还有余额,即为企业带来了利润,而且越往右,盈利区的面积越大,表明盈利额越高。

由于上述盈亏临界图的绘制基础是本量利分析的基本公式,所以它也称为

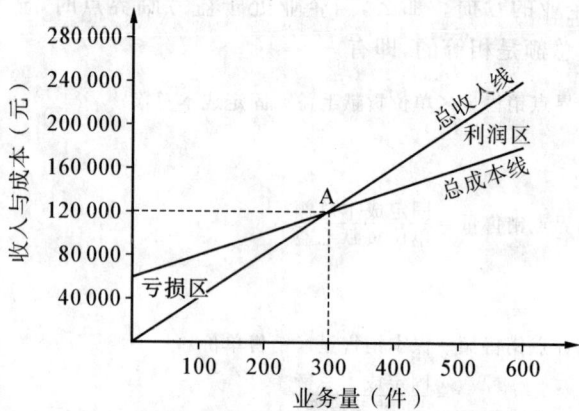

图 4-12　盈亏临界图(本量利式)

本量利式盈亏临界图。此外,还有另外一种盈亏临界图,由于这种盈亏临界图的绘制引入了贡献毛益的概念,因而也称为贡献毛益式盈亏临界图,见图 4-13。

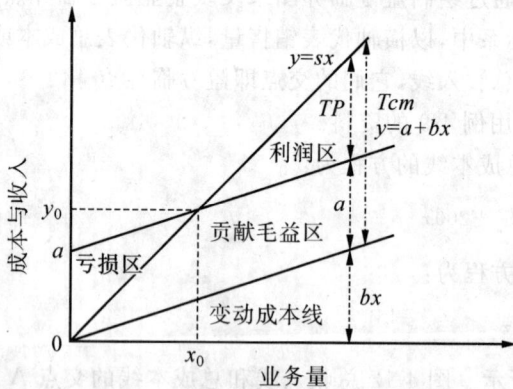

图 4-13　盈亏临界图(贡献毛益式)

　　图 4-13 中,增加了一条变动成本线,它通过原点,与总成本线有着相同的斜率(均为单位变动成本),它们之间的距离为固定成本总额,而变动成本线与 x 轴的距离为变动成本总额,与总收入线之间的距离为贡献毛益总额,所以该盈亏临界图可以清楚地表明:企业的贡献毛益总额必须首先补偿固定成本,若有余额,才能形成企业的利润。

　　(二)多种产品盈亏临界点的计算

　　若企业生产并销售多种产品,其盈亏临界点的预测就无法用盈亏临界点

销售量来表示,而只能用盈亏临界点销售额来反映。常用的计算多种产品盈亏临界点的方法有以下几种可以选择:

1.综合贡献毛益率法

综合贡献毛益率法是将各种产品的贡献毛益和销售收入分别汇总,计算综合贡献毛益率,然后据此计算综合盈亏临界点销售额。

$$综合贡献毛益率=\frac{各种产品贡献毛益之和}{各种产品销售收入之和}\times100\%$$

$$综合盈亏临界点销售额=\frac{固定成本}{综合贡献毛益率}$$

$$各种产品的盈亏临界点销售额=综合盈亏临界点销售额\times该产品占总销售额的比重$$

[例4-13]假设三维公司的固定成本总额为33 300元,同时生产和销售三种产品(假设产销平衡),有关资料如表4-6所示。

表4-6

项目＼产品	A	B	C
产销量(件)	3 320	8 300	2 000
销售单价(元)	20	10	8.3
单位变动成本(元)	10	7	6.64

依据上述有关公式,有关资料计算如表4-7所示。

表4-7

项目＼产品	A	B	C	合计
产销量(件)	3 320	8 300	2 000	15 000
销售单价(元)	20	10	8.3	—
单位变动成本(元)	10	7	6.64	—
单位贡献毛益(元)	10	3	1.66	—
贡献毛益	33 200	24 900	3 320	61 420
贡献毛益率(%)	50	30	20	—
销售收入	66 400	83 000	16 600	166 000
占总销售收入比重(%)	40	50	10	100

$$综合贡献毛益率=\frac{61\ 420}{166\ 000}=37\%$$

$$综合盈亏临界点销售额=\frac{33\ 300}{37\%}=90\ 000(元)$$

A产品盈亏临界点销售额＝90 000×40％＝36 000(元)

B产品盈亏临界点销售额＝90 000×50％＝45 000(元)

C产品盈亏临界点销售额＝90 000×10％＝9 000(元)

2.加权综合贡献毛益率法

加权综合贡献毛益率法是先计算各种产品的边际贡献率,并以各产品的销售比重为权数计算加权边际贡献率,然后根据加权边际贡献率计算综合盈亏临界点销售额,最后再分别计算各种产品的盈亏临界点销售额。

$$全部产品的总销售额=\sum(各种产品的销售单价×该种产品的销售量)$$

$$各种产品占总销售额的比重=\frac{各种产品的销售额}{全部产品的总销售额}$$

$$综合贡献毛益率=\sum(各种产品的贡献毛益率×该种产品占总销售额的比重)$$

$$综合盈亏临界点销售额=\frac{固定成本总额}{综合贡献毛益率}$$

[**例 4-14**]以例 4-13 资料为基础,计算如下:

$$综合贡献毛益率=50\%×40\%+30\%×50\%+20\%×10\%$$
$$=20\%+15\%+2\%$$
$$=37\%$$

$$综合盈亏临界点销售额=\frac{33\ 300}{37\%}=90\ 000(元)$$

A产品盈亏临界点销售额＝90 000×40％＝36 000(元)

B产品盈亏临界点销售额＝90 000×50％＝45 000(元)

C产品盈亏临界点销售额＝90 000×10％＝9 000(元)

上述两种方法的实质是一样的,只是它们分别适用于掌握资料详略程度不同的情况。综合贡献毛益率法可以只需要掌握或预计全厂总的销售收入和边际贡献水平,就可以计算综合盈亏临界点销售额,而不必了解每种产品的资料,因此比较简单。加权边际贡献率法则需要了解各种产品的详细资料,同时它也能提供各种产品的盈亏临界点销售额,因而,相对来说,该法更为具体、更为有用。

3.分算法

分算法是指在一定条件下,将全厂固定成本按一定标准在各种产品之间进行分配,计算每种产品的盈亏临界点销售额,然后,再将各种产品的盈亏临界点销售额汇总,求得综合盈亏临界点销售额。

分算法的关键是要合理分配固定成本,对于专属于某种产品生产时发生的固定成本即专属固定成本,如生产某种产品的专用设备的折旧费及基本维修费,应由该产品负担;对于应由多种产品共同负担的固定成本即共同固定成本,则应选择合适的分配标准进行分配。常用的分配标准有销售额、产品重量、长度、体积、工时、边际贡献或材料耗用量等。

[例 4-15]以例 4-13 资料为基础,假定固定成本 33 300 元中有 A 产品应负担的专属固定成本 1 200 元,其余为 A、B、C 产品应负担的共同成本,以各种产品的贡献毛益为标准进行分配。

$$A\text{产品应负担的固定成本} = 1\ 200 + \frac{33\ 300 - 1\ 200}{61\ 420} \times 33\ 200$$

$$= 1\ 200 + 17\ 351$$

$$= 18\ 551(元)$$

$$B\text{产品应负担的固定成本} = \frac{32\ 100}{61\ 420} \times 24\ 900 = 13\ 014(元)$$

$$C\text{产品应负担的固定成本} = \frac{32\ 100}{61\ 420} \times 3\ 320 = 1\ 735(元)$$

$$A\text{产品盈亏临界点销售额} = \frac{18\ 551}{50\%} = 37\ 102(元)$$

$$B\text{产品盈亏临界点销售额} = \frac{13\ 014}{30\%} = 43\ 385(元)$$

$$C\text{产品盈亏临界点销售额} = \frac{1\ 735}{20\%} = 8\ 675(元)$$

4.联合单位法

联合单位法是指在事先掌握多种产品之间客观存在的相对稳定的产销实物量比例的基础上,将多种产品组合成单一的联合单位产品,确定每一联合单位的单价和单位变动成本,计算联合单位产品的盈亏临界点销售量和销售额,最后再确定每种产品的盈亏临界点销售量和销售额的方法。

如果企业生产的多种产品的实物量之间存在着较稳定的数量关系,而且产销平衡,就可以用联合单位代表按实际实物量比例构成的一组产品。例如表 4-7 中 A、B、C 三种产品的实际销售量为 3 320 件、8 300 件、2 000 件,若选定 B 产品为标准产品,则 A、B、C 三种产品的销量比为 0.4∶1∶0.241,一个联合单位就相当于 0.4 个 A 产品、1 个 B 产品和 0.241 个 C 产品的集合。在此基础上,以联合单位和各种产品的单价及单位变动成本来计算联合单价和联合单位变动成本,并确定联合盈亏临界点。

[**例 4-16**]以例 4-13 资料为基础,计算如下:

联合单价＝20×0.4＋10×1＋8.3×0.241＝20(元)

联合单位变动成本＝10×0.4＋7×1＋6.64×0.241＝12.6(元)

综合盈亏临界点销售量＝$\dfrac{33\ 300}{20-12.6}$＝4 500(联合单位)

综合盈亏临界点销售额＝4 500×20＝90 000(元)

A 产品盈亏临界点销售量＝4 500×0.4＝1 800(件)

B 产品盈亏临界点销售量＝4 500×1＝4 500(件)

C 产品盈亏临界点销售量＝4 500×0.241＝1 085(件)

A 产品盈亏临界点销售额＝1 800×20＝36 000(元)

B 产品盈亏临界点销售额＝4 500×10＝45 000(元)

C 产品盈亏临界点销售额＝1 085×8.3 ＝9 000(元)

5."联合"单位的量利图

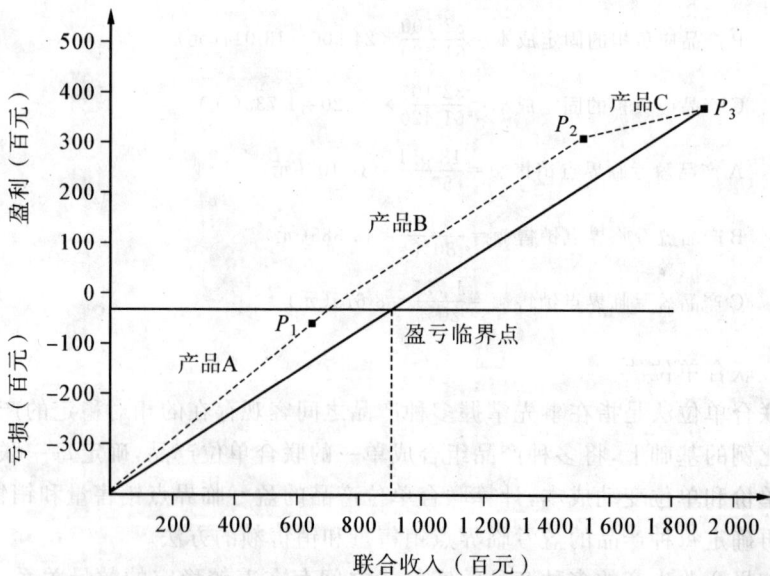

图 4-14　盈亏临界图

从图 4-14 中可以看出,其基本的绘图方法与单一产品情况下量利图大体上一致,所不同的是需将各种产品的贡献毛益额按预定次序逐步累计,逐步计算固定成本的补偿和利润的形成,并在图中按各种产品不同的贡献毛益率依次绘出不同的线段。具体地说,在例中可以先假设企业只销售产品 A,销售收入 66 400 元,贡献毛益为 33 200 元(补偿固定成本后还亏损 100 元)。据此可确定利润点 P_1,连接纵轴上的固定成本点与 P_1 点即可画出产品 A 的利润线。假设企业又销售产品 B,累计销售收入为 149 400 元,累计贡献毛益额为 58 100 元,同理可再确定利润点 P_2,连接 P_1、P_2 两点可画出产品 B 的利润线。以此类推,最后确定产品 C 的利润线。最后,以纵轴上的固定成本点为起点,以 P_3(累计贡献毛益额与累计销售收入的坐标点)为终点,画出一条直线即企业的总利润线。它与损益两平线的交点即为盈亏临界点 90 000 元。值得注意的是,该条利润线是唯一的,与绘图时各产品的先后顺序无关;其斜率反映企业加权的贡献毛益率,图中各段虚线则反映各种产品不同的贡献毛益率,其斜率各不相同,表明各种产品的盈利能力有所不同。

(三)安全边际(margin of safety)与安全边际率(margin of safety ratio)

安全边际是把盈亏临界点和企业的利润联系起来的一个概念,它是指实际的(或预计的)销售量或销售额超过盈亏临界点的销售量或销售额的差额。它反映了企业从目前状态至盈亏临界点状态的下降空间有多大,即企业的销售量或销售额降低多少还不至于造成亏损。

根据定义,安全边际既可以用实物量来表示,也可以用价值量来表示,其公式如下:

安全边际量＝实际(或预计)销售量－盈亏临界点销量

安全边际额＝实际(或预计)销售额－盈亏临界点销售额

显然,对企业的经营来说,安全边际越大,经营风险越低;安全边际越小,其风险越高。

此外,反映企业经营安全程度的另一个指标是安全边际率。

$$安全边际率＝\frac{安全边际量}{实际(或预计)销售量}×100\%$$

$$＝\frac{安全边际额}{实际(或预计)销售额}×100\%$$

可以看出,安全边际率越大,企业的经营就越安全。一般来说,我们可以用表 4-8 所示的经验性数字大致衡量企业经营的安全程度。

表 4-8　企业经营安全性标准

安全边际率	10%	10%～20%	20%～30%	30%～40%	40%
安全程度	危险	值得注意	比较安全	安全	非常安全

此外，由于安全边际表示企业在完全补偿固定成本后仍可实现的销售量和销售额，所以在安全边际大于零的情况下，有

利润＝安全边际量×单位贡献毛益

或

利润＝安全边际额×贡献毛益率

上式两边同除以销售收入，得

销售利润率＝安全边际率×贡献毛益率

（四）盈亏临界点作业率

盈亏临界点作业率又叫"达到盈亏临界点（保本点）的作业率"，是指盈亏临界点销售量（额）与企业正常销售量（额）或应达到的销售量（额）的比率。计算公式如下：

$$盈亏临界点作业率＝\frac{盈亏临界点销售量（额）}{正常销售量（额）}×100\%$$

该项比率表明盈亏临界点占正常业务量的比重，比率越低，企业经营越安全，越有利。也就是说盈亏临界点作业率表明了企业在保本状态下对生产经营能力的利用程度。

如果企业的正常生产经营能力与现有或预计销售量相当，则保本作业率与安全边际率具有如下关系：

安全边际率＋盈亏临界点作业率＝1

[例 4-17]某企业盈亏临界点销售额为 52 000 元，现有销售额 80 000 元，正常销售额为 80 000 元。

安全边际额＝80 000－52 000＝28 000（元）

$$安全边际率＝\frac{28\ 000}{80\ 000}×100\%＝35\%$$

$$盈亏临界点作业率＝\frac{52\ 000}{80\ 000}×100\%＝65\%＝1－35\%$$

表明企业经营程度为安全。

五、本量利三因素依存关系的分析

量—本—利依存关系的分析主要是研究在不同销售水平下，可以取得多

少利润;要取得一定数额的利润,销售量需要达到多少。

计算利润的基本公式为:

$$利润=销售量×(单价-单位变动成本)-固定成本$$

很明显,销售量、单价、单位变动成本和固定成本的变动均会对利润产生影响。

（一）实现目标利润销售额的数学模型

$$目标利润=销售量×(单价-单位变动成本)-固定成本$$

$$销售量=\frac{固定成本+目标利润}{单位贡献毛益}$$

$$销售额=\frac{固定成本+目标利润}{贡献毛益率}$$

（二）有关因素变动对利润的影响

根据这一公式可计算各因素的变动对目标利润的影响,或者计算要实现目标利润,各因素应如何变动。

1.有关因素变动对利润的影响

[**例 4-18**]设某厂目前年产某种产品 50 000 件,每件售价 25 元,单位变动成本 15 元,全年固定成本 400 000 元,则全年可实现利润为:

$$50\ 000×25-50\ 000×15-400\ 000=100\ 000(元)$$

在这基础上,如要求利润增加 50%,达到 150000 元,可以从以下几方面着手,采取相应的措施:

(1)减少固定成本

$$50\ 000=\frac{固定成本+150\ 000}{25-15}$$

固定成本＝350000 元,即在其他条件不变情况下,固定成本从 400 000 元,减少到 350 000 元,(降低 12.5%),可使目标利润实现。

(2)减少变动成本

$$50\ 000=\frac{400\ 000+150\ 000}{25-单位变动成本}$$

单位变动成本＝14 元,如其他条件不变,固定成本从 15 元降到 14 元(降低了 7%),可保证目前利润实现。

(3)提高售价

$$50\ 000 = \frac{400\ 000 + 150\ 000}{单位售价 - 15}$$

单位售价＝26元,单位售价从25元提高到26元,可保证目标利润的实现。

(4)提高销售量

$$销售量 = \frac{400\ 000 + 150\ 000}{25 - 15} = 55\ 000(件)$$

将销售量提高到55 000件,就能实现目标利润。

2.综合计算各有关因素时变动的影响

根据上面所说的基本公式,可能确定在多因素的影响下,实现目标利润的销售额为:

$$销售额 = \frac{原固定成本 \pm 固定成本变动额 + 目标利润}{1 - \frac{原单位变动成本(1 \pm 变动成本变动率)}{原单价(1 \pm 单价变动率)}}$$

(1)降低售价,扩大销售

[**例4-19**]某企业生产A种产品5 000件,每件单位售价20元,单位变动成本16元,全年固定成本20000元。企业拟降低售价10%,并争取实现利润10 000元。销售量要提高到多少,才能实现这一目标?

$$销售额 = \frac{20\ 000 + 10\ 000}{1 - \frac{16}{20 \times (1 - 10\%)}} = 270\ 000(元)$$

也就是说销售额要达到270 000元,产品销售量要达到15 000件(270 000/18)时,才能实现目标利润10 000元。

还可按以下方法分两步计算:

①降低10%以后,达到盈亏临界点的销售量多少?

$$BEP_{(m)} = \frac{固定成本}{1 - \left[\frac{(1 - 贡献毛益率)}{(1 - 售价降低率)}\right]} = \frac{20\ 000}{0.\ 1111} = 180\ 000(元)$$

上式中的 $1 - \left[\frac{(1 - 贡献毛益率)}{(1 - 售价降低率)}\right]$,其经济意义是降价后的边际利润率。

推导过程:

贡献毛益＝销售收入－变动成本

贡献毛益＋变动成本＝销售收入

$$\frac{贡献毛益}{销售收入} + \frac{变动成本}{销售收入} = 1$$

$$\text{贡献毛益率}+\frac{\text{变动成本}}{\text{销售收入}}=1$$

$$\frac{\text{变动成本}}{\text{销售收入}}=1-\text{贡献毛益率}$$

销售价格变动后，重新计算边际利润率：

$$1-\frac{\text{变动成本}}{(1-\text{销售降低率})\times\text{销售收入}}=1-\frac{1-\text{贡献毛益率}}{1-\text{售价降低率}}$$

②降低 10％以后，要实现目标利润 10 000 元,销售量要达到多少?

设 x 为安全边际，则

$$x\times\text{新的贡献毛益率}=\text{目标利润}$$

$x\times0.1111=10\ 000, x=90\ 000(\text{元})$

安全边际 90 000 元再加上临界点销售量 180 000 元,即为所需的销售量 270 000 元。

(2)降低售价,扩大销售,同时降低单位产品的变动成本

[例 4-20]在例 4-19 资料中,设降价 10％后,只能使销售量增加一倍,达到 10 000 件,在这种情况下,要实现目标利润 10 000 元,拟进一步从降低变动成本上挖潜力,单位变动成本要减低多少?

$$1\ 000=\frac{20\ 000+10\ 000}{20(1-10\%)-\text{单位变动成本}}$$

$$\text{单位变动成本}=15(\text{元})$$

单位变动成本要从原来的 16 元降到 15 元,(降低 $\frac{16-15}{16}=6.25\%$),可实现目标利润。

思考题

1.成本为什么要按性态分类?

2.为何需要对混合成本进行分解?

3.什么是贡献毛益? 有何表现形式与特征?

4.什么是盈亏临界点? 如何测算?

5.影响盈亏临界点的因素有哪些?

6.什么是安全边际? 有哪些表现形式? 如何计算?

7.本量利三因素依存关系分析的主要内容有哪些?

05 変动成本法 第五章

第一节　成本计算方法概述

一、问题的引出

小王担任一家集团公司的部门经理已是第 3 个年头了，该公司是根据部门利润的增长幅度给予部门经理相应的年终奖励的。前两年部门的净利润比上年都有较大幅度的提高，小王也都如愿拿到了年终奖励。今年小王很有信心，因为销售合同已超过去年的水平，而成本基本与去年持平。可当年度损益表出来后，小王大吃一惊，第 3 年的利润非但没有提高，反而下降了！一定是会计部门弄错了！于是，主管会计小李与其进行了沟通：

——"没有错，今年的利润之所以会降低，可以通过存货的变动来解释。"

——"存货？我们今年增加了销量，降低了存货，这是好事，利润应该增加才对。"

——"从经营角度看是这样。但存货中包含着成本，这些成本直到销售才列示在损益表上，抵减了收入，减少了利润。"

——"这太不公平了！这是否意味着，即便我们努力把所有存货都销售出去，也有可能失去奖金？"

——"是的。因为我们使用完全成本法计算成本，这是公认会计原则所要求的。若采用变动成本法计算，今年的利润就会较高。"

——"我们应该建议集团采用变动成本计算法来进行行业业绩考评。"

事实上，成本计算方法并不仅仅只有一种，由于成本计算的目的不同，就有可能产生不同的成本计算制度。以下着重探讨这里所提及的完全成本法和变动成本法这两种成本计算方法。

二、变动成本计算法的含义及理论依据

（一）变动成本计算法的含义

在管理会计中广泛采用的成本计算方法是为适应企业预测与决策、规划与控制的需要而产生的变动成本法（variable costing）。这一方法在20世纪30年代起源于美国，由美国会计学家哈里斯于1936年提出。到了50年代，随着企业经营环境的改变、竞争的加剧，人们意识到传统的成本计算越来越难以满足企业内部管理的需要。企业的管理者要求会计提供更加有用的信息，以便加强对经济活动的事前规划和日常控制，于是变动成本计算开始受到人们的普遍重视。到了60年代，它已风靡欧美，成为管理会计的一项重要内容。

变动成本计算又被称为"直接成本计算"（direct costing），或"边际成本计算（marginal costing）。在这种方法下，产品成本只包括在生产过程中所消耗的直接人工、直接材料和变动制造费用，即直接成本，而所有的固定成本（包括固定制造费用）则作为期间成本列入损益表。

（二）变动成本计算的理论依据

变动成本计算区别于完全成本计算，将固定性制造费用作为期间成本来处理，是基于以下理由：

1.产品成本应该只包括变动生产成本

管理会计中，产品成本应是那些随产品实体的流转而流转，产品销售出去时才能与相关收入实现配比，得以补偿的成本。按照变动成本计算的解释，产品成本必然与产品产量密切相关，在生产工艺没有发生实质性变化、成本消耗水平不变的情况下，所发生的产品成本总额应当随着完成的产品产量成正比例变动。如果不存在产品这个物质承担者，就不应当有产品成本存在。因此，在变动成本计算下，只有生产成本中的变动部分才构成产品成本的内容。

2.固定性制造费用应当作为期间成本处理

在管理会计中，期间成本是指那些不随产品实体的流转而流转，而是随企业生产经营持续期间长短而增减，其效益随时间的推移而消逝，不能递延到下期，只能于发生的当期计入损益表，由当期收入补偿的成本。期间成本于发生当期直接转作本期费用，不能计入期末存货并随产品实体的流转而递延至下期。

与完全成本计算不同的是，变动成本计算下的产品成本不包含固定性制

造费用,而是将其作为期间成本,直接计入当期损益。因为,固定性制造费用主要是为企业提供一定的生产经营条件而发生的,这些条件一经形成,不管其实际利用程度如何,有关费用照样发生,同产品的实际生产没有直接联系,并不随产量的增减而增减。也就是说这部分费用所联系的是会计期间而非产品,其效益随着时间的推移而逐渐丧失,不能递延到下一会计期间。因此,固定性制造费用应当作为期间成本来处理。

三、完全成本法的含义及理由

变动成本计算产生以后,人们就把传统的成本计算模式称为"完全成本计算"(full costing),又译作"完全成本法"。即在产品成本计算时,把直接材料、直接人工、变动性制造费用与固定性制造费用全部计入产品成本和存货成本,期间成本只包括非生产成本。由于将固定性制造费用也计入产品成本和存货成本,所以,这种成本计算模式又被称为"吸收成本法"(absorbing costing),又译为"归纳成本计算"。这样,在完全成本法中,固定性制造费用也是存货成本的一个组成部分,只有当存货售出时,这部分固定性制造费用才构成销售成本反映在损益表内,与当期的销售收入相配比。

采用这种成本计算方法的理由是:变动成本与固定成本都是产品生产所必须支出的费用。我们知道,在没有原材料和人工的情况下要生产产品是不可能的,而在没有设备的情况下,要想完成产品的生产同样也是不可能的。既然如此,就应该把它们都列入产品的成本,产品成本中应该包括固定性制造费用。

通过"问题的引出"这一部分的阐述,我们可以有一个粗浅的认识:完全成本法符合公认会计原则的要求,而变动成本法则更适合进行行业绩评价,有利于合理反映经理人员的努力程度。除此以外,这两种方法还有哪些不同呢?这将在下面两节予以更详细的说明。

第二节　变动成本法与完全成本法的比较

由于变动成本计算法与完全成本计算法对固定性制造费用的处理方法不同,因而使得上述两种方法存在着一系列的差异。主要表现在成本划分的类别不同、产品成本构成内容不同、对存货的估价不同、分期损益不同等四个方面。

一、成本划分的类别不同

变动成本法是将全部成本按成本习性区分为变动成本和固定成本两大类,且只将其中的变动生产成本计入产品成本。而完全成本法则把成本按照职能区分为生产成本和非生产成本,并且将全部生产成本均计入产品成本。具体如图 5-1 所示。

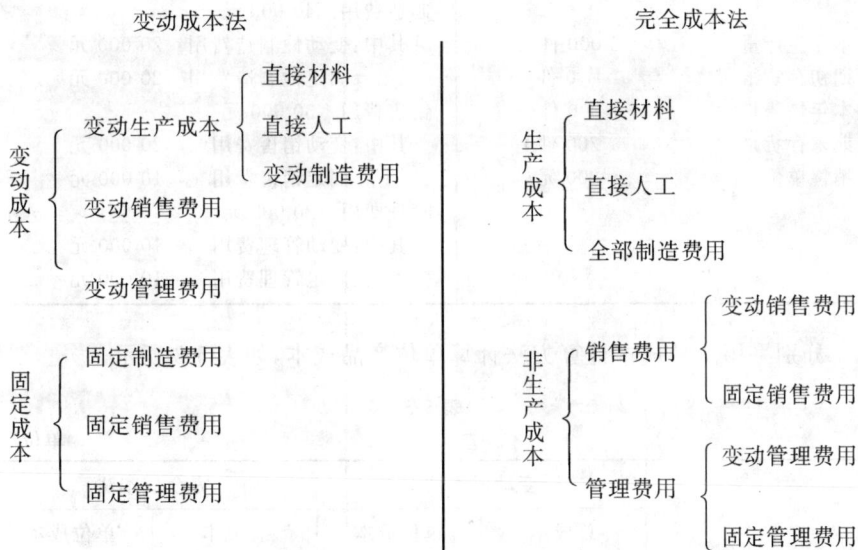

图 5-1　变动成本法与完全成本法的成本划分

二、产品成本构成的内容不同

如前所述,变动成本法是先将制造费用按成本习性分为变动性制造费用和固定性制造费用两类,其中计入产品成本的只有变动性制造费用。而完全成本法则将所有的制造费用完全地计入产品成本。如表 5-1 所示。

表 5-1

	完全成本法下的产品成本	变动成本法下的产品成本
项目	直接材料 直接人工 变动性制造费用 固定性制造费用	直接材料 直接人工 变动性制造费用

[例 5-1]A 企业只生产一种甲产品,其产销量及有关成本资料如表 5-2 所示。

表 5-2　甲产品成本资料

基本资料		成本资料	
		直接材料　80 000 元	
		直接人工　60 000 元	
		制造费用　40 000 元	
本年生产量	2 000 件	其中:变动性制造费用	20 000 元
期初存货量	0 件	固定性制造费用	20 000 元
本年销售量	1 800 件	销售费用　30 000 元	
期末存货量	200 件	其中:变动销售费用	20 000 元
销售单价	200 元	固定销售费用	10 000 元
		管理费用　20 000 元	
		其中:变动管理费用	10 000 元
		固定管理费用	10 000 元

分别采用两种成本计算方法计算单位产品成本,如表 5-3 所示。

表 5-3

单位:元

项　　目	变动成本法		完全成本法	
	总成本	单位成本	总成本	单位成本
直接材料	80 000	40	80 000	40
直接人工	60 000	30	60 000	30
变动性制造费用	20 000	10	20 000	10
固定性制造费用	—	—	20 000	10
合　　计	160 000	80	180 000	90

从表 5-3 中的数字可以看出,完全成本法下的单位成本比变动成本法下的单位成本多了 10 元,是由于前者的每件产品多吸收了固定性制造费用 10 元所致。这种产品成本构成内容上的区别,是变动成本法与完全成本法的主要区别,其他方面的区别均由此产生。

三、存货的估价不同

在完全成本法下,各会计期间发生的固定性制造费用同其他生产成本(直

94

接材料、直接人工、变动性制造费用)一样在完工产品和在产品之间进行分配，完工产品在销售时，全部成本还需在已销产品和未销产品之间进行分配。这样，已销产品、库存产成品、在产品均"吸收"了一部分固定性制造费用，也即各会计期末的产成品和在产品都是按全部成本计价，既包括变动成本，也包括一部分的固定性制造费用。

而在变动成本法下，产品成本只包括变动成本，无论是在产品、库存产成品还是已销产品，其成本只包含变动成本。因此，期末存货是按变动成本计价的，并不包括固定成本。

例 5-1 中，若采用完全成本法，资产负债表上的产品存货与损益表中的销售成本一样，每件均按 90 元计价，产成品存货以 18 000 元列示。而若采用变动成本计算法，资产负债表中的 200 件产成品存货只按每件 80 元计价，列示金额为 16 000 元，全年发生的 20 000 元固定性制造费用则将全额从损益表的销售收入中扣减。具体见表 5-4。

表 5-4

项　　目	变动成本法	完全成本法
单位产品成本(元)	80	90
期末存货量(件)	200	200
期末存货成本(元)	16 000	18 000

四、分期损益不同

(一)收益的计算方法及损益表的编制格式不同

在变动成本法下计算损益，需要考虑便于确定和取得贡献毛益的数据，它的计算不同于完全成本法下损益的计算。

1.变动成本法

(1)贡献毛益＝销售收入－变动成本总额

其中:变动成本＝变动生产成本＋变动销售及管理费用

(2)税前净利＝贡献毛益－固定成本总额

其中:固定成本＝固定制造费用＋固定销售及管理费用

2.完全成本法

(1)销售毛利＝销售收入－销售成本

其中:销售成本＝期初存货成本＋本期生产成本－期末存货成本

(2)税前净利＝销售毛利－销售费用－管理费用

3.编制损益表的格式不同

按完全成本法编制的损益表亦称"职能式收益表",是把所有的成本项目按生产、销售、管理等不同经济职能排列。而按变动成本法编制的损益表是把所有的成本项目按成本习性分为变动和固定两大类进行排列,由于该表可以很方便地获取有关贡献毛益的信息,亦称"贡献式收益表"。

[例5-2]以例5-1的数据,计算两种方法下各自的损益,并编制损益表。

解:(1)变动成本法:

贡献毛益＝1 800×200－(1 800×80＋20 000＋10 000)＝186 000(元)
税前净利＝186 000－(20 000＋10 000＋10 000)＝146 000(元)

(2)完全成本法:

销售毛利＝1 800×200－(0＋2 000×90－200×90)＝198 000(元)
税前净利＝198 000－(30 000＋20 000)＝148 000(元)

(3)编制的损益表如表5-5所示。为便于比较,我们把两张表列在一起。

表5-5　损益表

单位:元

贡献式收益表(变动成本法)		职能式收益表(完全成本法)	
项　目	金　额	项　目	金　额
销售收入	360 000	销售收入	360 000
变动成本		销售成本	
变动生产成本	144 000	期初存货成本	0
变动销售费用	20 000	本期生产成本	180 000
变动管理费用	10 000	期末存货成本	18 000
变动成本总额	174 000	销售成本总额	162 000
贡献毛益	186 000	销售毛利	198 000
固定成本		期间费用	
固定制造费用	20 000	销售费用	30 000
固定销售费用	10 000	管理费用	20 000
固定管理费用	10 000	期间费用合计	50 000
固定成本总额	40 000	税前净利	148 000
税前净利	146 000		

在本例中,按完全成本法求得的税前净利,比按变动成本法算出来的结果要多 2 000 元(148 000 元－146 000 元)。这是因为,在变动成本法下,20 000元的固定性制造费用作为期间成本在当期做一次性扣除;而在完全成本法下,期末 200 件存货中所包含的固定制造费用(每件 10 元),被结转到下一个会计期间,从而使当期的销售成本少了 2 000 元,利润也就多出 2 000 元了。

(二)两种成本计算方法对利润计算的影响

例 5-2 说明了假设企业期初没有存货的情况下两种方法在编制收益表方面的差别。但在实际中,销量和产量是很难做到统一的,很可能在某个或某段会计期间内,出现产销量不平衡的情况,这时两种成本计算方法下的利润又会有何不同?为了全面说明两种成本计算方法对利润计算的影响,下面再举两种情况进行进一步的分析。

1.销售量逐年变动而生产量维持不变

[例 5-3]某企业最近三年只生产一种产品,资料如表 5-6、5-7 所示。

表 5-6

单位:件

摘　　要	第一年	第二年	第三年	合　　计
期初存货量	200	200	1 200	200
本期生产量	8 000	8 000	8 000	24 000
本期销售量	8 000	7 000	9 000	24 000
期末存货量	200	1 200	200	200

表 5-7

单位:元

基本资料		变动成本法	完全成本法
每件售价	20	单位变动生产成本　　5	单位变动生产成本　　5
生产成本:			单位固定生产成本
单位变动成本	5		24 000÷8 000＝3
固定成本总额	24 000		
销售及管理费用			
单位变动成本	0		
固定成本总额	30 000		
单位产品成本		5	8

按变动成本法编制的损益表如表 5-8 所示。

表 5-8 贡献式损益表

(变动成本法)
单位:元

摘　　要	第一年	第二年	第三年	合　计
销售收入	160 000	140 000	180 000	480 000
变动成本	40 000	35 000	45 000	120 000
贡献毛益	120 000	105 000	135 000	360 000
固定成本				
固定性制造费用	24 000	24 000	24 000	72 000
固定销售及管理费用	30 000	30 000	30 000	90 000
固定成本总额	54 000	54 000	54 000	162 000
税前净利	66 000	51 000	81 000	198 000

按完全成本法编制的损益表如表 5-9 所示。

表 5-9 职能式损益表

(完全成本法)
单位:元

摘　　要	第一年	第二年	第三年	合　计
销售收入	160 000	140 000	180 000	480 000
销售成本				
期初存货成本	1 600	1 600	9 600	1 600
当期产品成本	64 000	64 000	64 000	192 000
可供销售的产品成本	65 600	65 600	73 600	193 600
期末存货成本	1 600	9 600	1 600	1 600
销售成本	64 000	56 000	72 000	192 000
毛利	96 000	84 000	108 000	288 000
销售及管理费用	30 000	30 000	30 000	90 000
税前净利	66 000	54 000	78 000	198 000

第一年两种方法求得的税前净利是相同的。这是因为当年的生产量等于销售量,本期发生的固定性制造费用无论是作为变动成本法下的固定成本还是作为完全成本法下的产品成本,均被列为当期损益的减项,从收入中得到补偿,故两种方法算出的税前净利相同。

第二年按完全成本法算出的税前净利较变动成本法高 3 000 元。这是因为该年的生产量大于销售量,使期末存货比期初存货增加 1 000 件,每件存货成本按完全成本法要比变动成本法高 3 元,即单位固定生产成本的数额。因此,按完全成本法就必然要把期末存货 1 000 件所包含的固定生产成本 3 000 元转入下一年度,其销货成本就比变动成本法减少 3 000 元,故计算结果,它的税前净利要比变动成本法的高 3 000 元。

第三年按完全成本法计算出的税前净利较变动成本法低 3 000 元。这是因为该年的生产量小于销售量,采用完全成本法就必须把第二年末转来的期初存货减少 1 000 件中所包含的固定生产成本 3 000 元,转入本期作为销货成本。这样一来,第三年按全部成本法计算的销货成本,不仅包括第三年的固定生产成本,而且要加上期初 1 000 件存货中所包含的 3 000 元固定生产成本。因此,它的销售成本比变动成本法的销售成本多 3 000 元,其税前净利也就必然要比变动成本法少 3 000 元。

但是如果我们从较长的时期看,各期产量与销量之间的关系所决定的两种成本法下税前净利的差异可以相互抵消。如本例中由于连续三个会计年度生产量和销售量的总和相同,故两种方法计算出来的税前净利的总数也相等。

2.产量逐年变动而销售量维持不变

[例 5-4]某企业最近三年只生产一种产品,资料如表 5-10、5-11 所示。

表 5-10

单位:件

摘　要	第一年	第二年	第三年	合　计
期初存货量	0	0	4 000	0
本期生产量	8 000	12 000	4 000	24 000
本期销售量	8 000	8 000	8 000	24 000
期末存货量	0	4 000	0	0

表 5-11

单位:元

基本资料		变动成本法			完全成本法		
		第一年	第二年	第三年	第一年	第二年	第三年
每件售价	10						
生产成本		单位变动生产成本三年均为 4			单位变动生产成本三年均为 4		
单位变动成本	4						
固定成本总额	24 000				单位固定生产成本		
销售及管理费用					3	2	6
单位变动成本	0	单位产品成本			单位产品成本		
固定成本总额	6 000	4	4	4	7	6	10

按变动成本法编制的损益表如表 5-12 所示。

表 5-12　贡献式损益表

（变动成本法）

单位:元

摘　　要	第一年	第二年	第三年	合　计
销售收入	80 000	80 000	80 000	240 000
变动成本	32 000	32 000	32 000	96 000
贡献毛益	48 000	48 000	48 000	144 000
固定成本				
固定制造费用	24 000	24 000	24 000	72 000
销售及管理费用	6 000	6 000	6 000	18 000
固定成本总额	30 000	30 000	30 000	90 000
税前净利	18 000	18 000	18 000	54 000

按完全成本法编制的损益表如表 5-13 所示。

表 5-13　职能式损益表

（完全成本法）　　　　　　　　　　单位：元

摘　　要	第一年	第二年	第三年	合　　计
销售收入	80 000	80 000	80 000	240 000
销售成本				
期初存货成本	0	0	24 000	0
当期产品成本	56 000	72 000	40 000	168 000
可供销售的产品成本	56 000	72 000	64 000	168 000
期末存货成本	0	24 000	0	0
销货成本	56 000	48 000	64 000	168 000
毛利	24 000	32 000	16 000	72 000
销售及管理费用	6 000	6 000	6 000	18 000
税前净利	18 000	26 000	10 000	54 000

　　第一年两种方法算出来的税前净利是相同的。这是因为当年的生产量等于销售量，本期发生的固定性制造费用无论是作为变动成本法下的固定成本还是作为完全成本法下的产品成本，均被列为当期损益的减项，从收入中得到补偿，故两种方法算出的税前净利相同。

　　第二年按完全成本法算出的税前净利，较变动成本法高 8 000 元。这是因为该年的生产量大于销售量，使期末存货增加了 4 000 件，而每件存货的成本按全部成本法要比变动成本法高 2 元。因此，按完全成本法就必然要把期末存货 4 000 件所包含的固定生产成本 8 000 元转入第三年，其第二年的销售成本就要比变动成本法减少 8 000 元，故按完全成本法算出的税前净利要比变动成本法多 8 000 元。

　　第三年按完全成本法求得的税前净利，比变动成本法少 8 000 元，这是因为该年的生产量比销售量少 4 000 件。采用完全成本法就必须把第二年末转来的期初存货 4 000 件中所包含的固定成本 8 000 元，转入本期作为销售成本。这样，第三年按全部成本法计算的销售成本中不仅包含第三年的固定成本，而且还要加上第二年末转来的 8 000 元固定生产成本。因此，它的销售成本就要比采用变动成本计算的销售成本多 8 000 元，它的税前净利也就必然要比变动成本法减少 8 000 元。

另外,由于各年的销售量相同,所以在变动成本法下计算出的各年的税前净利相等。这是因为尽管各年的产量不同,但各年的固定性制造费用全部进入当期损益,所以当其他条件未变时,税前净利也不会变。换句话说,当我们采用了变动成本法以后,若销售单价与成本耗费水平不变,产量高低对税前净利毫无影响,决定税前净利大小的主要因素就是销售量。

3.两种成本计算的税前净利润的差额的变化规律

(1)一般公式

$$\frac{完全成本}{法下的利润} = \frac{变动成本}{法下的利润} + \frac{期末存货所吸收的}{固定性制造费用} - \frac{期初存货所释放的}{固定性制造费用}$$

通过前述的损益的计算方法可以看出,无论是哪一种成本计算方法,本期发生的销售费用和管理费用都要全额计入损益表,只是在损益表中所列的位置和补偿途径方面存在形式上的差异。在变动成本法下,销售费用和管理费用是按成本习性分别处理的,其中的变动部分在计算贡献毛益前扣除,固定部分则在计算贡献毛益后扣除。而在完全成本法下,销售和管理费用作为期间成本,从销售毛利中作一次性扣除。也就是说,销售费用和管理费用不会造成两种方法下利润的差额,两种成本法计算出来的税前净利之所以会有差别,主要是因为从销售收入中扣除的固定制造费用的金额不同。变动成本法不管产销量怎样,总是把本期发生的固定制造费用总额全部扣除;而全部成本法所扣除的固定制造费用,则是期初存货中的固定制造费用加上本期发生的固定制造费用总额,再减去期末存货中的固定制造费用。因此,两种成本计算的税前利润的差额,就应该等于完全成本计算下期末存货吸收的固定性制造费用与期初存货释放的固定性制造费用的差额。

(2)一般规律总结

根据上述一般公式,也可总结出两种成本计算法下分期营业净利润之间的一般变化规律:

①若完全成本计算期末存货吸收的固定性制造费用等于期初存货释放的固定性制造费用,则两种成本计算确定的税前净利润必然相等,其差额等于零。

②若完全成本计算期末存货吸收的固定性制造费用大于期初存货释放的固定性制造费用,则两种成本计算确定的营业净利润差额必然大于零,即按完全成本计算确定的营业净利润一定大于按变动成本计算确定的税前净利润。

③若完全成本计算期末存货吸收的固定性制造费用小于期初存货释放

的固定性制造费用,则两种成本计算确定的营业净利润差额必然小于零,即按完全成本计算确定的营业净利润一定小于按变动成本计算确定的营业净利润。

通过产销平衡关系与营业净利润差额之间的联系,我们可以发现下列具体规律:

①当期末存货量不为零,而期初存货量为零时,按完全成本计算确定的营业净利润大于变动成本计算确定的税前净利润。此时,期初存货释放的固定性制造费用为零,期末存货吸收的固定性制造费用大于零,后者大于前者,所以,完全成本计算与按变动成本计算确定的税前净利润差额大于零。其差额=本期单位固定性制造费用×期末存货量。

②当期末存货量为零,而期初存货量不为零时,按完全成本计算确定的税前净利润小于按变动成本计算确定的税前净利润。此时,期初存货释放的固定性制造费用大于零,而期末存货吸收的固定性制造费用为零,前者大于后者,所以,按完全成本计算与按变动成本计算确定的税前净利润差额就会小于零。其差额=期初存货单位固定性制造费用×期初存货量。

③当期末存货量和期初存货量均为零,即产销绝对平衡时,两种成本计算确定的税前净利润相等。此时,按完全成本计算时,期初期末存货中均未含任何成本,亦即所含固定性制造费用也为零,因此,两种成本计算的税前净利润必然相等。

④当期末存货量和期初存货量均不为零,而且其单位产品所包含的固定性制造费用相等(即前后期固定生产成本总额和产量均不变)时,两种成本计算所确定的营业净利润之间的关系取决于当期的产销平衡关系。

A. 当期末存货量和期初存货量相等(即产销相对平衡)时,按完全成本计算期初存货释放至当期的固定性制造费用数额与期末存货吸收至下期的数额相等,两种成本计算确定的税前净利润相等。

B. 当期末存货量大于期初存货量(即产大于销)时,按完全成本计算期末存货吸收至下期的固定性制造费用数额大于期初存货释放至当期的数额,完全成本计算的税前净利润就大于变动成本计算的结果。其差额=单位固定性制造费用×存货增加量。

C. 当期末存货量小于期初存货量(即产小于销)时,完全成本计算时期末存货吸收至下期的固定性制造费用数额小于期初存货释放至当期的数额,按完全成本计算的税前净利润就小于变动成本计算的结果。其差额=单位固定性制造费用×存货减少量。

⑤当期末存货量和期初存货量均不为零,而且其单位产品所包含的固定性制造费用不相等(即各期产量不相等)时,两种成本计算的分期税前净利润差额与产销平衡关系并无规律性联系。其差额＝期末存货中固定性制造费用－期初存货中固定性制造费用。

第三节　变动成本法和完全成本法的评价

一、变动成本法的优缺点

(一)变动成本法的优点

从前面的叙述中我们可以知道,变动成本法的诞生,突破了传统的、狭隘的成本观点,为强化企业的内部管理、提高经济效益开创了新路。

1.理论上来说,这种方法最符合"费用与收益相配比"这一公认会计原则的要求

所谓费用与收益相配比的原则,就是要求会计所记录的在一定期间所发生的收益和费用,必须属于这一会计期间。也就是说,在一定的会计期间内,应当以产生的收益为根据,把有关的费用同产生的收益配合起来。

变动成本法的基本原理就是把转作本期费用的成本,按成本习性分为两大类:一部分是与产品数量有直接联系的成本,即变动成本,如直接材料、直接人工,以及变动性制造费用。它们需要按产品的销售量的比例,将其中已销售的部分转作当期费用,同本期销售收入相配比,另外将未销售的产品成本转作存货成本,以便与未来预期获得的收益相配比。另一部分是同产品生产数量没有直接联系的成本,即固定成本。它们是为了保持生产能力并使其处于准备状态而引起的各种费用。这类成本与生产能力的利用程度无关,既不会因产量的提高而增加,也不会因产量的下降而减少;它们只联系期间,并随着时间的消逝而逐渐丧失,故应全部列作期间成本,同本期的收益相配比。

而完全成本法没有区分固定成本和变动成本,这使得一部分固定成本随着期末的存货一起库存起来,被递延到之后的会计期间,有悖于"费用与收益相配比"的原则。

2.便于分清各部门的经管责任,有利于进行成本控制和业绩评价

一方面,成本按照成本习性分为变动性和固定性两大类,可以分清部门之间的经管责任。一般来说,变动成本的高低最能反映出企业生产部门和供应

部门的工作实绩,完成的好坏应由他们负责。例如:在直接材料、直接人工和变动制造费用方面,如有节约或超支,就会从产品的变动指标上反映出来。至于固定成本的高低,责任一般不在生产部门,通常应由管理部门负责。另一方面,变动成本所提供的信息还能将由于产量的变动所引起的成本升降,同由于成本控制工作的好坏而造成的成本升降,清楚地区别开来。这不仅有利于我们进行科学的分析,以及采用正确的方法进行成本控制,还能对各种责任单位履行经管责任的工作实绩作出恰当的、实事求是的评价。

3. 促使企业管理当局重视销售环节,防止盲目生产

采用变动成本法,若销售单价与成本耗费水平不变,产量高低对税前净利毫无影响,决定税前净利大小的主要因素就是销售量(见例5-4)。这样一来,就会促使管理当局重视销售环节,把主要精力集中在研究市场的动态、了解消费者的需求、搞好销售预测和以销定产等方面,防止盲目生产。

4. 既简化成本计算,又在一定程度上增强了会计信息的客观性

采用变动成本法,把固定性制造费用列作期间成本,从贡献毛益总额中一笔减除,可以省掉许多间接费用的分摊手续。这不仅大大简化了产品成本的计算过程,避免间接费用分摊中的一些主观随意性,增强会计信息的准确性和客观性,而且使会计人员从繁重的计算工作中解脱出来,集中精力于日常管理。

5. 变动成本法为管理会计系统方法的运用奠定了良好的基础

变动成本法所提供的成本与收益资料侧重为管理决策服务,有利于现代管理方法的应用。变动成本法将成本按性态分类,提供了变动成本、固定成本、贡献毛益的资料,揭示了成本与业务量之间的关系,反映了各种产品的盈利能力,有利于帮助企业管理人员采用科学的方法预测前景,进行短期经营决策以及加强控制。

首先,利用变动成本法的资料可深入进行本量利分析和日常经营风险分析:预测盈亏临界点、规划目标利润、确定目标销售量、进行敏感分析等。

其次,变动成本法有利于科学的短期决策。由于短期决策牵涉的期间一般较短,变动成本、固定成本和业务量之间的增减变动关系能保持在相关范围内,因此,在短期决策分析中,单位变动成本和固定成本保持固定不变,相应的贡献毛益指标代替利润指标,从而可以采用"贡献毛益法"进行亏损产品处理、是否接受追加订货等问题的分析,或者采用"边际分析"确定最佳售价等。变动成本法所提供的信息资料使短期决策分析更为科学、简单、易于理解。

最后,变动成本法有利于建立弹性预算、制定标准成本、实行责任控制等,它使企业在进行控制时的目标成本、目标利润与实际数据有更强的可比性,对实际执行部门有更好的约束与激励作用。

（二）变动成本法的缺点

与完全成本法相比,变动成本法的优点还是比较突出的,但它也不可避免地存在一些局限性。

1. 变动成本法的成本分类有较大程度的假定性

由于实际经济生活中混合成本的大量存在,使成本按性态分类带有假定性,而同时,以变动成本法提供的成本资料为基础的各项预测、决策和控制方法的准确与否,在很大程度上也取决于混合成本分解的准确性。

2. 不符合传统产品成本概念的要求

变动成本法下,产品和存货成本不包括固定性制造费用,不符合传统的成本概念。而且这一新的成本概念也不符合公认会计准则的要求,不被财务会计所接受,与税法的有关要求相违背。

3. 不能满足长期经营决策的需要

长期决策不同于短期决策,它所解决的是诸如增加还是减少生力力、扩大还是缩小经营等方面的问题。这种决策需要提出若干年后也相对准确的预测数据作为依据。而从长期来看,由于技术进步和通货膨胀等因素的影响,销售单价、单位变动成本和固定成本的总额很难固定不变,甚至可能发生重大变化。变动成本法下假定的成本与业务量之间的规律性联系也只能保持在一定时期和一定业务量范围内。所以,尽管变动成本法所提供的信息在短期经营决策中能作为确定最优方案的重要依据,但对长期投资来说,它难以胜任。

4. 完全成本法过渡到变动成本法时,会影响有关方面的利益

在实际工作中,如由原来的完全成本法过渡到变动成本法时,一般要降低期末存货的计价,同时,由于要等这些存货售出时才能实现利润,当期的税前净利一般也会减少。这就会使企业延迟支付当期的所得税和股利,从而影响当期税务机关和投资者的收入。

二、完全成本法的优缺点

（一）完全成本法的优点

企业采用完全成本法进行成本计算,主要是出于对完全成本法的两个优点的考虑。

1. 被企业外部各界所接受,有利于企业编制对外报表

完全成本计算是在事后将间接成本分配给各产品,反映了生产产品发生的全部耗费,以此确定产品实际成本和损益,满足对外提供报表的需要。由于它提供的成本信息可以揭示外界公认的成本与产品在质的方面的归属关系,因而广泛地被外界所接受。正是因为完全成本法得到了公认会计原则的认可和支持,美国会计师协会(AICPA)、美国证券交易委员会(SEC)、美国国内税务总局(IR)都主张继续采用完全成本计算。所以企业只能以完全成本法为基础编制对外报表。

2. 有助于刺激企业加速生产发展的积极性

完全成本法下,产量越大,则单位固定成本就越低,从而整个单位产品的成本也随之降低,超额利润也就越大。在利润的驱使下,企业的生产积极性得到了大大的刺激。二战后,西方企业迅速增加固定资产投资规模,使固定生产成本在产品成本中的比重大大提高;而提高产量,就降低了单位产品负担的固定成本,从而使产品成本降低。这种局面决定了在西方会计领域中完全成本计算仍是十分广泛的应用模式。

(二)完全成本法的缺点

完全成本法也存在着一定的局限性,这些正是变动成本法支持者反对它的原因:

(1)用全部成本法计算出来的单位产品成本可能不能反映生产部门的真实业绩。

[例 5-5]某公司本年度生产甲产品 3 000 件情况下的有关成本数据如下:

单位变动生产成本　　　6 元

固定性制造费用总额　　15 000 元

单位固定性制造费用　　5 元(15 000 元/3 000 件)

现有两套计划经营方案可供选择:A 方案是生产 10 000 件产品,其他条件不变;B 方案是维持上年的 3 000 件产量,但设法通过节约能源、降低消耗等具体措施使本期直接材料、直接人工及变动性制造费用降低 50%,其他条件不变。从成本降低的角度,分别按两种成本法计算分析 A、B 两个方案的优劣。

①按变动成本计算

在变动成本计算下,B 方案的单位产品成本为 $6×(1-50\%)=3$ 元,比去年的 6 元下降了 3 元,而 A 方案的单位产品成本则仍为 6 元,没有变化。从降低成本的角度看,显然 B 方案优于 A 方案。

②按完全成本计算

从完全成本计算的角度看,尽管 A 方案并没有采取任何降低生产消耗的措施,但由于产量由上年的 3 000 件增加到 10 000 件,使单位产品成本由上年 11 元降低到 7.5 元(6+15 000/10 000),降低的幅度为 31.82%;而真正采取了降低成本措施的 B 方案,则只由原来的 11 元下降到了 6×(1-50%)+5＝8 元,降低的幅度为 27.27%。所以 A 方案优于 B 方案。

可见,从降低成本的角度看,完全成本计算的评价结论可能挫伤有关部门降低成本的积极性,夸大或掩盖了生产部门的实际业绩。

(2)采用完全成本计算所确定的分期损益,其结果往往难以为管理部门所理解,甚至会鼓励企业片面追求产量,盲目生产,造成积压和浪费。

①有时尽管每年的销售量、销售单价、成本消耗水平等均无变动,但只要产量不同,其单位产品成本和分期营业净利润就会有很大差别,第二节中的例 5-4 就说明了这个问题。这是令人费解的,因为根据经济学原理,商品只有销售出去才有可能实现利润,销量、单价、成本耗费水平均不变,利润就应该也不变。

②有时销售量尽管远远超过往年,销售单价和成本消耗水平等均无变动,但只要期末存货比往年减少,就会出现营业净利润较往年减少的情况,这也让管理部门难以理解。

[例 5-6]假定广海公司 2001 年及 2002 年的有关资料如表 5-14 所示。采用完全成本法编制的损益表如表 5-15 所示。

表 5-14　相关资料

基本资料	2001 年	2002 年
期初存货量(件)	0	6 000
本期生产量(件)	16 000	10 000
本期销售量(件)	10 000	16 000
期末存货量(件)	6 000	0
销售单价(元)	60	60
单位变动生产成本(元)	24	24
固定性制造费用(元)	320 000	320 000
销售及管理费用(元)	20 000	20 000

表 5-15　损益表

（完全成本计算）　　　　　　　　　　　　　　单位:元

项　　目	2001 年		2002 年	
销售收入		600 000		960 000
销货成本				
期初存货成本	0		264 000	
本期生产成本	704 000		560 000	
期末存货成本	264 000	440 000	0	824 000
销售毛利		160 000		136 000
销售及管理费用		20 000		20 000
税前净利		140 000		116 000

以本例的数据可以看出虽然 2002 年比 2001 年的销售收入增加了 60%〔(96 000－60 000)/60 000×100%〕,销售单价、单位变动成本和固定制造费用总额均无变化,而 2002 年的税前净利却较 2001 年下降了 17.14%〔(116 000－140 000)/140000×100%〕,这会难以令人信服。

③有时甚至在销售量下降的情况下,成本消耗水平和售价等均不变,但由于产量的大幅度增加,反而造成营业净利润增加的奇怪现实。这样,不但令人费解,而且还会促使企业不顾市场,盲目生产,造成产品的大量积压和人力、物力与财力资源的极大浪费。

[例 5-7]康安公司连续 2 年的有关资料如表 5-16 所示。采用完全成本法编制的损益表如表 5-17 所示。

表 5-16　相关资料

基本资料	第一年	第二年
期初存货量(件)	0	0
本期生产量(件)	10 000	24 000
本期销售量(件)	10 000	8 000
期末存货量(件)	0	16 000
销售单价(元)	16	16
单位变动生产成本(元)	4	4
固定性制造费用(元)	48 000	48 000
销售及管理费用(元)	20 000	20 000

表 5-17　损益表

（完全成本计算）   单位:元

项　　目	第一年		第二年	
销售收入		160 000		128 000
销货成本				
期初存货成本	0		0	
本期生产成本	88 000		144 000	
期末存货成本	0	88 000	96 000	48 000
销售毛利		72 000		80 000
销售及管理费用		20 000		20 000
税前净利		52 000		60 000

从本例数据可以看出,尽管第 2 年销售下降了 20%[(128 000－160 000)/160 000×100%],售价及成本水平均无变动,第 2 年的税前净利却较第 1 年增加了 15%[(60 000－52 000)/52 000×100%]。

（3）采用完全成本计算,由于成本未按成本性态将变动成本和固定成本分开,因而不利于预测分析、决策分析和编制弹性预算。

（4）采用完全成本计算,对于固定制造费用往往需要经过很繁重的分配手续摊入产品成本,而固定制造费用的各种分配方法,难免要受到会计主管人员的主观判断的影响,带有较大的主观随意性。

三、两种成本计算法的结合与互补

从以上的论述可以看到,变动成本法与完全成本法,各自都有其适用性和局限性。同时,在某种意义上说,两者的优缺点正好又是互相转化的。比如完全成本法适用于编制对外财务报表,而变动成本法却不适合;前者无法提供企业经营管理需要的各种有用的信息,不利于企业的短期决策;而后者正好可以提供这样的信息,有利于短期决策。因此,两者不是互相排斥,也不可能是互相取代,而应互相结合、互相补充。

再从企业会计的职能来看,它一方面要通过灵活多变的方式和手段,为企业内部的经营管理提供决策、规划、控制等诸多方面的有用信息;另一方面又要通过定期提供财务报表,为企业的外部投资人、债权人和其他有关机构服务。所以,为了满足这两方面的需要,既不能用一种成本法取代另一种成本法,也不能搞两种并行不悖的成本计算体系,而只能搞以一种计算法为基础的统一计算体系。

那么,这种统一计算体系应以何种计算法为基础呢?这就需要从何者的工作量最大和对管理的重要性来确定。既然企业内部的工作量是大量的、经常的,并且满足内部经营管理的需要又占据首位(因为只有发展生产、多创效益,才能为国家多征税,为投资人和债权人多提供收益);而对外编制财务报表,通常是定期编制,这就理所当然地应以变动成本计算法为基础,同时对它做适当的调整和变通,以满足外部的需要。这样做还有一个好处,就是可以大大简化核算的手续和工作量,节约时间和精力,使会计人员将更多精力投入到更为重要的工作中去。

建立统一的成本计算体系,应注意以下几个问题:

(1)日常核算应以变动成本为基础,在产品或产成品成本均按变动成本法反映,即只包括直接材料、直接人工和变动性制造费用;

(2)各个月份的内部损益表也可按变动成本法编制;

(3)为便于编制对外报表时作调整的需要,在日常核算时增设几个账户:一个是变动性制造费用,一个是固定性制造费用。这两个账户主要是登记日常发生的业务。还要设立一个"存货中的固定性制造费用"的账户,把发生的固定性制造费用先记入这一账户,到期末再把其中应归属于本期已销售产品的部分转入"销售成本"账户,并列入损益表,作为本期销售收入的一个扣减项目;对其中应属于期末在产品、产成品的部分,仍留在这个账户上,并将其余额附加在资产负债表上的在产品、产成品项目上,使它们仍按所耗费的完全成本列示。

思考题

1.完全成本法与变动成本法在产品成本组成上的主要区别有哪些? 它们的理论依据是什么?

2.试举例说明,在产销平衡情况下,为什么两种成本计算法所确定的分期损益也可能是不相同的。

3.试举例说明,当本期生产量大于销售量时,为什么按完全成本法所确定的净利大于按变动成本法所确定的净利?

4. 完全成本法与变动成本法的优缺点各有哪些?

5.你认为完全成本计算与变动成本计算应如何配合使用?

预测分析 第六章

第一节　预测分析概述

一、预测分析的意义

所谓预测就是根据过去和现有的信息,运用一定的科学手段和方法,预计和预测事物未来发展的趋势。其特点是根据过去和现状预计未来,根据已知推测未知。古人云:"凡事预则立,不预则废","人无远虑,必有近忧",这都是强调预测的重要性。预测分析为决策分析服务,运用预测的基本程序和方法所得到的预测结果可以为企业的经营决策提供科学的数据。预测着重提供一定条件下企业生产经营各方面未来可能实现的数据,而决策则是以它为基础,通过分析比较,权衡利弊得失,从中选取最满意的方案。因此,预测是决策的先导,是决策科学化的前提,没有科学、可靠的预测,也难以作出行之有效的决策;同时预测分析又为计划服务,它是计划不可缺少的一个重要环节。它所提供的数据最终被纳入预算,是编制预算的基础。

随着我国经济体制改革的不断深入,要建立社会主义市场经济,必须首先将企业推向市场,使它们真正成为自主经营、自负盈亏、自我发展、自我约束的经济实体。企业为了应对国际国内的激烈竞争,为了求生存、谋发展,就需要对市场的变化和发展趋势进行深入的调查研究,然后在掌握情况、心中有数的基础上作出科学的预测分析,以便采取相应的对策,克服盲目经营,提高经济效益。因此我们必须深入分析研究预测分析的方法及步骤,根据情况灵活运用,使预测分析在企业的生产经营活动中发挥更大的作用。

自 20 世纪 60 年代以来,国外建立了大量的预测机构。70 年代初世界各国就已有 2 500 多家预测机构,其中美国 356 家,英国 84 家,西德 35 家,意大利 22 家,苏联及东欧各国 600 家。这些机构集中了各方面的大量专门人才,为国家和企业的决策活动提供了大量的数据。

二、预测分析的基本原理

任何经济过程的发展趋势总具有一定的规律性,而这种规律可以为人们所认识和掌握。预测分析以此作为理论依据,它们实质上成为预测的基本原理。主要是:

（一）可知性原理

可知性原理也称为规律性原理。它属于认识论方面的理论研究。辩证唯物主义认为,世界是物质的,事物的发展尽管千姿百态,但是还是各有其自身固有的变化规律。这些规律可以为人们所认识和掌握。这就意味着,任何预测对象的未来发展趋势和状况都是可以预知的。只要人们掌握了事物的发展变化规律,就可以预测事物的未来发展状况。因此可见,可知性原理是人们自觉主动地从事预测活动的重要理论基础之一。一切预测活动都奠基于可知性原理。

（二）延续性原理

它是指企业经营活动过程中,过去和现在的某种发展规律将会延续下去,并假设决定过去和现在发展的条件同样适用于未来。事物的发生、发展往往不是突变性的,而是连续性的,它或多或少地与过去和现在存在一定的联系。预测分析根据这条原理,就可以把未来视作历史的延伸进行推测。下述的趋势预测分析法就是基于这条原理而建立的。

（三）相关性原理

任何事物总是与其他事物之间存在着相互依存、相互制约的关系。联系是普遍的。作为预测对象的任何事物,其未来发展趋势和状况,也必然在多种因素共同作用下出现,企业的生产经营活动也不例外。预测分析根据经济变量之间的联系,利用对某些经济变量的分析研究来推测受它们影响的另一个（或一些）经济变量发展的规律性。下述的因果预测分析法就是基于这条原理而建立的。

（四）可控性原理

如前所述,预测对象未来的发展变化受多种因素的影响,它有自身的发展规律。人们在掌握其规律性的情况下，可以发挥自己的主观能动性和创造性，使事物朝着符合人们愿望的方向发展，这就是可控性原理。如果人们对事物未来的发展变化只能听之任之，无法对它施加任何影响，那么，人们所进行的预测活动就没有什么实际意义了。

在实际工作中，全面掌握和运用上述基本原理，就可以使预测工作建立在科学而可信的基础上。

三、预测分析的方法

预测分析工作做得准确与否，与选择适当的预测分析方法关系甚大。进行预测分析的方法种类繁多，它们随分析对象和预测期限的不同而各有所异。但大体上可将各种预测分析的方法归纳为定量分析和定性分析两大类。

（一）定量分析法

定量分析法又称"数量分析法"，是指在完整掌握与预测对象有关的各种要素定量资料的基础上，运用现代数学方法进行数据处理，据以建立能够反映有关变量之间规律性联系的各类预测模型的方法体系。

定量分析法大致又可分为两类：一类是以一个指标本身过去的变化趋向作为预测的依据，这意味着把未来作为"过去历史的延伸"，这一类方法可称为趋势预测分析法。属于这种方法的有：算术平均法、移动平均法、趋势平均法、加权平均法、平滑指数法和修正的时间序列回归分析法等。另一类是从一个指标与其他指标的相互联系中进行分析。用这一类方法进行预测，正常情况下是以一个指标的变动情况为基础来推断另一类指标的变动将达到什么程度。因此，它不是从一个指标本身孤立地进行预测，而是从有关指标的相互联系的因果关系中进行预测分析，这一类方法可称为因果预测分析法。属于这类方法的有本量利分析法、投入产出法、回归分析法和经济计量法等。趋势预测法把影响研究对象的各种因素全部归结于时间变量，因而其预测精确度要低于因果分析法；因果分析法所需要的历史数据较多，计算也比趋势分析法复杂，但是预测精确度高。

（二）定性分析法

定性分析法，又称"非数量分析法"，是指由有关方面的专业人员根据个人经验和知识结合预测对象的特点进行综合分析，对事物的未来状况和发展趋势作出推测的一类预测方法。此法一般不需要进行重复的定量分析，适用于缺乏完备的历史资料或有关变量间缺乏明显的数量关系等条件下的预测。主要有调查分析法和判断分析法两种。

1.调查分析法

调查分析法是指通过实际状况的调查,有计划、有系统地收集、整理分析有关影响因素,了解变化趋势,从而对未来情况作出预测。在调查时应当注意:选择的调查对象要具有普遍性和代表性,使社会或市场中不同阶层或行业的需要、习惯、爱好等都能通过调查对象反映出来;调查的方法一定要简便易行,使被调查者乐于接受;此外,对调查所取得的数据与资料一定要进行科学的分析,特别要注意去粗取精、去伪存真。只有这样,所获得的资料才具有真实性、代表性,才能作为预测的依据。

2.判断分析法

判断分析法,是通过具有丰富经验的经营管理人员或知识渊博的经济专家,对企业一定期间的情况作出判断和预计的一种方法,包括:个人判断法、专家会议法、德尔菲法等。

(1)个人判断法。个人判断法是分析者根据自己个人的经验,或征求某位专家的意见,进行综合整理,并据此得出最终结论的预测方法。在个人知识水平较高、经验较为丰富的情况下,这种方法可以排除他人意见的干扰,充分发挥个人的能动性和创造力。但是,这种方法也容易受到个人能力的限制,局限于个人狭小的视野,作出错误的判断。

(2)专家会议法。专家会议法下,首先由资历深厚的专家根据经验提出个人预测意见,然后在此基础上邀请若干专家,召开座谈会或以其他可行方式征询修正意见,最后将修改后的预测意见作为决策的基础。当然也可以直接由专家组对预测对象的未来发展变化趋势进行估计和推测。这种方法可以综合多位专家的意见,信息量较大,考虑的因素较为全面具体,可以避免陷入个人意见的误区,但是,也不可避免会出现众口难调、莫衷一是的情形。另外,专家会议也可能出现一部分人受某些权威人士或多数专家意见的影响而不愿发表与众不同的观点,从而在一定程度上影响所得结论的客观性。

(3)德尔菲法。德尔菲法起源于 20 世纪 40 年代末期美国著名的"兰德公司",后来为西方国家所广泛采用而久负盛名。它是指采用信函的方式分别向有关专家提供信息并征求意见,再将专家的意见进行综合、整理后,匿名反馈给各位专家,同时再次征求意见,这样反复地综合意见和反馈意见,直到得出基本一致意见为止的预测方法。该方法一般包括选择专家、设计函询表、发送函询表、处理函询意见和编写预测报告等四个步骤。该方法最大的特点就是其匿名性。应邀参加的各专家由于彼此之间互不知情,可以完全消除心理上的障碍,做到各抒己见,还可以参考上一轮匿名反馈回来的其他专家的意见,进一步修正自己的观点,因此可以说综合了个人判断法和专家会议法的优点,避免了它们的不足之处。定性分析法在西方国家亦称"判断分析法"或"集合意见法"。

必须明确的是,定量分析与定性分析并不是相互排斥的,而是相辅相成、互为补充的。定量分析法虽然精确,但许多非计量因素无法考虑,如政府或企业的政策、方针有重大改变,市场出现强大的竞争对手,信贷利率的变动,消费者心理以及习惯的改变,投资者的意向以及职工情绪的变动等。这些因素都是定量分析法无法量化的因素。而定性分析法虽然可以将这些非计量因素考虑进去,但估计的准确性在很大程度上受预测人员的经验和素质的影响,这就会使预测结论因人而异,带有一定的主观随意性。因此实际工作中应该根据具体情况把二者有机地结合起来,相互取长补短,才能比较全面地认识和把握所预测对象的未来发展趋势,从而使预测结果更加接近客观实际,最大限度地提高预测的精度。

四、预测分析的一般程序

预测是一门科学,而不是一般的主观推测,所以它必须遵守一定的程序。预测的具体步骤可以概括为如下几点:

(一)确定预测目标

在进行预测分析时,首先要明确预测要达到什么目的、解决什么问题。它主要包括预测的时间、预测的期限、预测的范围以及如何收集资料等问题。预测目标应当有必要的文字说明。

(二)收集并整理与预测目标有关的资料、数据

根据已经确定的目标,尽可能全面地收集与预测目标有关的各因素的原始资料、数据,并对收集到的资料加以分析、整理、选择,排除资料的不真实处和将来不可能重复的偶然因素的影响。收集资料的工作不是一次完成的,需要在预测过程中不断补充。预测资料的来源大致有:国家政府部门的计划与统计资料;本系统(公司、企业)的计划、统计活动资料;国内外技术经济情报和市场活动资料;各研究单位、学术团体的研究成果、刊物资料等。

(三)选择预测方法,建立预测模型

预测方法的选择是由预测的目的、占有资料的情况、对预测精度的要求以及预测费用的多少决定的。在可能的情况下,尽量综合运用几种方法共同进行。根据选定的方法和目的,就可以建立预测模型。一般对于定量预测可以建立数学模型;对定性预测则可以建立设想的逻辑思维模型。

（四）实施预测，并对预测结果进行评价

运用选定的预测方法和建立的预测模型对预测对象进行预测，求出预测结果，并对预测的结果进行比较、分析和评定，检查其结果正确与否及误差大小，最后确定预测结果的可靠程度及适用范围。

（五）修正预测结果，作出最后决策

一般用定量方法进行的预测，常会因为一些因素导致数据不足或无法定量加以表示而影响预测的精度，这时就可以采用定性的方法，考虑这些因素，并借以修正定量预测的结果。而对于定性预测的结果，也常常采用定量方法加以补充、修正，以使结果更接近实际。实践证明，经过这样的修正，预测结果将更加完善。

第二节　销售预测分析

一、销售预测分析的意义

销售预测又称销量预测，是指企业在一定的市场环境和一定的行销规划下，根据产品的历史销售数据，对其在未来某一时期的销售量或销售额进行科学的预计和测算。市场环境是指政治、经济、人口、文化和科技等的发展情况。行销规划是指企业对销售价格、产品改进、推销活动和分销途径等方面的计划安排。不同的市场环境和不同的行销规划，会产生不同的预测结果。开展销售预测的目的在于了解产品的社会需求量及销售前景，掌握产品的销售状态和市场占有情况。在市场经济条件下，现实和科学的销售预测对企业的整个生产经营活动具有十分重要的作用。具体来讲，主要有以下三个方面：

（一）销售预测是企业各项经营预测的前提

经营预测包括利润预测、销售预测、成本预测等内容，虽然利润、成本等预测各有其特定的内容和范围，但都必须以销售预测为前提条件，这是由市场经济所决定的。在市场经济条件下，企业能否在竞争激烈、复杂多变的环境下求得生存和发展，已不再取决于上级主管部门的意志，而是取决于企业对市场的适应程度，取决于企业能否生产出满足市场需求的产品，因此企业产品销售的预测对于其他预测起着决定性的作用，是其他预测工作能够顺利进行的保证。

（二）销售预测是进行经营决策的基础

企业在生产经营活动的各个阶段都存在着许多需要决策的问题。例如，产品品种决策、生产规模决策、成本决策以及利润决策等。在这些需要决策的问题中，有许多是要以销售预测的结果为前提的。为了保证决策的正确性，企业必须事先进行科学的销售预测，为各项决策提供可靠的依据。销售预测便于企业以销定产，使企业的产品生产避免盲目性，使产品的供、产、销、存密切衔接，它是制定生产经营决策最重要的依据。

（三）销售预测是企业编制各项计划的前提

如前所述，企业是以满足市场需求为目标的。要达到这一目标，企业需要借助于销售计划，通过销售计划对企业整个生产经营活动进行组织和协调。因为销售计划的营销目标是根据市场需求确定的，通过编制销售计划能使企业的生产与市场需求有机地结合起来。另外，销售计划规定了计划期内企业产品的销售数量、结构、生产所需的财力和物力等条件，这样，就为编制其他计划（如生产计划、成本计划、物资供应计划等）提供了可靠的依据。因此，企业计划的编制一般都从销售计划开始，而销售计划如何，又决定于销售预测的准确与否。

二、影响销售的主要因素

影响产品销售的因素很多，综合起来主要有以下几个方面：

（一）国民经济的发展速度

国民经济的发展速度，制约着整个社会的需求和消费水平，影响着每个企业的生产、供应和销售活动。因此，进行销售预测时，必须分析研究国民经济建设的方针、政策，国民经济发展计划和国民收入的增长情况，国家的资源政策和自然资源的开发、利用，农、轻、重之间的投资比例等等。

（二）社会购买力水平

社会购买力是指一定时期内全社会用于购买商品的货币支付能力，一般包括居民购买力、集团购买力和农村生产资料购买力三类。社会购买力是衡量一定时期内社会上有支付能力的商品需求和国内市场容量大小的重要标志。为了正确掌握产品销售的变化趋势，对销售作出尽可能符合实际的预测，应对城乡居民的货币收入、储蓄动态、就业程度、年成好坏等与社会购买力相关的因素进行全面的了解和分析。

（三）消费结构和消费倾向

消费结构和消费倾向是影响市场需求的重要因素，它们的变动主要取决于生产发展水平、科学文化水平和居民收入水平，同时也受消费心理、国际交往和政治因素的影响。要进行科学的预测，就应综合考察生产和科学文化的发展,以及人民群众生活水平、消费水平和消费心理的变化对商品的品种、规格、质量、功能、款式、造型等提出的各种新要求和新观念。

（四）市场价格

市场价格的变动可直接引起市场需求的变动。由于产品本身的价值量和市场供求关系变化的影响,常常使市场价格处于不断的变化之中,而市场价格的某种变动,又必然引起市场需求发生相应的变动。因此,进行销售预测时,就应深入了解市场价格的变动及其变动趋势、产品的供求关系以及消费者对市场价格的信赖程度和承受能力。

（五）竞争态势

市场经济条件下,开展公平竞争有利于降低成本、提高产品质量、改进售后服务。因此,进行销售预测时,应做到知己知彼,注意调查和研究同行业、同类产品之间的竞争态势,正确判断企业产品与同类产品相比究竟处在何种地位;同时还应针对现在的和潜在的竞争对手的活动及其能力,扬长避短,制定强有力的对应策略和措施,以保证本企业产品在激烈的竞争中永远立于不败之地,为进一步开拓国内外市场创造良好的条件。

三、销售预测分析的常用方法

（一）定量销售预测

1. 趋势预测分析法

趋势预测分析法立足于前述的延续性原理,把未来视为过去和现在的延伸。它是根据企业历史的、按发生时间的先后顺序排列的一系列销售数据,应用一定的数学方法进行加工、改制和必要的延伸,确定有关指标在未来一定期间的预测值。这类方法的优点是所需资料能够迅速、方便地取得,但对外部环境和本企业计划的变动一般未予考虑。在产品的历年销售具有明显规律的情况下可以采用这类方法。

趋势预测分析法根据所采用的数学方法不同,又可分为算术平均法、加权移动平均法和指数平滑法。

（1）算术平均法

算术平均法就是把若干历史时期的销售量或销售额作为观察值,求出其简单平均数,并将平均数作为下期销售的预测值。其计算公式如下:

$$Y = \frac{1}{n}\sum_{i=1}^{n}x_i$$

式中:Y 表示销售量(额)的预测值;

　　　n 表示观察期个数;

　　　x_i 表示第 i 期的实际销售量。

[例6-1]某企业今年 1—6 月份的各月实际销售量资料如表 6-1 所示。要求根据所述资料预测 7 月份的销售量。

表 6-1　某企业 1—6 月份各月实际销售量资料

单位:千克

月份	1	2	3	4	5	6
实际销售量	580	620	650	670	600	590

解:$Y = \dfrac{1}{n}\sum\limits_{i=1}^{n} x_i = \dfrac{580+620+650+670+600+590}{6} = 618.33(千克)$

采用算术平均法计算比较简便,但其假设前提是过去怎样,将来也会怎样发展。当各历史期的销售量呈现增减趋势时,用算术平均法进行预测销售就不妥当了,因为,算术平均法把各个观察值看成同等重要,不能体现这种增减趋势。此种方法一般适用于食品、日用品等非季节性产品的预测。

(2)加权移动平均法

采用加权移动平均法,同样是将若干历史时期的销售量或销售额作为观察值,根据预测期的远近进行加权,即将各个观察值与各自的权数相乘之积加总,然后除以权数之和求得。一般来说,越是近期的所加的权数越大,越是远期的所加的权数越小。这是因为,在一般情况下,预测数受近期实际销售的影响程度较大。当历史数据变动幅度较大时,权数之间由近而远的级差也要大些。这里所说的"移动",是指随着时间的推移,计算加权平均值所用的各个时期也应是向后移动的。用靠近预测期的各期实际销售量(额)的加权平均值作为销售量(额)的预测值。例如,预测 6 月份的销售量(额),应取 3、4、5 三个月的数据资料,预测 7 月份的销售量(额),则应取 4、5、6 三个月的数据资料。这种方法的计算公式如下:

$$Y_t = \frac{\sum\limits_{i=t-n}^{t-1} W_i X_i}{\sum\limits_{i=t-n}^{t-1} W_i}$$

式中:Y_t 表示预测期 t 的加权移动平均数;

　　　$W_i(i=t-n,\cdots t-1)$ 表示第 i 期销售量(额)的权数;

$X_i (i=t-n, \cdots t-1)$ 表示第 i 期的销售量(额);

n 表示观察期的个数;

t 表示预测期。

为了简化运算程序,通常把各权数之和设为 1,即令

$$\sum_{i=t-n}^{t-1} W_i = 1$$

这样上述公式可以简化为:

$$Y_t = \sum_{i=t-n}^{t-1} W_i X_i$$

[例 6-2]应用例 6-1 的资料,该企业采用加权移动平均法来预测某种商品 7 月份的销售量。规定 $n=3$,则采用的观察期数据分别是:4 月份($i=7-3$) 670 千克,5 月份 600 千克,6 月份($i=7-1$)590 千克。如果为它们规定的权数分别为 $W_4=0.1, W_5=0.3, W_6=0.6$,那么,7 月份的预测销售量应为:

$$W_7 = \sum_{i=4}^{6} W_i X_i = 0.1 \times 670 + 0.3 \times 600 + 0.6 \times 590 = 601(千克)$$

加权移动平均法既考虑近期销售的发展趋势,又对之采用不同的权数进行加权,因而消除了差异的平均化,从而可使预测数与实际情况更为接近。

(3)指数平滑法

指数平滑法也称指数修匀法,它是加权移动平均法的一种变化,要计算的是指数平滑平均数。它是通过导入平滑系数对本期的实际销售量(额)和预测值进行加权平均,作为下一期销售预计数的一种预测方法。其计算公式如下:

$$Y_t = aX_{t-1} + (1-a)Y_{t-1}$$

式中:Y_t 表示 t 期的销售预测值(t 期指数平滑平均数);

Y_{t-1} 表示 $t-1$ 期的销售预测值($t-1$ 期的指数平滑平均数);

X_{t-1} 表示 $t-1$ 期的销售实际数;

a 表示指数平滑系数($0<a<1$)。

从上述公式可以看出,指数平滑法实际上是以 a 和 $1-a$ 为权数的一种特殊的加权平均法,只要知道上期的预测销售量 Y_{t-1} 和上期的实际销售量 X_{t-1},就可以预测本期的销售量 Y_t。

这里,如果指数平滑法系数 a 的取值越大,则近期实际销售对预测结果的影响也越大;如果 a 的取值越小,则近期实际销售对预测结果的影响也越小,

各期预测值所连成的曲线就越平滑。因为：

$$Y_t - 1 = aX_{t-1} + (1-a)Y_{t-1}$$
$$= aX_{t-1} + (1-a)[aX_{t-2} + (1-a)Y_{t-2}]$$
$$= aX_{t-1} + (1-a)aX_{t-2} + (1-a)^2[aX_{t-3} + (1-a)Y_{t-3}]$$
$$= \cdots$$

以此类推，得出

$$Y_t = aX_{t-1} + a(1-a)X_{t-2} + a(1-a)^2X_{t-3} + \cdots a(1-a)^{n-1}X_{t-n} + (1-a)nY_{t-n}$$

由上式可见，在指数平滑法中，各期资料对预测值的影响是按 $(1-a)^n$ 函数形式加权的，若 a 接近 1，则 $1-a$ 趋于零，而 $(1-a)^n$ 则以快得多的速度趋于零。显然，这样的结果是近期的影响提高了，而远期的影响削弱了，因此，a 在 0.3 与 0.7 之间比较恰当，可以使得出的预测值比较平稳，能反映企业有关数据稳定的变化趋势。

[例 6-3]仍沿用表 6-1 的资料。如果规定 a 为 0.7，1 月份销售量的预测值为 600 千克，试用指数平滑法预测 2—7 月份的销售量。

2—7 月份的销售预测值如表 6-2 所示。

表 6-2　2—7 月份销售预测值

单位：千克

月份	aX_{t-1} ①	$(1-a)Y_{t-1}$ ②	Y_t ③＝①＋②
2	406	180	586
3	434	175.8	609.8
4	455	182.9	637.9
5	469	191.4	660.4
6	420	198.1	618.1
7	413	185.4	598.4

采用指数平滑法所需要资料不多，因而计算比较简便，同时，通过导入平滑系数进行加权，在不同程度上考虑了以往所有各期的观察值，比较全面，也可适当消除偶然因素的影响。但是，平滑指数的人为确定，使这一方法不免带有较大的主观因素，而不同的平滑系数，会使预测结果产生较大的差异。因此，确定恰当的平滑系数，是这一方法在运用时应十分注意的一个问题。

（4）直线趋势法

若销售量（额）的历史资料表现为时间的函数，且大致存在着线性关系，就可以求出一条用直线表示的趋势线，并以它为基础向外延伸来预测未来。我们把这种方法称作直线趋势法，它主要应用于那些需求量会随着人口自然增长、市场的扩大而增长的产品的销售预测，如日用品等。

具体做法是：用 y 代表销售量（额），x 代表时间，则直线方程为 $y=a+bx$，求出 a 和 b 的值，就可以用来做预测了。在这里，由于 x 是按时间顺序排列，间隔期相等，故可采用简便的办法，即令 $\sum x=0$ 来求回归直线。

若观测期 n 为奇数，则取 x 的间隔期为 1，将 0 置于所有观测期的中间；若观测期 n 为偶数，则 x 的间隔期为 2，将 -1 与 1 置于所有观测期当中的上下两期。由于 $\sum x=0$，则 a 与 b 的公式可以简化为：

$$a = \frac{\sum y}{n}$$

$$b = \frac{\sum xy}{\sum x^2}$$

现以例 6-1 的数据作说明如下。

[**例 6-4**]仍沿用例 6-1 的资料，以 6 个月或后 5 个月的数据，采用趋势直线法预测 7 月份的销售量。

解：①若以 6 个月的数据作预测，则观测期为偶数，编制计算表如下：

表 6-3

单位：千克

月 份	x	y（千克）	xy	x^2
1	-5	580	$-2\,900$	25
2	-3	620	$-1\,860$	9
3	-1	650	-650	1
4	1	670	670	1
5	3	600	1\,800	9
6	5	590	2\,950	25
$n=6$	$\sum x=0$	$\sum y=3710$	$\sum xy=10$	$\sum x^2=70$

则 $a = \dfrac{\sum y}{n} = \dfrac{3\,710}{6} = 618.33$

$b = \dfrac{\sum xy}{\sum x^2} = \dfrac{10}{70} = \dfrac{1}{7}$

即:$y = 618.33 + \dfrac{1}{7}x$

7月份的 $x = 7$,所以 7 月份的销量 $y = 618.33 + \dfrac{1}{7} \times 7 = 619.33$(千克)。

②若以 5 个月的数据作预测,则观测期为奇数,编制计算表如下:

表 6-4

单位:千克

月份	x	y	xy	x^2
2	-2	620	$-1\,240$	4
3	-1	650	-650	1
4	0	670	0	0
5	1	600	600	1
6	2	590	1\,180	4
$n = 5$	$\sum x = 0$	$\sum y = 3130$	$\sum xy = -110$	$\sum x^2 = 10$

则 $a = \dfrac{\sum y}{n} = \dfrac{3\,130}{5} = 626$

$b = \dfrac{\sum xy}{\sum x^2} = \dfrac{-110}{10} = -11$

即:$y = 626 - 11x$

7月份的 $x = 3$,所以,7 月份的销量 $y = 626 - 11 \times 3 = 593$(千克)。

2. 因果趋势分析法

因果趋势分析法立足于前述的相关性原理。它依据所掌握的历史资料,找出所需要预测的变量和与它相关联的变量之间的因果关系,从而建立相应的因果预测模型。

利用因果关系进行销售预测,主要是运用回归分析法。这里所指的回归分析法是将回归方程的原理运用于销售预测,即通过影响销售变动的各个因素的分析,确定影响销售变化的最主要因素,然后根据所确定的主要因素与销售数之间的因果关系建立回归方程,并据以预测未来的销售变动趋势。回归分析法包括的种类较多,这里只介绍较常用的一元线性回归、多元线性回归与曲线回归法。

(1)一元线性回归

一元线性回归分析法,是假定影响销售的变量因素只有一个,根据直线 $y = a + bx$,按照数学上最小二乘法来确定一条误差最小的、能正确反映 x 与 y

之间关系的直线。其中 x 为影响预测对象的相关因素,即自变量;y 为预测对象的销售量(额),即因变量。它的常数项 a 与系数 b 的值可按下列公式计算:

$$a = \frac{\sum y - b \sum x}{n}, b = \frac{n \sum xy - \sum x \sum y}{n \sum x^2 - (\sum x)^2}$$

a 与 b 的值求得后,结合自变量(x)的预计情况,代入公式 $y = a + bx$,即可求得预测对象(y)的预计销售量(额)。

[**例 6-5**]某企业专门生产电视机显像管,而决定显像管的最主要因素是电视机销售量。假设近 5 年该企业所在地区电视机的实际销售量的统计资料和这家企业电视机显像管的实际销售量资料如表 6-5 所示。

表 6-5

项 目 \ 年 度	2004	2005	2006	2007	2008
电视机销售量(万台)	150	170	190	200	215
显像管销售量(万只)	30	35	38	40	43

假设预测期 2009 年该地区电视机的销售量预测为 230 万台,要求采用最小二乘法预测 2009 年本企业电视机显像管的销售量。

解:①在 $y = a + bx$ 公式中设:

y 表示显像管销售量;

x 表示电视机销售量;

a 表示每销售万台电视机对显像管的需要量;

b 表示原来拥有的电视机对显像管的每年需要量。

②根据给定资料编制计算表如表 6-6 所示。

表 6-6

年度 \ 项目	电视机销售量 (x)(万台)	显像管销售量 (y)(万只)	xy	x^2
2004	150	30	4 500	22 500
2005	170	35	5 950	28 900
2006	190	38	7 220	36 100
2007	200	40	8 000	40 000
2008	215	43	9 245	46 225
$n = 5$	$\sum x = 925$	$\sum y = 186$	$\sum xy = 34\ 915$	$\sum x^2 = 173\ 725$

③根据计算表的数值,代入最小二乘法公式中计算 a 和 b 的值:

$$b = \frac{n \sum xy - \sum x \sum y}{n \sum x^2 - (\sum x)^2} = \frac{5 \times 34\,915 - 925 \times 186}{5 \times 173\,725 - 925^2} = 0.194$$

$$a = \frac{\sum y - b \sum x}{n} = \frac{186 - 0.194 \times 925}{5} = 1.31$$

④将 a 与 b 的值代入公式 $y = a + bx$ 中,得出预测结果:

2009 年该企业显像管预计销售量:

$$y = a + bx = 1.31 + 0.194 \times 230 = 45.93(万只)$$

(2)多元线性回归

在实际生产经营活动中,影响销售的因素可能不止一个,这时就必须考虑采用多个自变量,建立多元回归方程来进行预测。多元线性回归的方程式如下:

$$y = a + b_1 x_1 + b_2 x_2 + b_n x_n$$

式中:y 表示应变量(此处为销售量);

x_i 表示各个自变量(即各影响因素)。

利用历史数据求出 a 与 b_i 后,将各自变量的预测值代入方程,即可求出 y 的预测值。由于其原理与一元线性回归类似,借助统计软件也很容易完成上述回归过程,这里就不再举例说明。

(3)曲线回归法

曲线回归法就是运用二次或二次以上的回归方程所进行的预测,如抛物线、指数曲线、双曲线等曲线形式。这里仅以指数曲线为例说明这种方法的运用。指数曲线的计算公式为:$y = a \times b^x$

式中:y 表示预计销售量(额);

x 表示影响销售的主要因素(如年份等);

a、b 表示待定参数。

使用该种方法时,先将指数方程 $y = a \times b^x$ 通过两边同时取对数的方式,转化为对数方程 $\lg y = \lg a + x \lg b$,然后采用与回归直线相同的方法,求出常数 $\lg a$ 和 $\lg b$,从而确定对数直线方程。这里的 $\lg y$,$\lg a$,$\lg b$ 分别相当于回归直线方程的 y,a,b。因此,计算 a,b 值的公式也可演变为计算的公式:

$$\lg a = \frac{\sum \lg y - \lg b \sum x}{n}$$

$$\lg b = \frac{n\sum x\lg y - \sum x\lg y}{n\sum x^2 - (\sum x)^2}$$

[**例 6-6**]仍沿用表 6-1 的资料,要求按指数曲线法,预测企业 7 月份的销售量。

①根据例 6-1 资料计算有关数据如表 6-7 所示。

表 6-7

单位:千克

月份(x)	y	x^2	$\lg y$	$x\lg y$
1	580	1	2.76	2.76
2	620	4	2.79	5.58
3	650	9	2.81	8.43
4	670	16	2.83	11.32
5	600	25	2.78	13.9
6	590	36	2.77	16.62
$\sum x=21$	$\sum y=3\,710$	$\sum x^2=91$	$\sum\lg y=16.74$	$\sum x\lg y=58.61$

②根据表 6-7 的计算结果,代入公式中计算 $\lg a$ 与 $\lg b$ 的值:

$$\lg b = \frac{n\sum x\lg y - \sum x\lg y}{n\sum x^2 - (\sum x)^2} = \frac{6\times58.61 - 21\times16.74}{6\times91 - 21^2} = 0.001$$

$$\lg a = \frac{\sum\lg y - \lg b\sum x}{n} = \frac{16.74 - 0.001\times21}{6} = 2.7865$$

③将 $\lg a$ 与 $\lg b$ 的值代入对数直线方程得:

$$\lg y = 2.7865 + 0.001x = 2.7935$$

所以该企业 7 月份预计销售量为 2.7935 的反对数,即 621.6 千克。

3. 季节预测分析法

每年重复出现的周期性变动,叫做季节性变动。许多行业产品的销售有季节性变动的特点。例如,农副产品,农机器具,衣服鞋帽以及电扇、空调等产品的销售,都是随着气候的变化带有明显的季节性。因此,对这些产品进行销售预测,仅用前面介绍的几种方法,显然是不全面的,还应当考虑季节的影响。

考虑季节性变动对产品销售的影响,采用的预测分析法有两种模式,一为加法模式(6.1)式,另一为乘法模式(6.2)式:

$$Y_t = T_t + S_t \tag{6.1}$$

式中：Y 表示销售量；

T 表示趋势值；

S 表示季节加量或季节指数；

T 表示时间。

T 与 S 在不同的时间其取值是不同的。

$$Y_t = T_t \cdot S_t \tag{6.2}$$

式中：T 表示一种长期趋势，它是决定 Y 大小的基本成分；

S 表示由于受季节性影响所增加的量。

这里所说的季节，可以是季度，也可以是月份、周、日等。S 以一定的周期循环取值。例如，如果 Y 代表某家商店每个月鞋帽的销量，则周期为 12；如果 Y 代表每季度鞋帽的销量，则周期为 4。在 (6.1) 式中，如果 $S > 0$，表示受季节影响之后的销售量大于趋势值；如果 $S < 0$，表示受季节影响之后的销售量小于趋势值；如果 $S = 0$ 表示无季节影响。在 (6.2) 式中，上述三种情况下，S 分别表示为：$S > 1$，$S < 1$ 和 $S = 1$。

一般地说，如果所取观察数据的季节波动随着观察数据趋势的增长（或衰减）而加剧（减弱），应采用乘法模式 (6.2) 式；如果所取观察数据的季节波动幅度不随趋势的增减而变化，应采用加法模式 (6.1) 式。

通过上面两个季节预测的基本公式可以看出：对受季节影响的产品进行销售预测，其结果是在前面已讲过的预测方法基础之上，再加上（或乘上）季节加量（或季节指数）得出的。因而，季节预测分析法实际上是前面各种方法在考虑到季节因素情况下的一种变化。

(二)定性销售预测

1. 顾客意向调查法（调查分析法的运用）

顾客意向调查法是通过调查有代表性的顾客的消费意向来了解市场需求的变化趋向，进行销售预测的一种方法。企业产品要由顾客来购买，顾客的消费意向当然是销售预测中最有价值的信息。调查时，可重点调查顾客对企业产品的需求量、客户的发展前景、财务状况、产品的选择标准等。

这种方法主要适用于工业销售的预测，其准确性远胜于对消费品的预测；而用于耐用消费品的预测，其可靠性又高于一般消费品。这是因为消费品用户，特别是一般消费品用户的购买意图常常因购买现场某些因素的变化而变化。

下面举例说明顾客意向调查法的具体应用过程。

[例6-7]某企业是一家电视机生产企业,该企业对某地区近年电视机购买情况的调查资料如表6-8所示。

表 6-8

家庭组别(按年收入分)(元)	家庭户数(户)	每户每年平均购买额(元)
不满 50 000	60 000	50
50 000～99 999	10 000	150
100 000～150 000	5 000	250
大于 150 000	1 000	350

根据表6-8资料,该企业预测的市场潜量及该公司所具有的销售潜量如表6-9所示。

表 6-9

家庭组别(元) ①	家庭户数 ②	每户平均购买额 (元)(按调查结果) ③	市场潜量(元) ④＝②×③	本企业最高市场占有率 ⑤	本企业销售潜量(元) ⑥＝④×⑤
<50 000	60 000	50	3 000 000	0.2	600 000
50 000～99 999	10 000	150	1 500 000	0.1	150 000
100 000～150 000	5 000	250	1 250 000	0.1	125 000
>150 000	1 000	350	350 000	0.05	17 500
合　计	76 000	—	6 100 000	—	892 500

2.专家会议法和德尔菲法(判断分析法的运用)

这两种方法都属于判断分析法,常常用于销售量的预测,由于后者较前者的预测结果更接近实际,因此在西方德尔菲法更加流行。采用这种方法时,可以向应邀参加预测的专家提供有关社会未来经济发展动态、本企业过去预测与实际销售的比较记录、本企业今后的市场规划等资料,以供参考。德尔菲法一般要经过三或四轮征询意见,每次专家都可以得到反馈的资料,并据此作出进一步的判断和修正。在每次重复征询意见过程中,都应注意把上次征询意见的结果进行加工整理,特别要注意不应忽略少数人的意见,以便各专家在重复预测时都能作出较全局的分析和判断。

[例6-8]某企业聘请7位专家,采用德尔菲法对该企业某种商品7月份的销售量进行预测,预测结果如表6-10所示。

表 6-10　专家意见汇总表

单位:件

专家编号	第一次判断情况			第二次判断情况			第三次判断情况		
	最高	最可能	最低	最高	最可能	最低	最高	最可能	最低
1	650	620	570	650	620	580	670	630	560
2	680	610	580	700	610	590	660	610	580
3	700	630	600	690	630	600	720	640	600
4	620	590	560	620	590	570	620	600	570
5	630	610	560	630	610	550	640	610	560
6	660	620	590	660	620	580	650	620	580
7	710	640	600	690	640	600	700	640	600
平均值	664	617	580	663	616	581	666	621	579

该企业在此基础上,按最后一次预测结果,假设最高、最可能和最低预测销售量的概率分别为 0.2、0.6 和 0.2,则采用加权平均法确定最终的预测值是 617 件。

第三节　成本预测分析

一、成本预测的含义

为了提高成本管理水平,以保证企业目标利润的实现,企业的成本管理就不能只局限于事后的成本计算与分析,而应着眼于未来,做好事前的成本预测工作。

作为成本管理的重要环节,成本预测是根据与成本有关的各种资料数据,结合未来的发展趋势和将要采取的各种可能措施,采用专门的方法,确定未来的成本水平及其变动趋势的一种管理活动。通过成本预测,企业可以掌握未来的成本水平及其变动趋势,并据以编制成本计划,从而减少决策的盲目性。

二、成本预测的步骤

为了减少预测的主观性,使预测目标更接近于实际,成本预测应该有计划按步骤完成:

（一）确定初步的目标成本

目标成本是指在一定时期内产品成本应达到的标准，是一种"应该成本"，即通过努力能达到的标准。它的形式可以是"标准成本"、"计划成本"、"定额成本"等。目标成本的提出通常有两种做法。

1. 目标利润法

这是根据目标利润来确定目标成本的一种"倒剥皮"的方法。企业在维持目标利润的前提下，通过市场调查等，先确定一个适当的销售单价，再减去单位产品的目标利润和单位产品税费，以得到产品的目标成本。具体公式如下：

目标成本＝销售单价－单位产品的税费－单位产品的目标利润

这种方法，能使目标成本与目标利润的水平保持协调一致，在实际中更常用些。

2. 先进成本法

顾名思义，这种方法是选择某一先进的成本水平作为目标成本。如，本企业历史上最好的成本水平、同行业的先进成本水平等。但这种做法会造成目标成本与目标利润相脱节。

（二）进行初步成本预测

确定了初步的目标成本后，要对当前生产经营条件下的成本可能达到的水平作出预测，并测算出预测成本与目标成本的差距。预测成本的方法有很多，这将在本节第三部分进行更详细的阐述。但无论采用什么方法，都必须尽可能全面地收集和占有有关资料，并对资料进行必要的分析和整理。

（三）提出降低成本的可行性方案

为缩小目标成本与预测成本的差距，应动员企业内部一切潜力，提出降低成本的可行性方案。

（四）确定正式的目标成本

对所提出的各种成本降低方案进行技术分析，比较各方案的经济效果，确定成本降低的措施和方案，并据以制定正式的目标成本。

三、成本预测的方法

成本预测的一般方法可以分为定性和定量两大类。事实上，前面第一节所阐述的各种定性、定量分析法均可用来做成本预测。下面分两种情形介绍一些常用的定量预测方法。当然，采用定量方法进行测算的同时，还必须与管理当局的经验判断（定性分析）结合起来，只有这样，才能使预测更接近实际。

（一）企业缺乏历史资料的情形

对于没有历史数据可供参考的企业,进行成本预测可以采用以下方法。

1. 技术测定法

技术测定法是指在充分挖掘生产潜力的基础上,根据产品设计结构、生产技术条件和工艺方法,对影响人力、物力消耗的各项因素进行技术测试和分析计算,从而确定产品成本。这种方法的预测结果较为准确,但工作量也较大。

2. 产值成本法

产值成本法是按工业总产值的一定比例来确定产品成本的方法。产品成本与产品产值之间客观上存在着一定的比例关系,企业进行预测时,可以参照同类企业相似产品的实际产值成本率来确定这一比例。具体预测公式如下:

$$产品单位成本 = \frac{某产品的总产值 \times 预计产值成本率}{预计产品产量}$$

（二）企业占有大量历史资料的情形

若企业有大量的历史资料供参考,可选择的定量预测方法较多,如前述的趋势预测分析法、因果预测分析法等。这些方法的使用原理与本章第二节销售预测类同,这里不再赘述,仅对回归分析法与因素变动预测法做一介绍。

1. 回归分析法

回归分析法又称回归直线法,即采用最小二乘法的原理来确定成本预测方程并据以进行成本预测的一种方法。以 y 代表总成本,x 代表产量,a 代表固定成本总额,b 代表单位变动成本,则:$y = a + bx$。利用历史数据求得 a 和 b 的值后,就可以用来预测成本了。

[例 6-9]某公司最近 5 年的历史成本资料如表 6-11 所示,要求用回归分析法预测 2009 年 200 件产品的总成本。

表 6-11　历史成本资料表

年度(年)	产量 x(件)	总成本 y(元)
2004	79	7 300
2005	70	7 200
2006	80	7 800
2007	95	7 500
2008	111	8 900

解：①根据资料，编制计算表如表 6-12 所示。

表 6-12　计算表

年度（年）	x（件）	y（元）	xy	x^2
2004	79	7 300	576 700	6 241
2005	70	7 200	504 000	4 900
2006	80	7 800	624 000	6 400
2007	95	7 500	712 500	9 025
2008	111	8 900	987 900	12 321
$n=5$	$\sum x=435$	$\sum y=38\ 700$	$\sum xy=3\ 405\ 100$	$\sum x^2=38\ 887$

则：$b = \dfrac{n\sum xy - \sum x \sum y}{n\sum x^2 - (\sum x)^2} = 36.66$

$a = \dfrac{\sum y - b\sum x}{n} = 4\ 550.58$

②求预测期的总成本。

$y = 4\ 550.58 + 36.66x = 4\ 550.58 + 36.66 \times 200 = 11\ 882.58$（元）

需要说明的是，利用历史数据进行预测时，要注意对历史数据做必要的调整，剔除那些由于自然灾害、意外事故等造成的数额较大的偶然性费用。

2.因素变动预测法

采用因素变动预测法来预测成本，是在基期成本资料的基础上，具体考察影响产品成本变动的各因素，包括产品材料消耗数量、材料的价格、工资水平、劳动生产率、产量等，分析它们的预计变动对成本的影响，进而测算出预测期的成本。因素不同，具体的预测方法也不尽相同。如：

$$\begin{matrix}\text{材料单耗量和价格变动对}\\\text{成本降低率的影响百分比}\end{matrix} = \begin{matrix}\text{材料费用占}\\\text{成本百分比}\end{matrix} \times \left[1 - \left(1 - \begin{matrix}\text{材料单耗}\\\text{降 低 率}\end{matrix}\right) \times \left(1 - \begin{matrix}\text{材料单价}\\\text{降 低 率}\end{matrix}\right)\right]$$

$$\begin{matrix}\text{工资和劳动生产率变动对}\\\text{单位成本降低额的影响}\end{matrix} = \begin{matrix}\text{基期单位}\\\text{工资成本}\end{matrix} \times \left[1 - \left(\dfrac{\text{平均工资发展速度}}{\text{劳动生产率发展速度}}\right)\right]$$

测算出成本降低额（率），也就可以预测出预期的成本了。

第四节 利润预测分析

企业在完成产品的销售预测后,就可以根据市场供求情况和企业的具体条件,合理安排生产计划,降低生产经营成本,获取合理的利润。因此,利润预测就是企业销售预测之后的一项当然工作。

所谓利润预测,就是预计和推测未来应当达到和可望实现的利润水平及其变动趋势的过程。

一、利润预测的方法

(一)利润率分析法

利润率分析法,就是借助各种利润率指标来预测未来利润的方法。各种利润率指标可以参照企业的历史水平或是同业数据等来确定。相关的利润率指标有很多,这里仅介绍常见的销售利润率与投资报酬率这两个指标。

1. 销售利润率

$$销售利润率 = \frac{利润}{销售收入}$$

$$预计利润 = 预计销售收入 \times 销售利润率$$

销售利润率是利润与销售收入的比值,反映了每元销售收入可为企业带来的利润,只要能预计出未来的销售收入,就可以测算出预计的利润。

2. 投资报酬率(资产获利率)

$$投资报酬率 = \frac{利润}{总资产}$$

$$预计利润 = 预计投资额 \times 投资报酬率$$

投资报酬率是利润与总资产的比值。通常,根据未来销售的状况可以预计出投资额的水平,也就可以测算未来的利润了。

(二)参数分析法

所谓参数分析,就是借助已有的知识建立数学模型,充分考虑影响利润的各种参数,以预测未来的利润。归纳而言,常用的模型有以下几种。

1. 应用本量利的相互关系

$$利润 = 销售量 \times 销售单价 - 单位变动成本 \times 销售量 - 固定成本$$

2. 应用贡献毛益的概念

利润＝贡献毛益总额－固定成本＝单位贡献毛益×销售量－固定成本

3.应用安全边际的概念

利润＝安全边际量×单位贡献毛益＝安全边际额×贡献毛益率

4.应用经营杠杆的概念

利润＝基期利润×(1＋销售增长率×经营杠杆系数)

[例6-10]某企业生产一种甲产品,今年的销量为600吨,单价200元,单位变动成本160元,固定成本20 000元。经预测,明年的销售量将增加20％,单价及成本水平不变,预测明年可实现的利润。

解:(1)应用本量利的相互关系

明年预计利润＝200×600×(1＋20％)－160×600×(1＋20％)－20 000＝8 800(元)

(2)应用贡献毛益的概念

明年预计利润＝(200－160)×600×(1＋20％)－20 000＝8 800(元)

(3)应用安全边际的概念

$$保本销售量＝\frac{20\ 000}{200-160}＝500(吨)$$

明年预计利润＝[600×(1＋20％)－500]×(200－160)＝8 800(元)

(4)应用经营杠杆的概念

基期利润＝(200－160)×600－20 000＝4 000(元)

基期贡献毛益＝(200－160)×600＝24 000(元)

$$经营杠杆系数＝\frac{24\ 000}{4\ 000}＝6$$

明年预计利润＝4 000×(1＋20％×6)＝8 800(元)

需要说明的是,该例是假设销量单一因素发生了变动。若几个影响因素同时发生变动,原理一样,只要将预计的各因素变动后的数值代入模型,即可求出利润的预测值。

做完利润的预测后,为增强预见性并能采取相应的有效措施,管理当局还得关注有关参数发生多大变化会使企业利润消失,转入亏损;在诸多影响因素中,哪些因素是主要因素,并且只要略有变化就会使利润发生很大的变动;哪些因素是次要因素,虽然其变动幅度较大,却只能对利润产生较小的影响。这就要做敏感性分析了。

二、利润的敏感性分析

敏感性分析是一种有广泛用途的分析技术。通常,它是研究一个系统因周围条件发生变化,而引起其状态或输出结果变化的敏感程度。而利润的敏感性分析,主要研究与分析有关参数发生多大变化会使盈利转为亏损以及各参数变化对利润变化的影响程度。

(一)有关因素发生多大变化使盈利转为亏损

[例 6-11]以例 6-10 的数据为例,求各因素的盈亏临界值。

1. 单价的最小值

单价下降会使利润降低,下降到一定程度,利润将为 0。

设单价为 p,

令 $(p-160) \times 720 - 20\,000 = 0$,得:

$p = 187.78$(元)

即:销售单价不能低于 187.78 元,否则,企业就会发生亏损。

2. 单位变动成本的最大值

使利润下降至 0 的单位变动成本就是企业能容忍的最大值。

设单位变动成本为 b,

令 $(200-b) \times 720 - 20\,000 = 0$,得:

$b = 172.22$(元)

即:单位变动成本最多只能上升至 172.22 元,此时企业的利润为 0。

3. 固定成本的最大值

设固定成本为 a,

令 $(200-160) \times 720 - a = 0$,得:

$a = 28\,800$(元)

即:当固定成本增至 28 800 元时,企业的经营状况将发生质变,由盈利转为亏损。

4. 销量的最小值

销量的最小值,即保本点的销量,其计算方法在第四章中已作过介绍。

本例中,销量的最小值 $= \dfrac{20\,000}{200-160} = 500$(吨)

即:企业产品销售规模的下限是 500 吨。

(二)各参数变化对利润变化的影响程度

各参数变化都会引起利润的变化,但其影响程度各不相同。衡量利润对各个因素变化的敏感程度的指标是敏感系数。

$$敏感系数 = \frac{利润变动百分比}{参量值变动百分比}$$

某一参量值的敏感系数的绝对值越大,说明利润对这一参数越敏感,该参数发生微小变动,就会使利润发生很大变动。

[例 6-12]以例 6-10 的数据为例,设单价、销量、单位变动成本和固定成本分别增长 1％,求各因素的敏感系数。

1. 单价的敏感系数

原预计利润＝(200－160)×720－20 000＝8 800(元)

$P' = 200 \times (1+1\%) = 202(元)$

利润＝(202－160)×720－20 000＝10 240(元)

$利润变动百分比 = \frac{10\ 240 - 8\ 800}{8\ 800} = 16.36\%$

$单价的敏感系数 = \frac{16.36\%}{1\%} = 16.36$

即:单价涨跌 1％,利润将涨跌 16.36％。可见,单价对利润的影响很大。

2. 销量的敏感系数

$x' = 720 \times (1+1\%) = 727.2(吨)$

利润＝(200－160)×727.2－20 000＝9 088(元)

$利润变动百分比 = \frac{9\ 088 - 8\ 800}{8\ 800} = 3.27\%$

$销量的敏感系数 = \frac{3.27\%}{1\%} = 3.27$

3. 单位变动成本的敏感系数

$b' = 160 \times (1+1\%) = 161.6(元)$

利润＝(200－161.6)×720－20 000＝7 648(元)

$利润变动百分比 = \frac{7\ 648 - 8\ 800}{8\ 800} = -13.10\%$

$单位变动成本的敏感系数 = \frac{-13.10\%}{1\%} = -13.1$

4. 固定成本的敏感系数

$a' = 20\ 000 \times (1+1\%) = 20\ 200(元)$

利润＝(200－160)×720－20 200＝8 600(元)

$利润变动百分比 = \frac{8\ 600 - 8\ 800}{8\ 800} = -2.27\%$

$$固定成本的敏感系数 = \frac{-2.72\%}{1\%} = -2.72$$

这说明,固定成本上升1%,利润将减少2.27%。

就本例而言,影响利润的诸因素中,按敏感系数的绝对值大小排序,依次为:单价(敏感系数16.36)、单位变动成本(敏感系数-13.1)、销量(敏感系数3.27)、固定成本(敏感系数-2.27)。其中,敏感系数为正值的,表明该因素与利润作同向变动;敏感系数为负值的,表明该因素与利润作反向变动。

值得注意的是,这种顺序只是针对本例所得的结论,并非普遍规律。但单价的敏感系数一定是最大的。

第五节 资金需要量预测分析

一、资金需要量预测分析的意义

当企业的销售、成本预测完成后,企业就要为计划期的生产销售筹集所需的资金,以保证企业的生产经营活动能顺利完成。

资金需要量预测是根据企业未来的发展规划,依据有关历史资料,并采用一定的方法,对企业未来资金可能达到的水平进行的预计和测算。进行资金需要量预测对于提高企业的经济效益具有十分重要的意义。具体体现在以下两个方面:

(一)资金需要量预测可以减少资金耗费,避免发生资金周转问题

准确的资金需要量预测可为企业使用资金确定客观的标准,企业可在此基础上合理地筹措资金,并有效地组织运用资金,从而达到减少资金耗费的目的。相反,未能预先知道自己的资金需要量而早做安排,企业就有可能发生资金周转问题。

(二)资金需要量预测是编制资金预算的必要步骤,有助于企业应变

为了减少经济活动的盲目性,企业要定期编制资金预算,而预算是预测结果的具体化。通过资金需要量预测,为编制资金预算提供数据,从而保证预算的现实性。而且,预测事实上是超前思考的过程,其结果并非仅仅是一个资金需要量数字,还包括对未来各种可能前景的认识和思考。因此,预测可以提高企业对不确定事件的反应能力,从而减少不利事件出现带来的损失,增加利用有利机会带来的收益。

为了预测资金需要量,首先应明确影响资金需要量的主要因素有哪些。

二、影响资金需要量变动的主要因素

企业的资金需要量受许多因素的影响，通常包括以下几个方面：

（一）生产经营规模

企业的生产经营规模（多以产品产销量来表征）是对资金需要量影响程度最大的因素。生产经营规模越大，所需要的营运资金就越多，在突破相关范围的条件下，可能还需追加固定资金的投入，因而对资金的需求也就越大。

（二）资金成本

资金成本是企业筹集和使用资金所支付的费用。企业的筹资渠道很多，不论哪种筹资方式均会产生资金成本。一般而言，资金成本会随着筹资数额的增加而逐渐上升，因此，资金成本的多少可直接影响资金需要量的增减变化。

（三）企业的现金流量状况

企业的现金流量状况也会影响资金需求量。如果企业的现金流量状况良好，就可以减少企业对外筹资的需求。相反，若现金流量状况不好，收不抵支或在季节上不平衡，就会增加资金的需求量。而企业的现金流量状况又与企业的经营效率、财务政策等多方面有关系。

三、资金需要量预测分析常用的方法

资金需要量预测方法有许多，既有定性预测法，也有定量预测法。本节只介绍资金需要量预测的两种常用方法，包括资金增长趋势预测法和销售百分比法。

（一）资金增长趋势预测法

虽然影响资金需要量的因素很多，但在相关范围内，引起资金发生增减变动的最直接最重要的因素是销售收入。在其他因素不变的情况下，销售收入增加，需要追加资金的投入，反之，减少资金的投入。资金需要量与销售收入之间存在着内在的相互联系，利用这种相互联系可以建立数学模型，预测未来期间一定水平销售收入的资金需求总量。

资金增长趋势预测法，就是应用最小平方法（最小二乘法）的原理对过去若干期间的销售量（额）及资金总量（即资金占用额）的历史资料进行分析计算后，按照 $y=a+bx$ 的公式来确定反映销售收入总额（x）和资金总量（y）之间的回归直线，并据以推算未来期间资金需要量的一种方法。

[例6-13]某企业近五年销售收入总额和资金需要总量的历史资料,如表6-13所示。

表 6-13

单位:万元

项目 \ 年度	2004	2005	2006	2007	2008
销售收入	350	420	380	440	460
资金总量	200	250	230	265	280

若该企业 2009 年销售收入预测值为 520 万元,试预测 2009 年的资金需要总量。

(1)根据回归分析原理,利用给定的资料编制计算表,如表 6-14 所示。

(2)根据表 6-14 的数值,代入最小二乘法公式中,得:

$$b = \frac{n\sum xy - \sum x \sum y}{n\sum x^2 - (\sum x)^2} = \frac{5 \times 507\,800 - 2\,050 \times 1\,225}{5 \times 848\,500 - 2\,050^2} = \frac{27\,750}{40\,000} = 0.69$$

$$a = \frac{\sum y - b\sum x}{n} = \frac{1\,225 - 0.69 \times 2\,050}{5} = -37.9$$

(3)将 a 与 b 的值代入公式 $y = a + bx$,预测 2000 年资金需要总量为:

$$y = a + bx = -37.9 + 0.69 \times 520 = 320.9(万元)$$

表 6-14

年度(n)	销售收入总额 x(万元)	资金总量 y(万元)	xy	x^2
2004	350	200	70 000	122 500
2005	420	250	105 000	176 400
2006	380	230	87 400	144 400
2007	440	265	116 600	193 600
2008	460	280	128 800	211 600
$n=5$	$\sum x = 2\,050$	$\sum y = 1\,225$	$\sum xy = 507\,800$	$\sum x^2 = 848\,500$

(二)销售百分比法

销售百分比法就是在分析资产负债表各项目与销售收入之间的关系的基础上,按照未来一定期间销售额增长情况,并考虑其他有关因素,来预测未来资金需求量。这种方法在西方国家较为盛行。其计算分析程序如下：

1.将资产负债表中预计会随销售收入的变动而变动的项目(敏感项目)分离出来

(1)资产(用 A 表示)类项目。资产类中的货币资金、正常的应收账款和存货等项目,一般都会因销售收入的增长而相应地增加;而固定资产项目是否增加,则需视基期固定资产是否已被充分利用而定。如果固定资产已被充分利用,其利用率达到饱和状态,则需随销售收入的增加而追加固定成本;反之不需追加。至于长期投资、无形资产等项目,一般不随销售收入的增长而增加。

(2)负债(用 L 表示)类与所有者权益类项目。负债类中的应付账款、其他应付款等项目常常因销售收入的增长而相应增加;而长期负债及所有者权益中的各项目则不随销售收入的增长而增加。

2.计算基期差额的销售百分比

在分析资产负债表各项目的基础上,对那些与基期销售额(用 S_0 表示)有依存关系的各敏感项目,计算出各自的销售百分比及其合计,包括资产以销售百分比表示的合计 $\dfrac{A}{S_0}$ 和负债以销售百分比表示的合计 $\dfrac{L}{S_0}$,从而计算差额的销售百分比: $\dfrac{A}{S_0} - \dfrac{L}{S_0}$。这一差额表示每增加 1 元的销售额需要追加资金的百分比。

3.计算预测期随销售额增加而需追加的资金量

预测期的销售额用 S_1 表示,其增加额是 $S_1 - S_0$,则预测期随销售额增加而需追加的资金量是 $\left(\dfrac{A}{S_0} - \dfrac{L}{S_0}\right) \times (S_1 - S_0)$。

4.考虑其他因素确定预测期需追加的资金量

在计算随销售额增加而需追加的资金量的同时,考虑其他因素,对追加资金量进行调整以确定最终的追加需要量。需调整的因素有:

(1)扣除企业内部形成的资金来源。它包括:①预测期折旧基金提取数减去用于更新改造的余额,其差额用 D 表示;②预测期的留存收益 R。如果预测期的销售利润率用 R_1 表示,预测期的股利发放率用 d_1 表示,则 $R = S_1 \cdot R_1 \cdot (1 - d_1)$。

(2)如果预测期有零星的资金支出 M,则需增加资金需要量。

综上所述,追加资金量的预测公式为:

$$\left(\dfrac{A}{S_0} - \dfrac{L}{S_0}\right) \cdot (S_1 - S_0) - D - R + M$$

[**例 6-14**]某企业在基期(2008 年度)的销售额是 600 000 元,获税后净利润为 24 000 元,并发放了普通股股利 12 000 元。基期的固定资产还有剩余的生产能力。该企业基期的年末简略资产负债表如表 6-15 所示。如果该企业预计明年销售额将达到 850 000 元,销售利润率不变,并仍按基期股利率支付股利;折旧准备提取数是 20 000 元,其中 70% 用于改造现有的厂房设备,发生的零星资金支出是 16 000 元。要求预测 2009 年需追加的资金数额。

表 6-15 某企业资产负债表
2008 年 12 月 31 日
单位:元

资 产		负债及所有者权益	
现金	12 000	应付账款	60 000
应收账款	90 000	应付费用	30 000
存货	120 000	短期借款	20 000
预付费用	35 000	长期负债	95 000
厂房设备(净值)	160 000	普通股	240 000
无形资产	40 000	留存收益	12 000
合 计	457 000	合 计	457 000

(1)根据以上资料,编制该年度各敏感项目的销售百分比,如表 6-16 所示。

表 6-16 销售百分比表

资 产		负债及所有者权益	
现金	2%	应付账款	10%
应收账款	15%	应付费用	5%
存货	20%	短期借款	不变动
预付费用	不变动	长期借款	不变动
厂房设备(净值)	不变动	普通股	不变动
无形资产	不变动	留存收益	不变动
合计(A/S_0)	37%	合计(L/S_0)	15%

在表 6-16 中,不变动是指该项目不随销售的变化而变化。表中的百分比率都是用资产负债表中有关项目的数字除以销售收入求得,如现金:$\dfrac{12\ 000}{600\ 000}$

$=2\%$。$\dfrac{A}{S_0}-\dfrac{L}{S_0}=37\%-15\%=22\%$，即表示该公司每增加 100 元的销售收入，需要增加资金 22 元。

（2）将以上有关数据代入上述公式得：

$$2009\ 年预计需追\atop 加\ 的\ 资\ 金\ 数\ 额 = \left(\dfrac{A}{S_0}-\dfrac{L}{S_0}\right)(S_1-S_0)-D-R+M$$

$$=(37\%-15\%)\times(850\ 000-600\ 000)-20\ 000\times(1-70\%)-$$

$$850\ 000\times\dfrac{24\ 000}{600\ 000}\times\left(1-\dfrac{12\ 000}{24\ 000}\right)+16\ 000$$

$$=48\ 000（元）$$

值得说明的是，在实践中，敏感项目及其销售百分比都有可能发生变动。为提高预测的准确性，还应当根据企业的具体情况对某些项目进行调整。

思考题

1. 什么是预测分析？它有哪些基本方法？各有什么特点？

2. 预测分析一般要经过哪几个程序？

3. 什么是指数平滑分析法？有何优点和缺点？

4. 影响销售预测的因素有哪些？

5. 如何运用专家会议法进行销售量的预测？

6. 利润预测包括哪些方法？

7. 如何进行利润的敏感性分析？进行敏感性分析的目的何在？

8. 成本预测的常用方法有哪些？

9. 如何确定企业的资金需求量？

10. 如何理解预测和决策的关系？

短期经营决策

第一节 短期经营决策概述

一、短期经营决策的含义

短期经营决策通常是指涉及一年以内的一些专门业务且其影响只限于近期收支盈亏的决策问题。这类决策一般不涉及新的固定资产投资,其主要目标在于侧重从资金、成本、利润等方面对如何充分、合理地利用现有资源和经营环境,以其取得最佳的经济效益和社会效益。短期经营决策的内容极其广泛,主要包括产品定价决策、生产问题决策及利润分配决策等。其中每类决策都包括一系列的具体内容。例如,生产决策中包括产品品种决策问题、产品产量最优组合问题、亏损产品应否停产或转产问题、半成品是否进行深加工问题、加工工艺的选择、零部件的自制与外购问题、继续营业还是歇业的选择以及是否接受特殊订货等等。

二、短期经营决策的假设

1.一般不涉及追加长期项目的投资,决策期多为一年以内。这是一个基本假定。

2.经营问题已经明确,决策目标基本形成。

3.预测资料齐备,各种备选方案均具有技术可行性,只有单一方案和互斥方案两种决策形式,凡涉及市场购销的决策,均以市场上具备提供或吸收有关产品的能力为前提。

4.销量、价格、成本等变量均在相关范围内波动。

5.各期产销平衡。

三、短期经营决策的特点

短期经营决策与长期投资决策相比,短期经营决策具有如下三个方面的特点:

1.从性质上讲,短期决策不涉及新的固定资产投资,属于经营决策的范畴;

2.从时间上讲,短期经营决策只涉及一年以内的一次性专门业务,决策结果的影响期较短;

3.从方法上讲,短期决策一般不考虑货币时间价值因素和风险因素,主要采用差量分析法、贡献毛益法、本量利分析法以及线性规划等方法。

第二节　短期经营决策应着重考虑
的成本概念

决策是为实现预期经营目标而从若干备选方案中选取最优方案的过程。在此过程中,决策者针对决策目标的要求,根据有关数据资料,运用某种特殊方法对各个备选方案进行分析、评价、比较和鉴别,这是制定经营决策至关重要的分析工作。决策分析的最终目的是选出最优方案,选优的标准主要是经济效益的高低,而影响经济效益高低的决定性因素则主要是成本指标。不论进行何种决策,采用何种决策分析方法,必定要涉及成本问题,成本的大小会直接影响决策结论。因此,掌握和分析不同决策方案的成本状况并对其进行正确的分析,是决策过程中的重要环节和内容。决策方案涉及的成本项目和内容往往多种多样,在制定决策方案时,必须详尽地掌握并分析、评价全部的成本资料。在所有的成本项目中,常常是有些成本与决策有关,而另外一些成本则与决策无关。因此,要进一步研究成本的概念及其与决策的相关性,区分相关与非相关成本,这对管理人员进行决策分析十分重要。它不仅可以减少收集、分析成本资料的工作量,而且可以有效地保证分析、评价结果的准确性。

一、相关成本的概念

所谓相关成本(relevant cost)是指与特定备选方案决策有关、具有导致决策差别能力的成本项目,即决策分析时必须考虑的有关成本。决策是面向未来的,因此只有未来将发生的成本才有可能导致决策方案的不同。而不论决策结果如何,过去已发生的成本均不会发生改变,因此,它也就不可能影响决策结论的选择。所以,相关成本一定是未来成本。但是,并非所有的未来成本都与决策相关。相关成本还必须是各决策备选方案间预期的差别成本。因为如果一个成本项目无论对哪一个决策备选方案都一样的话,其本身就不可能导致决策选择的差别,那么是否考虑该项成本不会引起决策方案选择出现不同的结果。这样的成本显然与决策没有关联,在决策分析中无须考虑。正确认识成本的相关性,可以提高成本信息的有用性和决策分析的效率与效果。

二、决策时需考虑的相关成本

一般来讲,进行决策时需要考虑的相关成本有差量成本、机会成本、边际成本、重置成本、付现成本、专属成本、可避免成本、可延缓成本等。

(一)差量成本(differential cost)

管理会计中把不同备选方案的有关指标之间的数额差异统称为"差异"。差量成本亦称"差别成本"或"差额成本",是指可供选择的决策备选方案之间预期成本之间的差额。

差量成本的含义有广义和狭义之分。广义的差量成本是指不同决策方案间的预期成本差额。例如,某企业生产中需要 A 零件 2 000 件,现有自制与外购两个方案。若自制,单位成本(含直接材料、直接人工和制造费)为 30 元;若外购,单位购价为 45 元,两方案预期总成本差额为 3 000 元,即为它们的差量成本。而狭义的差量成本是指同一决策方案下,由于生产能力利用程度不同或产量增减变化而形成的预期成本差额,亦称增量成本或减量成本。例如,某企业决定生产甲产品,现有两个可供选择的生产方案,生产 6 000 件或生产 8 000 件。两种产量下的总成本分别为 130 000 元和 150 000 元,则两方案之间的增量成本为 20 000 元。事实上,"自制"方案可按其产量细分为多个方案,任意两个方案之间的成本差额都可视为两个方案的差量成本。

应该注意的是,差量成本和变动成本是两个不同的概念,二者在量上也不一定相等。具体地讲,对于具有相同内容但生产能量利用程度不同的两个方案,若固定成本在相关范围内保持不变,差量成本,即增量(减量)成本才等于变动成本的增减额,即单位差量成本等于单位变动成本;但如果产量增减变化超出"相关范围",则此时的差量成本等于变动成本增减额与固定成本增减额之和。

[例7-1]A企业拟从B公司购入一批部件,若购入量在300~400件的相关范围内,需要发生固定性采购费用(不含部件购价)1 000元,此时的部件购价为50元/件,若购入量超过400件,则在401~450件的相关范围内,固定性采购费用需增至1 800元,此时,B公司愿意以45元/件的价格出售部件。试计算购入量每增加50件(视为一个行动方案)的差量成本。

根据上述资料,按照差量成本的含义,列表计算如表7-1所示。

表 7-1

金额单位:元

购入量 (件)	固定 成本	变动 成本	总成本	固定成本 增量	变动成本 增减	差量 成本	单位差量 成本
300	1 000	15 000	16 000	—	—	—	—
350	1 000	17 500	18 500	—	2 500	2 500	50
400	1 000	20 000	21 000	—	2 500	2 500	50
450	1 800	20 250	22 050	800	250	1 050	21
500	1 800	22 500	24 300	—	2 250	2 250	45

表7-1表明,当购入量在300~400件的相关范围内时,差量成本与变动成本增减额相等,单件差量成本也表现为单件变动成本;当购入量在401~500件的相关范围内时,差量成本与变动成本增减额不相等,而是表现为固定成本增减额与变动成本增减额之和;当购入量在451~500件时,差量成本又和变动成本增减额趋于一致,但此时的单位差量成本已不再是50元,而是等于新的单位变动成本45元。差量成本属于典型的相关成本,正确理解和把握差量成本,对决策分析非常重要。

(二)机会成本(opportunity cost)

机会成本是指在决策过程中,从若干可供选择的方案中选取某一种方案,而放弃另一备选方案时所丧失的"潜在收益"(即可能实现的所得),也即选择目前接受的方案所付出的代价。机会成本是在对有限资源的利用进行决策分析时产生的概念。资源往往有多种用途(即有多种使用机会),但通常又是稀缺的,因此,一旦将其用于某一方面就不能同时用于另一方面,这使得资源的使用具有排他性。例如,企业有 100 000 元现金,既可用于购买其他公司的公司债进行短期投资,也可存入银行获取利息。如果选择短期债券投资方案,则所放弃的、能从银行存款中获得的利息收入(这里假定债券与银行存款两种证券的风险是相等的)就是该方案的机会成本。由于资源的用途极多,因此,资源使用机会也往往会在两种以上,它们的潜在收益也会有一定的、甚至是较大的差异。在这种情况下,一般都根据所放弃的耗用资源最佳的可比用途确定机会成本。

尽管机会成本并不是一般意义上的"成本",它不是一种实际支出或费用,也不用记入会计账簿,但它表明把资源用于某一方面可能取得的利益,是以放弃它用于其他方面可能取得的利益为代价的,同样地,这种丧失的收益,也不是实际的而是潜在的。因此,在进行决策时,只有将落选方案有可能获得的"潜在收益"作为机会成本计入选择方案的相关总成本中,才能全面、合理地评价中选方案的经济效益,正确判断被选用的方案是否真正最优,从而使资源得到最有效的利用。忽视机会成本,有可能造成决策失误。然而,有的资产项目只有唯一的功能,既不能在其他用途上使用,也不能作为废品出售(如地下水管、煤气管道等),对此类资产进行取舍决策分析时,就无需考虑机会成本,或将机会成本看作零。

(三)应负成本(imputed cost)

应负成本又称假计成本,是机会成本的一种特殊形式。换言之,应负成本在实施上仍属于机会成本的范畴。某些机会成本一目了然,可以直接计算和确认,但另一类机会成本需要推算和估计才能确认,这便是假计成本的含义。例如,企业所拥有的货币资金既可以用于商品购销,也可以用来投资或存入银行以获得收益。显然货币资金用于商品购销,就不能再存入银行获得利息,于是就产生了以存款利息为形式的机会成本,虽然利息收入并未发生,但为决策需要,仍以银行存款利率和商品购销占用的货币资金总额来估算利息。这种估算出的利息收入就是一种应负成本或假计成本。

(四)边际成本(marginal cost)

作为西方经济学的一个理论,边际成本是指成本对业务量(产量)无限小变化的变动部分,即成本随业务量无限小变化的变动率。从数学上讲,边际成本就是总成本函数的一阶导数。但从实际工作的角度看,业务量不可能有无限小的变化,否则,边际成本概念就失去了它的实际意义,所以业务量变化至少应为一个单位。因此,在实际中,边际成本就是指业务量(生产能量)在相关范围内,每增加或减少一个单位所引起的成本变动额。在这一相关范围内,边际成本的表现形式就是增加或减少一个业务量的差量成本,也就是单位变动成本。若超出了相关范围,边际成本和单位变动成本就不一致了。

边际成本具有如下两个重要性质:

第一,当边际成本与边际收入(总收入函数的一阶导数)相等时,边际利润(利润函数的一阶导数)为零,此时可获得最大的利润值。

第二,当某产品的平均成本与边际成本相等时,其平均成本达到最低。

边际成本的上述性质对于企业制定最优经营决策是非常有用的。因为许多经营决策的目标就是利润最大或平均成本最低。决策者在进行这类决策时,就可以利用上述两条规律进一步分析采用何种产销量或何种销售价格等,才能使决策方案的利润达到最大,平均成本达到最低。例如,企业在产品销量和定价决策中,可以根据第一条规律,选择边际收入等于边际成本的销售量和销售单价作为最佳销量和最优售价,因为它们能为企业提供最大的利润。当然,由于在实际工作中,很难得到成本、收入和利润函数,上述规律也往往不能直接运用,但其指导意义是毋庸置疑的。在实际决策过程中,我们一般可利用其变形形式,如以不同销量或不同售价方案的差量收入等于差量成本作为最优决策点,就可以达到利润最大的决策目标。

(五)付现成本(out-of-pocket cost)

付现成本亦译作现金支出成本,是指由某项决策引起的未来某一时期内需要以现金支付的成本。付现成本代表未来一定时期内,由于实施某项决策将会引起的企业现金流出。因为保持正常的现金周转和支付能力对现代企业至关重要,甚至关系到企业的生死存亡,故"现金为王"已成为众多企业所信奉的一个重要经营理念。为此,在经营决策分析时,如果企业近期的资金比较紧张,筹措资金比较困难,支付能力受到限制,那么管理当局对"付现成本"的考虑,往往会多于对"总成本"的考虑,甚至会选择付现成本最小的方案来代替总成本最低的方案,以保证企业现金流转的顺畅。

例如,某企业有一台主要生产设备因故损坏,造成停工,必须立即修复,否则将造成每天 20 000 元的停工损失。现有两家修理商前来洽谈,其一需修理费 50 000 元,要求一次付款;其二需修理费 60 000 元,可以分 3 个月付清,即每月支付 20 000 元。两个备选方案各具特点,前者总成本低,但付现成本高,后者总成本高但付现成本低。假定企业当时资金拮据,仅有现金 28 000 元,且筹资困难,则只有放弃总成本低的方案而选择付现成本低、总成本高的方案。生产设备修复并投入使用所带来的收益,可弥补总成本较高而形成的损失。

这里还应注意,付现成本可能是固定成本(如临时添置的专用工装模具等),也可能是变动成本,变动成本不一定都要支付现金(如按产量法计提的折旧费等),但付现成本必须理解为未来成本。

（六）重置成本(replacement cost)

重置成本又称"现时成本"。它是和历史成本相对应的一个概念,通常是指目前市场上重新购买一项原有资产而需要支付的成本。某些情况下的决策分析只能以重置成本作为相关成本。例如,某商场去年购进空调100台,每台进价2 000元。今年以2 300元的价格全部销售出去,如果以历史成本进行计算的话,该商场可获毛利30 000元,因此是一项正确的决策。但如果考虑重置成本的话,这一决策就有可能是不恰当的。假如此时商场重新购进相同空调的价格(即其重置成本)是2 500元。那么此时以2 300元的价格销售,按重置成本计算,会使商场净亏20 000元,而不是获毛利10 000元。由此看出,在产品定价决策中应将重置成本作为重要因素来考虑。如果单纯依据历史成本为产品定价,企业将难以为继,甚至连简单再生产也无法维持。

（七）专属成本(specific cost)

专属成本是指可以明确归属于某种、某批产品或某个部门等特定对象的成本。例如,专门用于生产某种产品的专用设备发生的折旧费、保险费等就是该产品的专属成本。因为绝大多数变动成本均属于专属成本,没有必要按此特性专门反映,所以专属成本一般专指固定成本。专属成本在多数情况下是决策分析中应该予以考虑的相关成本。但某些专属成本在特定的决策问题中也可能是无关成本。例如,若干年前购置的某种产品专用设备的折旧费,并不会因有关产品停产而消除,在分析该产品应否停产时,应将其作为无关成本。

（八）可避免成本(avoidable cost)

可避免成本的含义是指与特定方案相联系的成本,即管理当局通过某项决策行动可以改变其数额或决定其是否会发生的成本称为可避免成本。例如,某方案被采纳,某项支出就会发生;如果方案不被采纳,该支出就不会发生。这样的支出就是可避免成本。典型的例子如特殊订货决策中的专用设备支出,其发生与否完全取决于是否接受这项订货。另外,有些支出对企业的经营获利有帮助,但其支出数额的大小可由决策者依据具体情况而定,也就是说,这些成本中有一部分在一定情况下是可以避免的,它们的多寡在很大程度上取决于相应的管理决策。例如广告费、职工培训费、新产品的研制开发费等就属于部分可避免成本。相关成本通常都是可避免成本。

（九）可延缓成本（deferrable cost）

在企业财力有限时，对选定方案推迟执行，而不会影响企业全局，此时与这一方案有关的成本也可推迟发生，这类成本就是可延缓成本。例如，公司原定粉刷办公大楼，估计成本为 5 000 元，但目前资金比较紧张，暂时推延此计划，不会对企业正常的生产经营产生重大影响，与之相联系的 5 000 元成本也就暂时不会发生，所以这 5 000 元就是可延缓成本。

（十）不可延缓成本（undeferrable cost）

与特定方案相联系，且一旦选定方案，即使企业财务资源有限，也必须尽快实施，否则就将给企业带来严重损失，因此，与决策有关的成本立即发生，不可推延，这种情况下方案涉及的成本项目称为不可延缓成本。它与可延缓成本是相反的概念。由于这类决策及其成本的不可延缓性，对其只有一种选择：立即实施。

应该注意到，无论可延缓成本还是不可延缓成本，都与特定的方案相联系，都属于相关成本。二者的区别仅在于：成本发生的时间是否具有"弹性"，也即紧迫程度不同。但不可避免成本则不同，它与决策方案无关，本质上属于无关成本。

区别可延缓成本与不可延缓成本的意义在于：在人、财、物资源有限制的条件下，企业在择优选用方案时，应考虑现有资源条件，根据轻重缓急将各项目进行排队，从而按资金供应情况依序付诸实施，以便充分有效地利用现有资源，取得最佳的经济效益。

三、决策时不应考虑的无关成本

与相关成本对应的概念是无关成本（irrelevant cost），也称为不相关成本。它是指对某一未来决策方案的选择没有影响，不会导致决策差别的成本项目。由于过去已发生的成本不会因为未来的决策而产生任何变化，即它不具有导致未来决策结论产生差别的能力，因此，所有的过去成本均是决策的无关成本。另外，在各个备选方案中，凡项目相同、金额相等的未来成本，显然也不会导致决策结论产生差异，因此也与决策无关。即无差别的未来成本也是决策的无关成本。一般而言，决策的无关成本主要包括沉没成本、共同成本、不可避免成本和不可延缓成本等。

（一）沉没成本（sunk cost）

沉没成本在有关文献里有不同的解释。有的解释为"过去成本"，有的解释为"难以挽回的成本"，还有人称其为"无关成本"，尽管说法不一，本质却相同,即对于决策的非相关性。较为一致的看法是:沉没成本是指那些由过去决策导致发生的已经支付且无法为目前的决策所改变的成本。沉没成本既可能是固定成本,也可能是变动成本。沉没成本有两个最显著的特征:(1)过去已经发生;(2)无论未来的决策结论怎样,其发生额均不会发生变化。它与历史成本实质上是同义词。典型的例子如购置设备或其他生产资料所耗费的历史性支出或其账面价值。这类成本是过去已经发生的,现在和将来的任何决策都已无法改变这项历史事实。因此,沉没成本是典型的无关成本,企业在决策分析时,已购资产的历史成本或账面价值不需要列入决策考虑的因素。

(二)共同成本(common cost)

几个备选方案共同负担的成本称为共同成本,一般表现为固定成本。例如,企业管理者的工资、辅助生产部门提供的服务费等。它与"专属成本"是相对应的概念。共同成本的特点在于,一般情况下,无论选择哪一个决策方案,它都会发生且金额相同。所以,通常情况下,它是决策方案的无差量成本,即不会导致决策差异,因此是无关成本。

(三)不可避免成本(unavoidable cost)

因管理者的某项决策结论或行动而改变其数额的成本叫做不可避免成本。换句话说,不可避免成本与可避免成本是一个相对应的概念,其发生与否并不取决于某一特定决策方案的取舍。例如,在相关范围内的约束性固定成本就是典型的不可避免成本。由此可见,不可避免成本是目前已客观存在的成本,它与决策备选方案的取舍没有直接联系,一般属于无关成本。

第三节　生产决策分析

产品生产决策是企业生产管理的一项重要内容,这类决策问题十分广泛,归纳起来,生产决策主要用于解决生产什么、生产多少以及如何生产的问题。对上述问题的分析,基本的准则是以各备选方案的利润或成本的大小进行选择。其中,每大类问题又包括相互联系的若干个小问题,其共同点在于:如何更有效地利用现有的生产能力,为企业带来最大的经济效益。

作为短期经营决策的组成部分,生产决策的特点主要是:内容丰富,方法灵活多样,一般只研究如何利用现有生产能力而不涉及新的投资决策;决策分析时,基本不考虑货币时间价值因素,但非常重视产品成本形成规律、企业生产能力限制及利用程度等因素。

结合决策问题和收集到的资料的不同,具体进行决策分析时所选择的决策指标并不一定是成本或利润,可能是其他指标,但均可以反映利润的大小。根据分析时所选指标的不同,相关成本分析一般可分为以下几种方法:差量分析法、贡献毛益分析法、本量利分析法、线性规划法等。

一、差量分析法(differential analysis)

如前所述,管理会计中把不同备选方案有关指标间的差额称为"差量",与差量成本密切相连的是差量收入。所谓差量收入是指若干备选方案预期收入之间的差额。差量收入与差量成本的差额是差量损益,其实差量损益也就是不同备选方案之间预期利润的差额。因此,差量分析法是指根据已确定的各决策备选方案,比较其预期的差量收入与差量成本的差额,确定最佳决策方案的方法。

(一)分析步骤

(1)将各决策备选方案两两比较,分别计算差量收入和差量成本;

(2)将计算出的差量收入与差量成本进行对比择优。

①若差量收入大于差量成本,即差量损益为正数,则作为被减项的方案为优;

②若差量收入小于差量成本,即差量损益为负数,则作为减项的方案为优;

很显然,计算"差量收入"和"差量成本"时,方案的前后次序必须保持一致。

③若差量收入等于差量成本,则两方案具有同样的经济效益(即利润相同)。这种情况作为差量分析法的特例,只需比较其相关成本,并注意尽量省去发生额相同而不影响"差量"的部分,以便简化计算。此时,差量分析法可简化为:当 A 方案与 B 方案进行对比分析时,若差量成本大于零,则 B 方案为优;若差量成本小于零,则 A 方案为优。

差量分析法依据的主要观念是在进行决策分析时,只考虑受方案选择影响的那些收入和成本,而对其他所有不相关的因素均不予考虑。简而言之,差量分析中起作用的只是能引起方案总收入和总成本增减变动的那些因素。

(二)应用举例

1.生产哪种产品的决策

[例 7-2]A 企业使用同一台设备可以生产甲产品,也可以生产乙产品。若该设备最大生产能力为 200 000 机器小时,则在相关范围内生产两种产品的有关资料预测如表 7-2 所示。

表 7-2　甲、乙生产产品资料

项　　目	甲产品	乙产品
每件机器小时(机器小时)	100	80
单位售价(元)	112	64
单位成本(元)		
直接材料(元)	36	24
直接人工(元)	28	16
变动制造费用(元)	32	12
固定制造费用(元)	140	112

根据已知资料为该企业作出生产哪种产品的决策分析。

由于该企业是用同一台设备进行生产,总生产能力为 200 000 机器小时,那么形成 200 000 机器小时生产能力而发生的成本无论对生产甲产品还是生产乙产品都是相同的,因而不是决策分析的相关成本,所以此决策的相关成本仅为变动成本。

应用差量分析法分析如下。

(1)根据生产能力,计算生产两种产品的最大生产量:

$$甲产品最大产量 = \frac{最大生产能力机器小时}{甲产品每件所需机器小时}$$

$$= \frac{200\ 000}{100}$$

$$= 2\ 000(件)$$

$$乙产品最大产量 = \frac{最大生产能力机器小时}{乙产品每件所需机器小时}$$

$$= \frac{200\ 000}{80}$$

$$= 2\ 500(件)$$

(2)分别计算甲、乙两种产品的单位变动成本:

$$甲产品的单位变动成本 = 直接材料 + 直接人工 + 变动制造费用$$

$$= 36 + 28 + 32$$

$$= 96(元)$$

$$乙产品的单位变动成本 = 直接材料 + 直接人工 + 变动制造费用$$

$$= 24 + 16 + 12$$

$$= 52(元)$$

(3)计算甲、乙两种产品的差量收入、差量成本和差量损益:

差量收入＝(112×2 000)-(64×2 500)＝64 000(元)

差量成本＝(96×2 000)-(52×2 500)＝62 000(元)

差量损益＝64 000-62 000＝2 000(元)

(4)根据计算结果,因为差量收入(64 000元)大于差量成本(62 000元),即差量损益为正数,所以应选择生产甲产品,比生产乙产品能多实现利润2 000元。

应当指出,本例的假设条件是:无论甲、乙产品生产多少,市场上均可以容纳。如果市场上销量受到限制,则应以最大生产能力和市场最大容量为共同条件来分析。

此外,本例还可以通过编制差量分析表的形式来分析,见表7-3所示。

表7-3　差量分析表

项目 方案	相关收入	相关成本	相关收入-相关成本
甲	112×2 000＝224 000(元)	96×2 000＝192 000(元)	224 000-192 000＝32 000(元)
乙	64×2 500＝160 000(元)	52×2 500＝130 000(元)	160 000-130 000＝30 000(元)
差量	64 000(元)	62 000(元)	2 000(元)

2.需用量确定时的零部件自制或外购的决策

企业生产产品所需要的零部件,既可以自行制造,也可以从市场上购买。究竟采用哪种方式获得生产所用的零部件,就需要对自制和外购两种取得方式的预期成本进行计量、比较,从中选择取得成本最低的方案为最佳方案。

[例7-3]甲电冰箱厂每年生产电冰箱需要A零件6 000个,若从市场上购买,每个零件进货成本为58元。如果该厂生产车间有剩余的生产能力可以自制A零件,估计生产每个零件的成本资料如下:

直接材料	30元
直接人工	16元
变动制造费用	9元
固定制造费用	12元
单位零件成本	67元

生产车间的剩余生产能力除了可以自制A零件,也可以向外出租,预计每年可获租金3 500元。请为该厂作出零件自制还是外购的决策分析。

由于A零件的自制与否均不会增加或减少该厂的固定制造费用,所以固定制造费用对自制还是外购方案来讲均为无关成本。另外,由于生产车间用于自制A零件的剩余生产能力可以向外出租并能取得租金收入,所以一旦自制就会失去获得出租租金收入的机会,因而租金收入应为自制方案的机会成本。另外,本例中无论 A 零件的取得方式(自制、外购)如何,均不会导致收入的不同。采用差量分析法分析如下:

(1)计算自制单位 A 零件的相关成本:

$$自制 A 零件单位的成本=直接材料+直接人工+直接变动制造费用$$
$$=30+16+9$$
$$=55(元)$$
$$自制 A 零件的相关总成本=单位成本×生产量+机会成本$$
$$=55×6\ 000+3\ 500$$
$$=333\ 5000(元)$$

(2)计算外购 A 零件的相关总成本:

$$外购 A 零件的相关总成本=外购单位成本×需要量$$
$$=58×6\ 000$$
$$=348\ 000(元)$$

(3)分别计算差量收入和差量成本:

$$差量收入=0-0=0$$
$$差量成本=333\ 500-348\ 000=-14\ 500(元)$$
$$差量损益=0-(-14\ 500)=14\ 500(元)$$

(4)根据计算结果,因为差量收入(0 元)大于差量成本(-14 500 元),即差量损益为 14 500 元,所以应选择自制方案。因为,自制比外购可节约成本 14 500 元。

本例依然可以通过编制差量分析表的形式来分析,在此从略。

3.亏损产品应否停产的决策

[例 7-4]某企业生产甲、乙、丙三种产品,有关资料如表 7-4 所示,要求用差量分析法作出其中的亏损产品应否停产的决策分析。

表 7-4　甲、乙、丙生产产品资料

项　目	甲	乙	丙
销售量(件)	2 000	1 000	800
单价(元)	20	60	25
单位变动成本(元)	9	46	15
固定成本总额(元)	36 000(按各产品销售金额比例分配)		

根据表7-4中的资料分别计算出甲、乙、丙三种产品的盈亏情况,如表7-5所示。

表 7-5 甲、乙、丙三种产品的盈亏情况

单位:元

产品名称	甲	乙	丙	合计
销售收入总额	40 000	60 000	20 000	120 000
变动成本总额	18 000	46 000	12 000	76 000
边际贡献总额	22 000	14 000	8 000	44 000
固定成本总额	$36\ 000 \times \frac{2}{6}$ $=12\ 000$	$36\ 000 \times \frac{3}{6}$ $=18\ 000$	$36\ 000 \times \frac{1}{6}$ $=6\ 000$	36 000
净利(净亏)	10 000	(4 000)	2 000	8 000

从上述计算结果可以看出,生产乙产品亏损 4 000 元,似乎应该停产,但应注意到,对于固定成本总额 36 000 元,无论乙产品应否停产都照样发生。因此,若停产乙产品,它所负担的 18 000 元固定成本就将分别转到甲、丙两种产品上,差量分析如下:

差量收入=120 000−(40 000+20 000)

          =120 000−60 000

          =60 000(元)

差量成本=(76 000+36 000)−[(18 000+12 000)+36 000]

          =112 000−66 000

          =46 000(元)

差量损益(边际贡献)=60 000−46 000

               =14 000(元)

通过分析结果表明应该继续生产乙产品,如果停产乙产品,企业将由盈利 8 000 元变为亏损 6 000 元(14 000−8 000)。

4.产品立即出售还是继续加工后出售的决策

在某些行业的企业中,经常会面临着已部分完工的半成品立即出售或进一步加工为完工产品后再行出售的抉择问题。例如,棉纺织厂既可出售半成品棉纱,也可以通过对棉纱继续加工织成为坯布(完工产品)后再出售。当然,完工产品的销售单价要比半成品高些,但继续加工一般都要追加变动成本和专属固定成本。

另外,在某些石油化工企业内,经常会出现在同一生产过程中同时生产出若干种经济价值较大的联产品。这些联产品有的可以在分离后立即出售,也可以在分离后经过继续加工再行出售。究竟哪种方案经济效益较大,是生产联产品企业经常会碰到的问题。

对这类决策问题,均可采用差量分析法。但应考虑的是:半成品或联产品进一步加工前所发生的成本,不论是变动成本或固定成本,在决策分析中均属于无关成本,不必加以考虑。关键在于分析研究半成品或联产品在加工后所增加的收入是否超过在进一步加工过程中所追加的成本(即"可分成本")。如果前者大于后者,则以进一步加工的方案较优;反之,若前者小于后者,则以出售半成品或不加工的联产品的方案较优。

[例7-5]长城石化公司在同一生产过程中可同时生产出 A、B、C、D 四种联产品,其中 A、B 两种产品可在分离后立即出售,也可以继续加工后再出售。其有关资料如表 7-6 所示。

表 7-6　A、B 联产品资料

产品名称		A 产品	B 产品
产量(升)		3 000	1 000
分离前所发生的联合成本(元)		5 600	8 000
售价(元/升)	分离后	8	24
	继续加工后	20	40
继续加工追加的成本(元)	单位变动成本	8	13
	专属固定成本	8 000	3 000

要求:按上述资料为长城公司作出 A、B 联产品是立即出售还是继续加工后出售的决策分析。

根据已知资料可知,无论 A、B 产品是否深加工,分离前所发生的联合成本都会发生,所以属于决策的不相关成本;但如果继续加工 A、B 产品发生的专属固定成本是不一样的,所以属于相关成本。采用差量分析法进行分析。

(1)计算 A 产品的差量收入、差量成本和差量损益:

差量收入=20×3 000-8×3 000=36 000(元)

差量成本=(8×3 000+8 000)-0=32 000(元)

差量损益=36 000-32 000=4 000(元)

因为 A 产品的差量收入(36 000 元)大于其差量成本(32 000 元),即差量损益为 4 000 元,所以 A 产品继续加工能获得更多利润。

(2)计算 B 产品的差量收入、差量成本和差量损益:

$$差量收入=40\times 1\ 000-24\times 1\ 000=16\ 000(元)$$
$$差量成本=(13\times 1\ 000+3\ 000)-0=16\ 000(元)$$
$$差量损益=16\ 000-16\ 000=0(元)$$

因为 B 产品的差量收入(16 000 元)等于差量成本(16 000 元),即差量损益等于零,所以 B 产品继续加工与否都会得到相同的利润。

结论:根据上述分析 A 产品应继续加工再出售较为有利,B 产品无所谓是否继续加工。

二、贡献毛益分析法(contribution margin analysis)

当各备选方案的共同固定成本相等时,利润的大小就取决于贡献毛益的大小,因而可以通过比较各备选方案的贡献毛益,来确定最优方案,这种方法叫作贡献毛益分析法。

可用下面的公式反映:

$$利润=收入-变动成本-固定成本$$
$$=贡献毛益-固定成本$$
$$=贡献毛益-(共同固定成本+专属固定成本)$$

若各方案专属固定成本不相等时,贡献毛益大的方案,利润未必大,因而还得用贡献毛益扣除专属固定成本后的余额(称为贡献毛益净值)的大小来比较。分析时一般以方案的贡献毛益总额来反映。其理论前提是在生产经营决策中,一般不改变生产能力;固定成本总额通常不变;以利润作为价值标准进行决策分析时,只需要比较各方案能够提供的贡献毛益总额或贡献毛益总净值。

(一)分析步骤

(1)判定各方案共同固定成本是否相同。

(2)分别计算各方案的贡献毛益总净值,

$$贡献毛益总净值=贡献毛益-专属固定成本$$

当专属固定成本不发生或相等时,贡献毛益总净值就是贡献毛益总值。

(3)选择贡献毛益总值或总净值最大者为优。

(二)应用举例

1.新产品开发的决策

[例 7-6]某企业的新产品开发中有三种方案可供选择,有关资料如表 7-7 所示。

表 7-7　新产品生产资料表

指　标	A	B	C	备　注
单位标准机器小时	40	10	5	用于新产品开发的机器小时最多为 2 000,其他因素无限制
预计新产品单价(元/件)	120	160	88	
单位变动成本(元/件)	100	137	76	
固定成本总额(元)		2 800		

请据以确定应生产何种新产品。

由于本例中只有机器工时总数这一限制因素,因此,决策的实质就在于如何使 2 000 工时的有限资源能够获得最大的利润,又因为生产三种产品的固定成本总额为 2 800 元,所以,要使利润最大,只需贡献毛益总额最大。因此,可采用贡献毛益法编制分析计算表,见表 7-8。

表 7-8

指　标	A	B	C
最大产量(件)	2 000÷40＝50	2 000÷10＝200	2 000÷5＝400
销售单价(元/件)	120	160	88
单位变动成本(元/件)	100	137	76
单位贡献毛益(元/件)	20	23	12
贡献毛益总额(元)	1 000	4 600	4 800

表 7-8 中所表示的分析计算结果表明,在既定条件下,以生产 C 产品为优,可使企业获净利润 2 000 元(4 800 元－2 800 元)。若生产 A 产品,则亏损 1 800 元(1 000 元－2 800 元);若生产 B 产品,获净利润 1 800 元(4 600 元－2 800元),均低于生产 C 产品的盈利水平。

本例也可通过比较 A、B、C 三种产品单位机时所提供的边际贡献来分析、择优(略)。

[例 7-7]沿用例 7-6 资料,现假定生产新产品 B 或 C,分别需支付专属固定成本 600 元和 1 700 元。由于专属固定成本属相关成本,故应在决策分析过程中予以考虑,在此前提下,生产 B、C 产品的净利润将分别减少至 1 200 元(1 800元－600 元)和 300 元(2 000 元－1 700 元),显然,在这种情况下应该生产 B 产品。

2.接受特定订货的决策

如果企业现有的生产能力没有得到充分利用,为了避免资源的浪费,提高企业的经济效益,应考虑剩余生产能力的有效利用。企业利用剩余生产能力考虑接受追加订货,只要客户追加订货的出价高于产品的单位变动成本,就可接受。因为在生产能力范围内生产追加订货,不增加固定成本,出价高于单位变动成本的差额即是接受追加订货而多获得的税前利润。

[**例 7-8**]美海公司原来只生产甲产品,年最大生产能力为 30 000 件,单位售价为 100 元,实际成本构成如下:

直接材料	36 元
直接人工	25 元
变动制造费用	12 元
固定制造费用	16 元
单位产品成本	89 元

美海公司目前生产能力利用率只有 70%,还有 30% 的剩余生产能力。若某客户要求订购甲产品 3 700 件,并在款式上另有特殊要求,需要增加一台专用设备,每年发生专属成本 5 000 元,该客户每件只出价 80 元。根据上述资料,美海公司是否接受该订货。

表面看上去,该订货不能接受。因为对方出价不仅低于正常售价,而且低于单位产品成本。但分析后结论并非如此,因为接受订货的生产能力是现存的没有其他用途,所以这部分剩余生产能力使用与不使用不会改变原有的固定成本。因此,只需分析接受订货发生的专属固定成本和相关变动成本能否被增加的收入补偿。

通过编制贡献毛益分析表进行分析,如表 7-9 所示。

表 7-9

项　目	接受追加订货方案	不接受追加订货方案
订货量	3 700(件)	0
相关收入	80×3 700＝296 000(元)	0
减:相关成本		0
变动生产成本	(36＋25＋12)×3 700＝270 100(元)	0
贡献毛益总额	25 900(元)	0
减:专属固定成本	5 000(元)	0
贡献毛益总净值	20 900(元)	0

由上述计算可知,接受订货可获得 20 900 元的贡献毛益,也就是利润增加 20 900 元,故应接受追加订货方案。

3.增加新生产能力生产哪种产品的决策

企业在现有生产规模基础上,进行新的投资,形成新的生产能力,在有销售市场的情况下,可用于生产原有的某一产品,在新生产能力总机器小时数未知的情况下,可比较每机器小时的贡献毛益额的大小,选择最优方案。

[例 7-9]山海企业投入 150 000 元形成新的生产能力,可用于生产 A 产品,也可生产 B 产品,有关资料如表 7-10 所示。

表 7-10　山海企业 A、B 企业生产资料表

品　种 项　目	A 产品	B 产品
单价(元/件)	300	380
单位变动成本(元)	180	252
单位机器小时(小时)	12	8

根据上述的资料,无论生产甲或乙均是由 150 000 元投资形成的生产能力,假设市场可以容纳100%生产能力下的 A 产品或 B 产品。因此,总机器小时数一定,分析时应比较 A 或 B 产品所能带来的总贡献毛益,但由于总机器小时数未知,所以只能计 A 或 B 产品每机器小时的贡献毛益额的大小。这种方法也称为单位资源贡献毛益法。公式如下:

$$单位资源贡献毛益=\frac{单位产品贡献毛益}{单位产品消耗的资源}$$

(1)计算 A、B 产品的单位资源贡献毛益:

$$A 产品单位资源贡献毛益=\frac{(300-180)}{12}=10(元/机器小时)$$

$$B 产品单位资源贡献毛益=\frac{(380-252)}{8}=16(元/机器小时)$$

(2)计算结果表明 B 产品单位资源贡献毛益(16 元)大于 A 产品的单位资源贡献毛益(10 元),所以应选择生产 B 产品较为有利。因为总机器小时一定时,单位机器小时贡献毛益大,总贡献毛益就大。

三、本量利分析法(cost-profit-value analysis)

本量利分析法是根据各备选方案的成本、业务量、利润三者之间的依存关

系来分析特定情况下哪个方案较优的方法。如果决策问题不涉及收入,则本量利分析就简化为本量分析,此时,即依据成本与业务量之间的关系来进行各备选方案的择优,其标准是:区别不同业务量水平,各该方案预计总成本最低者为优。为此,需引入一个新的概念,即成本分界点,也称成本平衡点,它是指两个备选方案的预期成本相等时对应的业务量水平,它主要用于业务量水平未确定情况下的决策分析,借助于成本平衡点,可以作出完整、正确的分析结论。因此,在短期经营决策中,应用本量利分析法的关键在于确定成本分界点。之所以能依据成本分界点来衡量有关方案的优劣,是由于不同备选方案的预期固定成本总额可能不同,预期单位变动成本也可能不同,但在某一特定的业务量(产量)点上,不同备选方案的预期总成本却可能相等。如果不同备选方案的单位收入相同,那么这个特定的业务量点(成本平衡点)上,不同备选方案的预期利润也相等。在以成本平衡点为分界点的不同业务量范围段上,预期总成本较低的备选方案也就是预期利润较高的方案,它应是相应业务量范围内的最优方案。如外购条件发生变化时零部件的取得方式决策、产品的生产工艺选择等都可采用该法。

(一)分析步骤

(1)将备选方案进行比较,计算成本分界点;

(2)对不同范围业务量下的决策结论进行分析。

(二)应用举例

1. 需用量不确定时的零部件自制或外购的决策

[例 7-10]某企业生产产品时需用 A 零件。若外购,单价为 36 元。目前企业的生产车间有闲置生产能力可以自制 A 零件,每年为生产 A 零件的单位变动成本为 20 元,并需追加专属固定成本 8 000 元。据以分析 A 零件年需要量是自制还是外购较为经济。

该企业的 A 零件不论自制、外购均不能直接带来收入,所以此决策的收入为不相关事项。自制会发生专属固定成本,且单位变动成本小于外购价格,所以可以采用成本分界点法分析。

(1)设年需要零件 x 个,自制与外购成本相等。即:

外购总成本$=36x$

自制总成本$=8\,000+20x$

则有:$36x=8\,000+20x$

$x=500$(个)

所求"成本分界点"如图 7-1 所示。

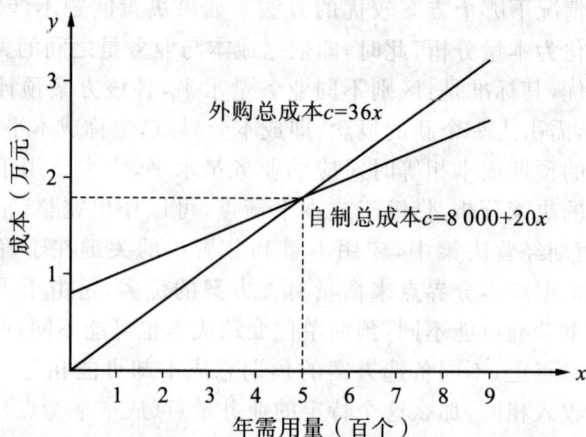

图 7-1 成本分界点图

（2）在生产能力相关范围内对 500 个成本分界点以外的情况进行分析。

因为 500 个是抵偿 8 000 元专属固定成本的分界点。当 A 零件年需要量小于 500 个时，自制节省的成本不足以补偿 8 000 元的专属固定成本；反之，A 零件年需要量大于 500 个时，自制节省的成本就超过 8 000 元的专属固定成本；A 零件年需要量为 500 个时，节省的成本与投入的专属固定成本相等。

结论：当 A 零件年需要量＞500 时，自制；

当 A 零件年需要量＜500 时，外购；

当 A 零件年需要量为 500 时，自制或外购均可。

2.生产工艺设备的选择决策

工业企业的同一种产品或零件，按不同的工艺方案进行加工生产，其成本往往相差很多。一般来讲，采用先进的工艺方案，需要使用加工效率较高的某些专用设备，其单位变动成本可能会较低，而固定成本则较高；比较落后的工艺方案，往往只需要较普通的简易设备，单位变动成本可能会较高，而其固定成本则较低。由于单位产品负担的固定成本与产量成反比，因此，当产量较大时，前一种工艺较为有利；反之，若产量较小，则后一种方案较为适宜。由此可见，对于不同工艺方案（设备）的选择应和产品的加工批量联系起来进行分析。具体来讲，对这类问题进行决策分析时应注意以下两点：

（1）应找到不同工艺方案之间的"成本分界点"；

（2）只需考虑各备选方案不同的单位成本项目（如加工费、工艺装备费），而各备选方案共有的变动成本（如直接材料）和共有的固定成本（如管理人员工资及办公费等）则无须考虑。

[例7-11]某企业在生产一种零件时，可使用A、B、C三种设备，其成本资料见表7-11所示，请据以作出不同批量下选用不同加工设备的决策分析。

表7-11 A、B、C三种设备的成本

设备名称	单位变动成本（加工费）（元/件）	固定成本总额（元）（一次调整准备费）
A	1.6	60
B	0.8	120
C	0.4	240

先分别计算出A与B之间、B与C之间以及A与C之间的"成本分界点"（用此时的加工批量表示）。这些分界点分别设为x_1、x_2、x_3。前面已指出，"成本分界点"是指两种方案预期成本总额相等时的加工批量，故有：

$$60+1.6x_1=120+0.8x_1 \quad x_1=75（件）$$
$$120+0.8x_2=240+0.4x_2 \quad x_2=300（件）$$
$$60+1.6x_3=240+0.4x_3 \quad x_3=150（件）$$

为使结果更加明确、直观，可用图7-2表示。

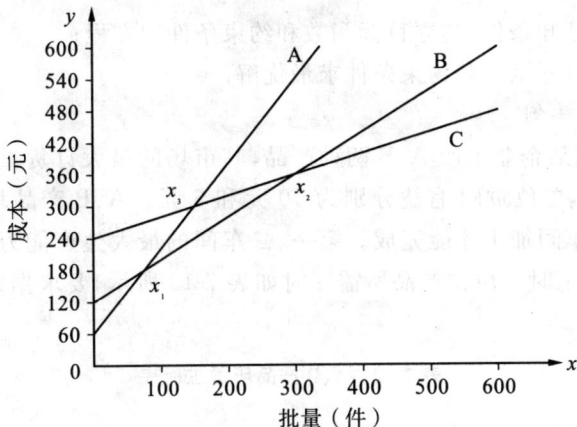

图7-2

由上面所述可以看出，当该批零件批量小于75件时，采用A种设备成本较低；当批量在75件和300件之间时，采用B种设备较为有利；当批量超过

300 件时,则应采用 C 种设备;如果 B 种设备因种种限制条件不能加工该批零件时,则加工批量在 150 件之内时,应采用 A 种设备;当批量超过 150 件时,应采用 C 种设备。

四、线性规划法(linear programming)

在生产多品种产品的企业中,经常会碰到在一定的约束条件下,如何充分利用有限的经济资源,将其在各产品之间作出最有效分配的优化决策问题。线性规划法是专门用来对具有线性联系的极值问题进行求解的一种数学方法,它能使管理者在若干约束条件下,对人、财、物等有限资源的使用作出合理安排,从而以最低的成本获得最大的经济效益。

线性规划是一种求解"最佳方案"的数学工具。其基本含义是:在一组限制因素(约束条件)中去寻找一个函数的极值时,如果限制因素可用一次方程或一次不等式表示,目标函数也是一次函数,那么就可认为是一个线性规划问题。显然,利用线性规划是基于一个重要假定,即各变量之间在客观上具有直线关系或近似直线关系,从而各约束条件和目标函数都可用线性等式或线性不等式来表示。

解决线性规划问题的具体方法很多,主要包括图解法、代数法及线性规划问题的通用解法——单纯形法等。现以产品产量最优组合问题为例来说明。

(一)分析步骤

(1)根据已知条件,建立目标函数和约束条件的方程;

(2)根据目标函数与约束条件求最优解。

(二)应用举例

[例 7-12]某企业生产 A、B 两种产品,其市场的最大订货量分别为 1 000 件和 2 500 件,单位贡献毛益分别为 10 元和 6 元。A、B 产品均需要经过第一、第二两个车间加工才能完成。第一、二车间的最大生产能力分别为 4 500 工时和 7 500 工时。单位产品所需工时如表 7-12 所示,要求据以确定企业的最优产品组合。

表 7-12　A、B 产品所需工时表

单位:工时

车　间	A 产品	B 产品
第一车间	4	1
第二车间	2	3

这是一个多种产品和多种限制条件的最优产量组合问题,决策分析的价值标准是在满足多种限制条件的可行解范围内,使企业获得最大的贡献毛益总额。

1.图解法

图解法是通过绘制坐标图找到可行解区域,然后再找出最优解。

(1)根据已知资料建立目标函数与约束条件:

设 x_1,x_2 分别代表 A 产品和 B 产品,P 代表可提供的贡献毛益总额,则:

目标函数:$y=10x_1+6x_2$

约束条件:

$4x_1+x_2 \leqslant 4\ 500$ $\qquad$ L_1

$2x_1+3x_2 \leqslant 7\ 500$ $\qquad$ L_2

$0 \leqslant x_1 \leqslant 1\ 000$ $\qquad$ L_3

$0 \leqslant x_2 \leqslant 2\ 500$ $\qquad$ L_4

本题的实质是:在同时满足上述四个约束条件的前提下,求得 y 的最大值及其所对应的 x_1 和 x_2 值,也即 A、B 产品的最优产量组合。

(2)求解:

首先根据约束条件在平面直角坐标系中,划出约束条件的直线,即:

$L_1:4x_1+x_2=4\ 500$

$L_2:2x_1+3x_2=7\ 500$

$L_3:x_1=1\ 000$

$L_4:x_2=2\ 500$

如图 7-3 所示。

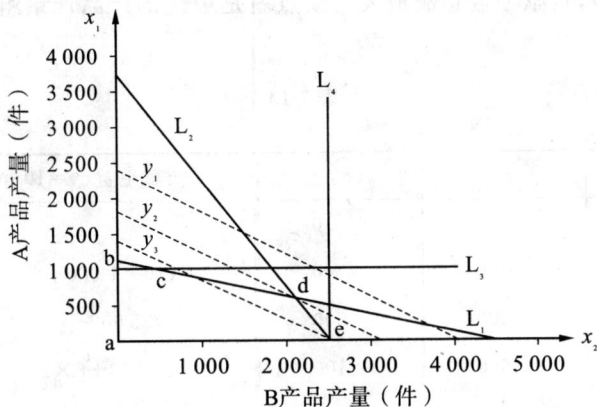

图 7-3 线性规划法图解

目标函数 $y=10x_1+6x_2$ 可改写为：

$$\frac{y}{10}=x_1+\frac{6}{10}x_2$$

$$x_1=-\frac{6}{10}x_2+\frac{y}{10}$$

它表示斜率为 $-\frac{6}{10}$、纵截距不等的一组平行线，称为"等利润线"，如图 7-3 中的虚线 y_1,y_2,y_3。

然后再寻找出可行解区域部分。

图 7-3 表明，满足上述约束条件的可行解，一定位于斜线区域，即多边形 abcde。

最后，确定能使目标函数达到最大值的最优解。

因为直线上任意一点的产量组合都能保证贡献毛益为某一特定的常数 y。那么，在可行解区域内，寻找一点（包括可行解区域各顶点），使经过该点的等利润线的纵截距最长，则该点坐标即为产品产量的最优组合。图 7-3 中 L_1 与 L_2 的交点 $d(2100,600)$ 即符合上述条件。也就是说，A、B 产品分别生产 600 件和 2 100 件时，企业可能取得最大的贡献毛益总额，其数额为：

$$y=10\times600+6\times2\,100=18\,600（元）$$

2.代数法

代数法是借助于约束条件组成一系列二元一次方程组，分别解之，求得图 7-3 中可行解区域内的各顶点坐标，然后代入目标函数式，分别计算各顶点的贡献毛益总额，贡献毛益总额最大的顶点就是最优的产品产量组合。如表 7-13 所示。

表 7-13

单位:元

顶点	x_1	x_2	贡献毛益（$y=10x_1+6x_2$）
a	0	0	0
b	1 000	0	$(10\times1\,000+6\times0)=10\,000$
c	1 000	500	$(10\times1\,000+6\times500)=13\,000$
d	600	2 100	$(10\times600+6\times2\,100)=18\,600$
e	0	2 500	$(10\times0+6\times2\,500)=15\,000$

计算结果表明，目标函数在 d 点取得贡献毛益总额的最大值为 18 600 元，其对应的产量即为最优产量组合，即 A 产品 600 件，B 产品 2 100 件。

3. 单纯形法

假设例 7-12 中，单位产品消耗原材料为：A 产品 13 公斤，B 产品 10 公斤，最大可用量 26 000 公斤。利用单纯形法求解最优产量组合步骤如下：

(1)列示问题的约束条件和目标函数：

$$
\begin{cases}
4x_1 + x_2 \leqslant 4\ 500 \\
2x_1 + 3x_2 \leqslant 7\ 500 \\
13x_1 + 10x_2 \leqslant 26\ 000 \\
x_1 \leqslant 2\ 000 \\
x_2 \leqslant 5\ 000 \\
x_1, x_2 \geqslant 0
\end{cases}
$$

目标函数为：$y = f(x) = 10x_1 + 6x_2$

(2)引进松弛变量，将上列不等式变成等式，设引进松弛变量为 x_3、x_4、x_5、x_6、x_7，则约束条件可写成：

$$
\begin{cases}
4x_1 + x_2 + x_3 + 0x_4 + 0x_5 + 0x_6 + 0x_7 = 4\ 500 \\
2x_1 + 3x_2 + 0x_3 + 0x_4 + x_5 + 0x_6 + 0x_7 = 7\ 500 \\
13x_1 + 10x_2 + 0x_3 + 0x_4 + x_5 + 0x_6 + 0x_7 = 26\ 000 \\
x_1 + 0x_2 + 0x_3 + 0x_4 + 0x_5 + x_6 + 0x_7 = 2\ 000 \\
0x_1 + x_2 + 0x_3 + 0x_4 + 0x_5 + 0x_6 + x_7 = 5\ 000
\end{cases}
$$

(3)将以上约束条件方程的参数及常数项写成列向量形式：

$$
p_1 = \begin{bmatrix} 4 \\ 2 \\ 13 \\ 1 \\ 0 \end{bmatrix} \quad
p_2 = \begin{bmatrix} 1 \\ 3 \\ 10 \\ 0 \\ 1 \end{bmatrix} \quad
p_3 = \begin{bmatrix} 1 \\ 0 \\ 0 \\ 0 \\ 0 \end{bmatrix} \quad
p_4 = \begin{bmatrix} 0 \\ 1 \\ 0 \\ 0 \\ 0 \end{bmatrix} \quad
p_5 = \begin{bmatrix} 0 \\ 0 \\ 1 \\ 0 \\ 0 \end{bmatrix} \quad
p_6 = \begin{bmatrix} 0 \\ 0 \\ 0 \\ 1 \\ 0 \end{bmatrix} \quad
p_7 = \begin{bmatrix} 0 \\ 0 \\ 0 \\ 0 \\ 1 \end{bmatrix}
$$

$$
p_0 = \begin{bmatrix} 4\ 500 \\ 7\ 500 \\ 26\ 000 \\ 2\ 000 \\ 5\ 000 \end{bmatrix}
$$

则约束方程可写成：$x_1 p_1 + x_2 p_2 + x_3 p_3 + x_4 p_4 + x_5 p_5 + x_6 p_6 + x_7 p_7 = p_0$

(4)以松弛变量尾基底，建立单纯形法的图表，并进行换基迭代，以求最优解，如表 7-14 所示。

表 7-14

| C | 基底 | 0 | 0 | 0 | 0 | 0 | 0 | 10 | 6 | Q |
		p_0	p_3	p_4	p_5	p_6	p_7	p_1	p_2	
0	p_3	4 500	1	0	0	0	0	[4]	1	1 125
0	p_4	7 500	0	1	0	0	0	2	3	3 725
0	p_5	26 000	0	0	1	0	0	13	10	2 000
0	p_6	2 000	0	0	0	1	0	1	1	2 000
0	p_7	5 000	0	0	0	0	1	0	1	/
Z_j		0	0	0	0	0	0	0	0	
$Z_j - C_j$		0	0	0	0	0	0	-10	-6	

说明：表中 $Z_j = \sum_i^j C_j X_i$

$Z_j - C_j$ 是调入量判别式,当每一项 $Z_j - C_j$ 都大于等于零时,则表示目标函数 M 已达到最大值。否则,应继续迭代直到 M 取得最大值为止。迭代的具体步骤为:先求出每一列的 $Z_j - C_j$ 值,取负值最大的非基本变量作为调入量,调入基底。用 p_0 这一列中的每一个元素除以调入量所对应的那列元素,将其商填入 Q 栏中最小值这一行所对应的松弛变量作为调出量,调出基底。调入量与调出量得交叉点数值为转换点,用"□"表示。表 7-14 中 p_1 和 p_3 的交叉点数值 4 即为转换点。确定新表中每一个数值时,转换点所在行的新系数为原表中对应旧系数除以转换点数值得到;非转换点所在行的新系数为原表中对应的旧系数减去转换点所在行的新系数与该行内在调入量这一列中的对应系数的乘积得到。根据以上步骤,可得到表 7-15 和表 7-16。

表 7-15

| C | 基底 | 0 | 0 | 0 | 0 | 0 | 0 | 10 | 6 | Q |
		p_0	p_3	p_4	p_5	p_6	p_7	p_1	p_2	
10	p_1	1 125	1/4	0	0	0	0	1	1/4	5 000
0	p_4	5 250	-1/2	1	0	0	0	0	5/2	2 100
0	p_5	11 375	-13/4	0	1	0	0	0	[27/4]	1 685
0	p_6	875	-1/4	0	0	1	0	0	-1/4	/
0	p_7	5 000	0	0	0	0	1	0	1	5 000
Z_j		11 250	5/2	0	0	0	0	10	5/2	
$Z_j - C_j$		11 250	5/2	0	0	0	0	0	-7/2	

表 7-16

C	基底	0	0	0	0	0	0	10	6
		p_0	p_3	p_4	p_5	p_6	p_7	p_1	p_2
10	p_1	703.75	10/27	0	0	0	0	1	0
0	p_4	1 037.5	−19/27	1	−10/27	0	0	0	0
6	p_2	1 685	−13/27	0	4/27	0	0	0	1
0	p_6	1 296.25	−10/27	0	1/27	1	0	0	0
0	p_7	3 315	13/27	0	−4/27	0	1	0	0
Z_j	17 148	40/27		0	14/27	0	0	10	6
Z_j-C_j	17 148	40/27		0	14/27	0	0	0	0

由表 7-16 可知,Z_j-C_j 均大于零,说明目标函数 $f(x)$ 取得了最大值,此时 $x_1=704$,$x_2=1\ 685$。

故 $M_{max}=10\times704+6\times1\ 685=17\ 150$(元)

第四节　定价决策分析

市场经济条下,商品市场的竞争,在某种程度上可以说是价格的竞争。产品价格制定合理与否,直接影响到企业的经营规模、产品组合及其在市场上的销售量,进而影响该产品的市场占有率与盈利水平。定价过低,企业的总收入会下降,利润也随之减少;定价过高,企业的总收入也会因产品销路不畅而下降,还会影响企业在市场上的竞争力。因此,如何选择适当的售价,要求进行科学的定价决策分析,这是短期经营决策中的重要内容之一。管理当局必须制定合理的价格,保证企业实现最佳经济效益。

从管理会计的角度出发,合理定价的目的是获取最大的利润。但追求最大利润并不等于追求最高价格,在激烈的市场竞争中维持最高价格是不现实也是不可能的。因此这里所说的最大利润是相对的和广义的最大利润,即整个企业各有关产品在一定时期内的最大利润。

定价决策涉及的范围较广,采用的方法也很多,本书只就以成本为基础的有关定价方法进行介绍。

以成本为基础的定价方法是指企业在产品定价时,主要是以其成本作为客观依据,在此基础上加上适当比例的预期利润作为产品价格。以成本为出发点制定价格的目标是保证各种耗费得以补偿,同时获得足够大的利润。具体包括:标准产品定价法、新产品定价法、非标准产品定价法和特殊订货定价法等。

一、标准产品定价法(standard product pricing)

如果一个企业要生存和发展,在制定标准产品价格时,关键要使制定的销售价格能在长期内补偿全部成本(包括生产成本、管理费用、销售费用)以及为投资者提供合理的投资报酬。在为标准产品制定正常的、长期性价格时,所有成本都是相关成本,就是说固定成本的一部分(即使这固定成本是沉没成本)必须与变动成本一同考虑,管理费用、销售费用必须与生产成本一同考虑。

最通用的标准产品定价法是"成本加成定价法"(cost plus pricing),成本加成定价法是以单位产品成本为基础并依照一定的加成率进行加成来确定产品价格的定价方法。其定价公式为:

价格=单位产品成本×(1+加成率)

由于单位产品成本的计算方法包括完全成本法、变动成本法,所以不同计算方法下的成本基数不同,那么加成额也就不同,加成率也相应地不一样。

(一)完全成本加成定价法

完全成本加成法的成本基础是单位产品的制造成本,加成内容包括非制造成本及目标利润。

[例 7-13]A 公司正在研究对某一标准产品进行定价,该产品刚经过设计修改,生产量为 10 000 件,该产品的预计成本资料如表 7-17 所示,要求在产品成本基础上加上一定比例的利润,作为产品的目标销售价格。计算此目标销售价格。

表 7-17 预计成本资料

单位:元

成本项目	金 额
直接材料	250 000
直接人工	200 000
变动制造费用	200 000
固定制造费用	350 000
变动销售及管理费用	100 000
固定销售及管理费用	50 000
合 计	1 150 000

(1)按完全成本法计算生产单位产品的成本,以此作为加成的成本基础。其计算如表 7-18 所示。

表 7-18 单位产品成本

单位:元

成本项目	金 额
直接材料	25
直接人工	20
变动制造费用	20
固定制造费用	35
单位产品的制造成本	100

(2)计算成本加成率,假设该公司的投资总额为 2 500 000 元,预期投资报酬率为 11%。

$$成本加成率 = \frac{(投资额 \times 预期投资报酬率) + 非制造成本总额}{产品的制造成本总额} \times 100\%$$

$$= \frac{(2\ 500\ 000 \times 11\%) + 150\ 000}{1\ 000\ 000} \times 100\%$$

$$= 42.5\%$$

(3)在产品成本基础上加成 42.5%,作为产品目标的销售价格,则:

目标销售价格 $= 100 \times (1 + 42.5\%) = 142.5(元)$

(二)变动成本加成定价法

变动成本加成定价法强调成本习性而不是强调其职能,它是以单位产品的变动成本(变动制造成本、变动管理和销售费用)为基础,加成内容是全部固定成本及目标利润。

[例 7-14]如例 7-13 资料,按变动成本加成定价法确定产品的目标销售价格。

(1)按变动成本计算法计算单位产品的变动成本,以此作为加成的成本基础,其计算如表 7-19 所示。

表 7-19　单位产品的变动成本

单位:元

成本项目	金　额
直接材料	25
直接人工	20
变动制造费用	20
变动销售	10
单位产品的变动成本	75

(2)计算成本加成率。

$$成本加成率=\frac{(投资额×预期投资报酬率)+全部固定成本总额}{产品的变动成本总额}×100\%$$

$$=\frac{(2\ 500\ 000×11\%)+400\ 000}{750\ 000}×100\%$$

$$=90\%$$

(3)在变动成本基础上加成 100%,作为产品的目标销售价格。

$$目标销售价格=75×(1+90\%)=142.5(元)$$

(三)应用成本加成定价法应考虑的问题

为了加强成本加成定价法的适用性,一般应注意以下两个问题:

(1)用公式计算出来的目标销售价格不能一成不变,需根据实际市场情况的变化,作出上下浮动的决定。作为定价负责人,在于领悟市场情况,随时知道调整产品的销售价格。有时考虑到非成本因素诸如竞争地位、推销策略、包装以及产品变异的能力等,可能使管理者建立高于或低于目标销售价格的价格。当企业意识到自己的产品具有竞争能力时,就可提高价格;如果意识到竞争对手强于自己时,就应适当减价出售,或进一步变异其产品。

(2)企业不要对所有产品使用同样的加成百分率,应根据各种产品的不同需要、各地区的习惯或同行业的惯例分别规定不同的加成百分率。

二、非标准产品定价法(non-standard product pricing)

非标准产品定价法是指,由于非标准产品没有市场作参考,所以通常只能以成本为基础由买卖双方协商定价并订入合同,也称为合同定价法。这种方法按照合同规定的具体定价方法的不同有多种类型,如固定价格合同、成本加成合同、成本加固定费用合同、奖励合同等。

三、新产品定价法(new product pricing)

当企业试制成功某种新产品后,需要为新产品制定适当的销售价格,以便投入市场。但由于新产品不具备系统、完备的价格销售资料,往往只能采取在不同地区用不同价格试销的方法,大体上掌握市场对此种产品的接受程度,近似地测定其在不同价格水平下的销售量。决策者的主要任务就是根据试销阶段所取得的有关资料,进行分析计算,科学地确定为使新产品销售利润达到最高水平的销售价格。

[例7-15]A企业初次试制成功甲新产品,单位变动成本为60元,固定成本总额为180 000元,现准备正式投放市场。

根据该产品的试销情况,假设该产品销售价格与销售量之间的函数关系为:

$$Q=56\,000-350p$$

(1)确定销售收入总额 $TS(p)$:

$$TS(p)=Qp=(56\,000-350p)p$$
$$=56\,000p-350p^2$$

(2)确定成本总额 $TC(p)$:

$$TC(p)=vQ+F=(56\,000-350p)\times60+180\,000$$
$$=3\,540\,000-21\,000p$$

(3)确定利润总额 $TP(p)$:

$$TP(p)=TS(p)-TC(p)=(56\,000p-350p^2)-(3\,540\,000-21\,000p)$$
$$=-350p^2+77\,000p-3\,540\,000$$

(4)确定使利润总额达到最大值的产品销售价格。

由于新产品的利润总额是其单位销售价格的二次函数,采用微分极值法就可确定该产品的最优销售价格。以 p 为自变量,对利润函数求导,并令其为零,则:

$$TP'(p)=-700p+77\,000$$

令 $TP(p)=0$,得 $p=110$(元)

计算结果表明,新产品的销售价格应定为110元,可使该产品的销售利润达到最高。销售利润总额为:

$$TP(p) = -350 \times 110^2 + 77\,000 \times 110 - 3\,540\,000$$
$$= 695\,000(元)$$

新产品在不同地区进行试销,其定价通常可采用下面两种基本策略:

(1)撇油性定价策略:就是在试销初期定出较高的价格,以后待市场扩大、产品趋于成长或成熟阶段,再把价格逐步降低。这种策略可以保证试销初期能获得巨额利润,并可保证新产品在产销方面无法预知的成本得到补偿。但正因为试销初期的巨额利润,会迅速引来竞争者,高价不能持久。因此,这是一种短期性的定价策略,多适用于初期没有竞争对手,而且容易开辟市场的新产品。

(2)渗透性定价策略:就是在试销初期采用低价以广揽顾客,为新产品开辟市场;待产品树立信誉赢得市场后,再逐步提价。这种策略尽管在试销初期利润不大,但它能有效地排除其他企业的竞争,便于在市场上建立长期的领先地位,能持久地为企业带来日益增长的经济效益,是一种长远的定价策略。

一个企业究竟应采取何种策略,要看其目的及哪种策略能提供最大的成功机会而决定。

四、特殊订货定价法(special order pricing)

特殊订货定价法是指在企业拥有剩余生产能力或市场需求发生特殊变化或在市场上遇到强劲的竞争对手的情况下,可考虑按低于正常售价的价格来制定该特殊订货的价格的定价方法。这需要作具体的分析,主要是考虑机会成本的问题,分以下几种情况:

(1)接受特殊订货,需要追加专属固定成本且剩余能力可以有其他用途,符合下列条件时可接受订货:

$$特殊订货价格 > 单位变动成本 + \frac{(专属成本 + 其他用途的潜在收益)}{特殊定货量}$$

(2)特殊订货无需追加专属固定成本,但会影响正常销售,符合下列条件时可接受订货:

$$特殊订货价格 > 单位变动成本 + \frac{减少正常销售损失的贡献毛益}{特殊定货量}$$

(3)不需追加成本,也不会影响正常销售,符合下列条件时可接受订货:

$$特殊订货价格 > 单位变动成本$$

思考题

1. 短期经营决策有何特点？其主要内容包括哪些方面？

2. 举例说明机会成本在经营决策中的作用。

3. 什么叫差量成本？差量成本与变动成本、边际成本有何区别与联系？

4. 什么是边际成本？它与边际收入、边际利润有何相互联系？

5. 区别相关成本与无关成本对决策分析有何作用？

6. 生产决策的分析方法有哪些？如何应用？

7. 常用的产品定价策略有哪些？

资本投资决策 第八章

第一节 资本投资决策概述

一、资本投资决策的含义

从一定意义上讲,可以将企业视为各投资项目的组合,这样企业价值就是各个投资项目价值之和。企业为了提高自身的生产经营能力和获利能力,在激烈的市场竞争中谋求生存与发展,必须从内涵和外延两个方面投资兴办新企业或扩大原有企业,包括厂房设备的扩建、改建、更新或购置,革新技术,资源的开发利用等。这些活动都需要企业进行大量的资本投资。

资本投资是指现在投入大量资本,并且能够在较长的时间内获取报酬或收益的资金投放活动。从广义上讲,资本投资既包括固定资产投资,也包括无形资产投资等内容。由于在资本投资中,固定资产投资所占比重较大,所以狭义的资本投资特指固定资产投资。本章主要从狭义的角度对资本投资决策展开论述。

资本投资决策是企业为特定的生产经营目的,提出各种资本投资方案,借助科学的理论和方法,对各种备选方案进行经济和技术的分析而进行的资金支出决策,其获取报酬或收益的持续期间超过一年,能在较长时间内影响企业经营获利能力的投资行为。长期投资决策一旦作出,就要编制资本支出预算,对长期投资决策已选定的方案进行系统化、表格化的集中和概括。因此,资本投资决策又叫资本支出决策或资本预算决策。

资本投资决策一般有两层含义:一是在存在几个投资项目可供选择时,对不同项目进行比较,从中选出经济效益较佳的项目;二是对所选项目的各种实施方案进行比较,从中选出经济效益最佳的投资方案。无论是选择投资项目,还是选择项目的投资实施方案,都要对项目的投资支出和投资后的收益进行对比分析,才能选择经济效益最佳的投资项目或方案。因此,正确地计算和评价投资项目的经济效益是投资决策的核心问题。

二、资本投资决策的特征

(1)投资金额大、回收期长。企业的固定资产等单位价值较大、使用期限较长,所以投入资金数额大,既需要一次性投入大笔资金以形成投资项目的主体,又要有相当的资金保证建设期和建成后投入运营期间与投资项目直接相联系的开支;同时还要设立专门部门进行筹资和投资工作。例如,壳牌石油公司 2000 年的资本投资额就达到 12 亿美元。

(2)效用长期。一项成功的投资一旦实施,便会在较长时间内影响企业,可以使企业在未来数年内获得效用。

(3)支出补偿较长。支出投资通常不能由当年的营业收入来补偿,在会计中被称为"资本性支出"。其特点是:在支出发生的当期一般不能直接转化为费用,不能全部由当期营业收入补偿,而是在未来若干期内连续分次转化为费用,分批补偿收回。

(4)不可逆转性。如果投资正确,形成的优势可以在较长时期内保持。

(5)较高的风险。投资投资能否取得预期效果,主要取决于对未来各方面因素预测的准确程度。但这些因素会受到各方面的影响,如产品市场供求情况、原材料供应状况、通货膨胀水平、未来行业竞争激烈程度、设备技术老化速度以及政府经济政策等,这些因素都会影响到投资的实际效果。因此资本投资会面临较高的风险。

(6)由于长期投资决策涉及时间长、金额大等原因,在使用各种评价方法时,一般要考虑货币时间价值的影响、风险的大小和现金流量的高低。

第二节　资本投资决策需要考虑的重要因素

资本投资决策对企业今后的财务状况和经济效益影响深远。为了能够正确地分析评价各个备选方案,首先要树立两个价值观念,即货币的时间价值和投资的风险价值。在此基础上必须考虑项目或方案的现金流量、资金成本和效用期间等因素。

一、货币的时间价值

从经济学的角度看，即使不考虑通货膨胀和风险因素，同一货币量在不同时点上的价值也是不等的，如现在的 1 元钱的价值要高于以后期间 1 元钱的价值。货币的时间价值(time value of money)就是由于时间因素所引起的同一货币量在不同时间里的价值量的差额。它所揭示的是在一定时空条件下，运动中的货币具有增值性的规律。即作为资本的货币在使用过程中随时间的推移会产生增值。

在利润平均化规律的影响下，等量资本在相同时间内应获得等量利润。因此，货币时间价值的一般表现形式，从相对量来看，就是在不考虑风险和通货膨胀条件下的社会平均资本利润率，在一定条件下可视同存款利息率；从绝对量来看，就是使用货币资本的机会成本或假计成本，即利息。但是，时间价值和利息或利率并不能混为一谈。各种投资在具有风险或是在通货膨胀条件下进行时，投资报酬率或利率不仅包括时间价值，还包括风险价值和通货膨胀的因素。为了便于理解，以下均假定没有风险和通货膨胀，那么利息、利率或折现率等便可以从不同角度反映或代表货币的时间价值。

资本投资决策涉及不同时点上的货币收支，只有在考虑货币时间价值的基础上，将不同时点上的货币量换算成某一共同时点上的货币量，这些货币量才具有可比性。货币时间价值的计量通常分两种情况：一是复利计算，二是年金计算。

(一)复利终值与现值的计量

1.单利与复利

货币资金的实际增值过程有单利与复利两种方式。

单利(simple interest)方式是指在资金运动中，假定只是最初投入的资金参与增值运动，在运动中产生的增值退出增值运动。

复利(compound interest)方式则是指假定参与资本增值运动的资金除了最初投入的资金外，还包括其在运动中产生的增值。由于无论是最初投入的货币还是增值产生的货币都具有时间价值，因此在资本投资决策的分析评价中，终值与现值均按复利方式进行折算。

2.终值与现值

如前所述，由于货币具有时间价值，因此在资本投资决策的分析评价中，往往需要将某一时点的货币资金的价值进行向前或向后的折算,也就是要计算终值和现值。终值和现值是计量货币时间价值的常用方法。

所谓终值(future value)就是现在一定数量的货币资金在未来某一时点的价值。在商业数学中,"终值"就是指"本利和"。

所谓现值(present value)则是未来一定数量的货币资金在现在某一时点的价值。在商业数学中,"现值"就是指"本金"。

3.复利终值

复利终值是在复利计息方法下,现时的一定量货币在若干期间以后的总价值。其计算公式为:

$$F = P(1+i)^n$$

式中:F 代表复利终值;

P 代表现值(或本金);

i 代表投资报酬率(或利率);

n 代表期数(若按年或月利率计算,n 代表年或月数)。

公式中,$(1+i)^n$ 叫复利终值系数,记作 $(F/P, i, n)$,即单位资金按每一期间的投资报酬率 i 计算,经过 n 期后的价值。为了简化和加速计算,复利终值系数可通过查"1 元的复利终值系数表"得到,其数值大于 1。

[例 8-1]宏发公司将资金 300 000 元存入银行,存款利率为 3%,每年复利一次,3 年后企业存款本息为多少?

$$F = 300\,000 \times (1+3\%)^3 = 300\,000 \times 1.093 = 327\,900(元)$$

以上计算可知,宏发企业 3 年后可得本利和 329 400 元。

[例 8-2]假定宏发公司有一个工程项目,需分三年投资,第一年初投入 100 万元,第二年初投入 300 万元,第三年初投入 250 万元。若三次投资款均系向银行借来,借款利率为 3%(每年复利一次)。这项工程在第三年末竣工时,总投资额为多少?

由于各次投入款的借款利率相同,但期数不同,为了求这项工程的总投资额,应分别求每次投资的终值,然后再予以总计。

$$F = 100\,万元 \times (1+3\%)^3 + 300\,万元 \times (1+3\%)^2 + 250\,万元 \times (1+3\%)^1$$

$$= 100\,万元 \times 1.093 + 300\,万元 \times 1.061 + 250\,万元 \times 1.030$$

$$= 109.3\,万元 + 318.3\,万元 + 257.5\,万元$$

$$= 685.1(万元)$$

从以上计算的结果可见,该工程项目的总投资额为 685.1 万元。

4.复利现值

复利现值是在复利计息方法下,未来某一期间的一定量货币的现在价值。其计算公式为:

$$P = F(1+i)^{-n}$$

$$= \frac{F}{(1+i)^n}$$

式中:P 代表复利现值;

F 代表未来某期的资金数额(或终值);

i 代表利率;

n 代表期数。

公式中 $(1+i)^{-n}$ 叫复利现值系数,记作 $(P/F,i,n)$,即本来第 n 期的单位资金按每一期间的投资报酬率 i 计算的现在价值,从上述可看出,"终值"和"现值"是一定利率(i)和一定期限(n)的相对概念,它们之间存在着一定的函数关系,即互为逆运算。复利现值系数可通过查"1元的复利现值系数表"得到,其数值小于 1。

[**例 8-3**]宏发公司购买的甲公司 3 年期债券,期满一次还本付息,本息总额为 38 万元,预定的投资报酬率为 5%。该企业可接受的购买这一公司债券的最高价格为:

$$P = 380\ 000 \times (1+5\%)^{-3}$$

$$= 380\ 000 \times 0.864$$

$$= 328\ 320(元)$$

因此,宏发公司可接受的购买甲公司债券的最高价格为 328 320 元。

[**例 8-4**]宏发公司第 1 年末需用资金 200 000 元,第 3 年末需用资金 100 000元,第 4 年末需用资金 300 000 元,银行存款利率为 3%(每年复利一次),为保证这些资金需要,现在应该向银行存款多少元?

$$P = 200\ 000 \times (1+3\%)^{-1} + 100\ 000 \times (1+3\%)^{-3} + 30\ 000 \times (1+4\%)^{-4}$$

$$= 200\ 000 \times 0.971 + 100\ 000 \times 0.943 + 300\ 000 \times 0.915$$

$$= 194\ 200 + 94\ 300 + 274\ 500$$

$$= 563\ 000(元)$$

(二)年金终值与现值的计量

1. 年金的含义

年金(annuity)是系列收付款的特殊形式。这是指一定时期内每隔相同时间连续发生数额相等的系列收到或支付款项。年金一般应同时满足两个条件：

(1)时间间隔相等且具有连续性，即每隔一段时间(如一年)必须发生一次收付款业务，形成系列，不得中断。

(2)等额性，即每期发生的收付款项必须在数额上相等。因此，若某系列收付款项 R_t 满足：$R_t = R(t = 1, 2, \cdots n)$，$R$ 为一常数，则该系列收付款便是一种年金形式。

在现实生活中，涉及年金问题的有偿债基金、采用直线法形成的折旧基金、保险金、租金、科研奖励基金、零存整取或整存零取储蓄中的零存数或零取数、分期付息债券利息及等额回收的投资额等。

年金按其收付款的时间不同，可分为四种形式：普通年金、即收(付)年金、递延年金和永续年金。其中普通年金的应用最为广泛，其他几种年金的终值与现值计算可在普通年金计算的基础上推算出来。

2. 普通年金

普通年金(ordinary annuity)是在每一相同间隔期期末收到或支付的等额款项，又称为后付年金，用 R 表示。由于货币时间价值计算上的需要，普通年金也有终值和现值的区别。

(1)普通年金终值的计算。普通年金终值是一定时期内各期等额系列收付款的复利终值之和，用 F_R 表示，其计算公式为：

$$F_R = \frac{R(1+i)^n - R}{i}$$

式中：F_R 表示普通年金终值；

R 表示每一相同间隔期末收到或支付的等额款项。

公式中的 $\frac{(1+i)^n - 1}{i}$ 是年金终值系数，记作 $(F/R, i, n)$ 即每期期末的单位资金按报酬率 i 计算的期末总价值。其数值大于 1，可通过查"1 元的年金终值表"得到。

[例 8-5]宏发公司计划在今后 5 年内每年年末从税后利润中提取公积金 160 000 元存入银行，银行存款利率为 5%，到第 5 年末，可得本利和是多少？

$$F_R = 160\,000 \times (F/R, 5\%, 5)$$
$$= 160\,000 \times 5.526 = 884\,160(元)$$

由以上计算结果可知,宏发公司第 5 年末可得本利和是 884 160 元。

[例 8-6]宏发公司准备在 3 年后用 180 000 元购置一台生产设备,若银行存款利率为 3%(每年复利一次)。问该公司每年末需等额存入银行多少钱,才能保证 3 年后可购置该项生产设备?

3 年后需 180 000 元属于年金终值已知,现在要求确定每年末的等额存款,即求年金 R。

$$180\,000 = R(F/R, 3\%, 3)$$
$$R = 180\,000 \div (F/R, 3\%, 3)$$
$$= 180\,000 \div 3.091$$
$$= 58\,233.58(元)$$

由以上计算可知,宏发公司每年末需存入银行 58 233.58 元,才能保证 3 年后向银行取得本利和 180 000 元,用于购置生产设备。

(2)普通年金现值的计算。普通年金现值是一定时期内每期期末系列等额收付款的现值之和,用 P_R 表示,其计算公式为:

$$P_R = \frac{1 - (1+i)^{-n}}{i}$$

式中:P_R 表示普通年金现值

公式中 $P_R = \dfrac{1 - (1+i)^{-n}}{i}$ 是年金现值系数,记作 $(P/R, i, n)$ 即每期期末的单位资金按投资报酬率 i 计算的现时总价值。其数值可通过查"1 元的年金现值表"得到。

[例 8-7]宏发公司在今后 6 年每年末需用一笔资金 36 000 元,当银行存款利率为 5% 时,问现在一次性向银行存入多少元?

$$P_R = 36\,000 \times (P/R, 5\%, 6)$$

查一元的年金现值表,$i = 5\%$,$n = 6$ 的年金现值系数为 5.076,则:

$$P_R = 36\,000 \times 5.076 = 182\,736(元)$$

即现在应一次性向银行存入 182 736 元,在今后 6 年的每年末可用 36 000 元的资金。

[例 8-8]宏发公司拟投资 200 000 元建设一个预计寿命期为 5 年的项目,若公司期望的投资报酬率为 12%,则每年末至少要从这个项目上获得多少报

酬才是可行的?

$$200\ 000 = R(P/R,12\%,5)$$
$$R = 200\ 000 \div (P/R,12\%,5)$$
$$= 200\ 000 \div 3.605$$
$$= 55\ 479(元)$$

即每年末至少要从这个项目上获得报酬 55 479 元才是经济可行的。

3.即付年金

即付年金亦称预付年金,是指每期期初发生的等额系列收付款。

即付年金终值与现值的计算同普通年金终值与现值的计算原理一样,两者的差异仅在于收付款项的时间,一个在期初,一个在期末。因此,预付年金终值与现值的计算可以利用普通年金终值和现值的相应结论进行调整。调整方法是:

(1)即付年金的终值在普通年金终值的基础上"年限加 1,系数减 1":

$$F_R = R[(F/R,i,n+1)-1]$$

或者将 n 期的普通年金终值再往 $n+1$ 期复利一次,就是 n 期即付年金的终值。故其计算公式还可为:

$$F_R = R(F/R,i,n)(1+i)$$

(2)即付年金的现值是"年限减 1,而系数加 1":

$$P_R = R[(P/R,i,n-1)+1]$$

或 $P_R = R(P/R,i,n)(1+i)$

4.递延年金终值与现值

递延年金是指在一段时期(如 $m+n$ 期)内,从第 1 期期初开始,隔了 m 期($m \geq 1$)以后,才于后 n 期的每期期末发生系列等额收付款的年金形式。

递延年金终值、现值的计算原理同样与普通年金相同,其特点在于递延年金有一个递延期。递延期为从现在起至有资金收付事项发生时的时间间隔。因此递延年金终值与现值的计算公式也可以根据普通年金终值与现值的计算公式求出。

(1)递延年金现值是指在前 m 期没有收付款时,后 n 期的普通年金贴现到 m 期的第 1 期期初的现值。因此 $m+n$ 期递延年金现值比 $m+n$ 期普通年金现值要少 m 期的普通年金现值。其计算公式为:

$$P_R = [R(P/R,i,m+n) - (P/R,i,m)]$$

或 $P_R = [R(P/R,i,n)(1+i)^{-m}]$

（2）递延年金终值是指在前 m 期没有收付款时，后 n 期的普通年金的终值。其计算公式为：

$$F_R = (F/R,i,n)$$

5. 永续年金的终值与现值

永续年金是指无限期的等额系列收付款的特种年金，也就是当期限 $n \rightarrow +\infty$ 时的普通年金。永续年金的特征是没有一个特定的期限，其年金期限一直持续到永远，趋向于无穷大。对于永续年金而言，因其设有终止时间，也就不存在终值，只能计算现值。永续年金的现值就是当年金期限 n 趋向于无穷大时，普通年金现值的极限值。普通年金现值计算公式为：

$$P_R = \frac{1-(1+i)^{-n}}{i}$$

根据极限运算法则，当 $n \rightarrow +\infty$，年金现值系数中 $(1+i)^{-n} = 0$，则永续年金现值计算公式为：

$$P_R = P/i$$

二、投资风险价值

从经济的观点来看，肯定的 1 元钱收入与不肯定的 1 元钱收入是不一样的，因为不肯定的收入要承担可能意想不到的风险。资本投资通常涉及的时间较长，面临的不确定因素较多，决策执行的后果较难预料，这就是资本投资难以回避的风险问题。任何一个投资者宁愿要肯定的某一报酬率，而不愿意要不肯定的同一报酬率，这种现象称为"风险反感"。为了不影响投资决策的正确性，企业必须在充分调查研究的基础上，全面考虑风险因素，并计量测定所冒的风险程度，这就是投资的风险价值。

投资的风险价值有两种表现形式：一种是绝对数，即风险报酬额，指的是由于冒风险进行投资而取得的额外报酬；另一种是相对数，即风险报酬率，指的是额外报酬占投资总额的百分率。有风险投资的报酬率，应是货币时间价值和投资风险价值之和。一般来说，风险越大，投资报酬率要求就越高；反之，风险越小，投资报酬率要求就越低。

由于风险具有不确定性，因而投资的风险价值只能利用概率论的数学方法，按未来年度的预期收益的平均偏离程度来估量。一般包括以下步骤：

(1)确定某项投资方案各种预计收益 X_i 及其可能出现的各种概率 P_i,并计算它们的预期价值 EV。

$$\overline{EV} = \sum_{i=1}^{n} X_i P_i$$

(2)计算标准离差率,用以衡量该项投资方案所冒风险的程度,其公式为:

$$标准离差(\sigma) = \sqrt{\sum_{i=1}^{n} (X_i - \overline{EV})^2 P_i}$$

$$标准离差率(R) = \frac{\sigma}{\overline{EV}}$$

(3)确定风险系数(F)。一般有两种方法用来确定 F,一种是采用一个经验数据,另一种是从 0 到 1 之间选择一个作为主观概率,但这个主观概率不是任意的,而应以无风险价值(货币的时间价值)为基础,并在其上下浮动。就某一国家、某一地区、某一行业来说,应根据具体情况确定。

(4)导入风险系数,计算出该投资方案通过冒风险预期得到的风险报酬率和风险报酬额。其计算公式为:

$$预期的风险报酬率(RP_r) = 风险系数 \times 标准离差率$$

$$预期的风险报酬额(RP) = \frac{收益的预期}{价\quad 值} \times \frac{预期的风险报酬率}{货币的时间价值 + 预期的风险报酬率}$$

$$= \overline{EV}\frac{RP_r}{i + RP_r}$$

投资的风险价值求出以后,可以根据要求的投资报酬率,求出该方案要求的风险价值,然后拿它与预期的风险价值进行比较。若预期的风险价值小于要求的风险价值,说明该投资方案冒的风险小,得到的报酬率大,方案可行;反之,如预期的风险价值大于要求的风险价值,则该方案所冒的风险大,得到的报酬率小,方案不可取。要求的风险价值的计算公式是:

$$要求的风险报酬率(ERP_r) = 要求的投资报酬率 - 货币时间价值$$

$$= \frac{收益的预期价值}{投资额} - 货币时间价值$$

$$要求的风险报酬额(ERP) = \frac{收益的预期}{价\quad 值} \times \frac{要求的风险报酬率}{货币时间价值 + 要求的风险报酬率}$$

$$= \overline{EV}\frac{ERP_r}{i + RP_r}$$

[例 8-9]甲公司准备以 1 000 万元进行投资创办服装厂,根据市场预测,预计可获得的年收益及其概率如表 8-1 所示。

表 8-1

单位:万元

市场情况	预计年收益(X_i)	概率(P_i)
畅　销	300	0.2
平　销	150	0.5
滞　销	75	0.3

若服装业的风险系数为 8%,计划年度的货币时间价值为 7%。计算该项投资方案的风险价值,并评价该项投资方案是否可行。

(1)计算该项投资未来收益的预期价值:

$$\overline{EV} = \sum_{i=1}^{n} X_i P_i = 300 \times 0.2 + 150 \times 0.5 + 75 \times 0.3 = 157.5(\text{万元})$$

(2)计算该项投资的标准离差和标准离差率:

$$\sigma = \sqrt{(300-157.5)^2 \times 0.2 + (150-157.5)^2 \times 0.5 + (75-157.5)^2 \times 0.3}$$
$$= 78.3(\text{万元})$$

$$R = \frac{\sigma}{\overline{EV}} = \frac{78.3}{157.5} = 49.71\%$$

(3)导入风险系数,计算该方案预期的风险价值:

预期的风险报酬率(RP_r)$= 8\% \times 49.71\% = 3.98\%$

预期的风险报酬额(RP)$= \overline{EV} \times \dfrac{RP_r}{1+RP_r} = 157.5 \times \dfrac{3.98\%}{7\% + 3.98\%} = 57.09(\text{万元})$

(4)计算该方案要求的风险价值:

要求的风险报酬率(ERP_r)$= \dfrac{157.5}{1\ 000} - 7\% = 15.75\% - 7\% = 8.75\%$

要求的风险报酬额(ERP)$= 157.5 \times \dfrac{8.75\%}{7\% + 8.75\%} = 87.5$

(5)对该投资方案进行评价:

因为预期的风险报酬率(3.98%)小于要求的风险报酬率(8.75%),预期的风险报酬额(57.09 万元)小于要求的风险报酬额(87.5 万元),所以该项投资方案所冒的风险小,可行。

三、资金成本

资本投资一般都需要投入大量资金,而使用资金必须付出代价,也就是要负担成本。因此,资金成本就是取得并使用资金所支付的各种费用或负担的成本,通常以百分率表示。资金成本是一个投资方案的"最低可接受的报酬率"(hurdle rate of return),故亦称"极限利率"。任何投资方案如果预期获利水平不能达到这个报酬率都将被舍弃,相反,如能超过这个报酬率,则该方案就能被采用。总之,资本成本在长期投资决策中是计算货币时间价值与投资风险价值的根据,也是确定投资项目取舍的标准。

资金成本的高低,主要看资金来源渠道。如果资金是借入的,资金成本就是借款利率;如果资金是自有的,资金成本就是投资人的预期投资报酬率,即货币时间价值加投资风险报酬率。不同来源的资金,由于其承担的风险不同,因而资金成本也各不相同。企业总的资金成本,是以各类资金在总资金中所占的比重为权数计算的加权平均资金成本,其计算公式为:

$$K_0 = \sum W_i K_i$$

式中:K_0 表示加权平均资金成本;

W_i 表示第 i 种资金来源所占的比重;

K_i 表示第 i 种资金来源的资金成本。

[例 8-10]A 企业几种主要资金来源的数额及资金成本资料如表 8-2 所示。

表 8-2

资金来源	金额(元)	资金成本(%)	比重(%)	加权平均资金成本(%)
债 券	800 000	5	40	2
优先股	200 000	10	10	1
普通股	1 000 000	12	50	6
合 计	2 000 000	—	100	9

由表 8-2 资料可知:

$$K_0 = W_1 K_1 + W_2 K_2 + W_3 K_3$$
$$= 40\% \times 5\% + 10\% \times 10\% + 12\% \times 50\%$$
$$= 9\%$$

四、现金流量

(一)现金流量的意义

现金流量(cash flow)是指一项长期投资方案所引起的企业在一定期间

内的现金流入和流出的数量。它以收付实现制为基础,以反映广义现金(货币资金)运动为内容。在现金流量的基础上,可以计算出净现金流量,它是计算投资决策评价指标的主要数据和关键信息之一。但是,管理会计资本投资决策所涉及的现金流量与财务会计现金流量表所涉及的现金流量相比,无论在计算口径还是计量方法上,都有较大差别,不能混为一谈。在长期投资决策中,评价备选方案的优劣,必须对各方案的现金流量进行科学预测。现金流量之所以作为评价长期投资方案优劣的重要因素,主要是因为:

(1)现金流量所揭示的未来期间投资项目现实货币资金收支运动,可以序时动态地反映投资的流向与回收的投入产出关系,使决策者处于投资主体的立场上能更完整全面地评价投资的效益。

(2)科学的投资决策分析必须考虑货币的时间价值。由于不同时点的现金具有不同的价值,现金流量信息与项目计算期的各个时点密切结合,这就要求确定每笔预期收入款项和付出款项的具体时间。因此,在投资决策中应该根据项目寿命周期内不同时点实际收入和实际付出的现金数量,应用货币的时间价值形式,对投资方案进行动态经济效果的综合评价,来判定方案的优劣。而利润的计算,是以权责发生制为基础的,并不考虑现金实际收付的时间。

(3)利用现金流量指标代替利润指标作为反映投资效益的信息,可以摆脱在贯彻财务会计的权责发生制时必然面临的困境。各期利润的多少,在一定程度上要受存货估价、费用摊配和折旧计提方法的影响,因而相比现金流量的预计,利润的预计有较大的主观随意性,以利润作为评价基础会影响评价结果的准确性。

(二)现金流量的假设

一般地讲,一个投资项目的资本、负债的增加及非现金资产的减少可以引起现金流入,减少资本、负债或增加非现金资产能导致现金流出。但现金流量究竟包括哪些内容,还须视特定决策和时空观念而定。因为从不同角度看有多种现金流量形式,其内容也千差万别。如按不同决策者的立场可分为国民经济的现金流量和财务的现金流量;从投资主体的范围大小看可分为全部投资的现金流量和自有资金的现金流量,中外合资项目可进一步分为中方投资与外方投资的现金流量;另外,投资计算期的阶段不同,各阶段上的现金流量的内容就可能不同;现金流入与现金流出在时刻上亦可能出现差异,如年初年末之差、时点时期之差等。为便于理解和简化现金流量的计算过程,本书特作以下假定:

(1)财务假定:投资者仅仅出于财务可行性的考虑。

(2)投资假定:按整个项目的范围确定现金流量的内容,将项目所需资金全部视为自有资金。

（3）项目计算或假定：投资项目的有效持续期间从建设到清理的全部年份即为项目计算期。假定项目计算期是由建设期、试产期和达产期三个阶段依次组成，除有特殊说明外，每一阶段均不少于一年；后两个阶段合称生产经营期，其中第 0 年称为建设起点，项目计算最后一年第 n 年称为终结点，可假定项目最终报废或清理均发生在终结点，更新改造除外。

（4）时点假定：为便于利用货币时间价值的形式，不论时点指标还是时期指标，除个别说明外，均假定可按各有关时点指标处理。

（三）现金流量按流入和流出划分的内容

一项投资方案的现金流量，通常有现金流出量（cash outflows）和现金流入量（cash inflows）两大部分。

1. 现金流出量的内容

（1）建设投资（含更改投资）。指在建设期内按一定生产经营规模和建设内容进行的固定资产、无形资产等投资的总和，含基建投资和更新改造投资。

（2）垫支流动资金。指项目投产前后分次或一次投放于流动资产项目的投资增加额。在实务中，包含流动资金投资的项目称为完整工业投资项目。

原始投资额中只包括固定资产投资的项目，称为单纯固定资产投资项目。更新改造项目往往不涉及追加投入流动资金，但它在建设起点除了发生新设备的投资外，还往往发生旧设备的残值回收，这又与单纯固定资产投资项目不同。

垫支流动资金的投资行为既可以发生在建设期内，又可能发生在经营期内，而不像建设投资大多集中在建设期发生。为了简化分析，亦可假定在建设期末已将一定数额的流动资金筹措到位。

此外，在实务中会因资金周转速度的提高而发生某年流动资金增加额为负值的情况。在长期投资决策中，往往假定不发生这种提前回收流动资金投资的现象。因此，各年垫支的流动资金投资额的合计应等于在终结点一次回收的流动资金。

（3）经营成本，又被称为付现的营运成本或简称付现成本。它是生产经营阶段上最主要的现金流出项目。某年经营成本等于当年的总成本费用（含期间费用）扣除该年折旧额。无形资产摊销额等项目后的差额。这是因为总成本费用中包含了一部分非现金流出的内容，这些项目大多与固定资产、无形资产等长期资产的价值转移有关，不需要动用现实货币资金支出。

（4）各项税款。指项目投产后依法缴纳的、单独列示的各项税款，包括营业税、消费税、所得税等。如果一般纳税人企业已将增值税的销项税额列入其他现金流入项目，那么，可将进项税额和应交（增值）税额合并列入本项；否则，就应包含此内容。此外,从国家投资主体出发,企业所得税不作为现金流出项目看待。只有从企业或法人投资主体的角度才将所得税列作现金流出。也有人主张将所得税同营业税、消费税等流转税分别列示。

(5)其他现金流出。指不包括在以上内容中的现金流出项目(如营业外净支出等)。

2.现金流入量的内容

(1)营业收入。指项目投产后每年实现的全部销售收入或业务收入。在按总价法核算现金折扣和销售折让的情况下,营业收入应当指不包括折扣和折让的净额。一般纳税人企业在确定营业收入时,应当按不含增值税的净价计算。此外,作为经营期现金流入项目,本应当按当期现销收入额与回收以前期应收账款的合计数确认。但为了简化核算,可假定正常经营年度内每期发生的赊销额与回收的应收账款大体相等。营业收入是经营期主要的现金流入项目。

(2)回收固定资产余值。指投资项目的固定资产在终结点报废清理或中途变价转让处理时所回收的价值,即处理固定资产净收益。更新改造项目中,旧设备的余值是在建设起点回收的,而新设备的余值在终结点回收。

(3)回收流动资金。主要指项目计算期完全终止时(终结点),因不再发生新的替代投资而回收的原垫付的全部流动资金额。回收流动资金和回收固定资产余值统称为回收额。

(4)其他现金流入。指以上三项指标以外的现金流入项目,如增值税的销项税额等。

(四)现金流量按阶段划分的内容

项目的整个投资和回收,就是一个现金流转的过程。投资项目的现金流量一般可按阶段划分为三大部分:

(1)初始现金流量是指开始投资时所发生的现金流量,一般包括固定资产投资、流动资产投资和投产前费用。初始投资中多为现金流出量,用负号表示,有时也有现金流入量,如固定资产更新时原有固定资产的变价收入,现金流入量用正号表示。

(2)营业现金流量是指项目投产后,在其寿命周期内正常的生产经营活动所引起的现金流量,包括营业现金收入和营业现金支出。在销售收入等于营业现金收入时,营业现金流量等于税后净利加折旧或等于营业收入减去付现成本和所得税。

(3)终结现金流量是指项目终结时发生的现金流量,如固定资产变价收入或残值收入、流动资产的回收等,其多为现金流入量。

（五）净现金流量的计算公式

现金净流量又称净现金流量，是指在项目计算期内由每年现金流入量与同年现金流出量之间的差额所形成的序列指标，它是长期投资决策评价指标计算的重要依据。其计算公式为：

某年现金净流量＝该年现金流入量－该年现金流出量

$$NCF_t = CI_t - CO_t \quad (t = 0, 1, 2 \cdots n)$$

式中：NCF_t 表示第 t 年净现金流量；

　　　CI_t 为第 t 年现金流入量；

　　　CO_t 为第 t 年现金流出量。

由于项目计算期不仅包括经营期，还应包括建设期，因此，无论在经营期还是在建设期都应该存在现金净流量这个范畴。

现金流入流出在项目计算期内不同阶段上的内容不同，使得各阶段上的净现金流量表现出不同的特点：如在建设期内，净现金流量一般小于或等于零；在经营期内，现金净流量则多为正值。

现金净流量的简化公式：

1. 建设期现金净流量的简化计算公式

若原始投资均在建设期内投入，则建设期现金净流量可按以下简化公式计算：

建设期某年现金净流量＝－该年发生的投资额

2. 经营期现金净流量的简化计算公式

经营期现金净流量可按以下简化公式计算：

经营期某年现金净流量＝该年利润＋该年折旧＋该年摊销额＋该年回收额

（六）现金净流量的具体计算

根据投资项目特点的不同，现金流量的计算可采用全额计算法和差额计算法。

1. 全额计算法

全额计算法是指完整地计算投资项目寿命周期内所有的现金流出量和流入量，一般适用于对单一项目的选择。

[例 8-11]宏发公司准备投资一新项目，经测算，有关资料如下：

（1）该项目需固定资产投资总额 157 万元，第一年年初和第二年年初各投资 80 万元。两年建成投产，投产后一年达到正常生产能力；

(2)投产前需垫支流动资金 20 万元;

(3)固定资产可使用 6 年,按直线法计提折旧,期末残值为 7 万元,年折旧额为 25 万元;

(4)根据市场调查和预测,投产后第一年的产品销售收入为 30 万元,以后 5 年每年为 175 万元(假设均于当年收到现金),第一年的付现成本为 20 万元,以后各年为 60 万元;

(5)设企业所得税率为 30%。

要求根据上述资料,用全额计算法计算该项目的现金流量。

其计算过程如表 8-3 所示。

表 8-3

单位:万元

项 目	年 份							
	0	1	2	3	4	5	6	7	8
固定资产投资(1)	−80	−80							
垫支流动资金(2)			−20						
销售收入(3)				30	175	175	175	175	175
付现成本(4)				20	60	60	60	60	60
折旧(5)				25	25	25	25	25	25
税前净利(6)				−15	90	90	90	90	90
所得税(7)=(6)×30%				0	27	27	27	27	27
税后净利(8)=(6)−(7)				−15	63	63	63	63	63
现金净流量(9)=(1)+(2)+(5)+(8)	−80	−80	−20	5	88	88	88	88	88

2.差额计算法

差额计算法只计算一个方案比另一个方案增减的现金流量,一般适用于两个项目之间的比较。

[例 8-12]宏发准备购买一台新设备替换目前正在使用的旧设备,有关资料如下:

(1)旧设备原值为 8.2 万元,已提折旧 2 万元,可再使用 3 年,年折旧额 20 000 元,3 年后的残值为 2 000 元,如果现在出售该设备可得价款 5 万元;

(2)新设备买价 7.6 万元,运费和安装费 1.6 万元,该设备可使用 3 年,3 年后的残值为 1 000 元,年折旧额为 2.5 万元;

（3）使用新设备可使年付现成本由原来的 6 万元降到 4 万元,两种设备的年产量和设备维修费相同;

（4）设企业所得税率为30%。

从上述资料可看出,企业有两个方案可供选择:一是继续使用旧设备,另一个是用新设备替代旧设备。使用新设备比使用旧设备增减的现金流量计算如下。

以"△"表示现金流量的增减额,以正量表示增加额,以负量表示减少额。

首先,计算 △ 初始投资和 △ 年折旧额。

$$△ 初始投资 = -76\,000 - 16\,000 + 50\,000 + 3\,600$$
$$= -38\,400(元)$$

$$△ 年折旧额 = 25\,000 - 20\,000 = 5\,000(元)$$

出售旧设备的净损失为$(82\,000 - 20\,000) - 50\,000 = 12\,000$元,这 12 000 元的损失虽然与投资现金流量无关,但可抵减当年所得税 $12\,000 × 30\% = 3\,600$元,可视同现金流入量。

其次,计算各年的 △ 营业现金流量,计算过程如表 8-4 所示。

表 8-4

单位:元

项　　目	金　额
△ 付现成本(1)	-20 000
△ 折旧额(2)	+5 000
△ 税前净利(3)=0-(1)-(2)	+15 000
△ 所得税(4)=(3)×30%	+4 500
△ 税后净利(5)=(3)-(4)	+10 500
△ 营业现金流量(6)=0-(1)-(4)=(5)+(2)	+15 500

再次,计算项目的终结现金流量。

$$△ 终结现金流量 = 1\,000 - 2\,000 = -1\,000(元)$$

最后,计算该项目的全部 △ 现金净流量,计算过程如表 8-5 所示。

表 8-5

单位:元

项 目	年 份			
	0	1	2	3
△初始投资	−38 400			
△营业现金流量		+15 500	+15 500	+15 500
△终结现金流量				−1 000
△现金净流量合计	−38 400	+15 500	+15 500	+14 500

第三节 资本投资决策分析评价 的基本方法

资本投资决策分析评价的方法是现金流量法。按照是否考虑货币时间价值因素可以分为两大类:一类是不考虑货币时间价值因素的方法,即非贴现的现金流量法,又称静态分析法;另一类是考虑货币时间价值因素的方法,即贴现的现金流量法,又称动态分析法。

一、非贴现的现金流量法

非贴现的现金流量法又称静态分析法,是指直接按投资项目形成的现金流量来计算,借以分析、评价投资方案经济效益的各种方法的总称。它主要包括投资报酬率法、投资回收期法。

(一)投资报酬率法

投资报酬率(rate of return on investment,简称 ROI)是指投资方案的年平均净收益与年平均投资额的比值。投资报酬率大于期望的投资报酬率时,投资方案可行;并且投资报酬率越大,投资方案越好。其计算公式为:

$$投资报酬率 = \frac{年平均净收益}{年平均投资额} \times 100\%$$

$$年平均净收益 = \sum \frac{各年净收益}{效用期限(年数)}$$

$$年平均投资额 = \sum \frac{各年平均投资余额}{效用期限(年数)}$$

$$简单年平均投资额 = \frac{原始投资额}{2}$$

[**例 8-13**]甲企业目前有 A、B、C 三个投资方案,各自所需的投资额均为
45 000 元,各个方案所能提供的净收益及现金净流量如表 8-6 所示。

表 8-6

单位:元

期间	A		B		C	
	净收益	现金净流量	净收益	现金净流量	净收益	现金净流量
1	15 000	24 000	15 000	30 000	9 000	18 000
2	13 500	22 500	15 000	30 000	10 500	19 500
3	12 000	21 000	15 000	30 000	12 000	21 000
4	10 500	19 500			13 500	22 500
5	9 000	18 000			15 000	24 000
合计	60 000	105 000	45 000	90 000	60 000	105 000

A、B、C 三个投资方案各年投资余额如表 8-7 所示。

表 8-7

单位:元

期 间	A	B	C
1(年初)	45 000	45 000	45 000
2	36 000	30 000	36 000
3	27 000	15 000	27 000
4	18 000		18 000
5	9 000		9 000

(1)各方案的年平均净收益计算如下:

方案 A＝60 000÷5＝12 000(元)

方案 B＝45 000÷3＝15 000(元)

方案 C＝60 000÷5＝12 000(元)

(2)各方案的年平均投资额计算如下:

$$方案 A = (\frac{45\,000+36\,000}{2} + \frac{36\,000+27\,000}{2} + \frac{27\,000+18\,000}{2} +$$

$$\frac{18\,000+9\,000}{2} + \frac{9\,000+0}{2}) \div 5$$

$$=225\,000(元)$$

$$方案 B = \left(\frac{45\ 000 + 30\ 000}{2} + \frac{30\ 000 + 15\ 000}{2} + \frac{15\ 000 + 0}{2} \right) \div 3$$

$$= 22\ 500 (元)$$

$$方案 C = \left(\frac{45\ 000 + 36\ 000}{2} + \frac{36\ 000 + 27\ 000}{2} + \frac{27\ 000 + 18\ 000}{2} + \right.$$

$$\left. \frac{18\ 000 + 9\ 000}{2} + \frac{9\ 000 + 0}{2} \right) \div 5$$

$$= 225\ 000 (元)$$

（3）各方案的投资报酬率分别为：

方案 A＝12 000÷22 500×100％＝53％

方案 B＝15 000÷22 500×100％＝67％

方案 C＝12 000÷22 500×100％＝53％

由上述计算结果可知，三个方案的投资报酬率均大于期望投资报酬率，故都是可行方案。同时方案 B 具有最高的年平均投资报酬率，为最优方案；方案 A 和 C 相同，为次优方案。投资报酬率法最大的优点是可以直接利用现金净流量信息，简单明了，便于计算，易于理解和掌握。其计算公式分子分母均为时期指标，有一定的可比性。此外，通过计算投资报酬率，将有关方案的总收益同其资源的使用（投资）紧密地联系起来，能较好地衡量各有关方案的投资经济效果。正因为如此，这种方法在实际工作中应用较广泛。

但是这种方法也有明显的缺点。首先，它没有考虑货币时间价值因素的影响，把不同时期的货币价值等量齐观。如例 8-13 中，方案 A 和方案 C 年净收益的总额虽然相同，都是 60 000 元，但方案 A 逐年的净收益表现为递减数列，即前期收益大，后期收益小，而方案 C 刚好相反，其净收益为递增数列。如果考虑货币时间价值，即考虑净收益实现的时间先后，方案 A 的 4 年净收益显然大于方案 C，比方案 C 有较高的投资效果。其次，该法只考虑净收益的作用，而没有全面考虑净现金流量的影响，不能全面正确地评价投资方案的经济效果。

（二）投资回收期法

投资回收期（payback period）是指以投资项目经营现金净流量抵偿原始投资额所需要的全部时间，一般以年为单位，或者说是收回全部投资额所需要的时间。用于该种方法没有考虑货币时间价值，故称之为静态投资回收期。显然，投资回收期越短，表明收回投资所需的时间越短，其投资价值越大，投资效益越好。反之，投资效益越差。因此，在各可行方案中投资回收期最短的方案为最优方案。一般地说，当投资回收期为效用期的一半时，方案可行。投资回收期的计算公式如下：

$$\sum_{t=1}^{P_p} A_t = A_0$$

式中:P_p 表示投资回收期;

  A_t 表示各期现金净流量;

  A_0 表示原始投资总额。

上式表明,当某项投资在投产后一定时间内所得的净现金流量总额等于原始投资额时,即为投资回收期。投资回收期的计算可分为两种情况:

(1)投资方案各年现金净流量不相等时,要计算各期累计的净现金流量,然后同原始投资额比较,确定投资回收期的大致期间,再用内插法具体计算投资回收期。

[例 8-14]以例 8-13 方案 A 和方案 C 的资料为例,计算两个方案的投资回收期并加以比较。两个方案的各年净现金流量不等,可先计算各年累计净现金流量,如表 8-8 所示。

表 8-8

单位:元

期间	方案 A 累计现金净流量	方案 B 累计现金净流量
1	24 000	18 000
2	46 500	37 500
3	67 500	58 500
4	87 000	81 000
5	105 000	105 000

从表 8-8 中可看出,方案 A 的回收期在第 1 年和第 2 年之间,用内插法求之。

$$
\left.\begin{matrix}
1 \\
n \\
2
\end{matrix}\right\}x \left.\begin{matrix} \\ \\1 \end{matrix}\right.
\quad
\left.\begin{matrix}
24\ 000 \\
45\ 000 \\
46\ 500
\end{matrix}\right\}21\ 000 \left.\begin{matrix} \\ \\ \end{matrix}\right\}22\ 500
$$

$x : 1 = 21\ 000 : 22\ 500$

$x = 1 \times 21\ 000 \div 22\ 500$

 $= 0.93(年)$

$P_p = 1 + 0.93$

 $= 1.93(年)$

同理,方案 C 的回收期可采用同样的方法求解出来,为 2.36 年。

按照投资回收期一般应小于等于 1/2 效用期的标准,对方案 A 和 C 加以评价,可知方案 A 和方案 C 均可行,但方案 A 的回收期小于方案 C,因此,方案 A 优于方案 C。

(2)当有关方案各年净现金流量相等时,可以采用简化的方法计算投资回收期。计算公式如下:

投资回收期＝原始投资额÷每年现金净流量

[**例 8-15**]以例 8-13 的方案 B 的资料为例,计算其静态投资回收期并加以评价。

方案 B 的年净现金流量相等,故可以按简化的方法计算投资回收期。

投资回收期＝50 000÷30 000＝1.67(年)

方案 B 的效用期为 3 年,则 1/2 效用期为 1.5 年。其投资回收期为 1.67 年,大于 1.5 年,故该方案不可行。

投资回收期法的优点是能够直观地反映原始投资的返本期限,并且简便易行,便于采用,同时由于投资回收期的长短,能反映方案在未来时期所冒风险程度的大小,因而是应用较为广泛的传统评价指标。从上述 A 和 C 方案的比较中看出,该法能区分现金净流量递减数列和递增数列的优劣。另外,投资回收期的计算考虑了净现金流量,并且,用项目投产后的现金净流量来计算回收期,事实上已在较小程度上考虑到了货币时间价值因素。

投资回收期法的主要缺点,首先是没有直接考虑货币时间价值,这一点,同上述年平均投资报酬率法有共同之处;其次,它考虑的净现金流量只是小于或等于原始投资额的部分,没有考虑其大于原始投资额部分的现金流量变化情况,因而还有一定的局限性。用投资回收期法来评价不同方案的经济效果,难以确切地说明问题。

二、贴现的现金流量法

贴现的现金流量法又称动态分析法,是考虑到投资回收期的时间对有关方案现金流量的影响,对其经济效果进行评析的一种方法。这种方法的特点是综合考虑了现金流量和货币时间价值两个因素的影响。也就是说,以现金流量为基础,通过货币时间价值的折算,把各期的现金流量统一在相同时点的基础上。折算时,一般是按确定的利率,将各期的现金净流量折算为现值与原始投资额现值进行比较,确定最优方案。在实际工作中,常用的贴现现金流量法有动态投资回收期法、净现值法、现值指数法、内含报酬率法和外部收益率法。

（一）投资回收期法

贴现现金流量法下的投资回收期是以折现的现金流量为基础而计算的投资回收期。由于该方法考虑了货币时间价值，故称之为动态投资回收期。其计算公式如下：

$$\sum_{t=1}^{P_p} \frac{A_t}{(1+I)^t} = A_0$$

式中：i 表示折现率；

其他字母含义同前。

[例 8-16]以例 8-13 中方案 A、B、C 的有关资料为例，设折现率 i 为 8%，计算各方案的动态投资回收期。

（1）计算方案 A 的动态投资回收期

A 方案各年折现的现金净流量及其累计数如表 8-9 所示。

表 8-9

单位：元

期间	各年现金净流量	折现系数	折现的现金净流量	累计折现的现金净流量
1	24 000	0.926	22 224	22 224
2	22 500	0.857	19 283	41 507
3	21 000	0.794	16 674	58 181
4	19 500	0.735	14 333	72 514
5	18 000	0.681	12 258	84 772

从表 8-9 中可以看出，方案 A 动态投资回收期在第 2 年与第 3 年之间，用内插法求之。

$$
\begin{array}{c}
2 \\
n \\
3
\end{array}
\Bigg\} x
\Bigg\} 1 \quad
\begin{array}{c}
41\ 507 \\
45\ 000 \\
58\ 181
\end{array}
\Bigg\} 3\ 493
\Bigg\} 16\ 674
$$

$x : 1 = 3\ 493 : 16674$

$x = 3\ 493 \div 16\ 674$

  $= 0.21$（年）

$P_p = 2 + 0.21$

  $= 2.21$（年）

(2)计算方案 C 的动态投资回收期

按方案 A 的分析方法,可以计算出方案 C 的动态投资回收期为 2.7 年。

(3)计算方案 B 的动态投资回收期

方案 B 的各年现金净流量相等,故其动态投资回收期可利用年金现值的计算原理简化求得:

由 $R(P/R,i,n)=P$

可得:$A_t(P/R,i,n)=A_0$

$$30\ 000(P/R,8\%,n)=45\ 000$$

$$(P/R,8\%,n)=1.5$$

$$\left.\begin{matrix}1\\n\\2\end{matrix}\right\}x\left.\begin{matrix}\\1\\\end{matrix}\right.\qquad\left.\begin{matrix}0.926\\1.5\\1.788\end{matrix}\right\}0.574\left.\right\}0.882$$

$$x:1=0.574:0.862$$

$$x=1\times0.574\div0.862$$

$$=0.67(年)$$

$$P_p=1+0.67$$

$$=1.67(年)$$

动态投资回收期指标也是反指标,其计算不能应用简化公式,比较复杂。但由于它考虑了货币的时间价值,能反映前后各期净现金流量高低不同的影响,有助于促使企业压缩建设期、提前收回投资,因此优于静态投资回收期指标。但它仍然保留着无法揭示回收期以后继续发生的现金流量变动情况的缺点,有一定的片面性。

(二)净现值法

净现值(net present value,简称 NPV)是指按照一定的贴现率,把项目投产后各期的现金净流量折算成现值,然后与原始投资额(现值)比较得出的差额。它表明项目在整个寿命周期内考虑到货币时间价值后,以现值表现的净收益。因此,若净现值为正值则说明方案实施后的投资报酬率大于预定的投资报酬率,方案可行;否则,方案不可行。净现值最大的可行方案为最优方案。净现值法经济意义在于:把各期净现金流量都统一在与原始投资额的投入时间相一致的时点上,从而使投资方案净现金流量同原始投资额具有可比性。其计算公式如下:

$$NPV=\sum_{t=1}^{n}A_t(1+i)^{-t}-A_0$$

式中：NPV 表示净现值；

　　　A_0 表示原始投资额现值；

　　　$A_t(t=1,2,\cdots,n)$ 表示投产后各期现金净流量；

　　　i 表示贴现率；

　　　n 表示预计有现金净流量的年数；

　　　t 表示期数。

[**例 8-17**]以例 8-13 方案 A、B、C 的有关资料为例，设贴现率即期望的报酬率为 8%，要求计算各方案的净现值，并评价各方案的可行性和最优性。

(1)方案 A：

$$NPV = (24\ 000 \times 0.926 + 22\ 500 \times 0.857 + 21\ 000 \times 0.794 + 19\ 500 \times 0.735 +$$
$$18\ 000 \times 0.681) - 45\ 000$$
$$= (22\ 224 + 19\ 283 + 16\ 674 + 14\ 333 + 12\ 258) - 45\ 000$$
$$= 84\ 772 - 45\ 000$$
$$= 39\ 774(元)$$

(2)方案 B：

方案 B 的现金净流量是年金形式，可简单求解如下：

$$NPV = 30\ 000(P/R,8\%,3) - 45\ 000$$
$$= 30\ 000 \times 2.577 - 45\ 000$$
$$= 77\ 310 - 45\ 000$$
$$= 32\ 310(元)$$

(3)方案 C：

$$NPV = (18\ 000 \times 0.926 + 19\ 500 \times 0.857 + 21\ 000 \times 0.794 + 22\ 500 \times 0.735 +$$
$$24\ 000 \times 0.681) - 45\ 000$$
$$= (16\ 668 + 16\ 712 + 16\ 674 + 16\ 538 + 16\ 344) - 45\ 000$$
$$= 82\ 936 - 45\ 000$$
$$= 37\ 936(元)$$

计算结果表明，三个方案的净现值都是正数，都大于零，说明投资方案的报酬率大于贴现率，都在 8% 以上，均是可行方案。三个方案中，方案 A 的净现值最大(39\ 774 元)，为最优方案；其次是方案 C(37\ 936 元)；再次是方案 B(32\ 310 元)。

净现值法的主要优点在于：它充分考虑了货币时间价值对未来不同时期现金净流量的影响，使方案的现金流入与现金流出具有可比性，可以较好地反映各该方案投资的经济效果。净现值法的一个主要缺点是：它只考虑了方案未来不同时期净现金流量在价值上的差别，而没有考虑不同方案原始投资在量上的差别。即它只侧重于按净现值这一绝对数的大小来解析评价方案的优劣，在各方案原始投资额不同时，单纯看净现值的绝对量并不能作出正确的评价。因为在这种情况下，不同方案的净现值实际上是不可比的。因此，净现值法主要适用于单一方案财务可行性的评价和投资额相等的多方案比较决策。否则，以单位投资额所产生的净现金流量的现值进行评价更为合适。而现值指数法正可以弥补这一缺陷。

（三）现值指数法

现值指数（present value index，简称PVI）是指项目投产以后各期现金净流量的现值之和与原始投资额的现值之和的比值，又称获利指数。它反映单位投资额在未来可获得的现时的净收益。现值指数法就是以现值指数的高低来评价方案可行性和优劣的方法。当现值指数大于等于1时，方案可行；现值指数越大，方案越优。计算公式如下：

$$PVI = \sum_{t=1}^{n} \frac{A_t (1+i)^{-t}}{A_0}$$

公式中有关字母的含义与净现值的计算公式完全相同。

[例8-18]以例8-13方案A、B、C的资料为例，设贴现率为8%，要求计算三个方案的现值指数并加以比较。

可以借用例8-17计算净现值的有关数据进行计算：

方案A：PVI＝84 772÷45 000＝1.88
方案B：PVI＝77 310÷45 000＝1.72
方案C：PVI＝82 936÷45 000＝1.85

A、B、C三个方案的现值指数均大于1，所以，都是可行方案。方案A的现值指数最大，为最优方案，方案C次之，方案B再次。

由例8-17、8-18可知，在原始投资额相等时，净现值法和现值指数法能得出相同的结论。净现值与现值指数之间有着内在联系：

净现值＝0，现值指数＝1；
净现值＞0，现值指数＞1；
净现值＜0，现值指数＜1。

现值指数法的优点体现在：首先，它体现了货币时间价值的作用；其次，它并非是从有关方案投产后各期现金流量的现值和原始投资额的现值之差的绝对值出发,而是以这两者之间的比值相对数为决策依据,能反映各投资方案单位投资额所获未来净现金流量的大小。因此,它不仅使同一方案原始投资额与投产后净现金流量具有可比性,而且使不同方案特别是投资额不同的方案之间也具有可比性,使用范围更广,更能正确地反映各投资方案的经济效果。

(四)内含报酬率法

内含报酬率(internal rate of return,简称 IRR)是指投资方案未来各期现金流入量的现值等于现值流出量的现值,即净现值等于零的投资报酬率。它反映投资方案本身所能达到的投资报酬率。内含报酬率法就是以内含报酬率的大小来评价方案优劣的方法,当内含报酬率大于期望的报酬率时,方案可行;内含报酬率越大,方案越好。

在用净现值法和现值指数法评价方案时,净现值和现值指数的计算都是以预计的报酬率或期望达到的报酬率为依据来计算的,它们并不能揭示投资方案本身可能达到的报酬率。内含报酬率正能弥补这一缺陷。内含报酬率的计算公式如下:

$$\sum_{t=1}^{n} A_t (1+r)^{-t} = A_0 \text{ 或 } \sum_{t=1}^{n} A_t (1+r)^{-t} - A_0 = 0$$

式中:r 为内含报酬率,其他字母含义与净现值计算公式相同。

从该公式中可以看出,内含报酬率是指能使方案的净现值为 0 的贴现率,也就是说以该贴现率对方案投产后各期净现金流量进行贴现,其合计数刚好等于原始投资额(或其现值之和)。内含报酬率与净现值之间存在着以下关系:

净现值=0,内含报酬率=r;

净现值>0,内含报酬率>r;

净现值<0,内含报酬率<r。

内含报酬率法就是以内含报酬率的大小来评价方案优劣的方法,当内含报酬率大于期望的报酬率时,方案可行;内含报酬率越大,方案越好。

内含报酬率的计算较为复杂,可以分两种情况分别处理:

(1)当项目投产后各期净现金流量不相等时,可采用逐次测试法。其计算步骤是:

①先估计一个折现率,并按此折现率计算该方案的净现值。若净现值为正数,则表示估计的折现率低于该方案的实际投资报酬率 r,应稍提高估计的折现率,再行测试;如果净现值为负数,则表示估计的折现率高于该方案的实

际投资报酬率 r,应稍降低估计的折现率,再行测试。如此,经过逐次测试,最终找出相邻近的两个折现率,一个使净现值为较小正数的折现率 r_1,另一个使净现值为较大负数的折现率 r_2。

②根据上述两个邻近的折现率,采用内插法计算出该投资方案的内含报酬率 r,r 必定介于 r_1 和 r_2 之间。

[例 8-19]根据例 8-13 中方案 A 和 C 的有关数据,计算两个方案的内含报酬率,若期望报酬率为 8%,对两个方案加以评价。

方案 A 和方案 C 投产后各期现金净流量不相等,所以,采用逐次测试法计算各自的内含报酬率。

方案 A:

设 $r_1 = 35\%$,

$$
\begin{aligned}
NPV_1 &= (24\ 000 \times 0.741 + 22\ 500 \times 0.549 + 21\ 000 \times 0.406 + 19\ 500 \times 0.301 + \\
&\quad 18\ 000 \times 0.223) - 45\ 000 \\
&= 48\ 546 - 45\ 000 \\
&= 3\ 546(元)
\end{aligned}
$$

由于 $NPV_1 > 0$,则 $r_1 < r$,进一步测试;

设 $r_2 = 40\%$,

$$
\begin{aligned}
NPV_2 &= (24\ 000 \times 0.714 + 22\ 500 \times 0.510 + 21\ 000 \times 0.364 + 19\ 500 \times 0.260 + \\
&\quad 18\ 000 \times 0.186) - 45\ 000 \\
&= 44\ 673 - 45\ 000 \\
&= -327(元)
\end{aligned}
$$

$NPV_2 < 0$,故 r 介于 r_1 和 r_2 之间,用内插法求之:

$$
\left.\begin{array}{c}
35\% \\
r \\
40\%
\end{array}\right\}x\left.\begin{array}{c}

\end{array}\right\}5\%
\qquad
\left.\begin{array}{c}
3\ 546 \\
0 \\
-327
\end{array}\right\}3\ 546\left.\begin{array}{c}

\end{array}\right\}3\ 873
$$

$$
x : 5\% = 3\ 546 : 3\ 873
$$

$$
\begin{aligned}
x &= 5\% \times 3\ 546 \div 3\ 873 \\
&= 4.58\%
\end{aligned}
$$

$$
\begin{aligned}
r &= 35\% + 4.58\% \\
&= 39.58\%
\end{aligned}
$$

方案 C:与方案 A 计算同理,方案 C 的内含报酬率可求解出为 34.67%。

方案 A 和方案 C 的内含报酬率均大于期望报酬率 8%,故都是可行方案;

并且方案 A 的内含报酬率(39.58%)大于方案 C 的内含报酬率(34.67%),方案 A 较优。

(2)当方案投产后各期净现金流量相等时,可以利用年金现值计算原理计算出内含报酬率,即用求解年金利率的方法进行求解,而不必用逐次测试法。

[**例 8-20**]根据例 8-13 中方案 B 的数据,计算方案 B 的内含报酬率。

方案 B 未来各期净现金流量均为 30 000 元,可视同年金,原始投资额 45 000元,可视同年金现值,效用期为 3 年,则年金利率即内含报酬率 r 为:

$$30\ 000(P/R,r,3)=45\ 000$$

$$(P/R,r,3)=1.5$$

查"1 元年金现值表"可知:

$$x:10\%=0.089:0.182$$

$$x=10\%\times0.089\div0.182$$

$$=4.9\%$$

$$r=40\%+4.9\%$$

$$=44.9\%$$

将方案 B 与上述方案 A 和方案 C 进行比较,可以知道方案 B 也是可行方案,并且方案 B 的内含报酬率(44.9%)最大,是三个方案中的最优方案,方案 A 次之,方案 C 再次。

用内含报酬率法评价方案,可以有效地克服净现值法和现值指数法不能确定有关方案本身实际上可以达到的投资报酬率的缺陷,使长期投资决策的分析评价更趋于精确,但其计算比较复杂。

将上述评价结果同净现值法的评价结果进行比较,可以发现两个方法的评价结论并不相同。主要是方案 B 的排序在两种方法中出现了矛盾的结论。在多数情况下,运用净现值法和内含报酬率法得出的结论是一样的,但是在以下两种情况下会产生差异:

(1)原始投资额不同。一个项目的投资额大于另一个项目的投资额。

(2)现金流入的时间不同。一个在前几年流入较多,另一个在后几年流入较多。

之所以会在上述两种情况下产生差异,其原因在于:净现值法是假定项目投资中期产生的现金净流量进行再投资时,会产生与设定的资本利率相同的报酬率;而内含报酬率法是假定项目中期产生的现金净流量进行再投资时,会产生与该项目特定的内含报酬率相同的收益率。

[例8-21]将方案A和方案B在不同折现率下的净现值加以计算,如表8-10所示。

表 8-10

单位:元

折现率(%)	方案 A 的净现值	方案 B 的净现值
0	60 000	55 000
8	39 774	32 310
10	35 669	29 610
15	19 401	18 180
25	13 107	13 560
30	1 998	9 480
40	−327	2 670
50	−6 549	−2 790

根据表8-10的数据,可看出当折现率上升到一定数字时,B方案的净现值高于方案A,也就是按净现值法分析方案B优于方案A,这正是两种方法产生不同结果的根本原因。即由于方案A后期的现金净流量远远多于方案B,而后期净现金流量越多,其净现值受贴现率改变的影响越大。

两方案的净现值相等的折现率(分界点)在15%和25%之间,用内插法计算如下:

$$
\left.\begin{matrix}15\% \\ i \\ 25\%\end{matrix}\right\}\left.\begin{matrix}x \\ \\ \end{matrix}\right\}10\% \qquad \left.\begin{matrix}19\,401-18\,180 \\ 0 \\ 13\,107-13\,560\end{matrix}\right\}\left.\begin{matrix}1\,221 \\ \\ \end{matrix}\right\}1\,674
$$

$x : 10\% = 1\,221 : 1\,674$

$x = 1\,221 \times 10\% \div 1\,674$

　$= 7.3\%$

$i = 15\% + 7.3\%$

　$= 22.3\%$

因此,只有现实的资本利率大于22.3%时,方案B的净现值才优于方案A;当现实的资本利率小于22.3%时,方案A的净现值优于方案B的净现值。

而现实的资本市场利率大于22.3%的情况很少，因此，方案A更可靠一些。同时，企业投资的目的也是为了使企业财富最大化，而在净现值最大时就能达到这个目的，因此，一般认为虽然内含报酬率有一定的优势，但净现值法还是优于内含报酬率法。

此外，内含报酬率还有两个较为严重的缺陷，使得其在实际应用中受到影响。一个缺陷是，各年的现金净流量流入后，是假定各个项目在其全过程内是按各自的内含报酬率进行再投资而形成增值，而不是所有项目按统一要求达到的、并在统一的资本市场上可能达到的报酬率进行再投资而形成增值。这一假定具有较大的主观性，缺乏客观的经济依据。另一个缺陷是，对于具有非常规现金净流量的方案，根据内含报酬率的计算方法，可能会得出多个内含报酬率，无法确定其真实的内含报酬率。非常规方案是指在项目投资开始的年份，净现金流量为负值，投产以后各年的现金净流量有时是正值，有时又为负值，即整个项目现金净流量正负号的改变在一次以上。而常规方案在整个项目计算期内现金净流量的正、负号只改变一次。

[例8-22]某方案A各年的现金净流量如表8-11所示。

表8-11

单位:元

年　份	0	1	2
现金净流量	−100 000	+250 000	−154 000

显然该方案为非常规方案，经过计算可得该方案的两个内含报酬率，分别为10%和40%，即当内含报酬率为10%时，

$$(250\,000\times0.909-154\,000\times0.826)-100\,000\approx0$$

当内含报酬率为40%时，

$$(250\,000\times0.714-154\,000\times0.510)-100\,000\approx0$$

为了克服内含报酬率的缺陷，还可采用另一种投资决策分析法，即外部报酬率法或又叫外部收益率法。

(五)外部报酬率法

外部报酬率(external rate of return，简称ERR)是指使一个投资方案的原始投资额的终值，与投产后各年现金净流量按期望报酬率计算的终值之和相等的报酬率。即能使下列公式成立的贴现率就是外部报酬率：

$$A_0(1+ERR)^n = \sum_{t=1}^{n} A_t(1+i)^{n-1}$$

式中：ERR 为外部报酬率；

i 为期望报酬率。

外部报酬率法就是以外部报酬率的大小来评价方案优劣的方法。当方案的外部报酬率大于期望报酬率时，方案可行；外部报酬率越大，方案越好。

[例 8-23]甲企业有一投资项目 B，预计原始投资额 600 000 元，一次投入，效用期 5 年，期满后有 20 000 元的残值。效用期内各年净现金流量均为 300 000 元。设期望报酬率为 8%。

(1)用外部报酬率法评价方案 B 的可行性。按期望报酬率计算投产后各年净现金流量的终值如下：

300 000(F/R,8%,5)+20 000

=300 000×3.246+20 000

=993 800(元)

则：600 00(1+ERR)^5=993 800

(1+ERR)^5=1.656

用内插法求之：

$$
\left.
\begin{array}{l}
10\% \\
ERR \\
11\%
\end{array}
\right\}
\left.
\begin{array}{l}
x \\
\\
\end{array}
\right\}1\%
\qquad
\left.
\begin{array}{l}
1.611 \\
1.656 \\
1.685
\end{array}
\right\}
\left.
\begin{array}{l}
0.045 \\
\\
\end{array}
\right\}0.074
$$

$x : 1\% = 0.045 : 0.074$

$x = 1\% \times 0.045 \div 0.074$

$\quad = 0.61\%$

$ERR = 10\% + 0.61\% = 10.61\%$

由于方案 B 外部报酬率(8.61%)大于期望报酬率(8%)，故方案可行。

(2)与例 8-22 中方案 A 对比，并加以评价。例 8-22 中方案 A 的外部报酬率计算如下：

按期望报酬率计算投产后各年净现金流量的终值为：

250 000×(1+8%)−154 000=116 000(元)

则有：100 000(1+ERR)^2=11 600

(1+ERR)^2=1.16

用内插法求得 ERR 为 7.71%。由于方案 A 外部报酬率(7.71%)小于期望报酬率(8%),故方案不可行。

外部报酬率法克服了内含报酬率的缺陷,适用于非常规方案。但在实际工作中,如何确定期望报酬率是一个比较复杂的问题,若确定不当,运用该法进行决策,其准确性会受到影响。

第四节　固定资产决策的典型应用

固定资产更新决策是指在原有旧设备还能继续使用,但市场上出现了性能更好、生产效率更高、能降低生产成本或能生产出质量更好的产品的同类新设备时,企业是否用这种新设备替换旧设备的决策。更新决策在企业长期投资决策中占有极为重要的地位。固定资产更新决策的常用方法有年平均成本法、应计价值法、差量分析法和经济寿命法。

一、年平均成本法

(一)固定资产继续使用或更新的决策

年平均成本法是通过比较新旧设备的年平均使用成本的高低,来决策是否更新旧设备的方法。年使用成本包括年使用费和投资的年摊销额。年使用费主要是指机器设备的维修费,投资的年摊销额包括原始投资额中逐年摊销的部分和占用在残值上的资金每年应计的利息。原始投资逐年摊销额实际就是按直线法计算的年折旧额,当考虑货币时间价值时,可以通过已知年金现值总额求每年年金的公式来计算年折旧额。计算公式如下:

原始投资摊销额＝(原始投资额－残值)÷年金现值系数

残值本身不能转化为年使用成本,但在机器使用的整个过程中,残值占用的资金一直存在。因此,应考虑残值占用资金的应计利息。此利息在这里作为"应付成本",构成年使用成本的一个组成部分。

[例8-24]设企业现有一台机器A,原价为17 000元,使用年限为8年,估计残值为1 000元,已用3年,若目前出售可作价10 000元;若继续使用,每年需为此花费维修费5 500元。现在市场上有与A机器同类的新机器B,售价18 000元,使用年限8年,估计残值为1 300元,使用B机器每年需支付维修费2 600元。企业要求的设备投资报酬率至少要达到10%。现在是否更新旧机器A?

(1)计算新机器B的年平均使用成本:

$$\frac{18\ 000-1\ 300}{(P/R,10\%,8)}+1\ 300\times10\%+2\ 600$$

$$=\frac{16.700}{5.385}+130+2\ 600$$

$$=5\ 831(元)$$

（2）计算旧机器 A 的年平均使用成本：

$$\frac{10\ 000-1\ 000}{(P/R,10\%,5)}+1\ 000\times10\%+5\ 500$$

$$=\frac{9\ 000}{3.791}+100+5\ 500$$

$$=7\ 974(元)$$

计算旧机器的年平均使用成本时，原始投资摊销额确定可用的原则是"决策时点原则"或"局外人观点"，也就是说将现有的固定资产同可能取代它的新固定资产置于同样的"决策时点"上进行考虑，有关的数据也用同样的方法进行处理。即对旧资产的原始价值作沉没成本处理，以"现时价值"作为新旧资产"价值"比较的统一标准。"局外人观点"是指站在并非持有旧机器的局外人的立场，面对可以挑选的 A、B 两机器，现在需要支出的原始投资额即各机器的售价分别是：A 机器为 10 000 元，B 机器为 18 000 元。因此，不论是"决策时点原则"，还是"局外人观点"，都将选择旧机器的目前售价 10 000 元作为计算旧机器 A 的原始投资摊销额的基础。

计算结果表明，旧机器 A 的年平均使用成本比新机器 B 的年平均使用成本多 2 143 元，因此，应更新旧机器 A，更新后在 8 年的有效期内可以节约 17 144元(2 143×8)。

（二）固定资产大修还是更新的决策

年平均成本法亦可用于固定资产大修还是更新的决策。固定资产大修是指固定资产使用一定时期后，因损耗导致其中一些重要的构成部分不能继续使用，为恢复其原有功能对其进行的修理或局部更换。固定资产通过大修可以延长使用寿命，同时大修成本低于购置新设备的投资，但大修后的设备在性能、效率和消耗方面不可能恢复如新，因而会使运行成本升高。如果使用新设备能降低生产成本或增加销售收入，从而通过大修理继续使用旧设备的效益低于使用新设备的效益时，就应当进行更新。因此，企业的管理者应对大修理还是更新进行经济上的比较分析，以作出最优选择。设备大修后的使用年限和新设备的使用年限往往不同，所以一般通过比较两者的平均成本来作出决策。

[**例 8-25**]甲某企业一设备重要部件严重损耗,如继续使用,需进行大修,预计需大修两次,每次大修费用为 16 000 元,每次大修后可使用 2 年。如果更新购买一台新设备,需 90 000 元,可使用 8 年,8 年后没有残值,新设备每年可节约成本 12 000 元,使每年的销售收入增加 5 000 元。设预定的投资报酬率为 10%,企业所得税率为 30%,企业对该设备是大修还是更新?

$$大修年平均成本 = [16\ 000 + 16\ 000(P/F,10\%,2)] \div (P/R,10\%,4) -$$
$$(16\ 000 \times 2) \div 4 \times 30\%$$
$$= (16\ 000 + 16\ 000 \times 0.826) \div 3.170 - 2\ 400$$
$$= 6\ 816(元)$$
$$更新年平均成本 = 90\ 000 \div (P/R,10\%,8) - (90\ 000 \div 8 \times 30\%) -$$
$$(12\ 000 + 5\ 000) \times (1 - 30\%)$$
$$= 90\ 000 \div 5.335 - 3\ 375 - 11\ 900$$
$$= 1\ 595(元)$$

由于大修年平均成本(6 816 元)大于更新年平均成本(1 595 元),因此应进行更新。

二、应计价值法

当使用新设备的年使用成本小于使用旧设备的年使用成本时,宜更新设备;当使用新设备的年使用成本大于使用旧设备的年使用成本时,宜继续使用旧设备;而当两者的年使用成本相等时,则更新与否皆可。由于旧设备的年使用成本在一定程度上取决于目前的变价收入,当变价收入低时,年使用成本低,宜继续使用;当变价收入高时,年使用成本高,不宜继续使用。当变价收入达到某一数值时,使得旧设备的年使用成本等于新设备的年使用成本,这就是旧设备的"应计价值"。显然,如果旧设备的变价收入高于应计价值,表明继续使用旧设备的机会成本高,其年使用成本将高于使用新设备的年使用成本,此时宜更新设备;如果旧设备的变价收入低于应计价值,表明使用旧设备的年使用成本将低于使用新设备的年使用成本,此时宜继续使用旧设备。

应计价值法就是计算旧设备的应计价值并与旧设备的变价收入相比,以决策是否更新的方法。

[**例 8-26**]仍以例 8-23 的资料为例,用应计价值法决策是否更新机器。

1. 计算旧机器 A 的应计价值如下:

设旧机器 A 的应计价值为 X,新机器 B 的年平均使用成本为 5 831 元,要使旧机器的年平均使用成本也等于该值,则有下式成立:

$$(X-1\,000)\div(P/R,10\%,5)+1\,000\times10\%+5\,500=5\,831$$
$$(X-1\,000)\div3.791+1\,000+5\,500=5\,831$$
$$X=1\,177(元)$$

（2）将旧机器的变价收入 10 000 元与应计价值 1 177 元相比，可知旧机器目前出售所得价款 10 000 高于其应计价值 1 177 元，所以应更新旧机器。

三、差量分析法

差量分析法是通过计算新旧设备在项目计算期内的差量现金净流量并计算其差量净现值，以差量净现值是否大于零为标准来决策新旧设备是否更新的方法。当差量净现值＞0，则应该更新设备；若差量净现值＜0，则应继续使用旧设备；若差量净现值＝0，则更新与否都可以。

［例 8-27］甲企业拟用一台新机器替换一台旧机器以提高生产效率、降低成本。旧设备原值 200 000 元，年折旧额 20 000 元，账面净值 100 000 元，还可再用 5 年。若现在出售，可得价款 90 000 元，如继续使用该机器每年可获销售收入 220 000 元，付现成本 160 000 元。新机器买价、运费和安装费共计 300 000 元，可用 7 年，预计残值 20 000 元，年折旧额 40 000 元。用新机器每年付现成本可下降 60 000 元。所得税率 30%，机器最低投资报酬率为 10%。

（1）旧机器各年现金净流量：

第 1 年初现金净流量＝－90 000（元）

第 1 年末至第 5 年末现金净流量 $=[220\,000-(160\,000+20\,000)]\times(1-30\%)+20\,000$

$$=48\,000(元)$$

（2）新机器各年现金净流量：

第 1 年初现金净流量＝－300 000（元）

第 1 年末至第 6 年末现金净流量 $=[220\,000-(100\,000+40\,000)]\times(1-30\%)+40\,000$

$$=96\,000(元)$$

第 7 年末现金净量＝96 000＋20 000

$$=116\,000(元)$$

新机器与旧机器比较，各年的现金净流量差额为：

第 1 年初现金净流量差额＝－300 000＋90 000＝210 000（元）

第 1 年末至第 5 年末现金净流量差额＝96 000－48 000＝48 000（元）

第 6 年末现金净流量差额＝96 000(元)

第 7 年末现金净流量差额＝116 000(元)

据此计算差量净现值：

$$\Delta NPV = 48\,000(P/R,10\%,5) + 96\,000(P/F,10\%,6) +$$
$$116\,000(P/F,10\%,7) - 210\,000$$
$$= 48\,000 \times 3.791 + 96\,000 \times 0.564 + 116\,000 \times 0.531 - 210\,000$$
$$= 181\,968 + 54\,144 + 59\,508 - 210\,000$$
$$= 295\,620 - 210\,000$$
$$= 85\,620(元)$$

因为差量净现值大于零,所以应更新机器。

四、经济寿命期法

经济寿命期是指使用一项资产的年平均成本达到最低或年平均净收益达到最高时的资产使用年限。资产的经济寿命也可称之为最低成本期或最优更新期。一般说来,随着资产的使用和自然损耗,其工作效率和精度将会降低,原材料和能源的消耗将会增加,固定资产的修理工作量也会随之增加。因此,收益将逐年下降,维修成本将逐年上升,资产的年平均成本也会由开始的逐年下降逐渐转为上升,在此期间,年平均成本呈最低水平的使用年限,就是固定资产的经济寿命期,它小于其自然寿命。

年平均成本包括两项内容:一项是年平均资产成本,包括原始投资额减去残值部分的余额乘以资本回收系数而折算的每年末的等额资产成本,以及残值占用资金的利息。另一项是年平均劣势成本,即将各年发生的不等额的劣势成本(如维修费等)分别乘以相应的复利现值系数,将其转为现值,再乘以资本回收系数,即折算为年平均劣势成本。

由于年平均资产成本一般是呈稳定的逐年下降趋势,而年平均劣势成本大多数情况下是呈逐年上升的趋势,此时,两项成本之和必会出现一个转折点即最低数;但在某些情况下,年平均劣势成本也可能会是逐年等额发生的,此时由于年平均资产成本是逐年上升的,两项成本之和就不会出现转折点,资产的使用年限越长,年平均成本越低,在这种情况下,应尽可能延长资产的使用年限,在经济上较为合算。

[例 8-28]甲企业购入一台设备,原价 6 000 元,使用年限为 8 年,第 1 年末至第 8 年末的残值分别为 2 400 元、2 100 元、1 800 元、1 500 元、1 200 元、900 元、600 元和 300 元。从第 2 年起,每年增加维修费 300 元,利率为 10%。

(1)使用 1 年时的年平均成本为：

$$C_1 = \frac{6\ 000 - 2\ 400}{(P/R, 10\%, 1)} + 2\ 400 \times 10\% + 0 = \frac{3\ 600}{0.909} + 240 = 4\ 200(\text{元})$$

(2)使用 2 年时的年平均成本为：

$$C_2 = \frac{6\ 000 - 2\ 100}{(P/R, 10\%, 2)} + 2\ 100 \times 10\% + \frac{300 \times (P/F, 10\%, 2)}{(P/R, 10\%, 2)}$$

$$= \frac{3\ 900}{1.736} + 210 + 300 \times 0.826 \div 1.736$$

$$= 2\ 246.5 + 210 + 142.7$$

$$= 2\ 599.2(\text{元})$$

(3)使用 3 年时的年平均成本为：

$$C_3 = \frac{6\ 000 - 1\ 800}{(P/R, 10\%, 3)} + 1\ 800 \times 10\% + \frac{300 \times 0.826}{(P/R, 10\%, 3)} + \frac{600 \times (P/F, 10\%, 3)}{(P/R, 10\%, 3)}$$

$$= \frac{4\ 200}{2.487} + 180 + 247.8 \div 2.487 + 600 \times 0.751 \div 2.487$$

$$= 1\ 688.7 + 180 + 99.6 + 181.2$$

$$= 2\ 149.5(\text{元})$$

同理，可以计算出第 4～8 年的年平均成本为：1 880.4 元、1 840.2 元、1 858.2元、1 907.4元、1 956.6元。

由此可以看出，从第 6 年起，年平均成本开始呈上升趋势，第 5 年年平均成本最低，所以经济寿命期或最优更新期为 5 年。

思考题

1.资本投资和资本投资决策的含义。

2.资本投资决策有哪些特征？

3.资本投资决策分析需要考虑的重要因素有哪些？

4.什么是货币的时间价值？资本投资决策为什么要考虑货币的时间价值？

5.如何计算复利终值和复利现值、年金终值和现值？

6.什么是投资的风险价值？如何确定投资的风险价值？

7.什么是现金流量？包括哪些内容？现金流量的方式有几种？

8.为什么要以现金流量来评价资本投资的经济效果？

9.现金净流量如何计算？需要考虑哪些因素？为什么？

10.资本投资决策分析的一般方法有哪些？各有何特点？

11.所得税和折旧对资本投资效益的评价有何影响？

12.如何运用各种现金流量法来评价资本投资决策方案？

13.固定资产决策分析的方法有哪些？这些方法各适用于何种决策？

全面预算 第九章

为了实现企业总体的经营目标,通过一系列科学的预测、决策程序,确定了企业在短期经营和长期投资各个方面被认为最满意的方案。对已选定的各个决策方案,要统一以货币形式进行综合和概括,借以总括地反映企业总体在一定期间内应实现的目标和完成的任务;同时又要以这些方案为依据,作进一步分解、落实,使之具体化为企业内部各层次、各单位在具体完成企业总体目标和任务的实践中,各自应实现的目标、完成的任务,并以此作为它们开展日常生产经营活动的准绳和进行业绩评价的依据。这就必须采用编制全面预算的方法。

第一节　编制全面预算的意义及作用

一、全面预算的构成

任何一个企业,不论规模大小,它所掌握的人力、物力和财力的资源总是有限的。一般说来,企业的全部资源,主要是指为了能满足企业生产和销售一定量产品、供应一定量劳务,并达到其所确定的目标利润所必需的资源。为了以较小的资源取得尽可能大的经济效益,为了提高企业的素质和它的适应能力与应变能力,就必须事先搞好规划工作。

西方企业的规划,通常包括两个部分:一部分是用文字说明的,叫做计划(plan);另一部分则是用数字和表格反映的,叫做预算(budget)。因此,预算是计划的数量说明,计划是预算的文字说明。在实际工作中,规划管理并不只是管理企业的一部分业务事项,而是从全局观点出发,统一管理企业的全部生产经营活动。

全面预算(master budget)，亦称"总预算"，它是在经营预测和决策基础上，对销售、生产、分配以及筹资等活动确定了明确的目标，以此为基础，最终编制出预计的一整套财务报表及其附表。它是控制企业未来一定期间生产经营活动的有效手段，是强化企业内部管理的重要环节。

全面预算主要用来规划计划期间企业的财务状况和经营成果。全面预算的内容体系，因企业的性质和规模而异。一般而言，完整的预算包括业务预算、专门决策预算和财务预算三大部分，其具体内容如下：

（一）业务预算(operational budget)

(1)销售预算(sales budget)；

(2)生产预算(production budget)；

(3)直接材料预算(direct materials budget)；

(4)直接人工预算(direct labor budget)；

(5)制造费用预算(manufacturing overhead budget)；

(6)单位生产成本预算(unit production cost budget)；

(7)推销及管理费用预算(selling and administrative expense budget)。

（二）专门决策预算(special decision budget)

(1)资本支出预算(capital expenditure budget)；

(2)一次性专门业务预算。

（三）财务预算(financial budget)

(1)现金预算(cash budget)；

(2)预计收益表(pro forma income statement)；

(3)预计资产负债表(pro forma balance sheet)。

上述各个预算之间关系是错综复杂的，既需要相互沟通，又相互制约，它们之间的主要关系如图 9-1 所示。

二、编制全面预算的作用

企业的各个职能部门(如供应、生产、销售和财务等)是相互依存的，只有它们协调一致地工作，才可能达到企业的经营目标。因此，正确地编制企业的全面预算，对企业各个职能部门的生产经营活动进行计划安排和控制，具有重大的意义。

编制预算的主要作用在于：

（一）明确今后奋斗的目标

预算规定了企业一定时期的总目标以及各部门的具体目标。这样就使各

```
                    ┌──────────┐
                    │  目标利润  │
                    └────┬─────┘
        ┌────────────────┼──────────────┬──────────┐
        │     ┌──────────┴───┐     ┌─────┴────┐ ┌──────┐
        │     │   销售预算    │     │资本支出  │ │一次性专门│
        │     └──────┬───────┘     │  预算    │ │业务预算 │
        │     ┌──────┴───┐ ┌──────────┐└────┬────┘ └──┬───┘
        │     │  生产预算  │→│推销及管理 │    │        │
        │     └──┬───┬───┘ │费用预算   │    │        │
   ┌────┴──┐ ┌──┴─┐ │    └────┬─────┘    │        │
   │制造费用│ │直接人工│ │   ┌────┴─────┐   │        │
   │ 预算  │ │ 预算  │ │   │直接材料   │   │        │
   └───┬──┘ └──┬──┘ │   │采购预算   │   │        │
┌──────┴──┐   │    │   └────┬─────┘   │        │
│单位生产  │←──┤    │        │          │        │
│成本预算  │   │    │        │          │        │
└──────┬──┘ ┌─┴────┴────────┴──┐      │        │
       └───→│    现金预算        │←─────┘        │
            └──┬──────────┬─────┘               │
        ┌──────┴──┐ ┌─────┴────┐                │
        │预计      │ │预计资产   │                │
        │收益表    │ │负债表     │                │
        └─────────┘ └──────────┘
```

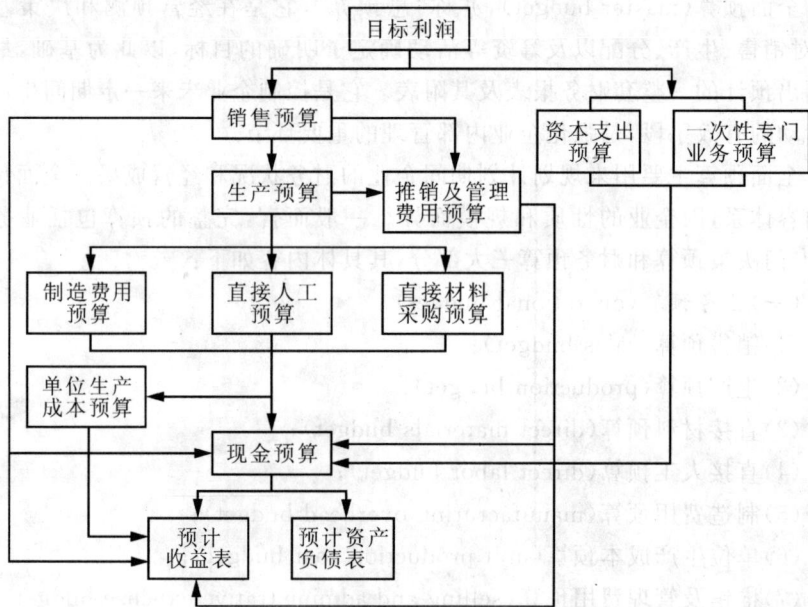

图 9-1　全面预算诸表的主要关系表

个部门了解本单位的经济活动与整个企业经营目标之间的关系，明确各自的职责及其努力方向，从各自的角度去完成企业总的战略目标。

（二）协调各职能部门的工作

全面预算把企业各方面的工作纳入了统一计划之中，促使企业内部各部门的预算相互协调，环环相扣，达到平衡。在保证企业总体目标最优的前提下，组织各自的生产经营活动。例如，在以销定产的经营方针下，生产预算应以销售预算为根据，材料采购预算必须与生产预算相衔接等，供产销各部门的工作就应相互协调。

（三）控制日常经济活动

全面预算一经制定，就必须付诸实施。在预算执行过程中，各有关部门和单位应以全面预算为依据，通过计量、对比，及时提供实际偏离预算的差异数额并分析其原因，以便采取有效措施挖掘潜力、巩固成绩、纠正缺点，保证预定目标的完成。从这个意义上来说，全面预算是控制企业日常经济活动的主要依据。

（四）评定实际工作的成绩

企业经营目标的最终实现，在很大程度上取决于能否对各部门、各层次所承担的经济责任进行严格的检查和科学的考核。通过编制全面预算，各部门、各层次就可以将自己所应达到的具体目标，作为未来一定期间从事实际生产经营活动的行动标准和成就水平。

三、编制全面预算的特点

编制全面预算总括起来有如下各项特点：

（一）重视预测

预测是一种预先测算，预算能否切合实际，主要取决于预测的正确性。经济预测一般包括经营预测、行业经济预测和市场预测等。做好市场预测便是编好预算的必要条件。

（二）以销定产

在市场预测的基础上，根据产品销路的有无、大小，决定生产产品品种和数量，以便供产销结合，组织均衡生产。这样企业既不至于停工待料、产销脱节，也不至于造成产品积压。

（三）以目标利润决定目标成本

企业一般先定目标利润，然后算出目标成本，用来控制各方面的工作。用公式表示为：

预计销售收入－目标利润＝目标成本

而不是：利润＝销售－成本

前一公式体现事先有明确的目标利润，积极控制成本，以积极的态度争取满意的经营成果；后一公式则反映事先不加控制，预算起不到应有的作用。

（四）财务预算有比较完整的体系

从图 9-1 可看出，财务预算是对业务预算和资本支出预算结果的综合反映，构成一个比较完整的体系。

第二节　全面预算的编制原理

预算应在企业最高主管人员的组织下进行，以免预算的编制流于形式。一个规模较大的企业通常有常设的预算委员会，其成员包括总经理、分管销售、生产、财务等方面的副总经理和总会计师等高层管理人员，负责组织、领导并考核整个预算的编制及其执行。

在预算编制前，首先要确定预算的期间。预算一般按特定的期间如一年、三年或五年编制，最常见的是编制年度预算，因为可使预算期间和会计年度相一致，便于预算执行结果的分析、评价和考核。年度预算又常进一步分为较短的期间如季度、月度甚至星期，以便在年度预算的执行过程中依据分阶段的衡量标准,及时采取控制措施。

预算期间确定后,大致可以按照如下的步骤和方法逐一编制各项预算。

一、业务预算

业务预算是反映企业在计划期间日常发生的各种具有实质性基本活动的预算,主要包括以下几个方面:

(一)销售预算

遵循"以销定产"的原则,企业生产经营全面预算的编制是从销售预算开始的,销售预算是编制整个生产经营全面预算的基础和出发点。在编制全面预算的过程中,要根据历史销售资料、未来销售趋势预测结果和预算期的目标利润,着手编制销售预算。

销售预算的具体内容一般包括销售量和销售费用预算,以及同销售有关的预计现金流入的预算。此处,仅对销售量预算和预计现金收入的计算进行说明,销售费用预算将同行政管理费用预算一起于单位产品成本预算之后合并说明。

[例 9-1]假定金福公司在计划年度(2008 年)只生产和销售一种产品,售价为 200 元,每季的商品销售在当季收到的货款占 60%,其余部分在下季收讫。基期末的应收账款为 62 000 元。该公司计划年度的分季销售预算,如表9-1 所示。

表 9-1　销售预算
2008 年度

	摘　要	一季度	二季度	三季度	四季度	合　计
销售预算	预计销售数量(件)	1 000	1 500	2 000	1 800	6 300
	单价(元)	200	200	200	200	—
	预计销售收入(元)	200 000	300 000	400 000	360 000	1 260 000
预计现金收入	期初应收账款(元)(年初余额)	62 000	—	—	—	62 000
	一季度现金收入(元)	120 000	80 000	—	—	200 000
	二季度现金收入(元)	—	180 000	120 000	—	300 000
	三季度现金收入(元)	—	—	240 000	160 000	400 000
	四季度现金收入(元)	—	—	—	216 000	216 000
	合　计(元)	182 000	260 000	360 000	376 000	1 178 000

（二）生产预算

生产预算是在销售预算的基础上按产品类别分别编制的，主要是具体规划企业在预算期内的产品生产活动，安排有关产品的生产数量及其在不同时期的分布情况。在不实行适时生产系统的条件下，除遵循以销定产的原则外，还要保证下一个预算期间有适当的存货可供销售。因此，在确定产品预算期生产量时，首先应考虑产品预计销售量，此外，还应考虑期初、期末的存货量。计算公式为：

$$预计生产量＝预计销售量＋预算期末预计存货量－预算期初预计存货量$$

[**例 9-2**]依例 9-1，假定金福公司各季度的期末存货按下一季度销售量的 10％计算。根据销售预算中的资料，可编制计划年度的分季生产预算，如表 9-2 所示。

表 9-2　生产预算

2008 年度　　　　　　　　　　　　　　　　　　　单位：件

摘　　要	一季度	二季度	三季度	四季度	合　计
预计销售量（销售预算）	1 000	1 500	2 000	1 800	6 300
加：预计期末存货量	150	200	180	200*	200*
减：预计期初存货量	100	150	200	180	100
预计生产量	1 050	1 550	1 980	1 820	6 400

＊估计数

（三）直接材料采购预算

预计生产量确定后，以预计生产量为基础，考虑单位产品的材料消耗定额，进而可编制直接材料预算。直接材料采购预算的编制，除以生产预算为其客观依据外，为经济地分批进货，也应考虑预算期初、期末的材料存货水平及其变动情况。此外，编制直接材料采购预算，还要计算与材料采购相联系的预计现金支出。计算公式为：

$$预计采购量＝生产预计需要量＋预算期末预计存料量－预算期初预计存料量$$

[**例 9-3**]依例 9-2，假定金福公司单位产品的材料消耗定额为 10 千克，计划单价为 5 元/千克。每季度的购料款当季付 50％，其余在下季度付讫。各季度的期末存料按下一季生产需用量的 20％估算，期初应付购料款为 23 500元。根据生产预算中的预计生产量，结合期初、期末的存料水平，以及单位产

品的材料消耗定额和材料计划单价等数据,可编制计划年度的分季直接材料采购预算,如表 9-3 所示。

表 9-3　直接材料采购预算

2008 年度

	摘　要	一季度	二季度	三季度	四季度	合　计
直接材料采购预算	预计生产量(件)	1 050	1 550	1980	1 820	6 400
	单位产品材料用量(公斤)	10	10	10	10	10
	材料耗用总量(公斤)	10 500	15 500	19 800	18 200	64 000
	加:预计期末材料存货量	3 100	3 960	3 640	4 000 *	4 000 *
	减:预计期初材料存货量	3 000	3 100	3 960	3 640	3 000
	预计材料采购量(公斤)	10 600	16 360	19 480	18 560	65 000
	材料单价(元)	5	5	5	5	5
	预计材料采购金额(元)	53 000	81 800	97 400	92 800	325 000
预计现金支出	年初应付账款(元)	23 500				23 500
	一季度采购金额(元)	26 500	26 500			53 000
	二季度采购金额(元)		40 900	40 900		81 800
	三季度采购金额(元)			48 700	48 700	97 400
	四季度采购金额(元)				46 400	46 400
	合　计(元)	50 000	67 400	89 600	95 100	302 100

＊估计数

(四)直接人工预算

直接人工预算也是以生产预算为基础编制的。它列示全年和分季度预计需用的直接人工小时和直接人工成本,其计算公式为:

预计直接人工成本=预计生产量×单位产品需用工时×小时工资率

[例 9-4]依例 9-3,假定金福公司在计划期间内所需直接人工只有一个工种,单位产品的工时定额为 10 工时,单位工时的工资率为 2 元,根据计划期生产预算的预计产量,编制直接人工预算如表 9-4 所示。

表 9-4　直接人工预算

2008 年度

摘　　要	一季度	二季度	三季度	四季度	合　计
预计生产量(件)	1 050	1 550	1 980	1 820	6 400
单位产品直接人工工时(工时)	10	10	10	10	10
直接人工工时总数(工时)	10 500	15 500	19 800	18 200	64 000
直接人工小时工资(元)	2	2	2	2	2
直接人工成本总额(元)	21 000	31 000	39 600	36 400	128 000

(五)制造费用预算

凡生产成本中不属于直接材料和直接人工的部分,都计入制造费用。这些费用必须按其性态划分为变动性制造费用和固定性制造费用两部分。要针对其不同的特点采用不同的预算编制方法。

对于变动费用项目,在一般情况下,应以计划期的一定业务量为基础,来规划它们的具体预算数;对于固定费用项目,则大多根据基期的实际开支水平,再结合上级下达的成本降低率进行折算。为编制现金预算的需要,这项预算要附有"预计现金支出计算表"。

[例 9-5]依例 9-4,假定金福公司制造费用的变动部分,按计划年度所需直接人工小时总数进行规划;固定部分则根据基期的实际数,按上级下达的成本降低率 3% 进行计算,编制制造费用预算如表 9-5 所示。

表 9-5　制造费用预算

2008 年度

	摘　　要	金额	说　明
制造费用预算	变动性制造费用 间接人工	6 400	变动性制造费用分配率 =变动性制造费用合计/直接人工工时总数 =32 000/64 000 =0.5 元/小时
	间接材料	6 400	
	维护费	12 800	
	水电费	3 400	
	润滑材料	3 000	
	合计	32 000	
	固定性制造费用 维护费	39 400	
	折旧	40 000	
	管理人员工资	3 000	
	保险费	4 600	
	财产税	4 000	
	合计	96 000	

续表

	摘　要	一季度	二季度	三季度	四季度	合计
预计现金支出	直接人工工时总数	10 500	15 500	19 800	18 200	64 000
	变动性制造费用支出额	5 250	7 750	9 900	9 100	32 000
	固定性制造费用支出额	24 000	24 000	24 000	24 000	96 000
	减：折旧	10 000	10 000	10 000	10 000	40 000
	现金支付的制造费用数额	19 250	21 750	23 900	23 100	88 000

（六）单位生产成本及期末产成品成品存货预算

编好以上五种预算以后，单位产品的预期生产成本就可以算出来了。单位生产成本预算的编制，就以之为依据。另外，为给预计资产负债表提供期末产成品数据，往往还需要附上"期末存货预算"。

[例 9-6]依例 9-5，假定金福公司计算单位生产成本采用变动成本法。根据前面几个预算表（表 9-1、2、3、4、5）中有关料、工、费三大项目的资料及计划期末存货量，编制单位生产成本预算如表 9-6 所示。

表 9-6　产品单位生产成本预算

2008 年度

	成本项目	单价	标准用量	成本合计
产品单位生产成本预算	直接材料	5 元/千克	10 千克	50 元
	直接人工	2 元/工时	10 工时	20 元
	变动性制造费用	0.5 元/工时	10 工时	5 元
	单位产品生产成本			75 元
期末存货预算	期末存货数量			200 件
	产品单位生产成本			75 元
	期末存货成本			15 000 元

（七）销售与管理费用预算

销售与管理费用预算列示预算期内预期发生的制造费用以外的其他费用。其编制一般要以历史数据为基础，先剔除其中的不合理开支，并根据各费用项目与有关业务量变动的依存关系逐一确定。其各费用明细项目也必须按成本性态划分为变动费用和固定费用两类，也应附"预计现金支出计算表"以备"现金预算"编制之需用。

[**例 9-7**]依例 9-6,假定金福公司负责销售及管理费用的部门根据计划期间的具体情况,编制"销售与管理费用预算"如表 9-7 所示。

表 9-7　销售与管理费用预算

2008 年度　　　　　　　　　　　　　金额单位:元

项　　目			金　　额
销售及管理费用预算	变动性销售及管理费用	推销人员工资	20 000
		运杂费	30 000
		办公费	17 500
		包装费	27 000
	变动性销售及管理费用合计		94 500
	固定性销售及管理费用	行政管理人员工资	40 000
		广告费	55 000
		保险费	6 000
		福利费	8 000
	固定性销售及管理费用合计		109 000
	销售及管理费用合计		203 500

	摘　　要	一季度	二季度	三季度	四季度	合　计
预计现金支出	预计销售量(件)	1 000	1 500	2 000	1 800	6 300
	单位产品变动性销售及管理费用支出额	15	15	15	15	15
	变动性销售及管理费用支出额	15 000	22 500	30 000	27 000	94 500
	固定性销售及管理费用支出额	27 250	27 250	27 250	27 250	109 000
	预计销售及管理费用支出额合计	42 250	49 750	57 250	54 250	203 500

二、专门决策预算

专门决策预算是指企业为不经常发生的长期投资决策项目或一次性专门业务所编制的预算。它与那些针对计划期间日常经济活动而编制的"业务预算"明显不同。专门决策预算大致可分为以下两类:

(一)资本支出预算

资本支出预算是根据经过审核批准的各个长期投资决策项目所编制的预算,其中需详细列出该项目在寿命周期内各个年度的现金流出量和现金流入量的明细资料。

[例9-8]依例9-7,假定金福公司董事会批准在计划期间的第二季度以自有资金购置机器设备一台,需支付100 000元,预计可使用5年,期满残值为10 000元。购入后每年可为公司增加净利润20 000元,该设备按直线法计提折旧。据此编制专门决策预算如表9-8所示。

表9-8　资本支出预算
2008年度

资本支出项目	购置期间	原投资额	估计使用年限	期满残值	资金来源	资金成本	购入后每年 NCF	回收期 PP
购置设备一台	第二季度	100 000元	5年	10 000元	自有	10%	38 000元	2年8个月

$$NCF = 20\,000 + \frac{(100\,000 - 10\,000)}{5} = 38\,000(元)$$

$$PP = \frac{100\,000}{38\,000} = 2.63(年)$$

(二)一次性专门业务预算

一次性专门业务预算是财务部门为满足正常的业务经营和资本支出的需要,对在日常理财活动中涉及的筹措和使用资金等一次性专门业务编制的预算。主要有:

1.筹措资金

若预算期预计库存现金低于限额,即出现资金短缺的情况,应及时筹措资金,如向银行借款、发行有价证券、出售原先持有的有价证券等。

2.投放资金

若预算期预计库存现金高于限额,即出现资金多余的情况,应及时投放和动用资金,以使资金发挥最大效益,如进行有价证券投资、归还银行借款本息等。

3.其他财务决策

如在计划期间发放股息、红利,缴纳所得税等等。

[例9-9]依例9-8,假定金福公司财务部门根据计划期间现金收支状况,第二季度初借款100 000元;第三季度末可归还借款57 000元及利息;第四季度末可归还借款43 000元及利息(年利率10%)并购入短期有价证券31 000元。另外,根据税法规定,计划期间每季末预付所得税40 000元,全年160 000元。又根据董事会决策计划期间每季末支付股利50 000元,全年共200 000元。根据以上资料编制专门决策预算,如表9-9、表9-10所示。

表 9-9　金福公司专门决策预算

（一次性专门业务预算）

2008 年度　　　　　　　　　　　　　单位:元

专门业务名称	资金		日　期				本金	利率	利息
	来源	去向	1 月初	4 月初	9 月底	12 月底			
筹措资金	银行			100 000			100 000	10%	
归还借款		银行			57 000	43 000	100 000	10%	6 075*
购入有价证券		证券公司				31 000			

＊6 075＝57 000×10%×6/12＋43 000×10%×9/12＝6 075(元)

表 9-10　金福公司专门决策预算

（一次性专门业务预算）

2008 年度　　　　　　　　　　　　　单位:元

专门业务名称	支付对象	支付日期				合计
		第一季末	第二季末	第三季末	第四季末	
预付所得税	税务局	40 000	40 000	40 000	40 000	160 000
预付股利	股东	50 000	50 000	50 000	50 000	200 000

三、财务预算

财务预算是指企业在计划期内反映有关现金支出、经营成果和财务状况的预算。由于各项经营业务和专门决策的整体计划都反映在财务预算中,故也称为“总预算”(各种业务预算和专门决策预算可称为“分预算”)。财务预算包括“现金预算”、“预计收益表”和“预计资产负债表”三种。

（一）现金预算

现金预算是企业对现金流动进行预计和管理的重要工具。它以列表的方式反映对未来某一期间的现金流入和现金流出的详细估计,以及二者对抵后的现金余缺数。具体包括以下四个组成部分:

1.现金收入

现金收入部分包括期初的现金余额和预算期的现金收入,产品销售收入是取得现金收入的最主要的来源,可从销售预算表中获得该资料。

2.现金支出

现金支出部分包括预算期预计的各项现金支出,除上述材料、工资和费用方面的预计的支出外,还包括上交所得税、支付股利和资本支出预算中属于计划期内的现金支出等项。可从有关业务预算和专门决策预算中获得相应资料。

3. 现金盈余或不足

现金盈余或不足部分列示现金收入合计与现金支出合计之间的差额,差额为正,说明收大于支,现金有多余,可用于偿还过去向银行取得的借款或用于购买短期证券等;如差额为负,说明支大于收,现金不足,要向银行取得新的借款或采用其他方式筹措资金。

4. 期末现金余额

将预算期预计现金收入总额减去现金支出总额,再减去资金投放或归还总额,或加上资金筹措总额,即可得期末现金余额(应保证最低现金余额)。

现金预算的时间分期应尽可能短些,最常见的是按季度或月度编制。

[例9-10]依例9-9,假定金福公司按年度分季编制现金预算。该公司预算期现金的最低库存限额为39 000元,根据上述各种预算表的有关资料,可编制"现金预算"如表9-11所示。

表9-11 现金预算

2008 年度   单位:元

摘　要	一季度	二季度	三季度	四季度	合计
期初现金余额	80 000	39 500	39 600	39 400	80 000
加:现金收入	182 000	260 000	360 000	376 000	1 178 000
合计	262 000	299 500	399 600	415 400	1 258 000
减:现金支出					
直接材料	50 000	67 400	89 600	95 100	302 100
直接人工	21 000	31 000	39 600	36 400	128 000
制造费用	19 250	21 750	23 900	23 100	88 000
销售及管理费用	42 250	49 750	57 250	54 250	203 500
所得税	40 000	40 000	40 000	40 000	160 000
设备		100 000			100 000
股利	50 000	50 000	50 000	50 000	200 000
合计	222 500	359 900	300 350	298 850	1 181 600
现金余(缺)	39 500	(60 400)	99 250	116 550	76 400

续表

摘　要	一季度	二季度	三季度	四季度	合计
资金筹集与运用					
借入银行借款		100 000			100 000
偿还银行借款			(57000)	(43 000)	(100 000)
支付借款利息			(2 850)	(3 225)	(6 075)
购入有价证券				(31 000)	(31 000)
期末现金余额	39 500	39 600	39 400	39 325	39 325

（二）预计损益表

预计损益表是根据上述预算表的有关资料进行编制，以综合反映计划期内预计的销售收入、销售成本和预计可实现的利润或可能发生的亏损。它一旦编制出来，就成为计量评价预算期业绩的标准。

[例 9-11]依例 9-10，金福公司根据以上相关预算资料，编制 2008 年度的贡献式预计收益表如表 9-12 所示。

表 9-12　预计损益表

2008 年度　　　　　　　　　　　　　　　　　单位:元

摘　要	资料来源	金　额
销售收入	表 9-1	1 260 000
减:变动性生产成本	表 9-1、9-6	472 500
变动性销售与管理费用	表 9-7	94 500
贡献毛益总额		693 000
减:固定性制造费用	表 9-5	96 000
固定性销售与管理费用	表 9-7	109 000
营业利润		488 000
减:利息费用	表 9-9	6 075
税前利润		481 925
减:所得税	表 9-10	160 000
税后利润		321 925

（三）预计资产负债表

预计资产负债表总括地反映预算期末企业的预计财务状况。预计资产负债表是以预算年初的资产负债表为起点,根据其他预算的数据调整而得的。

[例 9-12]依例 9-11,假定金福公司基期末的资产负债表如表 9-13 所示。

表 9-13 预计资产负债表(简式)

2007 年 12 月 31 日 单位:元

资 产		负债及所有者权益	
项 目	金 额	项 目	金 额
现金	80 000	应付账款	23 500
应收账款	62 000	长期借款	90 000
直接材料	15 000	普通股	200 000
产成品	7 500	留存盈余	161 000
土地	150 000		
房屋及设备	200 000		
减:累计折旧	40 000		
资产合计	474 500	负债及所有者权益合计	474 500

根据 2007 年末的资产负债表及 2008 年各项预算中的有关资料进行调整,编制出 2008 年末的预计资产负债表如表 9-14 所示。

表 9-14 预计资产负债表(简式)

2008 年 12 月 31 日 单位:元

资 产		负债及所有者权益	
项 目	金 额	项 目	金 额
现金	39 325	应付账款	46 400
短期证券投资	31 000	长期借款	90 000
应收账款	144 000	普通股	200 000
直接材料	20 000	留存盈余	282 925
产成品	15 000		
土地	150 000		
房屋及设备	300 000		
减:累计折旧	80 000		
资产合计	619 325	负债及所有者权益合计	619 325

表中各基础上数字来源说明：

(1)"现金"见表 9-11 的期末现金余额；

(2)"短期证券投资"见表 9-9；

(3)"应收账款"见表 9-1，第四季度销货款的 40％，即 360 000×40％＝144 000(元)；

(4)"直接材料"见表 9-3，第四季度期末存料 4 000 千克，即 4 000×5＝20 000(元)；

(5)"产成品"见表 9-6，期末存货金额＝200×75＝15 000(元)；

(6)"土地"见表 9-13，预算期未变动；

(7)"房屋及设备"见表 9-13，预算期新购设备 100 000 元，加计表 9-14 原房屋及设备金额 200 000 元，合计为 300 000 元；

(8)"累计折旧"见表 9-5，预算期计提折旧 40 000 元，加计表 9-13 原折旧金额 40 000 元，合计为 80 000 元；

(9)"应付账款"见表 9-3，第四季度购料款的 50％，即 92 800×50％＝46 400(元)；

(10)"长期借款"、"普通股"见表 9-13，预算期未变动；

(11)"留存盈余"见表 9-11、12、13、14，即：

期初余额(表 9-13)	161 000 元
加：税后净利(表 9-12)	321 925 元
减：支付股利(表 9-11)	200 000 元
期末余额	282 925 元

第三节　预算控制的几种形式

一、弹性预算

预算按其与业务量的关系，可分为静态预算和弹性预算。

(一)静态预算

静态预算也称固定预算，它是以预先确定的预算期间正常应达到的某一业务量水平为依据编制的预算。前面所讨论的销售预算、生产预算、销售与管理费用预算等业务预算，均以某一业务量水平为基础编制，故皆为静态预算。静态预算的基本特征是：

（1）不考虑预算期内业务活动水平可能发生的变动，而只按照预算期内计划预定的某一业务量水平为基础确定相应的数据；

（2）将实际结果与按预算期内计划预定的某一业务量水平为基础确定的预算数进行比较分析，并据以进行业绩评价、考核。

由于静态预算是根据预算期内某一特定业务量水平编制的，所以一旦实际业务量与预算中所确定的业务量相距甚远，就难以将预算指标与实际绩效相比较，静态预算就难以为控制服务。在实际工作中，由于市场供求和其他有关因素的变动，实际业务量与预计业务量往往不一致，静态预算难以发挥其应有的作用。

（二）弹性预算

也称变动预算，是根据预计的预算期间可能发生的多种业务量，分别确定与之相应的费用数额，从而形成可适用于不同生产经营活动水平的一种费用预算。由于这种预算随着业务量的变化作机动调整，本身具有弹性，故称为弹性预算。其基本特征是：

（1）它按预算期内某一范围内可预见的多种业务量水平确定不同的预算数，也可按实际业务活动水平调整其预算数；

（2）待实际业务量发生后，将实际数与实际业务量相应的预算数进行对比，使预算执行情况的评价与考核建立在更加客观可比的基础上，更好地发挥预算控制的作用。

编制弹性预算的基本原理是：按照成本习性，固定费用在相关范围内总额保持不变，它不随业务量的变动而变动，而变动费用总额则要随着业务量的变动而变动。这样，假定某项费用预算总额为 Y，固定费用部分为 F，变动费用部分为 V，预计生产量为 X，每单位生产量负担变动成本为 B，则有关费用同生产量之间的基本关系式为：

$$Y = F + V = F + B \times X$$

若生产量为 X，则其关系式为：

$$Y = F + B \times X$$

可见，弹性预算是根据成本（收入等）同生产经营活动之间的数量关系，按照一系列生产经营活动水平编制的。只要费用（收入等）同生产量之间的数量关系不变，弹性预算就可连续使用一个时期。因此，在编制弹性预算时，只需将变动费用部分按业务量的变动加以调整即可（若明细项目中有属于混合成本的，则必须先进行分解）。

现以制造费用预算为例,说明弹性预算的编制方法。

[例 9-13]某公司的生产能力利用程度在 70％到 110％之间变化,其相应的业务量工时分别为 9 730 工时、1 1120 工时、12 510 工时、13 900 工时、15 290工时。相关范围内,固定性制造费用数额不变,其组成为:管理人员工资3 000元,折旧费 10 000 元,保险费 1 600 元,财产税 2 080 元,共计 16 680元。变动性制造费用在相关范围内的变动率为 2 元/小时,其中:间接人工0.6元/小时,间接材料0.5 元/小时,维修费 0.2 元/小时,水电费 0.4 元/小时,固定资产租金 0.3 元/小时。区分五种不同的业务量水平,可编制制造费用的弹性预算表如表 9-15 所示。

表 9-15　制造费用预算表

项　　目	各生产能力利用水平下的费用额(元)				
	70％	80％	90％	100％	110％
	9 730 工时	11 120 工时	12 510 工时	13 900 工时	15 290 工时
变动性制造费用					
间接人工(0.6 元/小时)	5 838	6 672	7 506	8 340	9 174
间接材料(0.5 元/小时)	4 865	5 560	6 255	6 950	7 645
维修费(0.2 元/小时)	1 946	2 224	2 502	2 780	3 058
水电费(0.4 元/小时)	3 892	4 448	5 004	5 560	6 116
固定资产租金(0.3 元/小时)	2 919	3 336	3 753	4 170	4 587
小计(2 元/小时)	19 460	22 240	25 020	27 800	30 580
固定性制造费用					
管理人员工资	3 000	3 000	3 000	3 000	3 000
折旧费	10 000	10 000	10 000	10 000	10 000
保险费	1 600	1 600	1 600	1 600	1 600
财产税	2 080	2 080	2 080	2 080	2 080
小计	16 680	16 680	16 680	16 680	16 680
总　计	36 140	38 920	41 700	44 480	47 260

弹性预算的优点在于:便于管理人员事前据以严格控制费用开支,也有利于管理人员事后分析节约或超支的原因并及时解决问题。

二、零基预算

预算按其编制的基础可分为调整法(包括增量预算法和减量预算法)和零基法。

(一)调整法

调整法是在上年度预算实际执行的基础上,考虑到预算期内各种因素的变动,相应地增加或减少有关项目的预算数量,以确定未来一定期间支出预算的一种方法。包括:增量预算法,即在原有基础上增加一定百分率编制费用预算的方法;减量预算法:在原有基础上减少一定百分率编制费用预算的方法。

这种方法简便易行,但也有严重的缺陷,主要是以前期预算的实际执行结果为基础,过分受前期预算的束缚,没有实事求是、精打细算、量力而行,结果造成很大的浪费。

为克服调整法可能带来的弊病,可采用零基预算法。

(二)零基预算

零基预算的是"以零为基础的编制计划和预算的方法",起源于美国,是彼得·派尔在 20 世纪 60 年代提出来的,现已被西方工业发达国家公认为是管理间接费用的一种新的有效方法。

这种预算方法的特点是:对于任何预算期的任何预算项目而言,其费用预算额的多少都以零为起点,不受基期既成事实的束缚(也就是说,不是从原有的基础出发,即根本不考虑基期的费用开支水平)。

(三)零基预算的编制程序

零基预算的编制程序具体分三个步骤:

(1)确定并登记计划项目说明书。计划项目说明书是评审各项生产经营活动的书面文件。各部门根据目标和任务进行详细讨论,确定费用项目和每一费用项目的开支方案及需要开支的数额。

(2)对酌量性固定成本的每一费用项目进行"成本—效益分析",将所得与所费进行对比,用来对各个费用开支方案进行评价;然后将每个费用开支方案在权衡轻重缓急的基础上,分成若干层次,排出开支的先后顺序。

(3)分配资金,实施预算。

[例 9-14]某公司采用零基法编制下年度的管理费用预算。管理部门根据下年度的企业经营目标和管理任务,在认真讨论的基础上提出预算期将要发生的部分费用及其预计支出数额如下:职工培训费 30 000 元,咨询费 20 000 元,日常办公费 15 000 元,租赁费 25 000 元,差旅费 10 000 元,共计

100 000元。另假定该公司可用于上述项目的资金仅有 90 000 元。为编制确定管理费用的预算,可进行以下分析:

根据管理部门提出的费用开支项目,日常办公费、租赁费和差旅费属于必不可少的开支;职工培训费、咨询费则可酌情处理。依据有关资料,可对职工培训费、咨询费进行"成本—效益"分析,分析结果假定为:职工培训费的成本与收益比为1:20,咨询费的成本与收益比为1:30。据此,对管理费用各项目的优先顺序排定为:

日常办公费→租赁费和差旅费→咨询费→职工培训费

从资金安排上,日常办公费、租赁费和差旅费应先予以保证。剩余资金40 000 元,应按成本收益比在咨询费和职工培训费之间进行分配。

即:咨询费可分配资金＝40 000×30/(30＋20)＝24 000(元)

职工培训费可分配资金＝40 000×20/(30＋20)＝16 000(元)

综合上述,采用零基法编制的管理费用预算为:

日常办公费	15 000 元
租赁费	25 000 元
差旅费	10 000 元
咨询费	24 000 元
职工培训费	16 000 元

（四）零基预算的优缺点

零基预算冲破了传统预算方法框架的限制,以零为起点,观察分析一切费用开支基础上确定预算金额,因而具有以下优缺点:

1.零基预算的优点

(1)有利于合理、有效地进行资源分析;

(2)有利于企业内部的沟通、协调,激励各基层单位参与预算编制的积极性和主动性;

(3)目标明确,可区别方案的轻重缓急;

(4)有助于提高管理人员的投入产出意识;

(5)特别有助于产生较难辨认的服务性部门克服资金浪费的缺点。

2.零基预算的不足之处

(1)业绩差的经理人员可能会对零基预算产生一种抗拒的心理;

(2)工作量较大,费用较为昂贵;

(3)评级和资源分析可能具有不同程度的主观性,容易引起部门间的矛盾;

(4)容易使人们注重短期利益而忽视企业的长期利益。

三、滚动预算

滚动预算又称"永续预算"或"连续预算",是一种经常保持一定期限(如一年)的预算。其基本特点是:凡预算执行过 1 个月后,即根据前 1 个月的经营成果结合执行中发生的变化等新信息,对剩余的 11 月加以修订,并自动后续 1 个月,重新编制新 1 年的预算,从而使总预算经常保持 12 个月的预算期。

传统预算为便于将实际执行结果同预算数进行对比分析,通常按会计年度进行编制,并往往于会计年度的最后一个季度就开始着手编制下年度的预算。这种做法的缺点是:

(1)由于预算期长,因而编制预算时,难于预测未来预算期的某些活动,特别是对预算期的后半阶段,往往只能提出一个比较笼统的预算,从而给预算的执行带来种种困难;

(2)事先预见到的预算期的某些活动,在预算执行过程中往往会有所变动,而原有预算却未能及时调整,从而使原有预算显得不相适应;

(3)预算执行过程中,由于受预算期的限制使管理人员的决策局限于剩余的预算期间的活动,缺乏较长远的打算,不利于企业长期稳定而有序地发展。

滚动预算的优点在于克服了传统预算的缺点,使企业管理当局能够对预算期的经营活动进行持续不断的计划,并在预算中经常保持一个稳定的视野,而不用等到原有预算执行快结束时,再仓促地编制新预算。这种做法,有利于保证企业经营管理工作稳定而有序地进行。其不足之处在于:

(1)预算的自动延伸工作比较耗时,并需付出一定的代价;

(2)要说服经理人员确信这样做对企业整体的生产经营是有利的。

第四节 作业预算

作业预算法作为世界上预算管理最先进的理念和方法之一,已经在许多大型跨国公司应用。例如:美国运通公司已成功地将作业预算运用于与经营和运输有关的服务中,通过作业预算系统实现业务运营成本的降低以及业务流程的改进,同时通过对每个作业单元进行作业分析,改进了预算管理的过程。再如:AT&T 公司将作业预算运用于通信设备的设计与制造,用作业预算法和作业管理法计量通信设备设计和制造的作业链,设计和制造业务经历了一个本质的变化,促进了公司的精细化管理。随着中国市场经济的发展,中国经济和市场将逐步融入全球的整体发展中,中国经济和市场供求关系也逐渐从供给约束型向需求约束型转变,这就要求中国企业的思考方法和管理思路要作出相应的转变,企业的资源配置和生产模式也要转变为从市场需求的产品和服务开始、到具体作业、再到所需要配置的资源,而不是从传统的资源直接地转化产品和服务。使用作业预算法是我们实现这一转变的最有效途径。

一、作业预算简介

作业预算(activity-based budgeting,简称 ABB)是根据公司作业活动和业务流程之间的关系合理配置公司资源而建立预算的一种方法。作业指企业为了达到其生产经营的目标所进行的与产品相关或对产品有影响的各项具体活动。作业链是相互联系的一系列作业活动组成的链条;价值链是从货币和价值的角度反映的作业链。从生产经营环节上看,价值链就是作业链。作业预算法是一种从"战略—规划—产品—作业"的价值链来思考公司价值创造能力的方法,是一种从宏观视角微观看问题的方法,是一种战略思考问题的方法。

作业预算法的重点从原先对资源进行管理转变为对作业及其结果进行管理,集中在对以作业为基础的工作过程和工作结果的管理和分析上,其目标是以尽可能低的成本去达成每一项作业并获得预期的结果。可以从两个角度来理解作业预算法,一个是成本观,另一个是流程观。成本观主要从成本的角度来分析作业的结果,而流程观则是从成本、质量、效率等方面对作业进行全方位的分析和评价。

二、作业预算法的基本步骤

作业预算(ABB)的基础是作业成本法(ABC),而作业基础预算的编制路径正好与作业成本计算的路径相逆。关键编制步骤如下:

首先,作业预算法将战略与预算通过经营计划联系起来,结合战略规划,确定下一步的重点流程和作业,并为作业和流程在成本、质量和作业时间等多方面设定目标。

其次,进行作业分析,确定各项作业的可控性和协调性,了解作业存在的必要性,消除作业之间的瓶颈,区分增值作业和非增值作业,增强业务的可控程度。

再次,按照改进后的作业和流程预测未来的工作量,并以此为依据进行资源分配,编制预算草案。

最后，按照战略目标确定作业的优先顺序，调整资源需求和资源限额之间的差异，并形成最终以作业为基础的预算。企业在运用作业预算的情况下，其业绩目标可以被传递到作业层次，而不仅仅是资源层次；基于流程或作业的预算管理使企业能够仔细检查每个业务单元的作业和每项作业所耗费的资源，也能够计算出作业产出的单位成本，进而能与内部或外部的相似作业进行比较，发现存在的差距，寻找持续改进的关键点或关键环节，制定出与公司战略密切相关的、明确的、可衡量的目标和相应的职责。

三、作业预算的编制

与传统预算一样，作业预算也是从销售预算和生产预算开始的。作业预算与传统预算的关键差别在于对成本动因的采用方面。由于直接材料和直接人工可以直接追溯到各个产品中去，都属于单位作业层次的成本，因此，在直接材料预算和直接人工预算的编制方面，传统预算与作业预算差异不是很大。由于所采用的成本动因差异较大，因此，作业预算与传统预算的主要区别在制造费用、销售和管理费用的编制方面。作业预算各期间项目的成本预算都建立在根据适当的成本动因确定的预期数量的基础上。表 9-16 为作业预算下制造费用预算的一个示例。

表 9-16　制造费用预算表

金额单位:元

项　　目	单位成本	季度				合计
		1	2	3	4	
单位作业成本:						
数量（件）		6 000	15 500	19 000	9 500	50 000
间接材料	3	18 000	46 500	57 000	28 500	150 000
电力成本	1	6 000	15 500	19 000	9 500	50 000
单位作业成本合计		24 000	62 000	76 000	38 000	200 000
批别作业成本:						
生产批次（批）		12	31	38	19	100
调试费用	400	4 800	12 400	15 200	7 600	40 000
采购及材料处理费用	600	7 200	18 600	22 800	11 400	60 000
质量控制与检测费用	500	6 000	15 500	19 000	9 500	50 000
批别作业成本合计		18 000	46 500	57 000	28 500	150 000

项　目	单位成本	季度				合计
		1	2	3	4	
产品作业成本:						
新帐篷设计(个)		1	1	1	1	4
设计工程	1 200	1 200	1 200	1 200	1 200	4 800
产品作业成本合计		1 200	1 200	1 200	1 200	4 800
设施基础作业成本:						
监察人员工资		52 500	52 500	52 500	52 500	210 000
保险与财产税		11 300	11 300	11 300	11 300	45 200
维护费用		47 500	47 500	47 500	47 500	190 000
公用事业费用		40 000	40 000	40 000	40 000	160 000
折旧		110 000	110 000	110 000	110 000	440 000
设施基础作业成本合计		261 300	261 300	261 300	261 300	1 045 200
制造费用总计		304 500	371 000	395 500	329 000	1 400 000

四、作业预算的优越性与实施建议

(一)作业预算较之传统预算的优越性

1.作业预算加强了预算与战略规划之间的联系

作业预算是一个与企业发展战略联系在一起的计划和管理过程,从完成阶段性目标出发,结合分析预算期市场、企业等情况,确定预算期所需作业以及完成这些作业所耗费的资源,可以说这是一种以战略为导向的预算。

2.作业预算可以避免资源配置的盲目性

作业预算以作业为基础,将企业的资源配置于不同的作业。区分增值作业和不增值作业后,可以避免对不增值作业配置资源,避免资源配置的盲目性,有利于加强作业成本管理。作业基础预算还特别强调作业与资源、作业与产出之间的因果关系,这有利于加强对成本动因的分析和管理。作业基础预算以作业或作业中心编制,可以消除无效作业,作业预算的透明度较传统预算大大增强。

3.作业预算注重对产品全生命周期进行规划,提供更全面、更完善的预算信息企业为实现其管理目标需要进行产品研发、生产、营销、售后服务等活动，在全部成本中，生产成本所占比重不断减小，而研发、营销、售后服务成本比重不断提高，作业预算注重对产品全生命周期进行规划，有助于企业全面实施成本控制，符合现代全生命周期成本控制的要求。

4. 作业预算有助于不同部门间的协调

作业预算更强调和适应平行组织结构，基于作业划分和作业中心的预算打破了企业部门之间的分隔，有助于部门之间的协作。

5. 作业预算为合理的奖惩制度奠定基础，有利于发挥员工的工作能动性

基于作业消耗资源、产品消耗作业的作业成本管理更科学、更准确，作业预算的准确度就会增加，进一步会增加员工薪酬的合理性。合理的奖惩制度会调动员工的工作积极性。

作业预算把作业成本法与企业内部价值链及成本管理有机结合起来，对持续改进和流程管理至关重要。作业预算可以提供比传统预算体系更有效的计划及控制工具，可以利用作业预算消除不增值作业和低增值作业，提高必要作业的效率，以实现企业价值。

(二)对实施作业预算管理的建议

第一，大力推广作业成本法和作业成本管理的应用范围。运用作业预算最关键的问题是企业要有作业成本基础，但目前作业成本法和作业成本管理在我国的实施还不是很成熟，还仅仅是在典型企业推广使用。作业成本法的实施是一项庞大的系统工程，需要企业投入大量的人力、物力、财力，这也是作业成本法无法在短期内广泛实施的一个原因。因此，要加快作业预算管理在我国企业中的实施，必须首先大力推广作业成本法和作业成本管理的应用范围。

第二，作业预算的实施需要企业领导的重视和支持。由于作业预算的基础前提是企业必须实施作业成本法和作业成本管理，而作业成本法和作业成本管理的实施是一个相当复杂的系统工程，再加上作业预算管理既涉及公司战略，又影响到公司日常管理，企业高管层(董事会、总经理等高管层)应具备战略眼光，着眼于企业的长远利益，将预算管理作为企业的一项全面管理系统工程加以重视。只有如此，才能切实推进作业预算的顺利实施。

第三，培养企业全员的战略管理思想。运用作业预算首先要有作业管理思想。而目前我国大部分企业采用的是目标成本管理，目标成本着眼于完成利润目标，偏向财务指标，具有一定的短视特征；而作业管理的基本思想是以客户为导向，以作业链——价值链为中心，对企业的作业流程进行全面的分析，消除低效和不增值作业，使企业生产经营持续优化的管理思想，面向企业

战略,面向企业价值的形成全过程,具有战略性和全局性的特征。从这一点来看,我国企业实施作业预算管理还需要管理思想转变的过程。

思考题

1.什么是全面预算?为什么要编制全面预算?

2.全面预算包括哪些主要内容?它们之间存在什么关系?

3.预算委员会应由哪些人员组成?主要职责是什么?

4.为什么编制生产经营全面预算一般以销售预算为起点?编制销售预算的主要依据是什么?

5.全面预算有何特征?

6.什么是弹性预算和零基预算?它们与传统预算的编制方法比较,具有哪些优点?

7.什么是滚动预算?它具有哪些优缺点?

8.什么是作业预算?怎样编制作业预算?

责任会计

10 第十章

在"全面预算"中,介绍了整个经营活动的总目标控制——全面预算。本章则讨论对总目标即总预算的分解,从而进行分头管理的管理。这种"分头管理"是通过一个个"责任中心"去完成的,而对每个责任中心业绩的考核就是通过责任会计(responsibility accounting)来进行的。

第一节 责任会计概述

一、责任会计的产生和发展

责任会计是随着社会化大生产和现代化管理的需要以及会计理论的发展而产生和发展的,其间经历了一个漫长的过程。

（一）责任会计的产生

责任会计的产生可以追溯到19世纪末20世纪初。当时的资本主义工业革命导致了生产技术的大变革和社会生产力的迅速提高。在此基础上形成了工业垄断集团,使企业规模越来越大,生产的社会化程度越来越高,市场竞争也越来越剧烈。因此,要求企业必须加强内部管理和控制。生产越发展,规模越扩大,越需要企业内部各单位分清经济责任、按劳计酬、奖勤罚懒,需要科学的会计方法。这些社会现实为责任会计的产生奠定了社会基础。

在社会化大生产迅速发展的历史条件下,以泰罗的科学管理学说为代表的古典管理理论相继问世。泰罗用毕生的精力研究并制定了多种工作定额,推行"标准成本法",通过实际成本与标准成本的比较,找出差异,进行差异分析,寻求降低成本的途径,同时还剔除对各项费用严格分类的原则并按新的成本会计制度反映；与此同时，欧洲古典管理理论的创始人法约尔剔除了包括权力和责任互为因果关系的十四条原则，强调责与权的关系。所有这些都为责任会计的诞生打下了理论基础。

从会计的发展历史来看，早期的责任会计是由完全成本会计和差异会计消极演变而来的，并非突然发生的。企业为了适应社会化大生产的需要，其内部管理就要细分化。内部分工越细、越具体，责任也就越明确，差异的归属也就更清楚。责任者对其差异的出现负有一定的责任，同时也有权力采取措施对其功过进行恰当的评价。这些也就是责任会计所涉及的内容。由此可见，由完全成本会计和差异会计发展为责任会计是合乎逻辑的，也是必然的。

(二)责任会计的发展

生产发展的突飞猛进、市场竞争的日益剧烈、科学管理理论与行为科学的影响，使得责任会计有了进一步的发展并日趋完善。20世纪20年代以后，企业的生产规模逐步扩大，尤其是第二次世界大战以后，企业向着跨行业、跨地区的跨国公司和多角经营的方向发展，内部组织机构和管理层次也更加复杂，这就要求企业管理向进一步分权化的方向发展。这个时期的责任会计，由原来的成本责任单位逐步发展成成本、利润、投资三个事业部责任中心，形成事业部的组织形式。企业最高领导对下级单位由原来的行政命令管理方式变成利用编制预算、建立记录和报告制度的方式进行控制和管理。与此同时，"行为科学"理论创始人梅奥及从事这方面工作的社会科学家、经济学家、管理学家以及心理学家在研究人的因素与生产效率关系的基础上，又创立并发展了各种新的理论，如"需要理论"、"期望理论"、"目标理论"、"行为效果理论"、"领导方式理论"和"激励理论"等等。这些理论的核心都是强调人的行为对于实现企业目标的影响，而这些内容正是责任会计所需要的，即如何通过人的行为、思想、心理变化，去激发责任者的行为，从而实现有效的管理和控制。由此我们不难看出，行为科学的发展为进一步完善责任会计提供了理论依据。到20世纪60—70年代，西方责任会计基本上趋于完善，并在许多国家推广。80年代美国经济领域"公司文化"的兴起，又将责任会计推向一个崭新的阶段。责任会计是现代管理会计的重要组成部分，其产生的历史背景是企业组织规模的扩大和内部分权管理的需要。实行分权管理后，企业最高管理部门将企业经营总目标逐级分解落实到企业各部门和员工，使各单位和每一员工都对其所落实的目标承担起经济责任，并使员工从整个企业经营总目标的实现中获得个人需要的满足，从而有效调动员工的积极性。现代管理会计中的责任会计制度正是按照上述原理建立和发展起来的。正如唐·R.汉森和玛利安娜·M.莫文所指出，责任

会计的发展经历了三个主要阶段,形成了三种类型的责任会计系统:

1.基于功能的责任会计系统

基于功能的责任会计系统是最早期发展起来的,也是最简单的一种类型。其特点是基于功能进行责任的界定,强调财务控制,适应于相对稳定、竞争压力较小的市场环境和大批量、标准化的产品生产。在20世纪早期兴起的多部门企业组织中,这种系统在明确传达公司的整体利润和增长目标、减少部门管理者和高层管理者之间沟通的数量、更加高效地利用资源等方面发挥了关键作用。20世纪20年代以后全球范围内采用多部门组织结构的无数大型企业也都获益于此。

2.基于流程的责任会计系统

随着企业流程重组和持续改进的实施,客户价值和股东价值的实现成为企业关注的重点,流程作为价值增加的来源而成为管理改进的焦点。基于流程来分配责任的责任会计系统,适应于这种持续改进的环境,并且综合运用财务指标和非财物指标进行行业绩评价。

3.基于战略的责任会计系统

随着组织复杂程度的增加和竞争环境的多变,战略管理日益受到企业家们的重视。基于战略的责任会计系统适应战略管理的需要,有助于将组织使命和战略转化为具体操作性目标;在业绩考核方面,除了财务和流程指标以外,又加入了客户指标和学习与成长等方面的指标。其以战略为导向的特点,很好地解决了以往的持续改进措施零散化、缺少目标导向的问题,从而使预期的竞争成功得到更好的实现。

二、责任会计的内容

责任会计是现代分权管理模式的产物,它是通过在企业内部建立若干个责任中心,并对其分工负责的经济业务进行规划与控制,以实现业绩考核与评价的一种内部控制会计。其要点就在于利用会计信息对各分权单位的业绩进行计量、控制与考核。

责任会计的基本内容包括以下几个方面:

(一)划分责任中心,确定责任范围

为实行责任会计,首先应根据企业的行政管理体制和经营管理工作的实际需要,把企业所属各部门、各单位划分为若干个责任领域即责任中心,并依据各责任中心经营活动的特点,明确规定这些中心的责、权范围,使他们在企业授予的权力范围内独立自主地行使职责。

（二）编制责任预算，制定考核标准

把全面预算所确定的目标和任务进行层层分解，为每个责任中心编制责任预算，作为今后控制和评价他们经济活动的主要依据。为落实责任预算，促使责任预算的顺利实施并保证企业财务预算的顺利完成，必须对责任预算承担者进行考核，考核标准要事先确定，来规范其行为。

（三）建立核算系统，编制责任报告

责任中心业绩考评是责任会计的核心。为反映责任中心的业绩，必须建立相应的核算系统，对反映责任中心业绩的会计信息进行归集、加工和整理，最后以责任报告形式提交给企业主管。

（四）根据业绩计酬，实行行为控制

根据各责任中心的业绩报告，分析实际数与预算数的差异及产生差异的原因，及时通过信息反馈，控制各责任中心的经济活动；并指导和督促有关单位及时采取切实有效的措施纠正工作中的偏差，采取有利措施降低成本、压缩资金占用、提高盈利水平。

三、责任会计的原则

在具体作法上，各企业根据各自不同的特点，所实施的责任会计制度可能有所不同，但都遵循着共同的原则。归纳起来，主要有如下四个方面：

（一）可控性原则

可控性原则是指责任中心只能对自己的行为及结果负责，即只能对其特定权责范围内的生产经营活动负责。贯彻可控性原则，就是在划分和确定责任中心的经济责任时，要根据责任中心对经济责任是否可控以及可控的程度来决定。贯彻可控原则，还要求尽可能地消除责任中心之间不可控因素的相互影响，避免出现职责不清、相互混淆的状态。

经济责任的可控程度大致可以分为四种：一是完全可以直接控制的；二是部分可以直接控制的；三是可以间接（如通过经济杠杆）控制的；四是不能控制的（如自然灾害）。只有根据责任的可控程度来划分经济责任的归属，才能发挥责任会计的积极作用。

（二）责、权、利相结合原则

责任会计所突出的是一个"责"字。责任会计所核算和控制的，是责任中心所承担的经济责任。为了"责"的履行，必须赋予责任中心相应的"权"，然后根据"责"的履行情况再给予相应的"利"。不仅要求责、权、利相结合，而且要求责、权、利相对称。一方面，责任中心的权限大小要与其责任大小相匹配。

如果权大于责,会导致滥用权力和损害左邻右舍甚至企业利益的行为发生;如果权小于责,则会使责任中心不能履行其职责,等于把不可控的责任推给了责任中心,从而损害责任中心的利益。另一方面,责任中心的利益大小要与责任大小相适应。如果利大于责,会侵损左邻右舍的利益,造成企业内部各责任中心的攀比和冲突;如果利小于责,则会挫伤责任中心的积极性。

（三）目标一致性原则

各责任中心的目标同企业的总目标和整体利益要保持一致。企业实行责任会计制度,为的是提高企业的整体经济效益,因此,责任指标的下达和考核,一方面要有利于调动责任中心的积极性,使其通过努力,利益能够得到实现和增长;另一方面又要有利于各责任中心之间的相互协调,促进其配合,发挥企业的综合优势。局部利益的增长要与整体利益相一致。

（四）反馈性原则

责任会计制度要求能准确、及时、可靠地反馈企业内部各环节、各方面的经济责任和经济活动的信息,以便及时、准确、恰当地作出决策,加强企业内部的经济管理,从而提高经济效益。因此责任会计应该有一种良好的记录和报告制度,使各责任者能及时了解各自的预算执行情况,以便他们能不失时机地行使权力,调整责任中心的经济活动,实现规定的目标。

（五）例外管理原则

例外原则即重点管理,它是西方企业管理的一种方法。在复杂的经济活动中,需要做的工作千头万绪,如果事无巨细,势必适得其反。为提高工作效率和管理水平,必须集中力量解决重点问题和要害问题。在责任会计中,评价考核业绩、分析差异、加强控制等方面利用例外管理方法,是责任会计应遵循的一项重要原则。

四、责任会计的特点

由责任会计的基本内容可看出它具有以下特点:

（1）会计与企业内部机构相结合,构成责任会计的独特形式。责任会计具有严密的结构和明确的责任归属,能够调动广大职工和各级管理人员的积极性,保证企业的总目标和责任预算很好地完成。

（2）以责任中心的形式,准确地反映控制绩效。各责任中心责任明确,便于控制。只要各项标准定得恰当,差异分析与考核得合理,责任中心对于加强企业管理就会起巨大作用。

（3）考评与奖惩相结合。如果企业只规定目标和制度,而不去认真考核、评价,那么,目标和制度就会形同虚设,起不到任何作用。或虽有考核、评价,但没有相应的奖惩制度,则实行起来也会失去动因,难以调动人们的主观能动性。责任会计能够正确处理责、权、利之间的关系,恰当地奖惩,这是其他会计所不能的。

第二节 责任中心及其考核指标

为了有效进行内部控制,有必要将整个企业逐级划分为若干个责任层次,即责任中心。建立责任中心是推行责任会计的前提。

一、责任中心的含义

在企业内部,可根据责任和权限的不同,划分若干个责任区域,这些责任区域就是责任中心。当然,责任中心的责任和权力必须有人承担和行使,这个人就是该责任中心的负责人。建立责任中心的关键就是分清责任和权限。企业根据各自的具体情况,按照所能控制的范围和承担的不同责任以及管理的需要来建立责任中心。责任中心按其控制区域和责任范围一般可划分为三种类型:成本中心、利润中心和投资中心。需注意的是,责任中心的划分标准并不在于人的多少或该内部组织的大小,而是凡在管理上可分解责任,可单独考核的单位,大至分公司、分厂或部门,小至商品(产品)、班组甚至柜台,均可确定为责任中心。

二、成本中心及其考核

(一)成本中心的含义

成本中心是指在可控区域内只发生成本而没有取得收入的责任中心。它只对成本负责,而不对收入与利润负责。三类责任中心中,成本中心应用范围最广,任何对成本负有责任的部门都是成本中心。企业分公司、分厂、车间部门一般都是成本中心,在一个成本中心里还可细分几层成本中心,如一个分厂可作为一个成本中心,它所属的各车间是次一级成本中心,在其下属的工段又是次一级的成本中心。

根据可控原则,成本中心的主要任务是控制和降低其责任成本。所谓责任成本,是指成本中心有权支配的,受其生产经营活动直接影响的有关成本。责任成本以责任中心为对象进行归集,它与以产品为对象归集的产品成本不同。责任成本与产品成本的不同主要表现在:第一,计算对象不同。产品成本是以产品为对象进行核算的,而责任成本则是对责任中心进行核算。第二,计算原则不同。产品成本计算原则为"谁受益,谁承担",而责任成本的原则是"谁负责,谁承担"。第三,计算的目的和用途不同。产品成本是反映和监督产品成本计划的执行情况,是作为实施经济核算制的重要手段,而责任成本则是评价考核责任预算的执行情况,作为控制生产耗费和贯彻内部经济责任制的重要手段。尽管产品成本与责任成本存在显著差别,但就某一时期来说,整个企业的产品总成本与整个企业的责任成本总和还是相等的,它们只是从不同侧面反映所发生成本的构成和分布。

凡在成本中心负责的区域内发生的成本都可分为"可控成本"和"不可控成本"两类(见图10-1),只有"可控成本"才能成为考核成本中心的"责任成本"。可控成本是指能被责任中心所控制,被其工作好坏所影响的成本。可控成本必须符合以下三个条件:第一,成本中心能够预知它的发生;第二,成本中心能够计量它的耗费;第三,成本中心能够调节它的数量。不符合这三个条件的,即为不可控成本。属于某个成本中心的各项可控成本之和,即为该中心的责任成本。可控不可控的划分,是以特定的责任中心、特定的时期和特定的权限为前提的。某项成本对于某一个责任中心是可控成本,但对另一个责任中心却是不可控成本,如:直接材料的耗用量对于生产部门是可控的,而对于采购部门来说,则是不可控的;而直接材料的价格则相反,从采购部门看是可控的,但对于生产部门则是不可控的。从期限来说,长期而言所有成本都是可控成本;而就短期而言,则所有成本都是不可控的。如新厂房要建造时,管理部门可以决定厂房规模的大小、成本的多少,此时新厂房的建造成本是可控的;但厂房一旦建成,厂房的建造成本就成为不可控成本。另外,可控性还与特定的权限有关。有些费用,就基层单位来说是不可控的,但对高层管理部门来说则是可控的。如生产设备的租赁费,对于具体使用设备的基层单位来说是不可控的,因为他无权购进新设备来替代租用的旧设备,但就制造总经理而言,则是可控的,因为他有相应的决定权。

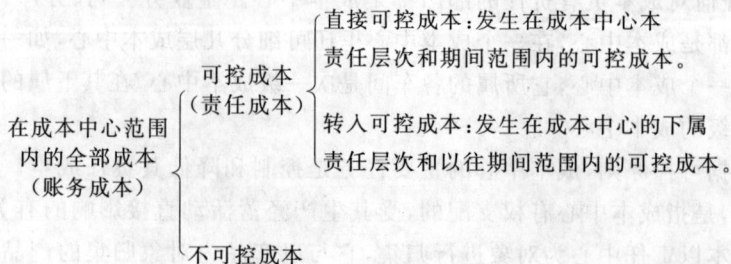

在成本中心范围内的全部成本(账务成本) { 可控成本(责任成本) { 直接可控成本:发生在成本中心本责任层次和期间范围内的可控成本。

转入可控成本:发生在成本中心的下属责任层次和以往期间范围内的可控成本。

不可控成本

图 10-1　成本的划分

此外,广义的成本中心还包括费用中心。它主要是指发生费用的非生产部门,如人事部门、总务部门、法律部门、财会部门等各个行政管理部门。费用中心一般采用目标管理的办法来控制费用支出。通常,对费用中心的考核是通过费用预算来进行的,根据实际费用与费用预算之间的差异来考核费用中心的业绩。实际费用大于预算费用,产生不利差异,说明费用中心业绩差;反之,产生有利差异,则说明费用中心业绩好。实际工作中常把费用中心包括在成本中心中,统称成本中心。

(二)成本中心的考核

如前所述,成本中心是指能够对成本负责的责任中心,并且只能对可控成本负责。因此,考核成本中心的重点就是可控成本之和,即责任成本。其考核指标为成本差异即实际成本和责任预算成本之间的差异。

成本差异可从成本中心编制的绩效报告中反映出来。绩效报告编制的程序是:首先在最低层的各个成本中心进行归集、核算责任成本,既而编制绩效报告;接着,低层次的绩效报告按照企业组织结构所建立的责任层次逐级上报,高层次的责任中心将上报的责任成本汇总后加上本部门的可控成本再编制本中心的绩效报告;以此类推,直到最高层次的责任中心编制出绩效报告。

成本中心绩效报告的项目只包括责任成本,其数额包括预算数、实际数和差异数三项内容。不利差异或有利差异是判断责任中心好坏的重要标志。绩效报告中的预算数根据责任预算填列,实际数从产品成本的计算资料或从成本中心设立的账户记录、归集的可控成本取得。

值得注意的是:凡本责任中心可以控制并负责的成本,无论发生在何处都应记入本中心设立的账户;相反,虽然发生在本中心但并非本中心所能控制的支出,则不能记入本中心的账户而应转给有关责任中心。各级责任中心的绩效报告(最低层次除外)都应包括下级转来的责任成本和本身的可控成本,形成"责任链"。

成本中心绩效报告的格式和内容如表10-1所示。在实际工作中,可再加上"差异原因分析"一栏,作为今后纠正缺点、巩固成绩或修改预算等的信息反馈。

表 10-1　金福公司铸造车间(成本中心)中心绩效报告

2008 年 12 月 1 日至 10 日　　　　　　　　　单位:元

项　　目	预算	实际	差异
1.本车间的可控成本			
间接材料	2 400	2 450	50(U)
间接人工	1 800	1 750	50(F)
管理人员工资	2 000	2 000	—
设备折旧费	3 000	3 000	—
设备维修费	2 000	2 100	100(U)
物料费	500	525	25(U)
本车间可控成本小计	11 700	11 825	125(U)
2.下属单位转来的责任成本			
A 工段	9 150	9 100	50(F)
B 工段	10 000	10 250	250(U)
下属单位转来责任成本小计	19 150	19 350	200(U)
本车间责任成本合计	30 850	31 175	325(U)

三、利润中心及其考核

(一)利润中心的含义

利润中心是指不仅能对费用成本负责,且能对收入和利润负责的责任中心。利润中心的活动不仅影响成本的高低、费用的大小,而且会影响收入的多小和利润的大小。利润中心适用于能够取得收入来源的责任单位,它有两种形式:

1.“自然”利润中心

这种利润中心虽然是企业内部的一个责任单位,但它既可向企业内部其他单位提供产品或劳务,又可像一个独立经营的企业那样,直接向企业外界市场销售产品或提供劳务。“自然”利润中心可以对外开展销售业务,从企业外部取得销售收入,相当于一个独立核算的法人企业。一般指分公司、分厂,也包括能够对外销售的车间。

2.“人为”利润中心

这种利润中心只是在企业内部各责任中心之间开展“销售”业务,从其他责任中心那里取得“销售收入”,只能在企业内部市场上进行模拟经营。如果成本中心的产品或零部件采用内部转移价格“出售”给其他责任中心,则成本中心就可以变成人为利润中心。如大型钢铁公司分成采矿、炼铁、炼钢、轧钢等几个部分,都可形成人为利润中心。

(二)利润中心的考核

由于利润中心既对成本负责,又对收入及利润负责,因而对利润中心的评价和考核,主要是对利润的考核。考核的指标是利润差异。根据一定期间实际实现的利润同"责任预算"所确定的预计利润数进行比较,确定有利或不利的差异并进行评价,对利润中心做出全面而正确的评估。考核的方法与成本中心相似,只是包括的具体内容不同。利润并不是一个十分具体的概念,加上不同的定语,可得到不同的概念。在评价利润中心业绩时,我们至少有4种指标可以选择:贡献毛益、可控贡献毛益、部门贡献毛益、税前部门利润。

[**例 10-1**]金福公司的 A 部门数据为:

部门销售收入	15 000 元
变动成本	10 000 元
部门可控固定(间接)费用	800 元
部门不可控固定(间接)费用	1 200 元
分配的公司管理费用	1 000 元

假定该部门利润表如下:

收入		15 000
减:变动成本	10 000	
(1)贡献毛益		5 000
减:可控固定成本	800	
(2)可控贡献毛益		4 200
减:不可控固定成本	1 200	
(3)部门贡献毛益		3 000
减:公司管理费用	1 000	
(4)税前部门利润		2 000

评价:

(1)以贡献毛益 5 000 元作为业绩评价依据不够全面,部门经理至少(多少)可以控制某些固定成本,并且在固定成本和变动成本的划分上有一定的选择余地。以贡献毛益作为评价依据尽管没有降低总成本,但可能导致部门经理尽可能多支出固定成本少支出变动成本,因此,业绩评价至少应包括可控的固定成本。

（2）以可控贡献毛益 4 200 元作为评价依据可能是最好的，它反映了部门经理在权限和控制范围内有效使用资源的能力。部门经理可控制收入、变动成本以及部分固定成本，因而可对可控贡献毛益承担责任。这一衡量标准的主要问题是可控固定成本与不可控固定成本的区分比较困难。例如，折旧、保险等，如果部门经理有权处理这些有关的资产，那么，它们就是可控的；反之，则是不可控的。

（3）以部门贡献毛益 3 000 元作为业绩评价依据，可能更适合用于评价该部门对企业利润和管理费用的贡献，而不适合于对部门经理业绩的评价。如果要决定该部门的取舍，部门贡献毛益是有重要意义的信息。如果要评价部门经理的业绩，由于有一部分固定成本是过去最高管理阶层投资决策的结果，现在的部门经理已很难改变，部门贡献毛益超出经理人员的控制范围。

（4）以税前部门利润 2 000 元作为业绩评价的依据，通常是不合适的，公司总部的管理费用是部门经理无法控制的成本。由于分配公司管理费用而引起部门利润的不利变化，不能由部门经理负责。不仅如此，分配给各部门的管理费用的计算方法常常是任意的，部门本身的活动和分配来的管理费用高低并无因果关系（如按销售百分比、资产百分比、工资百分比分配等）。许多企业把所有的总部管理费用分配给下属部门，其目的是提醒部门经理注意各部门提供的贡献毛益必须抵补（补偿）总部的管理费用，否则企业作为一个整体就不会盈利。

其实，通过给每个部门建立一个期望能达到的可控贡献毛益标准，可以更好地达到上述目的。这样，部门经理可集中精力增加收入并降低可控成本，而不必在分析那些他们不可控的分配来的管理费用上花费精力。

利润中心编制的绩效报告，通常应包括"销售收入"、"变动成本"、"贡献毛益"、"税前净利"等指标的"预算数"、"实际数"和"差异数"三栏。具体编制方法和汇编程序，与成本中心的绩效报告基本相同。其格式和内容如表 10-2 所示。

表 10-2　金福公司 A 部门（利润中心）的绩效报告

2008 年 12 月

单位：元

项　　目	预算	实际	差异
销售收入	15 500	15 000	500(U)
变动成本：			
变动生产成本	8 250	8 000	250(F)
变动推销及管理成本	1 980	2 000	20(U)
小计	10 230	10 000	230(U)

项　　目	预算	实际	差异
贡献毛益	5 270	5 000	270(U)
减:可控的专属固定成本	850	800	50(F)
可控贡献毛益	4 420	4 200	220(U)
减:不可控的固定成本	1 000	1 200	200(U)
部门贡献毛益	3 420	3 000	420(U)
减:上级分配来的公司管理费用	1 200	1 000	200(F)
税前净利	2 220	2 000	220(U)

四、投资中心及其考核

(一)投资中心

投资中心是指既对成本、收入、利润负责,又对全部营业资产使用效果负责的责任中心。换言之,投资中心是拥有投资决策权的责任中心,因此它要对投资的经济效益负责。它比利润中心的规模更大、层次更高,如事业部、分公司、分厂等。投资中心以力求使企业获得最大利润和有效地利用资金为宗旨,拥有充分的投资决策权和经营权。

(二)投资中心的考核

投资中心的考核,由于其不仅控制成本、收入,而且控制占用资产,因此,不仅要衡量其利润,而且要衡量其资产,并把利润与其占用的资产联系起来。

1.投资报酬率

"投资报酬率",亦称"投资的获利能力",是全面评价投资中心各项经营活动的综合性质量指标。它既能揭示投资中心的销售利润水平,又能反映资产的使用效果。其计算公式如下:

$$投资报酬率=\frac{营业利润}{营业资产(或投资额)}$$

上式中的"营业利润"系指扣除利息和所得税以前的利润,亦称"息税前盈余"。因为投资报酬率所要计算的是企业如何有效地运用资产(或投资额),而利息和所得税与资产的使用无关,故需将这两者排除在外。另外,由于营业利润是期间性指标,故上式中的"营业资产"应按平均占用额或投资额计算,即采用期初数加期末数除以2。

[例 10-2]假定金福公司有一投资中心,本年第一季度的有关资料如下:

销售收入　　　　　　　150 000 元

营业资产（季初余额）　 70 000 元

营业资产（季末余额）　 90 000 元

营业利润　　　　　　　 15 000 元

$$投资报酬率=\frac{营业利润}{营业资产}=\frac{15\ 000}{\frac{(70\ 000+90\ 000)}{2}}$$

$$=18.75\%$$

上述公式还可进一步展开：

$$投资利润率=\frac{营业利润}{销售收入}\times\frac{销售收入}{营业资产}$$

$$=销售利润率\times资产周转率$$

如上例，

$$投资报酬率=\frac{15\ 000}{150\ 000}\times\frac{150\ 000}{\frac{(70\ 000+90\ 000)}{2}}$$

$$=10\%\times1.875\ 次=18.75\%$$

可以看出，为了提高投资报酬率，不仅要千方百计地降低成本、增加销售、提高"销售利润率"；同时也要经济地、有效地使用营业资产，努力地提高"资产周转率"或"投资周转率"。

投资报酬率作为业绩评价指标得到了广泛应用。但是，它也遭到人们的指责：第一，投资报酬率注意短期业绩的评价。为了保护当期的投资报酬率水平，经理人员通常会拒绝一些有获利能力的投资机会；第二，由于存在约束性固定成本这个不可控成本因素，投资报酬率难以为分部经理所控制，从而为区分经理人员业绩与分部本身的业绩带来困难。

为弥补这些缺陷，许多企业采用了市场占有率、新产品开发、生产能力提高、应收账款周转率和存货周转率等多种指标进行业绩评价，而不是靠单一的投资报酬率指标进行业绩评价和考核。

2.剩余收益

"剩余收益"是一个绝对额指标。它是指投资中心所获得的营业利润，减去该中心占用的营业资产（或投资额）按规定的最低报酬率计算的投资报酬（即使用营业资产的机会成本）后的余额。其计算公式如下：

剩余收益＝营业利润－（营业资产×规定的最低报酬率）

仍以例 10-2 资料,假设规定的最低报酬率为 6%,则

剩余收益＝15 000－(70 000＋90 000)÷2×6%

＝10 200(元)

这里所谓规定的最低投资报酬率,通常是指企业为该投资中心所规定的预期投资报酬率。一般可按整个企业各投资中心加权平均的投资报酬率计算。但不论怎样,上述公式从投资中心营业利润中所扣除的并非是其实际的资本成本,而是"机会成本"。

剩余收益与投资报酬率相似,它们都把净利润与投资额体现在一个计量指标上。但是,剩余收益与投资报酬率相比,却有两个显著的优点:

(1)可以消除利用投资报酬率进行业绩评价所带来的错误信息,敦促公司管理当局重视对投资中心业绩的金额评价。

[例 10-3]假设某公司设有 A、B 两个投资中心,有关资料如表 10-3 所示。

表 10-3　A、B 两个投资中心基本数据表

摘　要	A 投资中心		B 投资中心	
	2007 年	2008 年	2007 年	2008 年
净收益(元)	3 000	3 600	50	60.2
投资额(元)	20 000	20 000	250	250
投资报酬率(%)	15	18	20	25

如果采用投资报酬率作为投资中心的计量考核和评价指标,那么,根据表 10-3,我们将得出这样的结论:①以 2007 年为例,由于投资中心 B 的投资报酬率为 20%,而投资中心 A 的投资报酬率仅为 15%,从而,投资中心 B 对公司更有价值;②以 2008 年与 2007 年对比,投资中心 B 的管理阶层将其投资报酬率从 20% 提高到 25%,而投资中心 A 的管理阶层却只将其投资报酬率从 15% 提高到 18%,从而,公司应给予投资中心 B 管理阶层更多的奖励。然而,如果从金额来分析,则结果大不一样。投资中心 B 的净收益 2008 年只比 2007 年增加 12.5 万元,而投资中心 A 的净收益却增加了 600 万元,远远超过投资中心 B 的水平。由此可见,投资报酬率忽视了金额的比较,从而得出错误结论。

如果我们采用剩余收益作为投资中心的业绩计量考核和评价指标,则可避免上述采用投资报酬率所产生的错误结论。假设最低报酬率为 14%,那么,可采用剩余收益对两个投资中心进行业绩评价,如表 10-4 所示。

表 10-4　A、B 两个投资中心的业绩评价表

单位:万元

摘　要	A 投资中心		B 投资中心	
	2007 年	2008 年	2007 年	2008 年
投资额	20 000	20 000	250	250
净利润	3 000	3 600	50	60.2
减:经营资产最低利润	2 800	2 800	35	35
剩余收益	200	800	15	27.5

(2)鼓励各个投资中心管理阶层接受有利的投资,使部门目标与公司整体目标趋于一致。

[例 10-4]仍以例 10-3 资料,假设 2007 年投资中心 B 有一个新的投资机会,其投资额为 150 万元,净利润为 24 万元。即该项目的投资报酬率为 16%,高于最低报酬率 14%。如果以剩余收益指标来评价投资中心,则投资 B 可以接受该投资项目,因为它会使其剩余收益进一步提高,对公司整体利益也有利。分析如表 10-5 所示。

表 10-5　2007 年剩余收益比较表

单位:万元

摘　要	原来的投资项目	新的投资项目	合　计
投资额	250	150	400
净利润	50	24	74
减:经营资产最低利润	35	21	56
剩余收益	15	3	18

但是,如果以投资报酬率作为评价投资中心的依据,则投资中心 B 不能接受此投资项目。因为该项目的投资报酬率低于该投资中心的投资报酬率 20%。如果接受了该投资项目,将使该投资中心的投资报酬率降低到 18.5%。不接受该项目,对投资中心 B 是有利的,但是却因此损害公司的整体利益。

然而,单纯依靠剩余收益进行投资中心业绩评价,也会出现错误信号。当投资中心规模不相等时,单独利用剩余收益对投资中心管理当局进行业绩评价,难以做到公平合理。

[例 10-5]设某公司有两个投资中心 A 和 B,其经营成果如表 10-6 所示。

表 10-6　投资中心 A 和 B 经营成果表

单位:元

摘　要	投资中心 A	投资中心 B	差额(B-A)
经营资产平均占用额	500 000	1 500 000	1 000 000
经营净利润	110 000	262 500	152 500
减:最低利润(14%)	70 000	210 000	140 000
剩余收益	40 000	52 500	12 500

从表 10-6 可以看出,如果单独以剩余收益指标进行评价,则投资中心 B 的经营业绩优于投资中心 A。但是,如果同时考虑经营资产这个因素,则投资中心 B 就很难说一定比投资中心 A 来得好。这是因为投资中心 B 比投资中心 A 多投资了 1 000 000 元,但剩余收益只比投资中心 A 多 12 500 元。因此,遇到与表 10-6 类似的情况,应结合计算投资报酬率指标进行业绩评价。

投资中心的绩效报告与利润中心相似,除需列示销售收入、销售成本、营业利润的预算数、实际数和差异数以外,还需列示营业资产、投资报酬率、机会成本、剩余收益等项指标,以对投资中心进行全面的评价与考核。

[**例 10-6**]金福公司 A 事业部投资中心绩效报告的格式和内容如表 10-7 所示。

表 10-7　金福公司 A 事业部(投资中心)绩效报告
2008 年第四季度

单位:元

摘　要	预算数	实际数	差　异
1.销售收入	2 924 000	3 056 000	132 000(F)
2.销售成本	2 806 000	2 913 000	107 000(U)
3.营业利润(1-2)	118 000	143 000	25 000(F)
4.营业资产平均占用额	800 000	900 000	+100 000
5.销售利润率(3÷1)	4.04%	4.68%	0.64%(F)
6.投资周转率(1÷4)	3.66 次	3.4 次	0.26 次(U)
7.投资报酬率(5×6)	14.79%	15.91%	1.12%(F)
8.机会成本(4)×12%	96 000	108 000	12 000(U)
9.剩余收益(3-8)	22 000	35 000	13 000(F)

3.经济增加值

经济增加值(economic value-added,EVA)是由美国管理咨询师 Stern Stewart 首先提出的。近年来,国外许多大公司,如美国电报电话公司、可口可乐公司等,开始采用 EVA 指标进行业绩评价。EVA 引起关注的主要原因在于:公司使用其他业绩指标评价经营业绩时,很难避免或控制公司管理者通过盈余管理手段扭曲利润信息的问题。

从概念上讲,EVA 是指净营业利润(net operational profit after tax, NOPAT)减去全部资本(权益＋负债)成本后的差额。其经济意义在于:企业整体和各投资中心的业绩都应依据在相应会计期间内企业或投资中心是否增加企业的经济价值来评估。因此,EVA 也可以理解为企业或投资中心新创造的价值,这种价值对企业的持续发展和保护股东利益有实质性意义。根据 EVA 的概念,可以直接给出 EVA 的计算公式:

$$EVA = NOPAT - 资本成本$$
$$= NOPAT - K_c \times 资本$$

其中:K_c 是资本的机会成本,可以理解为企业投入的全部资本要求的最低资本报酬率。

$$K_c = WACC = 负债成本 \times \frac{负债}{负债 + 权益} + 权益成本 \times \frac{权益}{负债 + 权益}$$

EVA 的另一个表达式是:

$$EVA = (R - K_c) \times 资本$$

式中:$R = 资本回报率 = NOPAT / 资本$;

K_c 是资本成本。

使用 EVA 时,要将会计利润和会计资产价值进行适当的调整和转换,以便计算 EVA 所涉及的经济利润和资产的经济价值。这也是 EVA 应用中最复杂的方面。以下是 Stern Stewart 给出的一些需要对会计数字进行调整的重要项目:

(1)在 NOPAT 中不包含折旧现金流量,因此,在计算企业投入的资本总额时,要相应地减去累积折旧总额。

(2)利润是建立在应计制基础上的,而 EVA 是建立在现金流量基础之上的。因此,计算 EVA 时应将应计制基础上的会计利润转化为现金制基础上的营业利润。

(3)会计资产账户中不包括商誉的价值,而在计算资产的经济价值时必须将商誉的价值予以加回。

(4)公司的研发支出不应作为费用冲减当期利润,而应将其资本化,并在5年以上的期间内进行摊销。

(5)所有的租赁予以资本化,并在5年以上的期间内进行摊销。

(6)需要调整的项目应与企业或部门所在的行业和特定的具体情况相适应。

根据以上调整原则,EVA所涉及的NOPAT、资本的确定过程如下:

(1)NOPAT的确定过程

一般而言,税后净营业利润的计算如下:

某会计期间由会计系统报告的税前净营业利润

加回:

　　会计期末记录的购买商誉

　　研发支出

　　抵减利润的租赁支出

减去:

　　研发和租赁的摊销

　　公司所得税

等于

　　净营业利润(NOPAT)

(2)投入资本

一般而言,投入资本(运用资产的经济价值)计算如下:

由资产负债表列示的总资产

减去:

　　无利息负担的负债(如应付账款等)

加回:

　　资本化的研发支出的净账面价值

　　资本化的租赁支出的净账面价值

　　累计摊销的商誉

　　应收款项的准备金

等于

　　投入资本

需要指出的是,以上调整内容只是原则性的。实际上,据 Stern Stewart 统计,在使用 EVA 时,依据调整的重要性列出了164项用来修改会计报告结果的项目,以提高使用 EVA 评价公司绩效的准确性。

Stern Stewart 并非将 EVA 看作一个孤立的业绩评价指标,而是将其视为一个"4M"体系,即理念体系(mindset)、管理体系(management)、激励体系(motivation)和评价体系(measurement)。因此 EVA 适用于:

(1)企业或责任中心(部门)确立目标。当以 EVA 理念为基础制定企业计划或目标时,企业的决策者应该考虑:①安排必要的培训,以正确的理解 EVA 所涉及的 NOPAT、资本和资本成本的理念。从实践看,非会计人员感觉到 EVA 是一个非常简洁的概念,并且重视 EVA 与股东价值增加之间的联系;②在以上基础上,为企业或部门整体提供资本成本;③确定如何计算和使用 EVA 进行决策;④设计一套以 EVA 决策为依据的激励制度或方案。

(2)评估企业或部门的实际业绩。①EVA 为企业或部门提供了评估其投入资本使用效果的标杆,从而使管理者可以清楚地了解哪些部门正在为企业增加价值,哪些部门并不增加企业价值,最终评价企业在某一会计期间是否真正实现了价值增值;②EVA 与一定期间的股东价值的联系更为紧密,它能比会计利润或会计投资报酬率更好地反映股东的投资回报的要求;③EVA 又和一定的会计期间相联系,像会计收益一样,它也能被清楚地追溯到某一特定的会计期间,从而便于非会计人员理解和使用。

(3)进行投资决策。EVA 也为企业或部门进行资本投资决策提供了一个明确的标杆。这是因为:①使用 EVA 的理念和方法,可以帮助企业或部门识别那些能创造较高经济增加值的项目和机会;②强调关注那些能为企业或部门带来较高 EVA 的产品及其订单;③帮助管理者识别并消除那些不能带来价值增值的作业等。

需要指出的是:EVA 作为一种评价指标不能孤立地使用,它和剩余收益指标一样,是一个绝对值指标,故在应用时要注意和其他评价方法结合使用。

第三节　内部转移价格

在责任会计中,为了进一步明确划分各责任中心之间的经济责任,它们之间相互提供产品或劳务的结算应按照企业规定的内部转移价格进行,为此需制订一个内部转移价格。转移价格对于提供产品和劳务的生产部门来说表示收入,对于使用这些产品或劳务的购买部门来说则表示成本。因此,转移价格会影响到这两个部门的获利水平,使得部门经理非常关心转移价格的制定,并经常引起争论。

一、内部转移价格的含义

所谓内部转移价格,是指企业内部有关责任中心之间转移中间产品和相互提供劳务的结算价格。

内部转移价格采取了"价格"的形式,使两个现任责任中心处于交易的"买""卖"双方,它一方面具有与外部的市场价格相类似的作用,如在价格一定的情况下,要想获得较高的内部利润,卖方(产品或劳务的提供方)就必须不断改善经营管理,降低成本和费用,以其确定的收入抵偿支出;买方(产品或劳务的接受方)则必须在一定的购置成本下,千方百计降低再加工成本,提高产品的质量,争取较高的经济效益。

内部转移价格与外部市场价格也有许多不同之处。内部转移价格所影响的"买"、"卖"双方都存在于同一个企业之内,在其他条件不变的情况下,内部转移价格的变化,会使买卖双方的收入或内部利润呈相反方向的变化。也就是说,提高内部转移价格,一方面会增加"卖方"的收入或内部利润;另一方面却会相应地减少"买方"的内部利润。或者说,"卖方"所增加的利润恰好等于"买方"所减少的利润。与此相同的是,调低内部转移价格,买卖双方内部利润一增一减,其数额相等,但方向相反。因此,从企业总体来看,内部转移价格无论怎样变动,企业利润的总数是不变的,变动的只是利润或内部利润在各责任中心之间的分配情况。

二、制定内部转移价格的目的

制定内部转移价格,主要出于以下的目的:

(一)防止成本转移带来的部门间责任转嫁,使每个利润中心都能作为单独的组织单位进行业绩评价

内部转移价格作为一种计量手段,可以确定中间转移产品的价值量。这些价值量既可用来衡量提供产品或劳务的责任中心的经营成果,也可用来反映接受产品或劳务的责任中心的成本费用。因此,正确制定内部转移价格,可以合理确定各责任中心应承担的经济责任,防止责任转嫁,切实维护各责任中心正当的经济权益,保证现任会计的正确实施。

(二)作为一种价格引导下级部门采取明智的决策

通过制定和动用内部转移价格,可以把有关责任中心的经济责任、工作绩

效加以量化,使企业最高管理者和内部各业务职能部门的主管人员能根据企业未来一定期间的经营目标和有关的收入、成本、利润以及资金情况,在分析比较的基础上,制定正确的经营决策,选取履行经济责任、完成责任预算、实现预定目标的最佳行动方案。如有关部门的生产经营是不断扩大还是适当缩小、中间产品和劳务是在企业内部购买还是向外部市场购买等。

三、制定内部转移价格的原则

制定内部转移价格一般应遵循以下原则:

(一)全局性原则

制定内部转移价格应强调企业的整体利益高于各分权单位的利益。由于内部转移价格直接关系到各责任中心的经济利益大小,每个责任中心必然会为本责任中心争取最大的利益,在利益发生冲突的情况下,企业应从整体利益出发制定内部转移价格,以保证企业利润最大化。

(二)激励性原则

内部转移价格的制定应公正合理,防止某些部门因价格上的缺陷而获得一些额外的利益或损失。也就是说,内部价格的制定应能激励各责任中心经营管理的积极性,使他们的努力工作与所得到的收益相适应。

(三)自主性原则

在企业整体利益的前提下,承认各责任中心的相对独立性,就必须给予各责任中心相对独立的经营权,如生产权、人事权和理财权等,制定的内部转移价格必须为各方所接受。

四、内部转移价格的种类

可以考虑的转移价格有以下几种:

(一)市场价格

"市场价格"(market price),简称市价,即根据商品或劳务的市场供应价格作为计价的基础。通常认为市场价格是制定内部转移价格的最好依据,因为市价比较客观,对买卖双方均无偏袒,而且特别能促使卖方努力改善经营管理,同时,市价也最能体现责任中心的基本要求。

采用市价为转移价格时,企业内部的买卖双方一般应遵守以下几条规则:

(1)售价与市价相符且卖方愿意对内销售,买方应有购买的义务,不得拒绝。

（2）若卖方售价高于市价时，买方有向外界购入的自由。

（3）若卖方宁愿对外界销售，则应有不对内销售的权利。

注意：本法的采用是以有市价为前提的，如果中间产品无市价可循或市价不合理波动，则就难以实施。

（二）协商价格（议价）

"协商价格"（negotiated price），也就是买卖双方以正常的市价为基础，定期共同协商，确定出一个双方均愿接受的价格作为计价的标准。在一般的情况下，议定的价格比市价稍低一些，主要是由于：

（1）内部转移价格中所包含的推销费用和管理费用，通常要比由外界供应的市价低。

（2）内部转移的数量一般较大，因而其单位成本就比较低。

（3）卖出单位大多拥有多余的生产能力，因而议价只需略高于单位变动成本即可。

综上所述，可见市价一般只宜作为制定协商价格的上限，至于具体价格应由买卖双方参考市价协商议定。

（三）双重价格

"双重价格"（dual price），就是买卖双方分别采用不同的转移价格作为计价的基础。这是因为内部转移价格主要是为了对企业内部各责任中心的业绩进行评价与考核之用，故买卖双方所采用的转移价格并不需完全一致，可分别选用对自己最有利的价格基础。双重价格通常有两种形式：

（1）当某种产品或劳务市价不同时，买方采用最低的市价，卖方采用最高的市价，即"双重市场价格"。

（2）卖方按市价或议价作为计价基础，买方按卖方的单位变动成本作为计价基础，即"双重转移价格"。

这种转移价格的好处是既可较好地满足买卖双方不同的需要，也便于激励双方在生产经营上充分发挥其主动性和积极性。但其应用有前提条件，即内部转让的产品或劳务有外界市场，卖方单位有剩余生产能力，而且它的单位变动成本要低于市价；特别当采用单一的内部转移价格不能达到激励责任中心的有效经营和保证责任中心与整个企业的经营目标保持一致性时，采用双重价格才会行之有效。

（四）成本加成

"成本加成"（cost-plus）是指在产品和劳务的全部成本基础上，加上按合理利润率计算的利润作为计价基础。它主要适用于内部转让的产品或劳务没有正常市价的情况。

成本加成法有以下两种做法：

(1)实际成本加成。即根据产品或劳务的实际成本加上按一定的合理利润率计算的利润作为计价基础。这种方法的优点是能保证卖方责任中心有利可图，充分调动他们的工作积极性。但它把卖方的功过全部转嫁给买方承担，从而削弱了双方降低成本的责任感；另外，确定加成的利润率，往往带有很大程度的主观随意性，它的偏高或偏低都会影响对双方业绩的正确评价。

(2)标准成本加成。即根据产品或劳务的标准成本加上按一定的合理利润率计算的利润作为计价基础。这种方法的优点是能分清买卖双方的经营责任，但在确定加成的利润率时，难免带有一定的主观随意性。

第四节　平衡计分卡

责任会计的要旨就是把任何一个组织，包括盈利的和不盈利的，化为若干个细小的责任单位，按照其承担的责任，赋予一定的权力依据其财务业绩完成情况给予其一定的报酬，从而调动员工的积极性。通常称为"划小核算单位"。然而，仅仅通过建立传统的责任会计系统以达到长期改善业绩是不充分的。一是积极性的调动与人的信仰、习惯、责任范围、权利大小、报酬高低有关，员工积极性的调动，取决于多方面，不仅仅是财务报酬本身。二是传统责任会计体系侧重于财务方面，往往与我国的经营承包责任制异曲同工，容易导致责任单位的短期利益。我国80年代中期大规模的承包制已经充分证明了这一不争的事实。三是传统责任会计系统没有与公司的战略目标衔接，造成责任中心的任务完成而公司总体目标没有达到。

因此，责任会计的思想方法应当全面转变为业绩管理，明确公司具有竞争力的业绩方向，通过报酬和其他激励因素转化为下属单位和个人的努力目标，真正做到凭业绩付报酬。在强化业绩管理的基础之上，再完善企业的管理控制系统。从这个意义上讲，如果把业绩管理也归入责任会计的体系之中，那么，责任会计从本质上来讲就远远不是会计的问题，或者不是会计本身就能完成的任务。责任会计的目标之一就是帮助企业建立起一整套的责任评价指标体系，对此平衡计分卡必将发挥其重要作用。

一、平衡计分卡简介

自 20 世纪 80 年代以后,人类社会逐步迈入了一个崭新的时代——知识经济的时代。面对知识经济时代的到来,企业内部经营条件和外部经营环境都发生了巨大变化,如一些基本产品的需求市场已基本达到饱和,消费者对产品质量的要求不断提高,产品市场已由卖方转移到买方;科学技术的日新月异,产品更新换代的时间不断缩短,企业要生存,求发展,就必须善于预测未来客户的需要,具备较强的产品创新能力,以不断满足客户的需要;知识资本在企业生产经营中的地位和作用越来越重要,企业要持续而稳定地发展,就必须加大对知识资本的投入和经营,重视为利益相关者服务;企业在剧烈的市场竞争中要加强与其他企业的合作与协调,等等。在这种新的经营条件和环境下,企业要获得持续而稳定的发展,就必须具有战略性的竞争优势。而企业要具有战略性的竞争优势,就必须在制定经营决策时要具有战略眼光,不仅要考虑内部因素的改善与整合,更要考虑外部因素的影响与制约,不仅要重视物质资本的经营,更要重视知识资本的经营。这就客观上要求对企业经营绩效的评价不能仅观察企业当前财务成果的好坏,更应重视影响企业长期而稳定发展的因素。显然,传统的企业经营绩效评价不能满足这一要求,平衡计分卡就应运而生了。

平衡计分卡(balanced score card,简称 BSC),是在企业环境分析的基础上,将企业的经营目标分为财务、顾客、内部业务流程、学习与成长四个方面,并设定一系列的评价指标来描述企业对四个指标的完成程度,进而追溯评价指标的业绩动因及内在因果联系,达到帮助企业管理者把握企业发展的关键因素以实现企业长期健康发展的目的。总的来说,在当今的经济环境中,财务指标和非财务指标各自存在优点和缺点,这两者优势互补,可以综合反映企业的经营绩效。1992 年由罗伯特·卡普兰和戴维·诺顿建立的"平衡计分卡"绩效评价体系就充分体现了这一原则。

平衡计分卡出现的时间不长,但已被世界上许多企业采用并取得良好效果,其应用领域涉及各行各业,包括工厂、银行、政府机构和信息产业等。2005年《哈佛商业评论》80 华诞,隆重评选推出了"过去 80 年来最具影响力的十大管理理念",平衡计分卡名列第二。目前世界 500 强中有 80% 的企业在应用平衡计分卡,而"《财富》1000"企业中,约 50% 的企业都有一个相应的绩效管理系统(平衡计分卡)或类似指标的战略性绩效衡量指标法。平衡计分卡框架如图 10-2 所示。

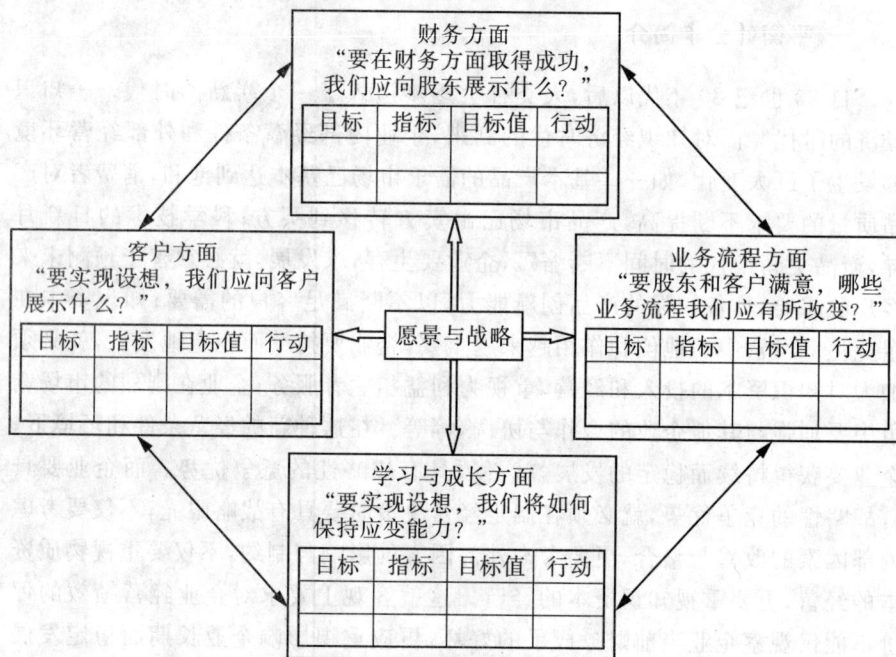

图 10-2　平衡计分卡框架

二、平衡计分卡的设计思想

平衡计分卡是一套能使经理层快速而全面地考察企业业绩的评价系统。平衡计分法最突出的特点是:将企业的远景、使命和发展战略与企业的绩效评价系统联系起来,它把企业的使命和战略转变为具体的目标和评测指标,以实现战略和绩效的有机结合。平衡计分卡以企业的战略为基础,并将各种衡量方法整合为一个有机的整体,它既包含了财务指标,又通过客户满意度、内部业务流程、学习和成长的业务指标,来补充说明财务指标,这些业务指标是财务指标的驱动因素。财务、客户、内部业务流程、学习与成长构成平衡计分卡的基本框架。这样,就使组织能够一方面追踪财务结果,一方面密切关注能使企业提高能力并获得未来增长潜力的无形资产等方面的进展。

由图 10-2 可看出,平衡计分卡将经营单位的使命和战略转变为特定的目标和指标。

·财务:股东如何衡量经营单位的成就?

·客户:我们如何为顾客创造价值?

- 内部业务流程:运用何种内部业务流程能使我们很好地满足我们的股东和客户?
- 学习与成长:何种雇员能力、信息系统和企业文化使我们能够持续改进内部业务流程和顾客关系?

平衡计分卡是一个对企业长期战略目标进行综合评价的方法。简单地说,平衡计分卡就是通过建立一整套财务与非财务指标体系,包括财务绩效指标、客户指标、内部业务流程指标和学习与成长绩效指标,对企业的经营绩效和竞争状况进行综合、全面、系统地评价。

平衡计分卡不是上述四个层面的简单组合,也不是一些财务指标与非财务指标的简单拼凑,而是在经营单位的使命和战略指标驱动下,通过一个自上而下的流程发展而来的。四个层面之间是一种因果相连的关系链。财务层面是最终目标,顾客层面是关键,内部业务流程层面是基础,学习与成长层面是核心。企业只有不断地学习与成长,才能持续改善内部业务流程,才能更好地为顾客服务,从而实现保持财务竞争优势这一最终目标。平衡计分卡的重要性在于将战略、过程和管理人员联系在一起,提供一种综合的计划与控制系统。

三、平衡计分卡的内容

平衡计分卡的内容,从其评价指标体系来看,包括如下四个方面:

（一）财务指标（financial）

财务绩效指标主要包括:(1)收入增长指标;(2)成本减少或生产率提高指标;(3)资产利用或投资战略指标。当然,也可以根据企业的具体要求,设置更加具体的指标,如经济增加值、净资产收益率、资产负债率、投资报酬率、销售利润率、应收账款周转率、存货周转率、成本降低率、营业净利额和现金流量净额等。

平衡计分卡还要求,企业根据不同发展时期的不同要求,相应地选择财务绩效指标。例如,当企业处于增长期时,由于企业在提供产品和劳务获得收入方面有着较大的增长潜力,投资规模较大和投资报酬率较低,其财务目标主要是不断提高收入的增长率及目标市场、客户群和区域的销售额,因此对处于这一时期的企业应主要采用销售增长率、目标市场收入增长率、成本率等财务绩效指标来加以评价;处于维持阶段的企业,大多采用与获利能力相关的财务指标,如经营收入、毛利、投资回报率和经济附加值等;处于收获阶段的企业,更注意现金流动,以使现金流量达到最大化。

及时和准确的财务数据从来就是管理层得以有效管理企业的重要因素，财务目标也是管理者在制定战略时首先考虑的目标。平衡计分卡的设计不是否认财务数据的重要性，而是在财务指标的基础上，对传统企业管理中因过度重视财务而忽视了其他方面造成的"不平衡"状况进行修正，使财务成为四项主要指标之一。财务指标仍是最重要的指标。平衡计分卡的财务方面用来体现股东利益，概括反映企业绩效。

（二）客户指标（customer）

现代管理理念认为，客户满意度的高低是企业成败的关键。企业要想取得长期的经营绩效，就必须创造出受客户青睐的产品与服务，因此企业的活动必须以客户价值为出发点。客户方面绩效指标主要包括：（1）市场份额，即在一定的市场中（可以是客户的数量，也可以是产品销售的数量）企业销售产品的比例；（2）客户保留度，即企业继续保持与老客户交易关系的比例，既可以用绝对数来表示，也可以用相对数来表示；（3）客户获取率，即企业吸引或取得新客户的数量或比例，既可以用绝对数来表示，也可以用相对数来表示；（4）客户满意度，即反映客户对其从企业获得价值的满意程度，可以通过函询、会见等方法来加以估计；（5）客户利润贡献率，即企业为客户提供产品或劳务后所取得的利润水平。如图 10-3 所示，这些核心评价指标构成一个因果关系链。

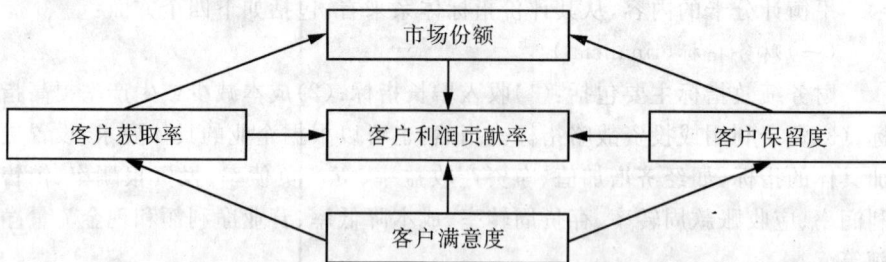

图 10-3　核心评价指标因果关系链

（三）内部业务流程指标（internal business processes）

平衡计分卡的第三个方面是为企业内部业务流程制定目标和评估手段。传统业绩评价体系对企业内部经营过程所确定的目标往往是控制和改善现有职能部门的工作效率，而且仅仅根据财务指标来评价这些部门的经营业绩，或者是在财务评价的同时，附加评价产品质量、投资报酬率和生产周期等指标，但也仅仅是强调单个部门的业绩，而不是综合地考虑改善企业的经营过程。

与其相比,平衡计分卡则强调评价指标的多样化,不仅包括财务指标,还包括非财务指标,同时也为企业整体定义了一个完整的内部过程价值链,协调各部门的工作,以激励管理者全面改善企业的内部经营过程。

内部业务流程指标主要包括三个方面:(1)评价企业创新能力的指标,如新产品开发所用的时间、新产品销售额在总销售额中所占的比例、比竞争对手率先推出新产品的比例、所耗开发费用与营业利润的比例、第一设计出的产品中可完全满足客户要求的产品所占的比例、在投产前需要对设计加以修改的次数等;(2)评价企业生产经营绩效的指标,如产品生产时间和经营周转时间、产品和服务的质量、产品和服务的成本等;(3)评价企业售后服务绩效的指标,如企业对产品故障的反应时间和处理时间、售后服务的一次成功率、客户付款的时间等。这三个指标就是针对创新过程、经营过程和售后服务过程所设置的不同的评估指标。

平衡计分卡在内部业务流程方面的优势在于它既重视改善现有流程,也要求确立全新的流程,并且通过内部经营流程将企业的学习与成长、客户价值与财务目标联系起来。对内部业务流程的分析有助于管理层了解其业务运行情况,以及其产品和服务是否满足客户需要;同时,管理层可以评估他们及其组织在行动方法上的有效性,通过评估,管理者可以发现组织内部存在的问题,并采取相应措施加以改进,进而提高组织内部的管理效率。

（四）学习与成长指标(learning and growth)

学习和成长方面用于考评企业获得持续发展能力的情况,学习与成长绩效指标主要包括三个方面:(1)评价员工能力的指标,如员工满意程度、员工保持率、员工工作效率、员工培训次数、员工知识水平等;(2)评价企业信息能力的指标,如信息覆盖率、信息系统反映的时间、接触信息系统的途径、当前可能取得的信息与期望所需要的信息的比例等;(3)评价激励、授权与协作的指标,如员工所提建议的数量、所采纳建议的数量、个人和部门之间的协作程度等。企业只有不断学习和成长,才能不断创新。应该说,企业能否实现其雄心勃勃的财务、顾客和内部业务流程等层面的目标,将取决于企业的学习与成长层面。

上述四部分内容虽然各自有特定的评价对象和指标,但彼此之间存在着密切的联系(如财务指标体系是根本,而其他三方面的指标体系则最终都要体现在财务指标上;各个评价指标之间存在着企业战略所体现的因果关系等)。所有这些指标共同构筑了一个完整的评价体系。在阐述平衡记分卡的四个层面时,可把各层面集合起来,以战略地图(strategy map)的形式来表达，如图 10-4 所示。

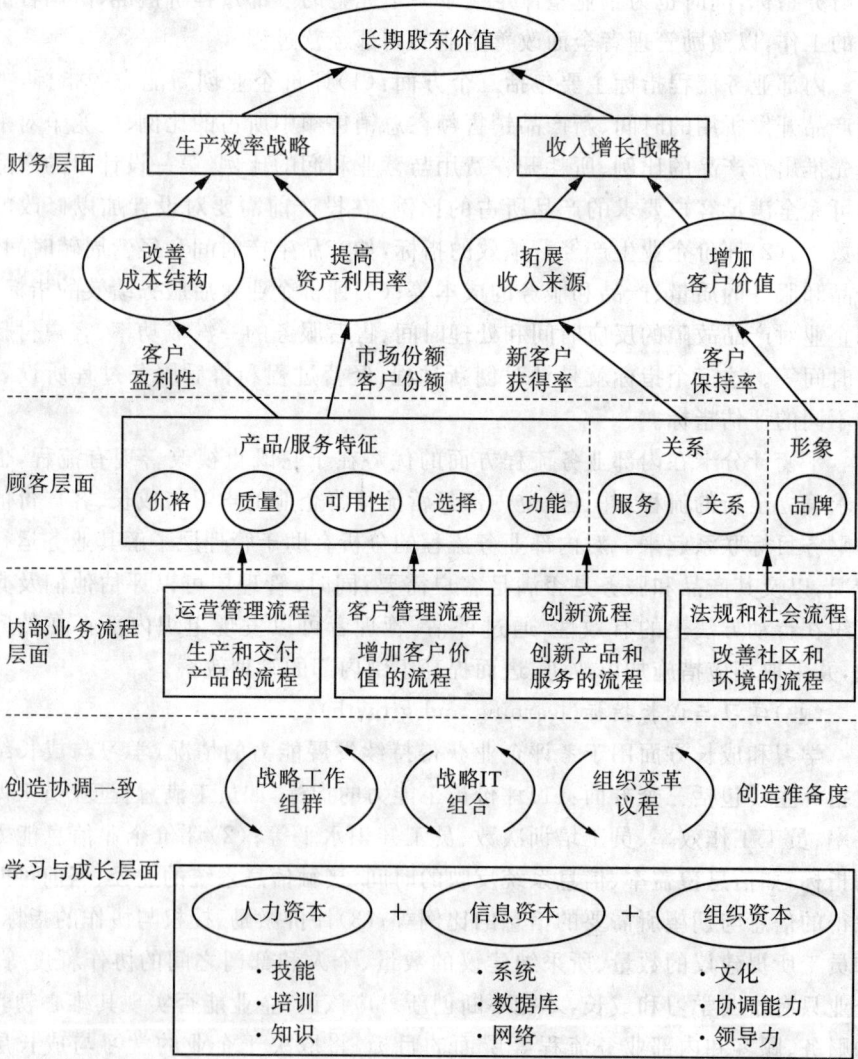

图 10-4 战略地图

四、平衡计分卡的编制步骤

平衡计分卡的编制应遵循以下七个步骤：

（1）确定公司的使命、蓝图与战略。公司的使命、蓝图与战略应简单明了，并对每个部门来说均有实际意义,使每个部门可以采用一些绩效衡量指标去达成公司的使命、蓝图与战略。

(2)建立平衡计分卡小组或委员会,解释公司的使命、蓝图和战略,并建立财务、客户、内部业务流程、学习与成长四类具体的目标。

(3)为四类具体目标找到最贴切的绩效衡量指标。

(4)公司内部沟通与教育。利用各种不同的沟通渠道,如定期或不定期的刊物、信件、公告、标语和会议等,让各阶层管理人员了解公司的使命、蓝图、战略和绩效衡量指标。

(5)确定每年、每季、每月的绩效衡量指标具体数字,并与公司的计划和预算相结合,注意各类指标间的关联性。

(6)将每年的报酬奖励制度与平衡计分卡相挂钩。如对应各类别指标,设计不同的权数,最后求出加权分数,并作为奖励考核的基础。

(7)采用员工意见,修正平衡计分卡指标并改进公司策略。

五、平衡计分卡的实施案例

M企业是1998年成立的一家中小型物流配送公司。随着物流配送行业竞争加剧,M企业感觉到巨大的经营压力,同时管理人员战略意识较为模糊,不知从何下手。此外,员工积极性也不高。因此,2003年企业高层拟对企业进行业务流程的重组,同时建立相应的企业和员工绩效考核体系,并将绩效与薪酬体系相关联,以此来激励员工,实现利润的增长。此外,M企业拟在2003年引进电子商务,同时与物流业的上游企业建立战略联盟关系。为此,M企业在2002年底运用平衡计分卡来对企业绩效进行评价,以发现问题所在,并将2003年的战略付之量化而采用实际的改进行动。

平衡计分卡的关键是将战略目标转化实际行动。首要是将M公司的战略目标分解成四个部分,并逐层分解成各个具体的指标体系(见表10-8)。

表10-8　M公司的战略目标解释及分解

第一层指标	战略目标	第二层指标
财务	利润增长	利润边际
		收入/员工
		市场份额
		投资回报率

第一层指标	战略目标	第二层指标
顾客	更高的顾客满意度	顾客满意度
		投诉数目
		投诉限额
运作流程	改进管理流程 改进配送系统 降低库存成本	即时交货率
		缺陷的数目
		库存成本
		存货周转率
		流程效率
		质量指数
学习与成长	用电子商务的可能性 增加协作项目中员工的满意度 联盟的市场战略	气氛的改进
		工作环境指数
		员工满意
		培训

在建立平衡计分卡以后,可以根据有关的历史数据对设定的各项指标进行计分,以反映企业财务、顾客、内部业务过程、学习与成长等四个方面的业绩状况与发展趋势,以及企业的总体业绩状况与发展趋势。如表10-9所示。这个过程的关键在于如何计算平衡计分卡的各项指标的分值。

下面根据M公司数据,按以下几个步骤计算指标的分值:

第一,按前面叙述的方法建立指标体系,设计相应的指标体系表。

第二,收集定量数据,进行无量纲处理。把不同计量单位的指标值进行无量纲处理,同时把所算的数据填入表10-9中的[4]。

第三,计算定性数据。根据定性指标设计调研问卷,并对调研问卷的结果进行处理,把它们的数据填入表10-9中的[4]。

第四,确定权重。通过专家打分法确定两个层次各个指标的权重,并把第二层和第一层指标权重数据分别填入表10-9中的[5]和[2]。

第五,计算单项指标分。先从第二层指标倒推出第一层指标值,如表10-9所示。第一层指标值[6]=[4]×[5],然后,计算[7]=[2]×[6]。

第六,计算平衡计分卡总分值。如表10-9所示,将四个方面指标的分值[7]加总,得到该企业的综合业绩分值[8]=∑[7]。

第七,把上述求得的值填入平衡记分卡中。如表10-10所示。

表 10-9　M 公司 2008 年 10 月份平衡计分卡数据计算过程

[1] 指标	[2] 第一层权重（%）	[3] 第二层指标	[4] 第二层指标值	[5] 第二层权重	[6] 第一层指标值	[7]	[8] 平衡记分卡值
财务	48.6	利润率	4.1	19.1	1.89	0.92	
		收入/员工	3.5	6			
		市场份额	3.6	6.8			
		投资回报率	3.9	16.7			
顾客	28.1	顾客满意度	2.4	14.2	0.62	0.17	
		投诉数目	1.8	8.7			
		退货率	2.3	5.2			
内部运作流程	15.9	即时交货率	2.9	2.3	0.53	0.08	1.18
		缺陷的数目	2.7	2.1			
		库存成本	3.4	2.7			
		存货周转率	3.8	2.9			
		流程效率	4.5	3.1			
		质量指数	2	2.8			
学习成长	6.4	气氛的改进	2.3	1.4	0.12	0.01	
		信息技术	1.2	1.5			
		员工满意度	2.5	2.1			
		培训费用	1.1	1.4			
总　计	100%			100%			1.18

表 10-10　M 公司的平衡记分卡

S 公司平衡记分卡

	起始时间:2008 年 10 月 1 日			终止时间:2008 年 10 月 31 日		
	本　月		实际值/预算值 （%）	累　积		实际值/预算值 （%）
指标	实际值	预算值		实际值	预算值	
财务	0.92					
顾客	0.17					
运作流程	0.08					
学习成长	0.01					
平衡记分卡值	1.18					
经理人员的评论：						

表 10-11　2008 年 M 企业的平衡计分卡值预测表

项目	2004	2005	2006	2007	2008	2009 预测值	变动趋势
平衡计分卡总值	1.1092	1.062	1.18	1.2508	1.534	1.77	
财务	0.8648	0.828	0.92	0.9752	1.196	1.38	
顾客	0.1598	0.153	0.17	0.1802	0.221	0.255	
运作流程	0.0752	0.072	0.08	0.0848	0.104	0.12	
学习成长	0.0094	0.009	0.01	0.0106	0.013	0.015	

　　另外,我们还有必要考察一些关键指标,尤其是一些波动较大的第一层指标,进一步考察该第一层指标下的第二层指标,也就是考察平衡记分卡的因果关系,如图 10-5 所示。假如得到顾客指标波动较大,要对顾客满意度进行考察。如下图 10-6 和表 10-12 所示,M 企业今后的工作重点应该放在顾客和理顺内部流程方面,主要是致力于吸引新顾客,提高顾客增长率、减少交货时间和提高服务速度,并加大 R&D(科学研究与试验发展)的投入,来降低新产品的上市周期。

　　对于 2009 年的预测值,把它按一定的比例分配给四个指标,同时按一定的比例分配到各个部门,并进一步细分到每个关键员工。

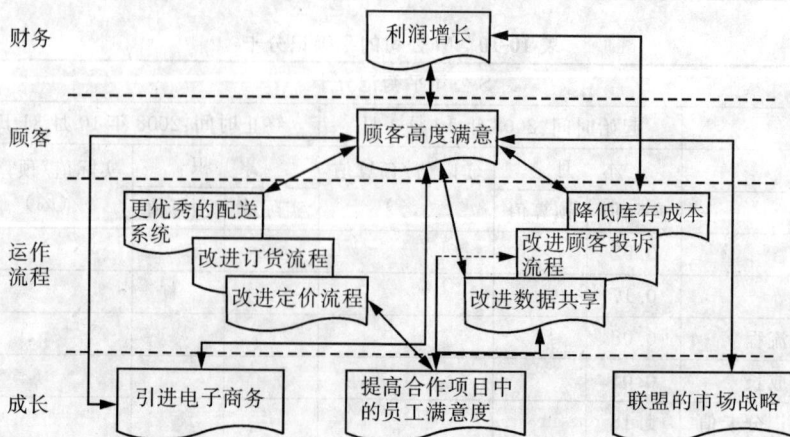

图 10-5　平衡记分卡各指标的因果关系图

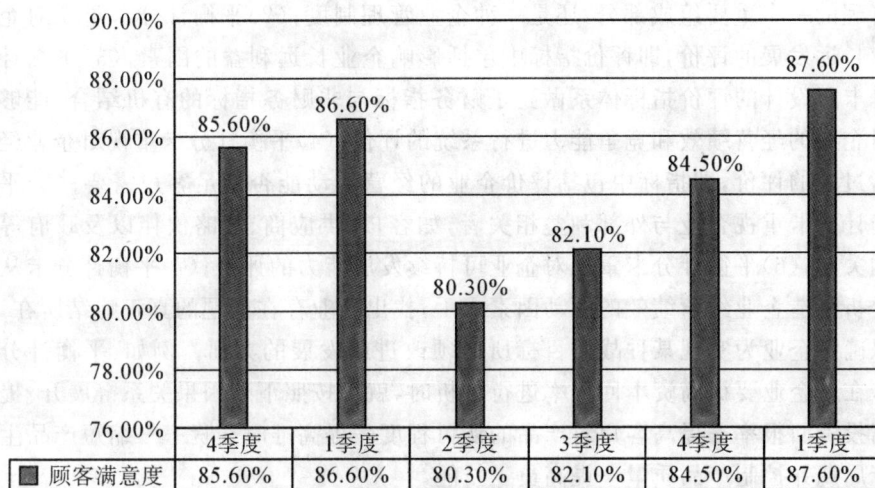

图 10-6　顾客满意度变动图

	4季度	1季度	2季度	3季度	4季度	1季度
顾客满意度	85.60%	86.60%	80.30%	82.10%	84.50%	87.60%

此外,还可以对企业间的平衡计分卡进行比较。为说明问题假设 M 企业和同行业竞争对手 N 企业 2006 年—2008 年的数据如表 10-12 所示,可以从中看出相应的差异。但是由竞争对手数据较难取得,所以这方面的比较存在一些困难。

表 10-12　M 企业和 N 企业 2006 年—2008 年的数据对比表

	2006		2007		2008	
	M 企业	N 企业	M 企业	N 企业	M 企业	N 企业
平衡计分卡总值	1.1092	1.9966	1.18	2.773	1.534	3.4385
财务	0.8648	1.5566	0.92	2.162	1.196	2.6808
顾客	0.1598	0.2876	0.17	0.3995	0.221	0.4953
运作流程	0.0752	0.1354	0.08	0.188	0.104	0.2331
学习成长	0.0094	0.0169	0.01	0.0235	0.013	0.0291

六、平衡计分卡的优缺点

平衡计分卡在保留了传统财务指标的基础上,增加了客户、内部业务流程、学习和成长三方面的非财务指标,从而可以达到全面计量企业绩效的目的。平衡计分卡具有以下优点:(1)平衡计分卡既是一种评价系统,也是战略管理的一个重要组成部分,还是一种企业管理制度;(2)平衡计分卡重视对企业长远发展的评价,即评价指标中包括影响企业长远利益的因素;(3)平衡计分卡所设计的评价指标体系做到了财务指标与非财务指标的有机结合,能够对企业的经营绩效和竞争能力进行系统的评价;(4)平衡计分卡重视对企业经营过程的评价,即指标中包括评价企业的经营活动能否满足客户需要;(5)平衡计分卡重视企业与外部利益相关者,如客户、供应商、战略伙伴以及政府等的关系;(6)平衡计分卡重视对企业可持续发展能力的评价;(7)平衡计分卡从分析创造企业经营绩效的驱动因素入手,找出企业存在问题的真正症结所在,以确定企业为实现某种战略目标所必须改进或发展的方面。例如:平衡计分卡在对企业要提高资本回报率进行分析时,就可按照下列因果关系链展开:提高投资回报率—提高客户对产品的认可程度—提高准时交货率—缩短产品生产周期并控制产品质量—提高员工技能。

但是,平衡计分卡也存在着一些有待于进一步改进与完善的地方,例如,平衡计分卡中的有些指标,如客户满意程度、员工满意程度等,难以进行定量;平衡计分卡的绩效评价没有与激励机制有机地结合起来。

思考题

1.什么是责任会计?责任会计包括哪些内容?

2.推行责任会计必须具备哪些基础和条件?

3.试说明建立责任会计的原则。

4.什么是责任中心?如何建立责任中心?各责任中心之间存在什么关系?

5.产品成本和责任成本计算有何区别和联系?

6.什么是利润中心?它有哪两种形式?对利润中心进行业绩评价的重点指标有哪些?

7.什么是投资中心?对投资中心进行业绩评价的重点指标有哪些?

8.什么是可控成本和不可控成本?两者有何区别?

9.什么是内部转移价格?为什么要合理制定内部转移价格?

10.制定内部转移价格的办法有几种?要遵循哪些原则?

11.什么是平衡计分卡?平衡计分卡包括哪几个层面?

12.平衡计分卡各层面的目标与指标设置有何差异?如何通过平衡计分卡评价业绩?

GUAN LI
KUAIJI

管理会计
的新兴领域

11

第十一章 价值链分析

"价值链"这一概念由美国哈佛大学商学院的教授迈克尔·波特(M. E. Port)于 1985 年在其所著的《竞争优势》一书中提出来。美国管理会计教授桑克(Shank),在波特教授研究的基础上,将价值链进一步扩展为行业价值链,丰富了价值链的内容与应用。随着高新技术的发展和激烈的国际化市场竞争,管理会计已上升到战略管理层级,管理会计开始提供企业战略管理所需要的内外部的信息。因此,管理会计进入战略管理会计阶段。桑克教授将价值链分析作为一种战略分析工具,将其引入到战略成本管理与战略管理会计中,有利于企业利用价值链分析来提升竞争力,保持竞争优势。

第一节 价值链的概念与种类

一、价值链的概念

按照波特的观点,价值链是企业在一个特定产业内的各种活动的组合。每一个企业都是进行设计、生产、营销、交货以及对产品起辅助作用的各种活动的集合,所有这些活动都可以用价值链表示出来。即特定的产品或服务从设计到最后交到消费者手中,需要经过一系列的增加环节,每个环节都凝结了一定的成本,同时形成一定的价值,直到最后构成转移给顾客的价值。这一系列的环节,就形成了价值链。一个企业的价值链和它所从事的单个活动的方式反映了其历史、战略、推行战略的途径以及这些活动本身的根本经济效益。

价值链由一系列价值活动组成。具体来说,价值链包括价值活动和利润。如表 11-1 所示,价值活动是企业所从事的物质上和技术上的界限分明的各项

表 11-1　价值链的构成

辅助活动	企业基础管理					利润
	人力资源管理					
	技术开发					
	采　购					
基本活动	内部后勤（来料储运）	生产经营	外部后勤（成品储运）	市场销售	售后服务	利润

活动,包括基本活动和辅助活动。它们是企业创造对买方有价值的产品的基石。而利润则是总价值与从事各种价值活动的总成本之差。将价值链分解为一系列价值活动是价值链分析的基础,同时也是价值链分析中最关键的一环。根据各个价值活动在价值创造中重要程度的不同,可以把价值活动分为两大类:基本活动和辅助活动。基本活动是涉及产品的物质创造及其销售、转移给买方和售后服务的各种活动,包括内部后勤、生产作业、外部后勤、市场和销售等。辅助活动是辅助基本活动并通过提供外购投入、技术、人力资源以及各种公司范围的职能以相互支持,它们与各种具体的基本活动相联系并支持整个价值链。

（一）基本活动的类型

涉及任何产业内竞争的各种基本活动有五种基本类型(如表 11-1 所示)。每一种类型又可按照产业特点和企业战略划分为若干不同的活动:

(1)内部后勤。指与接收、存储和分配相关联的各种活动,如原材料搬运、仓储、库存控制、车辆调度和向供应商退货。

(2)生产作业。指与将投入转化为最终产品形式相关的各种活动,例如机械加工、包装、组装、设备维护、检测、印刷和各种设施管理。

(3)外部后勤。指与集中、存储和将产品发送给买方有关的各种活动,例如产成品库存管理、原材料搬运、送货车辆调度、订单处理和生产进度安排。

(4)市场和销售。指与提供一种买方购买产品的方式和引导它们进行购买有关的各种活动,例如广告促销、销售队伍、报价、渠道选择、渠道关系和定价。

(5)服务。指与提供服务以增加或保持产品价值有关的各种活动,例如安装、维修、培训、零部件供应和产品调整。

不同的行业当中,每种类型的价值活动在价值链中的地位作用是不尽相同的。对批发商而言,进货和发货的后勤管理最为重要;对制造类企业而言,生产出符合顾客需求的高质量的产品则是关键。但是,无论在什么企业中,所有类型的基本活动都在一定程度上存在并发挥着作用。

(二)辅助活动的类型

在任何产业内竞争所涉及的各种辅助价值活动可以被分为四种基本类型(如表 11-1 所示),每一种类型的辅助活动都可按照产业的具体情况划分为若干明显不同的价值活动。

(1)采购。采购是指购买用于企业价值链各种投入的活动,包括原材料、储备物资和其他易耗品的采购,也包括各种资产,例如机器、实验设备、办公设备和建筑物的投入。尽管外购投入一般与基本活动相联系,但是外购投入却在包括辅助活动在内的所有价值活动中存在。

(2)技术开发。技术开发是由一定范围的各种活动组成,这些活动可以被广泛地分为改善产品和工艺的各种努力。与产品及特征有关的技术开发对整个价值链都起到辅助作用,而其他的技术开发过程则是与特定的各种基本活动或辅助活动有关。

(3)人力资源管理。人力资源管理包括各种涉及所有类型人员的招聘、雇用、培训、开发和报酬等各种活动。人力资源管理不仅对单个的基本活动和辅助活动起到辅助作用,而且支撑着整个价值链。

(4)企业基础设施。企业基础设施由大量活动组成,包括总体管理、计划财务、会计、法律、政府事务和质量管理。基础设施通过整个价值链而不是单个活动起辅助作用。

二、价值链的种类

价值链分析主要涉及三类的价值链,分别是:企业内部价值链、产业价值链、竞争对手的价值链。这三类价值链相互独立,又相互联系,企业在进行决策时要同时考虑这三种价值链,以便实现战略目标。

(一)内部价值链

波特教授指出,企业由一系列价值活动构成,这一系列价值活动就构成企业的内部价值链。企业内部价值链是指企业为客户创造有价值的产品与服务的一连串相互联结的"价值活动"。表 11-1 描述的就是企业内部价值链的构成。

(二)产业价值链

产业价值链又称行业价值链。影响企业价值活动的因素不仅仅局限于企业内部。企业与供应商、客户以及供应商的供应商、客户的客户之间的关系都会影响到企业的价值活动。产业价值链是将企业内部价值链向上延伸至最初原材料的供应商，向下延伸至最终产品的客户。产业价值链从产业角度来描述企业与供应商(上游)、客户(下游)的垂直联结关系。桑克教授称之为价值系统(value system)。产业价值链既包括供应商的价值链，也包括客户的价值链。企业需要分析自身价值活动对供应商以及客户的价值链的适应程度，这样才能增强获利能力，提升竞争力。

(三)竞争对手的价值链

竞争对手价值链是指同一行业中与企业存在竞争关系的企业的价值链。企业了解竞争对手的价值链是很重要的。不同企业因其资源、环境以及所选择的战略不同，其从事价值活动的成本与效益有所不同，进而导致不同企业具有不同的竞争优势。企业分析竞争对手的价值链，有利于将自己的价值链与竞争对手的价值链进行对比，从而发现自己的优势与劣势。优势要继续保持，劣势则要改进。因此，了解竞争对手的价值链有利于企业优化自己的价值链，提升竞争力。

第二节　价值链分析的意义与步骤

一、价值链分析的意义

价值链分析作为战略分析工具，在企业的战略管理中发挥着重要的作用。

1. 通过对企业内部的价值链分析，可以找出企业内部不增值的作业，结合作业成本法降低成本。企业的内部价值链上会有一些不增加客户价值的作业，这部分作业不增加价值却需要消耗成本。因此，企业利用价值链分析方法发现这些不增值作业后，要结合具体情况进行减少或消除以节约成本。例如，日本企业采用的 JIT(just in time)生产方式，消除了内部价值链中不增值的存货储存作业，减少了存货的储存成本，大大降低了企业的成本，提高了获利能力。

2. 通过内部价值链分析，企业可以发现自身内部价值链的缺陷，可通过重新设计作业流程，优化价值链。把内部价值链中贡献不大、成本又很高，而外部同类价值链成本较低的环节外包，优化内部价值链，降低成本消耗。

3.通过产业价值链分析,企业可以找出一些不增值的作业。例如炼铁厂向炼钢厂提供生铁,因生铁的冷却、运输、熔化而产生许多不增值作业,通过产业价值链分析,可以发现这些不增值作业。企业可以与供应商商量对策以消除这些不增值作业,降低双方成本,降低社会资源的浪费。与此同时,企业也可以通过分析客户的价值链,消除那些不增值作业,寻找降低成本的双赢机会。

4.通过对竞争对手的价值链的分析,可以将自己的价值链与对手的价值链进行对比,发现竞争对手的市场状况、成本状况。管理当局能够通过这一分析,客观评价本企业在竞争中的优势与劣势,从而制定合理的竞争战略。

二、价值链分析的基本步骤

价值链分析对企业战略管理意义重大,通过企业价值链分析,可以帮助企业提升竞争力。运用价值链分析方法的主要步骤如下:

1.识别企业内部价值链

识别企业内部价值链,主要是划分企业的主要价值活动。确定企业的价值活动要遵循重要性原则,在企业内部会发生方方面面的活动。在价值链分析中,企业不需要将所有活动都作为分析对象,而是要依据分析需要以及营业特点,参考竞争对手的方法确认主要的价值活动。

2.识别产业价值链

企业在识别完内部价值链后,要将内部价值链扩展成产业价值链。企业要想获取竞争优势,除了要分析自身的内部价值链外,还需要将自身价值链向后延伸至供应商,向前延伸至客户。企业的成本直接受供应商影响,同时也会受供应商的供应商影响。此外,企业的利润是由客户提供的,因而企业的竞争优势直接受到客户,间接受到客户的客户的影响。因此,识别产业价值链具有重要意义。

企业内部价值链要延伸到何处,要依据外部价值活动与企业的相关程度来判断。一般情况下,可延伸到供应商以及客户,如有需要,则要进一步延伸。

3.把成本、收入和资产分配给价值活动

识别完产业价值链后,企业要将成本、收入和资产分配给各项已确定的价值活动。每项价值活动会占用资产,发生成本,生成收入。因此,为了分析各价值活动的获利情况,需要将成本、收入和资产进行分配。此外,要分析各项价值活动的成本动因,明确影响各价值活动成本的因素,以便对各价值活动的成本进行分析。

4.分析竞争对手的价值链

企业要发现自身竞争优势所在，还必须分析竞争对手的价值链，进行对比，发现自身价值链的优势与劣势。企业需要分析竞争对手的价值链构成、成本动因，了解其成本情况、市场份额，客观评价自己在竞争中的优势与劣势，从而制定竞争战略。

5.制定战略

企业通过各种类型的价值链分析，了解了自己在竞争中的优势与劣势，客观评价后，制定合理的竞争战略。企业制定竞争战略，需要从以下两方面考虑：(1)获取竞争优势。企业在进行价值链分析后，对自身价值链中的不足与劣势要进行调整与控制，以便改善状况，获取竞争优势。(2)保持竞争优势。企业对于自身的竞争优势要继续维持，以便持续地保持竞争地位。

第三节　内部价值链分析内容及实例

内部价值链分析是价值链分析的基础，也是进行产业价值链和竞争对手价值链分析的前提和条件。针对不同行业不同企业的价值链分析，虽然其形式、内容千差万别，但其基本分析框架却是大体相同的。主要有：(1)确认内部价值链中的单项价值活动；(2)确认各个价值活动所应当分担的成本；(3)分析研究构成每项价值活动的成本驱动因素；(4)采取改进内部价值链的措施。

一、识别价值活动

识别各种价值活动要求在技术上和经济效果能显著判别的各种活动相互独立。如生产或营销这样广义的职能必须进一步细分为一些活动，这些活动再分解到范围日趋狭窄的活动的层次，这些活动在一定程度上相互分离。但是分解并非越细越好，其程度取决于这些活动的经济性和分析价值链的目的。这些活动被分离和分裂的基本原则是：(1)具有不同的经济性；(2)对产品差异性产生很大的潜在影响；(3)在成本中比例很大或所占比例在上升；(4)分解应符合经济效益原则。

在识别价值活动的过程当中，一些重要的活动被分解，一些无足轻重或有相似经济性的活动则被组合起来，从而使企业进一步认识其业务流程或价值创造过程，为寻求竞争优势，提高经济效益创造条件。

二、确认各个价值活动所应当分担的成本

价值链的每种价值活动包括营业成本、固定资本形式的资产和流动资本形式的资产。企业在识别其价值链之后，必须把营业成本和资产分摊到各种价值活动中去。每种价值活动都有自己的成本结构，其成本行为有可能受企业内外其他活动的影响或与其他活动有关联。如果企业在从事价值活动中取得了低于其竞争优势的累计成本，则成本优势由此而生。

营业成本需要分摊到发生的活动中去。通常会计纪录可以发挥很大的作用，但需要作出重新调整，以便使成本与价值活动相匹配而不是与会计分类相一致。资产也应分摊到使用、控制它们或对其使用影响最大的活动中去。分摊资产有两种做法，可以以其账面价值或重置价值来分摊，通过把账面价值或重置价值转化为营业成本，进而分配到各价值活动中去。

分摊成本和资产的程度如同识别价值活动一样要视企业价值链分析的目的而定，按照谁受益谁承担的原则进行，同时要考虑其可行性和经济性。通常成本和资产的分摊不要求财务报告目的所需要的精确程度，经验和估计往往就能说明问题，并可以把成本和资产分摊到价值活动中去，但是随着信息技术的发展，成本分配的精确度也应随之提高。

三、分析研究构成每项价值活动的成本驱动因素

在确定企业的价值链，并把成本和资产分配到各个价值活动中去以后，需要研究构成每项价值活动的成本行为。成本行为取决于影响成本的某些结构性因素，称为成本驱动因素。若干个成本驱动因素可以结合起来决定一种既定活动的成本。同一产业的各个企业如果采取不同的价值链，那么它们之间重要的一个或多个成本驱动因素便可能不相同。

决定价值活动的主要成本驱动因素是：规模经济、学习、生产能力利用模式、联系、相互关系、时机选择、自主政策、地理位置和机构因素等。成本驱动因素是一项活动成本的结构性原因，或多或少能置于企业控制之下。判定每种价值活动的成本驱动因素能够使企业对其相对成本地位的来源和它如何被改变有一个深刻的认识。

（一）规模经济或不经济

一项价值活动的成本常常受制于规模经济或规模不经济。规模经济产生于以不同的方式或更高的效率来进行更大范围的活动能力，或产生于更大的销量中分摊无形成本如广告费用和科研费用的能力。规模经济也可产生于在

较大规模上实际进行一项活动的效率,也产生于随着一项活动规模的扩大,支持该项活动所需要的基础设施或间接费用的增长低于其扩大的比例。

随着规模扩大,协调复杂性成本的不断增加可能导致某项价值活动中规模的不经济,例如规模不断扩大有时会挫伤雇员的积极性,会增加工资费用或外购投入的成本。如果大量需求遇到了不受价格影响的商品供应,迫使原材料价格上涨,也会产生采购中的规模不经济。

导致规模经济或不经济的因素在各项价值活动和各个产业中各不相同。要理解规模经济如何影响成本,就需要识别作为其基础的具体机制和最能抓住这些机制的规模指标。如运输业的规模经济典型地随地区或地方的规模或每个买方的规模而定,并取决于使用的运输模式。因此买方规模以及运输模式就成为决定成本地位的重要因素。企业不仅可以影响规模经济的程度,而且也可以选择对它最有利的规模类型。例如,一家地区性的企业应着重强调其地区规模的价值,而一家在任何地区都不占优势地位的全国性企业应在管理其活动时最大限度地提高它们对于竞争对手最具竞争优势的那种规模类型的敏感性。

(二)学习与溢出

一项价值活动由于学习提高其效率从而可能随着时间的推移而成本下降。通过学习降低成本的途径包括劳动效率提高、适于生产的产品设计改动、资产利用率提高的程序和使原材料更适合于工艺流程等。学习可以通过供应商、咨询顾问、前雇员等机制,从产业的一个企业外溢到另一个企业。一项价值活动中企业之间学习溢出高的地方,学习速度可能更多地来源于整个产业的学习而不是一个企业的学习。由于持久性成本优势只能是专有学习的结果,因此外溢速度也决定了学习是有助于创造企业的成本优势,还是仅仅降低了产业成本。

学习速度的适当指标随价值活动的不同而各不相同。适当的学习指标反映了作为在一项价值活动中成本随时间推移而下降的学习机制。例如,在一种学习通过提高工人效率而影响成本行为的价值活动中,学习速度可能与该活动的累计数量紧密联系在一起。然而,通过更高效率机器的引进而进行学习时,学习的速度可能反映了机器技术变革的速度,而与企业的产量几乎毫不相干。如果企业想改善其成本地位,那么理解每项活动中具体的学习机制和对其学习最佳指标的识别是必要的。学习速度常常受制于递减的收益,因此当产业趋于成熟时,它可能在某些价值活动中随着时间的推移而下降。

（三）生产能力利用模式

当一项价值活动与大量固定成本相联系时，活动的成本会受到生产能力利用率的影响。生产能力利用率低下，而固定成本在某一期间保持不变，就会使经营利润下降。生产能力利用率水平的变化会涉及成本的增加或削减，同时还受到价值活动构成的不同方式的影响。所以改变其利用率的企业可能会比保持利用率不变的企业成本更高。一项活动的生产能力利用模式，部分地取决于环境条件和竞争对手的行为，并且部分地通过如市场营销和产品选择领域的政策选择而置于企业控制之下。

（四）联系

一项价值活动的成本常常受到其他活动实施情况的影响。如前所述，联系有两大类：价值链内部联系与供应商和销售渠道价值链之间的纵向联系。联系为降低相互联系着的活动的总成本创造了机会。由于联系是微妙的，并需要对贯穿组织各部门的活动共同实行最优化或协调，因此它们又是成本优势潜在的强有力的来源。

当价值链中的活动互相联系着时，改变其中一项活动的实施方式便可以降低两者的总成本。如改善相互联系活动之间的协调，如采购与组装之间的协调，可以降低库存需要。对互相联系的活动的最优化包括解决它们之间权衡取舍的问题，如在复印机制造业，外购部件的质量和组装之后的复印机的调整相互联系，通过购买高精度的认购部件可以消除对复印机产品上调整的需要。

（五）相互关系

企业内部与其他业务单元的种种相互关系是影响成本的因素之一。相互关系最重要的形式是当一项价值活动与一个姐妹业务单元共享时的相互关系，如花旗银行和希尔斯等金融服务企业从共享营销和销售中获利；另一种形式的相互关系包括共享独立而又相似的价值活动之间的专门知识。例如，艾默森电器公司利用一个部门获得的成本削减的经验帮助其他部门降低成本。共享一项价值活动增强了该活动的生产能力。如果由于不同的业务单元在不同的时间对价值活动提出需求而使共享改善了生产能力利用模式，就会降低单位成本。共享是一种取得规模、加速学习曲线下降或在单一产业界限之外充分利用生产能力的潜在途径。因此，共享是对企业在特定产业里的地位的一种潜在替代。然而共享一项价值活动总是有代价的，必须与共享所得到的好处进行权衡。

（六）时机选择

一项价值活动的成本常常反映了对时机的选择。有时，企业率先采取行动可以获得捷足先登的优势。比如，市场上首创的主要牌号，在创牌和保牌中成本可能比较低。然而，滞后行动者也可以有所得益，比如购买最先进的设备或避免先行者所承担的产品和市场开发的高昂费用，另外滞后行动者还可以做到使其价值链适合于大部分生产要素成本。

时机选择对于成本地位的作用可能在更大程度上取决于选择与经济周期或市场条件有关的时机而不是选择绝对意义上的时间。根据价值活动，时机选择可以提高也可以降低相对于竞争者的成本。

（七）独立于其他驱动因素的自主政策

一项价值活动的成本总是受到企业政策选择的影响，而相对独立于其他成本驱动因素。一些对成本影响最大的政策选择包括：

（1）产品的造型、性能和特点；

（2）所提供的产品组合与分类；

（3）所提供的服务水平；

（4）市场营销和技术开发活动的费用比率；

（5）交货时间；

（6）所选用的工艺技术、独立性或规模、时机选择或其他成本驱动因素；

（7）所使用的原材料或其他外购投入的规格；

（8）生产进度安排、维修、推销队伍和其他活动的程序等。

虽然政策选择对于决定价值活动的成本常常起着一种独立性的作用，但他们也常常影响其他成本驱动因素或受其影响。例如，工艺技术常常部分地受到生产规模和所需产品特征的支配。而其他成本驱动因素也不可避免地影响政策的成本。价值链分析必须揭示政策在决定成本中所起的关键作用。有时政策选择几乎是无法觉察的，因为它们一脉相承或代表尚未受到挑战的传统智慧。对于竞争对手各种活动的政策研究常常会对企业本身的或明或暗的政策选择产生深刻的影响力，并对修改或完善它们以降低成本的方法有所启示。

（八）地理位置

一项价值活动的地理位置可以以若干方式影响成本。地理位置在劳动力管理、科研人员、原材料、能源和其他因素的主要成本中各不相同。例如，普遍的工资水平和税率在各国、一个国家内的各地区和各城市之间都大相径庭。地理位置也能影响企业基础设施的成本，这是由于各地方可用基础设施不同的缘故。气候、文化观念和口味也因地而异,这些不仅影响对产品的需要,而且也影响企业能够开展各种价值的方式。例如,一个工厂里所要求的行为规范部分地与当地的伦理标准有密切的联系。相对供应商的地理位置是内部后勤成本中的一个重要因素,而相对买方的地理位置又影响了外部后勤成本。地理位置几乎对所有价值活动都具有一定影响。因此,通过重新设定价值活动的地点,降低成本的机会总存在着的。

（九）机构因素

包括政府法规、免税期及其他财政刺激手段、关税和征税以及本土化规定等在内的机构因素构成了一个主要的成本驱动因素。正如不利的机构因素能提高成本一样,有利的机构因素则能降低成本。虽然机构上的因素常常位于企业控制能力范围之外,但企业还是可能有办法来影响它们或缩小它们的影响的。一项价值活动的成本行为可能取决于多个成本驱动因素。尽管可能有一个因素对一项价值活动的成本产生显著的影响,但这些因素常常相互作用以决定成本。这种相互作用采取两种形式:相互加强或相互对抗。比如:一项活动规模经济的程度部分地取决于有关活动怎样进行以及产品组合的政策选择。识别成本驱动因素之间的相互作用是确定价值活动成本行为的一个必要组成部分。企业必须在驱动因素加强时协调其他的战略以求获取最低成本。例如,政策选择应提高企业从规模经济中获取收益的能力;选择地理位置必须使得规模经济、运输成本和工资费用之间的权衡取舍达到最优化。虽然成本驱动因素之间的相互作用常常是微妙的,往往不易被人所认识,但是把对成本驱动因素及其相互作用的洞察力转化为战略决策的能力时却成为获取成本优势的持久性来源。

四、采取改进内部价值链的措施

对内部价值链改进的策略包括:(1)简化高成本价值活动的经营和运作;(2)通过改造价值链以消除某些不增值活动;(3)简化产品设计,使产品生产更具经济性;(4)对各成本进行重新布置,将其安排在活动的展开成本最低的地理区;(5)投资于可长期有助于成本节约的技术改善因素,如自动化、计算机控制系统等方面;(6)看某些活动是否可采用外部寻源方式,或这些活动的开展通过外购来完成是否比自身完成更便宜;(7)改造业务流程和惯例,从而提高员工生产效率,提高活动的效率或改善企业对价值活动的管理;(8)围绕棘手的成本因素进行革新,如对工厂和设备追加投资。

总之,企业应结合自身的情况,通过利用并控制决定各项价值活动的成本驱动因素,采取相应的措施予以改进。

五、内部价值链分析的实例

下面用一个具体例子来说明内部价值链分析的具体运用。该例子是针对施工企业的价值链构成进行分析的。施工企业不同于一般的生产经营企业,企业的生产、经营对象为工程项目,交付使用的"产品"就是工程项目,企业的活动以项目为出发点、为中心、为归宿。如无承揽工程项目建设,企业生产经营的链条就会发生中断。企业的生产经营程序可以简单概括为:"顾客"或"用户"的需求形成项目市场——施工企业的项目承揽——项目施工——项目交付及服务——从项目市场重新承揽项目而再次重复上述过程。这样施工企业的价值链可以描述成如表 11-2 所示的形式。

表 11-2　施工企业价值链构成

辅助活动	企业基础管理				利润
	人力资源管理				
	技术开发				
	采　购				
基本活动	项目承揽	内部后勤	项目施工	项目交付及服务	利润

(一)项目承揽

项目承揽包含项目市场信息的收集、组织、筛选、分配及获得项目中所采取的一切手段、方法及工作。

对施工企业而言,只有不断地获取项目,企业生产经营的链条才不致中断。项目承揽不仅是施工企业"生产经营"的起点,而且与项目市场、项目施工、交付使用服务等活动以法定合同化的规定紧密相连。由于项目市场竞争的激烈化,它考验着企业总体经营实力、企业公关、企业形象等诸多方面。实际上,一个项目获得利润的多少在项目承揽中就已基本确定,否则项目承揽就会无的放矢。这就要求企业在项目承揽中,要熟悉业主及用户的需求,不仅要对项目市场各种信息进行综合分析,了解竞争对手情况,而且要对企业本身情况、市场可利用资源情况进行综合分析和利用,才能拿出切实可行的方案。因此项目承揽是企业价值链中关键的一个环节。

（二）内部后勤

内部后勤是指项目施工中有关的原材料储运。所不同的是由于项目施工现场不是在企业单位进行，加之所"生产"的对象是项目，具有一次性特点，使得储备物稳定性较差。故该活动常与辅助活动采购同时进行，还要将企业资源与市场资源合理利用起来，以降低成本。

（三）项目施工

项目施工是承揽项目的合同化施工。在该活动中，运用先进施工技术及工艺诀窍，最大限度合理利用企业内部资源，提高项目管理水平，以降低企业成本，是企业实现利润的有效手段。

（四）项目交付及服务

这是指项目的合同化交付并符合有关法规要求。良好的交付服务，可以为企业起到品牌示范作用，带来一定的声誉，有利于以后的项目承揽工作。

在施工企业价值链的基本活动中，没有市场销售及外部后勤这两项活动。有效的项目承揽就为企业的合格"产品"交换提供了法制化保障。它不同于一般的生产企业，产品与市场的连接交换是在销售环节，对施工企业而言，"产品"项目的交换实现是通过符合合同规定、具有强制性的合格项目；施工企业的"产品"——工程项目在施工现场"生产及交付"，使之没有外部后勤这一块。

在施工企业价值链的辅助活动中，其各活动的内容与波特描述的内容基本一致，所不同的是由于工程项目的特点不同，使其在利用市场资源方面比一般生产企业要大得多。

（五）采购

由于每一项目的不同，各项目对材料的要求也不相同。加之工程项目不是在企业内的"作业生产"，且一个项目原材料、供应品需要数目大，这就要求企业既要利用本身优势，又要广泛采用市场资源，运用科学的方法，以降低项目成本，提高项目利润。

（六）技术开发

这与一般生产企业基本一致。应当指出，采用自己的或学习别的企业先进施工技术、流程，是企业获得高质量成品及成本优势的最有效的方法之一。

（七）人力资源管理

对施工企业而言，根据项目管理特点，制定科学合理的企业内外人员结构是施工企业减轻冗员包袱、降低施工成本的有效方法。

（八）企业基础设施

施工企业对信息要求较多，同时企业在制定基础管理、财务、发展战略、计划、质量保证、有关企业方针和战略时，不仅要考虑企业内部资源，还要考虑可利用的市场资源，只有这样，才能整合有效的信息和资源，对价值链提供强有力的支持。

从以上施工企业价值链分析看，施工企业对内外信息及市场资源依赖很高，要求建立有效强大的信息综合分析系统，具备重整各个经济单元的能力，重组企业内外技能、资源，以降低生产成本，提高企业利润，适应市场变化需要。从价值链理论角度，可分析出我国施工企业管理存在下述三大薄弱环节：

1.信息系统薄弱，不能为企业整个内外资源提供有效的支持

随着计算机技术的发展和数字化的到来，虚拟化管理策略已经逐渐渗透到西方各类企业的经营管理中而且以融合企业外部资源为特征的虚拟企业正在兴起。施工企业的特点更是要求企业建立适应不同区域的各类资源库，建立由虚拟企业构成的网络，以备企业在以后项目承揽、项目施工等活动中使用，以获得竞争优势，提高利润。目前我国多数企业还没有建成适应项目承揽、项目施工等活动需要的人力、物力、供应商、分包商以及区域政治、经济等情况的信息系统，供施工企业进行内外整合。而这一点恰恰是当前赶超国内外先进企业的有效途径，甚至是关键途径。因为灵活多变、科学的整合方案可以弥补企业自身的不足，给企业提供强大的竞争力。

2.外部资源利用不足，使企业竞争成本偏高

由于施工企业"产品"的大型性、一次性、生产地点与交付地点同一性、不在企业内部生产的特点，项目承揽、施工中的技术、管理等因素，要求企业不仅要使用内部资源，更要考虑使用外部资源，以降低成本。以人力资源为例，就应根据施工企业特点，只宜拥有经营管理人员、工程技术人员、关键专业岗位的技术工人，不宜保持庞大的施工队伍，许多工种人员市场供应充足，需要时可聘用为合同工和临时工。

3.企业内部流程存在重大缺陷，价值链的"战略环节"不明晰

从施工企业价值链分析可知，施工企业应建立以项目承揽、项目施工等活动为中心的业务流程系统及适应上述活动的组织结构。以中国建筑总公司为例进行分析，我国许多施工企业距上述要求还相差甚远。中国建筑总公司是由多个规模相当的企业组成的企业集团，作为母公司不是集中大部分业务进行项目承揽、项目施工的核心企业，上述业务由实力相当的工程局承担，各工

程局根据各自实力发展，而且还常为竞争对手，使得企业内部资源难以集约、整合，更不用说利用外部资源。而国外大型公司却不同，企业具有强大的项目承揽及施工能力，是一个智力密集型的龙头企业，企业技术管理人员经常为企业人数的 90％左右，能够迅速整合企业内外资源，降低成本，获得竞争优势。目前，像中国建筑总公司这种组织模式还很普遍，如各行业施工企业的总公司，各省属施工企业总公司等都沿用这种模式，使其难以有效发挥其应具备的功能与作用。

从施工企业的特点及价值链分析上可以看出，施工企业的"战略环节"或核心能力是在项目承揽和项目施工两个环节上。因为抓住了它们，就抓住了施工企业的关键，企业生产经营及利润来源就有了保障。这就要求企业应充分利用内外资源来增强和培育这两个环节以成为企业的竞争优势，而目前我国施工企业在功能目标设置及培育核心竞争力上，还没有特别明晰的战略和强有力的手段，以保障战略环节的实现。

第四节　产业价值链分析内容及实例

波特在讨论价值链的内部联系和外部联系时，也曾指出"联系不仅存在于一个企业价值链内部，而且存在于价值链与供应商和顾客的价值链之间"，"企业价值链与供应商价值链之间的联系可以通过采购、活动等其他多个接触点实现，企业与顾客价值链之间的联系和企业与供应商之间的联系类似。"由此可以将企业、供应商和顾客视作一个整体，它们之间通过上述的各种联系构成一种链条关系，这种链条关系可以向上延伸至最初生产者，也可以向下延伸到最终产品的最终用户。这种链条关系，可以称为产业价值链。

产业价值链是指企业从最初原材料的采购到把最终产品交到用户手中的全过程。这一概念把最终产品看作是一系列作业的集合体，企业则是整个价值链中的一环或几环。从产业价值链分析看，就是超越企业的范围，从整个行业对价值增值活动进行规划，考虑供应商、经销商和顾客在价值链中的作用与影响。例如可以将彩电行业划分为原材料生产、彩管生产、彩电生产、彩电的经销、顾客等若干价值活动。通过这一分解以深入了解企业当前所处的地位，以及各个环节对其价值形成的作用，从而考虑企业沿着价值链向前向后延伸是否有利，通过合理的战略规划，企业可以选择在这一产业的哪些领域参与竞争。

一、产业价值链分析的内容

由于并非所有的产业都能提供均等的、持续的盈利机会，所以一个企业的盈利能力一方面要受到它所处产业的固有盈利能力的影响；另一方面企业又可以通过自身的战略活动对本产业的盈利能力施加一定的反作用。产业价值链分析的重要作用在于决定企业在哪一产业中参与竞争，其研究内容包括：

（一）产业进入和退出

企业通过对某产业在整个产业价值链上的利润共享情况的分析，以及对产业未来发展趋势的合理预期可以作出进入或退出该产业的步骤。

（二）纵向整合

纵向整合是指在某一企业范围内对企业现有生产过程进行扩展。纵向整合可以分为前向整合和后向整合，即在企业范围内分别向产业价值链的上游和下游延伸，通过这种方式来建立企业的优势地位。然而，整合也可能丧失了灵活性、将供应商可以更低成本进行的活动带入企业内部来做，从而侵蚀了效率或提高了退出壁垒。常见的纵向整合决策有"生产还是购买、出售半成品还是进行进一步加工"等问题。企业通过产业价值链的分析不仅要进行这类决策，还要考虑更广泛的有关整合和利用分析之间的战略问题，以及在管理一个纵向整合的实体时所遇到的能够影响整合企业成功与否的许多复杂的管理问题。

二、产业价值链分析的特点

1.产业价值链分析立足于整个社会价值的生产过程，对供应商和顾客给予充分的重视，从中挖掘企业的竞争优势。产业价值链分析注重考察供方的实力，同时结合其他方面的因素考虑来帮助企业制定出最优的采购战略。另外，产业价值链分析还着重研究了本企业的产品如何适应顾客价值链的要求，从而提高顾客满意度，为企业和顾客都创造利润。总之，产业价值链分析可以引导决策者突破"企业范围内决策"的局限，将眼光投放到更广阔的天地中，为企业寻找更多的竞争优势来源。

2.产业价值链分析注重企业的长期发展潜力和利益共享。产业价值链分析不仅要考虑某一项目的盈利性，还要考虑企业在整个产业价值链上的利润共享比例是否可以接受，因此使企业更关注整体价值链的盈利情况，如果各个企业都能从整体考虑,从长远考虑,着眼于企业对整个价值链贡献程度的大小,就能够更好地协调配合,从而提高整个价值链的竞争优势。

三、产业价值链分析的类型

通过以上分析,我们了解到产业价值链分析实际可以进一步分解为供应商价值链分析和购买商价值链分析。

(一)供应商价值链分析的步骤

1.了解供应商盈利能力

(1)规模经济。即选择的供应商是否具有包括制造、采购、研究与开发、市场营销服务网络等方面的规模经济,是否能承担较大的风险,在总体上是否具有较大的优势。

(2)商标的知名度。这是指选择的供应商在同行业当中,是否形成了较为普遍认同的商标,深为广大消费者所信赖。

(3)成本优势。这是指选择的供应商是否以其产品的专有技术、有利的原材料供应渠道、有利的地理位置、卓越的体制、管理和技术创新以及独家专有的学习曲线等因素综合形成了其成本优势。

2.评估供应商价值链及其与企业价值链之间联系的合理性

主要是指从供应商向企业转移价值的过程中,是否能以最经济的方式实现合理的对接。这在很大程度上取决于供应商与企业之间是否有长期稳定的良好合作关系,双方是否都能从全局进行考虑,以求整体价值链的成本最低、效益最优。比如苏州地区有一个有趣现象,如果一个台湾整机厂在苏州建厂,与之相关的配套企业就会千里迢迢地从海峡对岸跟到苏州来,在距整机厂周围 50 公里范围内"安家落户"。1994 年,当时的明基在苏州新区的厂房刚落成,为其配套的 16 家企业便在距苏州 12 公里的吴江安营扎寨。

,台商之所以有很强的合作精神,是因为他们认识到他们面对的是国际市场,台商所提供的产品只有在价格和性能上具有竞争性,才有可能生存,这就逼迫他们必须建立良好的上下游合作关系。上游的零配件或原材料生产厂按下游的整机厂需求生产,解决了产品的销路问题。下游企业需要的产品随要随到,企业的库存和运输费用实现了最小化,生产成本得到有效控制,市场竞争能力就能增加。

3.采取改进活动

(1)帮助供应商进行价值链再造,以节约生产成本,从而降低采购成本;

（2）同供应商谈判，通过采购价格下调以降低采购成本；

（3）采用最经济的联系方式，以达成供应商价值链与企业价值链的合理对接；

（4）考虑更换供应商，以寻求最低采购成本；

（5）通过价值链体系后向整合，对供应商实施兼并，以增强企业成本竞争优势。

（二）购买商价值链分析的步骤

1.了解购买商的购买支付能力

企业应设法了解购买商过去的付款记录，看其是否有按期如数付款的一贯做法，以及与其他供货企业的关系是否良好。购买商的财务实力和财务状况，以及可能影响购买商付款能力的经济环境等。

2.深入了解购买商价值链，以提高买方效益

企业通过自己的价值链影响买方的价值链。如果企业能深刻理解买方是如何使用产品的、企业的各种市场营销、发货及其他活动又是怎样影响买方成本的，就会有很多办法可以降低买方成本。比如，降低发货、安装及筹资成本；降低产品的直接使用成本，例如劳动力、燃料、维修、需要的空间；降低产品的间接使用成本或产品对其他价值活动的影响，如轻型零件可以减少最终产品的运输费；降低买方在其他与有形产品没有联系的其他价值活动中的成本。除此之外，企业还可以通过很多其他价值活动降低买方成本。企业在寻找减少买方成本的过程中，需要深入了解产品运动过程或产品怎样影响买方的价值链，包括买方的库存、搬运、技术开发以及行政业务，同时企业还应对买方在生产此种产品时涉及的所有其他产品和物品投入了如指掌，懂得企业产品如何与其他产品相连。企业还必须注明在价值链中作用于买方链的所有其他活动。提高买方效益的关键在于了解对买方来说什么是最理想的效益。提高工业、商业、公共事业产品的买方效益取决于什么能与买方一起创造买方经营歧异性。企业必须理解买方的需要并应采用与买方分析价值相同的分析方法。例如，将卡车卖给一家消费品公司，公司需要把物品送到零售商店去卖，如果零售店需要经常发货，那么消费品企业就会对一辆具有一定载重量、能以合理的价格送货的卡车很感兴趣。因此提高买方效益就是要发现买方需求并更好地满足买方需求。

3.评估购买商价值链与企业价值链之间联系的合理性

主要是指从企业向购买商转移价值的过程中，是否能以最经济的方式实现合理的对接。企业自身价值链与买方价值链的对接不仅仅局限于实际使用

产品的活动,企业还可以通过其他活动,如后勤系统、订货系统、销售队伍以及应用工程设计队伍等对买方价值链产生影响。因此,企业可以从中选择出最经济的方式以达成购买商价值链与企业价值链的合理对接。比如海尔在大城市设的电话服务中心有 30 多个,营销网点有一万多个,但更重要的是海尔现在的销售网点深入到农村,差不多有 6 万多个村。海尔从一级市场、特大型城市,到乡镇,到农村,建立起庞大的销售网络,如果没有这个网络,做电子商务就没有基础。此外,海尔还为自己起了个名字叫"一名两网",一靠海尔自己的品牌,二靠健全的配送网络和支付网络。支付网络是和中国建设银行合作的,目前在全国各地均用建行在全国各地的网络支付,效果非常好,没做电子商务之前,海尔商务在北京、上海……凡是建行支付可以解决的地方都做,现在结算都在当地,完全可以立即回到海尔的账户上,所以通过电子商务海尔将自身的价值链与顾客的价值链有效地对接起来。

4.采取相应战略改进活动

(1)帮助购买商改善价值链,以节约其采购成本;

(2)从维护产品最终消费者利益立场出发,调整买方效益;

(3)采用最经济的联系方式,以达成购买商价值链与企业价值链的合理对接;

(4)考虑更换购买商,以寻求最低分销成本;

(5)通过价值链体系前向整合,对购买商实施兼并,以增强企业成本竞争优势。

四、产业价值链分析实例

下面通过一个具体例子来说明产业价值链分析在行业研究中的具体运用。该例子是由赛立信市场研究公司提供的。赛立信市场研究公司 2001 年完成了一个有关价值链研究的项目,该研究涉及国内人造板及相关行业。在进行该项研究之前,赛立信公司已帮助客户对国内人造板市场及行业作了初步的研究,该项价值链研究与行业研究,都是为客户即将在国内展开的大规模投资活动提供决策依据的。

根据客户的要求,本次进行的价值链调研主要是为客户即将进行的投资活动确定战略方针。通过对国内人造板行业价值链的调研,为客户描述出国内人造板行业价值链的一般结构,并结合各调研个案,对能够影响行业价值链结构的所有战略成本动因和歧异动因进行分析,确定其影响的方面和影响程度等。调研分析的过程如图 11-1 所示。

确认行业价值链作业；

⇩

将总价值分解为利润和价值作业；

⇩

把成本、收入和资产分配给价值作业；

⇩

找出统驭每个价值链作业的战略成本动因并对其进行分析；

⇩

探讨如何比竞争对手更好地控制战略成本动因以取得成本领先优势；

⇩

找出特定的价值链活动是如何对企业的经营歧异性施加影响的；

⇩

探讨如何进行价值活动以增强人造板生产企业的经营歧异性；

⇩

探讨是否能以及应如何重组行业价值链以取得以上两方面竞争优势；

⇩

探讨企业应该在什么样的范围内争取竞争优势；

⇩

确定创造可持续竞争优势的方针。

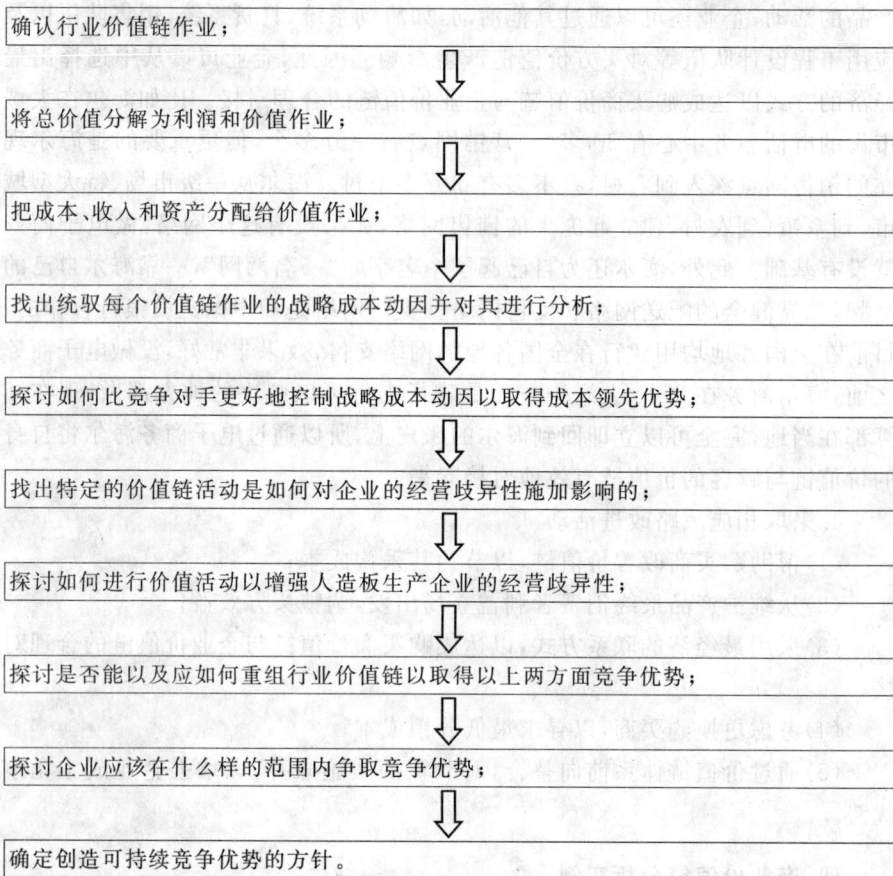

图 11-1　调研分析的过程

首先,对国内人造板行业及与其关联程度较高的家具行业、复合地板生产行业、装饰/装修/建筑行业进行分析,确定了人造板生产行业的三条主要的价值链,如表 11-3 所示。

表 11-3　人造板生产行业的三条主要的价值链

木材→人造板→家具→家具经销商→消费者(最终用户)
木材→人造板→复合地板→地板经销商→消费者(最终用户)
木材→人造板→装饰/装修/建筑企业→消费者(用户)

为了解各类战略成本驱动因素和独特性驱动因素对企业的价值作业产生

的影响,以充分权衡其中的利弊,求得最佳的投资方案,在全国范围内选取了具有代表性以及与客户未来投资要求相接近的企业作为样本,对其企业的价值链结构进行考察。为了考察整合对于价值链结构的影响,选取的企业既有在行业价值链中某一个环节上的企业,也有跨越好几个价值链环节的企业和纵跨整个行业价值链的企业,各环节的企业存在上下游业务关系。这些企业以三资企业占多数。

由于市场调研公司不可能取得国内相关企业内部的详细资料,而且现行的会计制度所执行的核算口径与进行价值链调研的要求并不是完全一致的。因此,调研的进行并不是完全按照图 11-1 所示的分解方法来将企业分解成相关的价值活动的,而是根据调研的需要和实际情况来制定调研方法和调查提纲。调查提纲是按照以价值链分析要求来分解行业价值链上每一个环节的企业的销售收入的思路设计的,即先将收入分解为毛利润和成本,然后将成本按其驱动因素不同分解为材料、活劳动、设备、能源等部分;将毛利润分解为销售费用、销售税金及附加、管理费用、利息、所得税税金、纯利润等。此处的税金及附加与通常会计中所核算的不同,它包括了会计核算中以管理费用核算的部分(三项税金)。对主营业务以外收支的情况不作考虑。具体描述行业总和的价值链时,毛利润部分分为经营费用(销售及管理)、税金及附加、净利润三部分。参见图 11-2。

考虑到国内市场的实际情况及本行业的特点,该次行业价值链分析的最后一环是消费者(用户)环节,对最终产品到达用户手中后使用和保修、报废等情况不作考虑。

另外由于国内增值税实行价外计税的办法,即以不含增值税税额的价格为计税依据,消除增值税对成本、利润、价格的影响。增值税应纳税款在采购时不计入采购成本,在销售时也不计入企业的收入,可以说完全处于企业的价值链运转流程之外,不对企业的成本、价格、利润等产生影响。由于增值税不带来成本差异性或经营歧异性,并且目前也不是一个可以用来为企业争取竞争优势的因素,调研和分析过程中剔除了增值税的因素。

通过调研,描述出了与人造板行业相关的数条价值链(如表 11-3 所示),分不同地区,不同所有制类型、不同规模、不同整合程度等对相关企业的价值链进行了对比,深入考察了造成其价值链差异的因素,并在此基础上提出了如下相关的建议。

1. 在目前条件下,企业的自动化程度过高反而会影响企业的盈利能力,而即使是对于人造板这样的工业中间产品,它的生产企业的规模也不能超过一

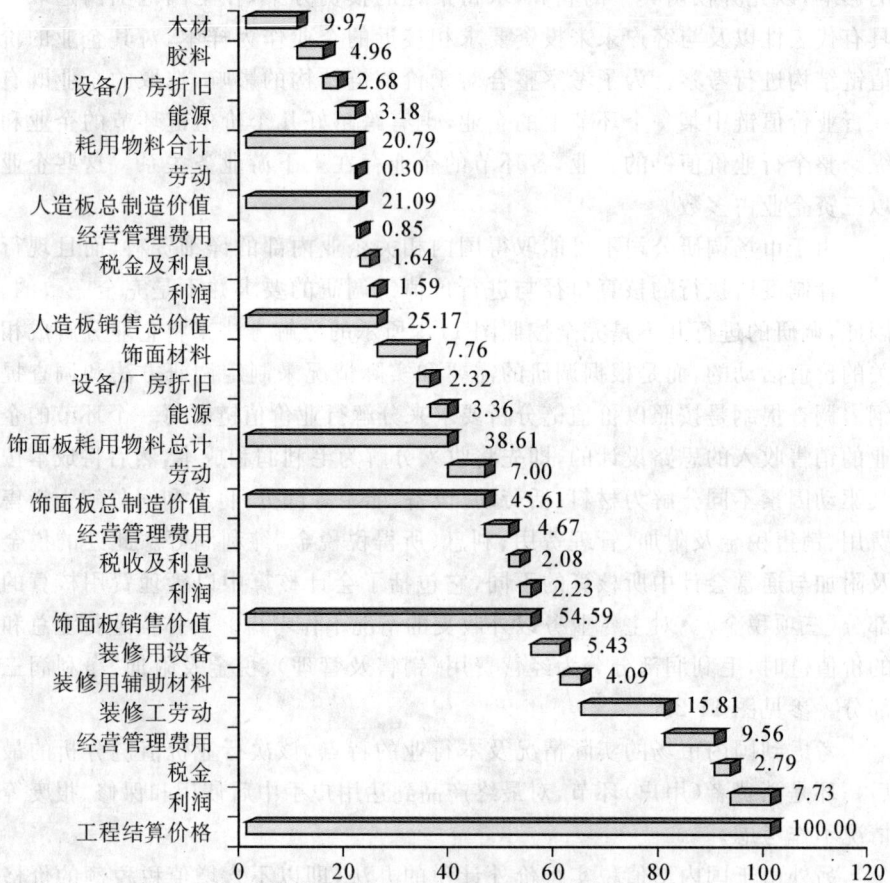

木材	9.97
胶料	4.96
设备/厂房折旧	2.68
能源	3.18
耗用物料合计	20.79
劳动	0.30
人造板总制造价值	21.09
经营管理费用	0.85
税金及利息	1.64
利润	1.59
人造板销售总价值	25.17
饰面材料	7.76
设备/厂房折旧	2.32
能源	3.36
饰面板耗用物料总计	38.61
劳动	7.00
饰面板总制造价值	45.61
经营管理费用	4.67
税收及利息	2.08
利润	2.23
饰面板销售价值	54.59
装修用设备	5.43
装修用辅助材料	4.09
装修工劳动	15.81
经营管理费用	9.56
税金	2.79
利润	7.73
工程结算价格	100.00

图 11-2　从人造板到饰面板的行业价值链

（消费者每支付 100 元人民币装修费用的价值链组成情况；单位：元人民币）

定的限度。企业对自产产品进行深入加工反而会削弱企业的核心竞争力、专业化的竞争也可能比不上"大而全"等等。

2.通过考察人造板行业的行业价值链可以发现，固定成本(指企业在机器和厂房设备等方面的开支)在总成本中所占的比例是最大的。如果新企业建立的地点适当的话，适当地提高人工成本在总成本中所占的比例能够达到降低企业的总成本的目的。试比较以下投资方案：

投资方案 A：设备厂房总投资人民币 5 亿元，达到一定生产规模，采用先进的生产设备(进口设备)，进行高自动化程度的生产，只需 80 名生产工人，以

25年折旧期计算,则每年应计提折旧(设备厂房成本)2 000万元人民币,工人工资以1 000元/人/月计算,则全年应支付工人工资96万元,两项合计为每年2 096万元人民币。

投资方案B:设备厂房总投资人民币3亿元,达到相应生产规模,采用一般的生产设备(国产设备),进行自动化程度一般的生产,需300名生产工人,以25年折旧期计算,则每年应计提折旧(设备厂房成本)1 200万元人民币,工人工资以1 000元/人/月计算,则全年应支付工人工资360万元,两项合计为每年1 560万元人民币。

从比较中不难看出,方案B降低了生产自动化程度,适当提高了人工成本,反而降低了生产的总成本。这是因为国内劳动力资源丰富,人力资源价格低廉造成的特例。

在对人造板以及相关行业和市场进行深入分析之后,结合所推荐建立的价值链结构(企业),为客户建议在什么样的范围内争取竞争优势也成为本次调研报告提出的建议的一部分。

可见,在产业竞争中,重要的是控制价值链上有战略意义的关键环节。任何企业都应该找到自己在这条产业价值链当中的适当定位。研发还是产业?或者更细一点,集成、生产,还是销售、服务?这是每一个企业对于自身定位必须明确的问题。此外,任何企业都应该建立自己的产业价值链。看到自己在整个链条中的位置后,企业就能够把握好自身的所需与所长,从而对症下药地建立个性化的产业链条,这是其远期发展战略的重要参考。

第五节　竞争对手价值链分析内容及实例

通过产业价值链概念的讨论,可以看到每个企业都处于至少一条产业价值链上,同样地,在整个社会经济中,每种最终产品的生产必然可以通过多种途径和方式达到和完成,因而在空间上必然存在一系列互相平行的产业价值链,也就是竞争对手的价值链。如果把企业看作是一个整体,那么所有在一组互相平行的产业价值链上处于同等地位的企业之间又形成一种新的内在有机联系。这种联系是一种平衡制约的机制,相互作用的结果决定了各个企业在产业内部的相对竞争地位。

竞争对手价值链在一定意义上又称为横向价值链。横向价值链是指在一组互相平行的产业价值链中处于同等地位的企业之间相互作用所构成的具有潜在关系的链条。从这个意义上说，企业正是某一时点、某一经济条件下，产业价值链与横向价值链的交叉点。企业的任何价值活动都或多或少地受到产业价值链和竞争对手价值链上其他企业的影响。同时企业也仅作用于外部，影响和制约着其他企业的价值活动，它们之间的相互作用形成了某种暂时的均衡，企业的综合实力即是由企业在这一均衡中所处的地位所决定的。

一、竞争对手价值链分析的内容

竞争对手价值链分析简单地讲就是对竞争对手的价值链进行分析。在大多数行业中，不论其平均盈利能力如何，总会有一些企业比其他企业获利更多。企业通过竞争对手价值链分析可以确定自身与竞争对手之间的差异，从而确定能够为企业取得相对竞争优势的战略。竞争对手价值链分析的内容包括：

（一）产品的价格和数量

产品的价格是产品价值的货币表现，同时又受到供求关系的影响。通过竞争对手价值链分析可以对同一产业内部和企业之间的相互作用进行分析，在理论上确定产品的均衡价格和各企业生产的均衡产量。这是因为某一企业的定价以及产量的变化都会对其他企业产生影响，从而引发其他企业的战略调整，使得原有的均衡产量和价格遭到破坏，企业之间的相互作用可以使得这种动态变化趋向于一个新的动态平衡点，这就是说一旦产业内部平衡关系由于某一个或多个企业的行为遭到破坏，产业内部又会在企业之间的相互作用下达到一种新的平衡，这种平衡是一种动态化的平衡，所以，企业有必要对此进行分析。

（二）技术开发的方向

企业在进行竞争对手价值链分析时，通过对竞争对手价值链的分析确定企业的竞争优势所在，为企业内部技术开发指明方向——企业在技术开发时要与企业的总体经营方向一致，以有利于竞争优势的取得和保持。

（三）采购和销售

采购和销售所采用的渠道和方式并不是企业一厢情愿地确定的，它需要企业进行竞争对手价值链分析，确定与竞争对手采用相同、类似还是不同的渠道和方式。企业一方面要进行资源分析，另一方面要有利于竞争优势的取得和保持。

（四）服务

这是指与提供服务有关的各种价值活动。这种价值活动是增加或保持产品价值,也是企业差异化竞争优势的一个重要来源,所以服务也是企业进行竞争对手价值链分析时所要确定的一项内容。

二、竞争对手价值链分析的特点

竞争对手价值链分析关注竞争对手的价值链,通过比较企业自身与竞争对手在进行相同价值活动时所采用的不同策略,可以帮助企业了解所处竞争地位,以及形成差异的原因,从而达到"知己知彼"的目的,并最大限度地利用这种差异性为实现企业经营目标服务。

三、竞争对手价值链分析的步骤

(一)步骤

1.了解竞争对手的成本情况;

2.评估竞争对手价值链的合理性和科学性;

3.将竞争对手的成本优势准确定位于价值链中;

4.采取消除成本劣势创造成本优势的策略。

(二)改进措施

通过对竞争对手价值链分析,企业找到了构成自身相对成本地位的原因,进而可以寻求改进的途径以获得持久成本优势。改进的措施包括:

1.控制成本驱动因素

一旦企业已识别其价值链,并判定出重要价值活动的成本驱动因素,成本优势就产生了,从而能够比竞争者更好地对这些驱动因素进行控制。比如,通过兼并、拓展产品种类、扩大市场等活动来增大规模以降低成本。通过企业和姐妹业务单元共享价值活动或进入有着共享机会的新的经营领域也可以显著降低经营成本。企业有潜在的可能可以取得价值链中任何活动成本驱动因素的优势地位。在成本中占有重要的地位或所占比例正在增长的活动将为改善相对成本地位提供巨大的潜力。

2.重构价值链

企业相对成本地位的显著变动最常见的是来源于采用与竞争对手有显著差异的价值链。重构价值链能带来成本优势出于两个原因。首先,与满足于零零散散的改善相比,价值链重构经常能提供从根本上改变公司成本结构的机会。新的价值链可能证明其内在效率比原有的更高。其次,重构价值链可能依据企业的偏好而改变重要的成本驱动因素,从而通过利用企业优势改变了竞争的基础,以一种不同以往的方式进行一项活动能改变该活动对于规模经济、相互关系、地理位置效果和实际上所有其他成本驱动因素的敏感性。

要识别新的价值链,企业必须考察它所做的一切以及竞争者的价值链,寻求以不同方式来做事的具有创造性的方案选择。企业应该对每项活动提出如下的一些问题:

(1)如何才能以不同的方式进行这项活动,甚至取消该活动?

(2)如何才能把一组有联系的价值活动重新排序或重新组合?

(3)与其他企业的联盟如何降低或根除成本?

四、竞争对手价值链分析的实例

AB啤酒公司与AC啤酒公司是两家美国企业,他们都从事啤酒的生产,因此是位于同一行业的竞争对手,通过对两者的作业成本链进行分析,得出了表11-4。

表 11-4　AB 啤酒公司与 AC 啤酒公司作业成本链分析

金额单位:元

作业成本要素	AB 牌啤酒估计成本详细剖析		AC 牌啤酒估计成本详细剖析	
	每听	相当每桶	每听	相当每桶
1.制造成本:				
直接生产成本:				
原材料配料	0.138 4	7.63	0.108 2	5.96
直接人工	0.155 7	8.58	0.125 7	6.93
非工会成员工资	0.080 0	4.41	0.056 8	3.13
包装物	0.505 5	27.86	0.466 3	25.70
厂场及设备折旧	0.041 0	2.26	0.082 6	4.55
小计	0.920 6	50.74	0.839 6	46.27
其他费用:				
广告	0.047 7	2.63	0.033 8	1.86
其他营销与总务费用	0.109 6	6.04	0.198 9	10.96
利息	0.014 7	0.81	0.003 3	0.18
研究与开发	0.027 7	1.53	0.019 5	1.07

作业成本要素	AB牌啤酒估计成本详细剖析		AC牌啤酒估计成本详细剖析	
	每听	相当每桶	每听	相当每桶
总制造成本	1.120 3	61.75	1.095 1	60.34
2.制造商的经营利润	0.142 4	7.85	0.070 9	3.91
3.净售价	1.262 7	69.60	1.166 0	64.25
4.加啤酒商支付的联邦与洲鼓励税	0.187 3	10.32	0.178 2	9.82
5.平均出厂批发价	1.450 0	79.92	11.344 2	74.07
6.平均毛利	0.550 0	30.31	0.515 8	28.43
7.平均批发商批发价(包括上述第四项但不含其他税)	2.00	110.23	1.86	102.50
8.加其他联邦与洲批零税	0.60		0.60	
9.平均20%的批发成本零售加成	0.4		0.38	
10.平均零售价	3.00		2.84	

表11-4是两种品牌啤酒的估计平均成本,显示了原材料成本、其他制造成本和分销渠道成本。

通过对这两家啤酒厂的分析发现,双方在单位成本的构成上各有长处与短处,因此形成了平均售价上的差异。两者之间的差异是由两公司生产经营中的诸多因素所决定的。如,AB公司经营利润是AC公司的一倍,单位研发成本也高出一筹,而AC公司折旧费用要比AB公司高一倍,而利息费用却少一倍,这些都是由于双方在生产经营以及战略上的原因引起的。

通过对竞争对手的价值链进行分析,可以发现企业与对手相比的成本差异发生在价值链的哪个部分。如果其弱势在上游或下游价值链,企业必须考虑延伸其价值链于现有经营之外。当一个公司的成本劣势主要与外购供应商项目有关时,可以考虑以下任何几个战略步骤去解决:

(1)与供应商协商更优惠的价格;

(2)与供应商合作帮助其取得更低的成本;

(3)通过后向整合以控制购买物的成本;

(4)尝试使用更低廉的替代品;

(5)节约运输成本;

(6)通过降低成本链上任一地方的成本以弥补差异。

当公司的成本劣势与下游的价值链有关时,可有如下战略选择:

(1)让批发商与其他分销渠道联合起来降低成本和加成率;

(2)采取更经济的分销战略,如前向整合;

(3)降低以前价值链的成本。

当公司的成本劣势源于公司内部时,可以使用下述方法恢复成本的平等地位:

(1)发起预算紧缩计划;

(2)改进生产方法和工作程序(提高工人生产率和增加高成本设备的效用);

(3)尝试消除一些共同产生成本的作业;

(4)将一些高成本的作业重新配置于运行成本更低的地域;

(5)将某些作业出包给比自己更便宜的厂家;

(6)进行降低成本的技术性改造(自动化弹性制造技术等);

(7)在进行了新的设施的投资后,进行复杂的成本项目的改进;

(8)通过价值工程简化设计;

(9)通过价值链的其他部位来降低成本①。

思考题

1.什么是价值链? 它包括哪些内容?

2.价值链有哪些类型?

3.价值链分析的意义有哪些?

4.如何进行内部价值链分析?

5.产业价值链分析包括哪些内容? 如何进行分析?

6.什么是竞争对手价值链分析?

7.为什么说价值链分析是管理会计的新兴内容?

---

① 本案例引自夏宽云:《战略管理会计——用数字指导战略》,复旦大学出版社 2007 年版。

第十二章　环境管理会计

环境会计(environment accounting)也称作绿色会计(green accounting)，它是在环境资源不断恶化和批判传统会计的基础上产生的，是"污染者付费"原则的深刻体现，是近些年来会计职能和范围迅速扩展过程中正在形成的一个新的领域。环境会计与人类的可持续发展息息相关，它的建立必将增加企业财务信息的透明度，更好地满足企业内外部利益相关者的需要。

对环境会计的研究始于 20 世纪 70 年代早期，以英国《会计学月刊》1971年比蒙斯的《控制污染的社会成本转换研究》和 1973 年马林的《污染的会计问题》两篇为代表，揭开了环境会计研究的序幕。其后各国不断刊登出有关环境会计的文章，有利地推动了环境会计的发展。联合国国际会计和专家工作组连续几次在会计会议上讨论环境会计披露问题，并建议各国研究相关的会计准则，使得环境会计在全球范围内得到进一步的发展和传播。本章将站在企业管理的角度来详细阐述环境会计，即环境管理会计(environmental management accounting，EMA)。

第一节　环境管理会计概述

一、环境管理会计的产生与发展

为了满足人口增长和不断提高生活水平的要求，发展始终是人类的共同追求。传统观念上的发展主要是以国民生产总值的增长为主要指标，以工业化为基本内容的经济增长。基于这种发展理论，第二次世界大战之后出现空前的"增长热"，引发了新的矛盾，导致环境污染和生态恶化等问题。企业的各种生产经营活动都是在一定的自然环境中进行的，两者是一种相互作用的关系。企业从自然环境中获取进行生产经营所需的各种资源，如空气、水、木材、矿石等，同时企业的生产经营又会向自然环境排放出一些有毒物质，如废水、废气、废料等，从而改变了自然资源的状态。自然资源反过来也会对企业的生产经营产生影响。一般而言，良好的生态环境可以促进企业的生产经营，使生产成本降低，效益提高；恶化的生态环境则会给人类造成灾难，从而阻碍企业的生产经营。企业与自然环境这种密切联系决定了企业在生产经营中要考虑其对环境的影响。

然而这种认识并非是人类与生俱来的，而是经受了惨痛教训得来的。从工业革命开始的大规模破坏生态环境的活动，给人类社会造成了许多灾难至今还难以消除，温室效应、臭氧层的空洞仍是人类巨大的隐患。1968年罗马俱乐部发表了著名的《增长的极限》一书，1972年联合国举行了人类环境会议，这标志着人类社会开始重视环境问题，开始思考环境与经济增长之间以及环境与社会发展之间的相互关系，开始认识到只有走可持续发展道路，人类社会才能不断前进。从此，环境问题成为政府议事日程中的重要项目之一，关于环境保护的法律、法规和环境管理的标准相继出台。20世纪80年代提出的"可持续发展战略"得到世界各国的共同认可，逐步形成共识。1980年的《世界自然保护大纲》第一次把"可持续发展"作为一个当代科学术语明确提出来。这一大纲是国际自然保护联盟受联合国环境与开发署的委托，在世界野生生物基金会的支持和协助下制定的。为了使人们对世界自然保护大纲中所提出的观念有更进一步的了解并落实到行动上，世界自然保护联盟于1981年推出了另一个具有国际影响的文件《保护地球》。这一文件从社会科学的角度，对"可持续发展"作了进一步的阐述。对"可持续发展"概念的形成和发展起到重要推动作用的是世界环境与发展委员会（1983年11月成立）于1987年2月向联合国提交的报告《我们共同的未来》。报告对当前人类在发展和环境保护方面存在的问题进行了全面和系统的分析，提出了一个为世人普遍所接受的有关可持续发展的概念。认为可持续发展就是"满足当代人的需求，又不损害后代人满足其需求能力的发展"；并指出，过去我们关心的是经济发展对环境带来的影响，现在我们迫切感受到生态的压力，如土壤、水、大气、森林的退化对经济发展所带来的影响。1992年6月，联合国在巴西里约热内卢召开了"环境与发展"的全世界首脑会议，通过并形成了《里约宣言》和《21世纪议程》等重要文件。与会各国一致承诺把"走可持续发展的道路，保护环境"作为未来长期共同的发展战略，第一次把可持续发展问题从理论和概念推向行动。

2002年联合国高峰会议后,将次年定为可持续发展行动元年,环境保护和可持续发展在经历长达30年的漫长征程之后,终于得到了全人类的理解和认同。现在,多数国家和企业都开始主动、自发地从各方面着手环境保护行动,这其中也包括在会计领域的行动。

世界各国对环境问题越来越关注,社会各方面均需要企业减少环境污染,并对这种责任的履行情况作出报告。在会计领域应该对环境有关的成本、收入和利益进行确认,而传统的会计却不能明了地提供这方面充分的信息。为了能够解决这个问题,环境管理会计开始慢慢地受到重视。在20世纪90年代,美国环境保护协会首先提出应该建立正式的程序来采纳环境管理会计。从那时开始,世界上30多个国家先后开始推行环境管理会计用于各种目的的与环境相关的管理活动中。代表性文献为R. Gray1993年所著《环境管理会计学》一书(*Accounting for the Environment*)。环境管理会计的研究受到许多组织的支持,这些组织不仅包括会计界,也包括企业界和环保组织及机构。某些研究成果也得到一定程度的运用。进入90年代中期之后,环境管理会计的称谓渐被人们所接受,所讨论的问题也更加广泛和深入,可见环境管理会计的产生是人们对环境问题认识深化和相关环保法规建立的结果,是人类文明进步的表现。

当然,由于环境管理会计出现的时间尚短,仍处于发展初期,还不成熟。这种不成熟可从理论和实务两方面来看。从理论上看,环境管理会计尚未建立一套能与现行会计体系相结合的可行的计量方法体系;从实务上看,对环境问题的揭示还多采用定性描述的方式。

二、环境管理会计的含义

迄今为止,环境管理会计没有简单的、统一被接受的定义。按照国际会计师联合会(IFAC)在《管理会计概念》文件中指出的,环境管理会计是指通过发展和执行适当的环境相关的会计系统和实践,来达到对环境和经济效果的管理。它包括对与环境有关的会计的报告和审计,特别是涉及产品生命周期的成本核算、全部成本会计、利益的评估以及环境战略管理的内容。另一个定义是由联合国的专家工作组给出的。这个定义是由国际上的30多个国家的不同组织共同确认的。这些组织认为,环境管理会计是指对下面两个方面的内部信息的发现、收集、整理、分析和运用:(1)能源、水和材料(包括废弃物)的使用、流动和最终去向的实物信息;(2)与环境相关的成本、收入和节省等方面的数字信息。上面两种定义都强调了环境管理会计需要广泛不同的信息和一些相同的信息处理技术和方法。

对环境管理会计,可理解为是对因环境问题而引起的治理污染的成本、资产价值的贬值、由于社会压力而产生相应的或有负债和其他环境风险损失支出进行确认和计量。在此基础上利用这些数据对企业的环境投资进行规划,对由此产生的环境效益进行评价。

三、环境管理会计遵循的标准和思想

随着环保意识的增强,世界各国对环境保护制定了一系列的标准,目前为各国所普遍接受的是 1996 年的 ISO 14000 国际环境管理系列标准。该项标准是通过在企业内部建立一套科学规范的环境管理体系,提高环境管理水平,持续改进环境状况,起到节能降耗减少污染的效果,同时有利于提高企业形象和开拓产品市场,将环境保护和市场直接联系起来。企业要证明自己的生产没有造成环境污染,就需实施 ISO 14000 认证。从通过试点认证的企业看,经济效益和环境效益都比较明显,如青岛海尔冰箱厂,认证前后产品直通率由98.2%提到98.5%,废品率从 7%降到 5.4%,1997 年成功地大规模进入美国市场。

与 ISO 14000 环境管理标准相对应的是清洁生产的概念,它是对从原材料到产品的工业生产全过程进行综合污染预防和控制,以实现"废物最小量化"的一种新的"源头削减"战略。清洁生产改变了工业污染"末端治理"的传统模式,合理有效地使用原材料和能源,降低生产成本,减少工业污染的产生和排放。清洁生产已成为世界各国实施可持续发展战略的主要措施和可持续发展的优先领域,因此也应成为企业生产的奋斗目标。清洁生产具体包括以下几方面:

(一)自然资源和能源利用的最合理化

即企业用最少的原材料和能源消耗,生产尽可能多的产品,提供尽可能多的服务,在生产、产品和服务中,最大限度地节约能源、利用可再生能源、利用清洁能源、开发新能源、实施各种节能技术和措施、节约原材料、利用无毒和无害原材料、减少使用稀有原材料、现场循环利用物料。

(二)经济效益最大量化

即企业用最少的原材料和能源消耗,生产尽可能多的产品,提供尽可能多的服务,在生产、产品和服务中,最大限度地减少原材料和能源的使用、采用高效的生产技术和工艺、减少副产品、降低物料和能源损耗、提高产品质量、合理安排生产进度、培养高素质的职工队伍、完善企业管理制度、树立良好的企业形象。

（三）人类与环境危害最小量化

减少生产对人类与环境造成的风险和危害是实现企业生产目标的重要保证。实现人类与环境危害最小量化就是在生产、产品和服务中，最大限度地减少有毒有害物料的使用、采用少废或无废生产技术和工艺、减少生产过程的各种危险因素、现场循环利用废物、使用可回收利用包装材料、采用可降解和易处置材料生产产品、合理利用产品功能、延长产品寿命、合理包装产品。

在上述标准和思想的指导下，环境管理会计成为企业环境管理的有效工具，为企业适应时代要求，提高企业市场竞争能力发挥了巨大的作用，使企业取得了良好的经济效益和社会效益。

四、环境管理会计的基本内容

如前所述，对环境问题的重视而形成的外部压力是形成环境管理会计的外部动因。在这种压力下，企业在运用管理会计进行各种决策分析时，通过确认、计量各种由于环境因素所造成的收益与成本，并将其纳入管理会计分析之中，从而得出较全面的、兼顾经济效益和环境效益、短期利益和长期利益的分析结果，服务于企业内部环境管理决策。具体来说，环境管理会计的基本内容包括：

（一）环境成本的归集和分配

简单地说，环境成本就是企业发生的与环境有关的各项支出，企业要实施环境管理就必须了解为此发生的各项支出。在传统会计体系中，环境成本是被当作普通成本核算的，企业管理人员无法从这样的信息系统中获取与环境相关的成本信息。在本章以后的内容中我们还将看到这种做法是有害的，它妨碍了企业作出正确的决策。

环境管理会计改变了这种状况，它将企业发生的与环境有关的成本、费用单独核算并归集起来，以反映企业的环境责任履行情况。与此同时，还将所归集的成本、费用按作业成本法、总成本法、生命周期完全成本法等先进的成本计算方法分配给各相关的作业或产品。在此基础上寻求控制并降低环境成本、提高环境效益的有效途径。

（二）环境成本的控制

成本控制是管理会计的重要内容，在考虑环境因素后，对环境成本的控制也就变得重要了。由于环境成本的范围比较广，其中很大一部分是无形的，例如污染环境所造成的公众形象的损失，企业所能直接控制的只是经济活动直接影响的部分，例如治理废弃物成本。因此，从企业的角度来看，环境成本的控制主要是指废弃物成本的控制和能源消耗成本的控制。通过衡量为降低能源消耗和废弃物而发生的成本和由此产生的收益，可以提高企业的经济效益，达到经济效益和社会效益的协调。

（三）环境投资决策

企业为达到有关环境保护的法律、法规和标准的要求，必须要进行一些必要的投资活动以改善企业生产经营活动对环境的影响，从而为企业的长远发展做准备。传统管理会计的投资决策是建立在企业利润最大化基础之上的，它与考虑环境因素的决策可能产生冲突，两者的差别之一就在于是否着眼于企业的长远利益。这是因为企业现在不为改善环境进行投资，长久下去必将被社会所淘汰。就现阶段而言，环境管理会计仍是采用管理会计中原有的分析方法和模型，但在分析、决策过程中应坚持对环境负责的思想，考虑由环境因素导致的成本、效益问题。

（四）环境业绩评价

环境业绩评价就是对企业在环境活动方面所取得的业绩进行评价，看其是否符合企业的环境目标，并对各部门、员工为环境活动所作的贡献进行奖惩，以激励各部门、员工的积极性，使之与企业环境目标协调一致。环境业绩评价使环境管理会计与企业管理系统紧密结合起来。

五、环境管理会计的基本特征

从上述研究内容中可以看出，环境管理会计是在传统会计基础上的发展，它在信息揭示上加入了有关环境影响方面的信息，扩大了会计计量范围。其服务对象也从微观转移到微观与宏观相结合，有助于投资者将注意力从追逐短期利润最大化转移到公司长期稳健发展上面来，使长短期利益能有机结合在一起。与传统会计相比，笔者认为环境管理会计有如下基本特征：

（1）确认和寻找减轻传统会计中对环境产生负面影响的理论和实务，使会计能为改善环境服务。

（2）将传统会计中涉及环境问题的成本和收入分别反映列示，减少传统财务标准与环境标准间的冲突。

（3）设计新型的财务和非财务的会计系统、信息系统和控制系统以鼓励企业做出有利于环境改善的决策。

（4）为满足内部和外部的需要建立新的业绩计量、报告和评估体系，以促使企业对环境问题负责。

六、我国建立环境管理会计的必要性

随着环保观念的深入人心，以及相关环保法规的完善，从一定程度上说，环境的优劣和企业对环境问题重视程度的高低决定了企业的生存与发展。环境因素给企业带来成本的同时又给企业带来无穷的收益，企业必须在环境成本和环境收益之间进行权衡，而这正是环境管理会计的职责。因此，在我国建立环境管理会计是十分必要的。

(一)建立环境管理会计是我国环境现状的客观要求

近年来，由于工业的迅猛发展，世界人口的迅速增长以及各地片面追求经济增长率的升温，使得城市废物、废气、废渣及噪声污染日益严重，社会对能源的需求日益膨胀，自然资源日趋枯竭，能源危机不断危及人类的生产与生活。如何治理环境污染问题已提到议事日程上来。环境会计作为环境信息反映的重要手段，理应在环境开发、利用、处理和信息披露方面发挥重要的作用。而环境管理会计作为环境会计的组成部分，随着人们环境意识的不断提高、企业对环境问题的日益重视，也理应发挥自身支持决策的功能。

(二)建立环境管理会计是企业自身发展的需要

随着世界经济一体化的发展，各国企业要走出国门与国外企业抗衡，就绝不能忽略"绿色壁垒"。企业要在国际竞争中取胜，在产品定价中就不能不考虑环境因素。尽量减少环境成本在产品成本中的比重对企业的发展至关重要。即使是国内企业间的竞争，当环境保护受到充分重视时，企业关注环境的责任是不可推卸的。环境管理会计的建立必将提高企业形象进而提高市场份额；改进产品的环境性能，推动企业的技术进步；节能降耗，降低成本提高企业的市场竞争力；提高企业管理水平，推动企业由粗放型管理向集约型管理转变；使企业在我国加入 WTO 后新的市场竞争条件下，建立起先进的科学的管理机制，迎接新的挑战。

(三)建立环境管理会计有利于增强全员的成本管理意识

企业成本管理的根本任务就是监督检查各项成本的使用效果，努力提高成本的增值效率，严格防止无效成本的产生。环境成本不同于传统意义上的成本概念，它是拓展了的成本概念。成本概念的延伸使得企业每一位员工在任何时候、任何地点都会对成本予以更大的关注，增强其成本意识，自觉执行岗位责任，严格完成成本指标，积极参与企业成本管理。让员工直接感受到环境污染的危害和环境保护带来的好处，让他们知道企业在环境问题上做了什么和做得如何，有助于改进他们与企业的关系，有助于提高生产经营的积极性。

（四）建立环境管理会计是企业战略管理的一个组成部分

企业的经营规划是企业生存和发展的关键,减少或消除环境成本是企业迟早要面临的问题,因此企业在自身发展的同时要做好自我约束与规范。在制定决策时必须牢牢贯彻事前、事中、事后控制的思想。通过内部管理可以发现那些潜在的、可能发生的问题,并有效地避免和降低企业的环境风险。例如,企业在扩展经营过程中,就须在其决策中考虑废水、废气污染问题及处理问题,管理当局推行事前审查,当审查结果向管理当局发出预警时,管理当局就可以制定切实可行的措施来解决这些问题,从而达到降低治理成本、避免诉讼、保护其良好形象的目的。这样企业在未来的竞争中就可以占据明显优势,做到可持续发展。

第二节　基于决策的环境成本的确认和计量

一、环境成本和环境收益的确认

正确确认、计量和记录由于环境因素所导致的收益与成本即环境收益与环境成本,必须首先确定一系列特殊的环境收益与成本的概念,并明确其范围,也就是要对环境收益与成本按管理决策分析的需要进行分类。这是一项基础性工作,其准确和全面与否关系到环境管理会计管理决策分析结果的质量。

（一）环境成本与环境收益

1.环境成本

关于环境成本的定义,联合国国际会计和报告标准政府间专家工作组第15次会议文件《环境会计和财务报告的立场公告》中提出,"环境成本是指,本着对环境负责的原则,为管理企业活动对环境造成的影响而被要求采取的措施成本,以及因企业执行环境目标和要求所付出的其他成本。"这一定义主要考虑的是为治理污染所采取措施的成本,而对环境造成污染所带来的损失,如罚款、罚金、赔偿等是不包含在内的。该定义是从财务报告上确认环境成本的需要出发的,必须同时考虑公认会计准则的要求。同时,该定义以明确企业的环保责任为中心,将企业对环境的影响负荷费用和预防措施开支列入核算对象,提出环境成本的目标是管理企业活动对环境造成的影响及执行环境目标所应达到的要求。就环境成本而言,按照不同的分类标准,将有不同的分类。

（1）按管理决策分类。为了使管理决策更好地关注环境成本，美国的环保局对环境成本进行了分类（USEPA，1995），包括：传统成本、可隐藏成本、或有成本和形象与关系成本。

①传统成本。在成本会计与资本预算中，人们通常考虑使用原料、设施、资本物与物料的成本，但较少考虑环境成本。但是，减少使用这些物质或减少对这些物质的浪费，可以减少环境的恶化程度或减少不可再生资源的消耗。因此，决策必须考虑这些成本。

②可隐藏成本。可隐藏成本是指通常隐藏在制造费用中，不易被管理者发现的成本。例如，对废物进行管理、测试、检测和监控的成本。

③或有成本。或有成本指的是在未来的某一时点可能发生，也可能不发生的成本。这种成本可以说是或有负债的对应。例如因意外事故造成的石油泄露而带来的修复及赔偿费用，未来可能违反法规造成的罚款。

④形象或关系成本。这些环境成本常被称为无形成本，其发生将影响管理者、顾客、员工、社区和执法者的主观判断。例如提供环境报告的成本，为环境活动如清理沙滩垃圾而发生的成本等。

（2）按环境经济学分类。根据环境经济学的分类方法，按环境成本的负担者与成本的产生者之间的关系，可以将其分为外部环境成本、内部环境成本和环境机会成本。

①外部环境成本。即社会成本，指的是成本的发生与某一会计主体环境的影响有关，但却由发生成本或获得利益以外的主体承担的成本。某一活动对环境产生了影响，而产生影响的企业却不为此承担责任（通常外部不经济性指的就是外部成本）。例如企业排污对下游水系造成了影响，产生了环境成本，但按目前的法律体系，企业却不负担这部分成本。外部成本减少了经济的总体效益，但在产生外部成本的主体的传统会计领域中是不反映的。

②内部环境成本。即由于环境因素引起，可以用货币计量并且要由企业负担，从而影响到企业经营成果的各项成本，例如"三废"处理成本、排污费支出和污染罚款等等。内部成本与外部成本之间的界限并不是固定的。随着环境问题压力的增大，一些政府正在试图将外部成本内部化。随着污染付费的原则的实施，一些外部成本将转化为内部成本，这种转化，极大地影响了管理者所作的决策。

③环境机会成本。即由于环境因素所引起的本可获得而实际未能获得的各种收益。例如材料利用率低，部分材料转化成废料从而多发生的材料消耗成本等。

（3）按投入和产出的关系分类。根据投入和产出的关系，将环境成本分为事前的环境保全预防成本、事后的环境保全成本、残余物发生成本和产品成本。

①事前的环境保全预防成本。这类成本是指在生产活动中回避、减少、管理环境负荷而追加的成本。例如,在生产过程中选择环境影响小的替代材料的成本、水循环处理系统的建造、营运成本和为提高产品的耐用性及再生处理程度的成本。

②事后的环境保全成本。即企业生产完工后对废弃物的处理成本,包括企业再生产过程废弃物的挑选装置,排水过滤处理设施等的建造,营运、管理的成本和产品使用后废品、包括回收的成本。这些成本在废弃物向环境排放之前发生,可以减少废弃物对环境的影响,并符合环境法规的要求。

③残余物发生成本。它是指被投入的物质、能源未构成产品实体或为了生产产品创造条件而未完全消耗掉的物质,通常以废品、废渣、废水、废气等形式出现。此类产出也消耗一定的材料和物质,因此,也就存在着成本。

④产品成本。产品是企业生产流程的主要产出。产品成本是指构成产品的物质能源消耗成本费用中扣减环境费用后的有关成本,包括构成产品实体的材料、零件和直接与生产有关的直接人工费用等。

2. 环境收益

按照管理会计学的原则,管理会计学所涉及的环境收益是指那些由于诸如环境法规、环保技术等因素导致的现实与未来可能发生的收益,是从企业立场上对环境保护活动所带来的微观经济效益作出的评价。就环境收益而言,主要有以下三大类:

(1)采取环境行动过程中所获得的收益。例如出售要废弃的下脚料和废料制成的产品而获得的销售收入等。

(2)采取环境行动过程中所节省的或者避免发生的各种成本、费用与支出。例如通过技术改造,提高了燃煤的利用效率从而节省的燃煤成本和由于采用了清洁技术而避免的排污费支出等。

(3)采取环境行动过程中形成的无形收益。例如由于加强了环保而改善了企业的社会公众形象、从而为企业带来的种种益处等等。

(二)环境成本的资本化与费用化

环境成本的资本化与费用化直接关系到企业各期的收益情况,如何界定环境成本的资本化和费用化是需要探讨的问题。国际上一些国家的处理方式主要有:

1. 加拿大特许会计师协会(CICA)的处理方式

CICA 经过研究,分别从经济和环境角度提出了判断环境是否资本化的方法:

（1）增加的未来利益法，即导致未来经济利益增加的环境成本应资本化。这是从经济角度考虑的。

（2）未来利益额外的成本法，即无论环境成本是否带来经济利益的增加，只要它们被认为是为未来利益支付的代价时就应该资本化。这是从环境角度考虑的。

2.国际会计准则委员会(IASC)的处理方式

IASC 在处理环境成本时采用的是增加的未来利益法。

3.欧洲会计师联盟(FEE)、美国财务会计准则委员会(FASB)的紧急问题工作组(EITF)以及联合国国际会计和报告标准政府间专家工作组(ISAR)等的处理方式

FEE、FASB、EITF 和 ISAR 等基本上采纳的是未来利益额外的成本法。

对环境污染预防成本是资本化还是费用化，应根据考虑问题的角度分别采用上述两种方法。

此外，美国财务会计准则委员会(FASB)的紧急问题工作组(EITF)认为处理环境污染的成本通常应费用化，但如果符合下列条件之一可以资本化：

（1）延长企业拥有资产的寿命、改善其安全性或提高其效率的成本；

（2）减少防止由以前经营活动引起但尚未出现环境污染的成本以及由未来经营活动引起的环境污染成本，包括稍后发生的改善资产购置时状况的成本；

（3）为本预备销售的资产在其出售前所发生的必要成本。

联合国国际会计和报告标准政府间专家工作组(ISAR)则认为在以下三种方式下发生的环境成本应将其资本化：

（1）提高企业所拥有的其他资产的能力，改进其安全性或提高其效益；

（2）减少或防止今后经营活动所造成的污染；

（3）保护环境。

上述资本化条件在实质上是相似的，即在当前环境法规日益严厉的情况下，无论环境成本是否带来经济利益的增加，只要认为它们是对企业生存与未来利益具有代价的，就应该将其资本化，这种判别方法是从环境角度考虑的。当然，这类方法的适用条件过于笼统，使会计人员处理环境成本有了更大的自由。

对于环境污染预防成本是费用化还是资本化的问题，我们不能一概而论，要根据考虑问题的角度具体分析。在此提供一种观点供参考：预防企业未来对环境损害的成本应资本化，消除企业过去和现在对环境损害的成本应费用化。

二、环境成本的计量

由于环境成本的复杂性与其财务影响的重大性，毋庸置疑，环境成本的追

踪与分配应当成为环境管理会计的一个主题,从而对环境管理提供有价值的信息。

立足于环境成本的可追溯性,可以把环境成本归为以下两大类,即直接成本和间接成本。环境成本分配与企业内部责任业绩评价息息相关,选择适当的分配方法尤为重要。例如,一项治污费用被用于多种产品,有的产品因生产过程污染严重耗费了较多的治污费;相反,另一种产品却耗费较少的治污费。此时若按照简单的分配标准,则会将费用不合理地转嫁,形成表面上的平等,但实际上,却使得该受"奖励"的部门受到不应有的"惩罚"。长久下去,各部门都会对降低环境成本失去积极性,最终导致企业环境成本的日益增加。因此,企业必须采用科学的环境成本核算方法。

(一)作业成本核算

作业成本核算是建立在作业分析基础上,以作业为核算对象,把企业消耗的资源按资源动因分配到作业,再由作业成本根据作业动因分配到成本对象、产品或劳务的核算方法。

在作业成本法下,作业成本可分为四个层次:

(1)与生产单位产品有关的直接耗费,包括原材料、直接人工等。该层次的作业成本与产量成正比例关系。

(2)生产批次成本,即与生产批别和包装批别有关的资源耗费,包括生产某批次所需要的生产准备成本、清洁成本、质量成本等。该层次的作业成本取决于生产批次的多少。

(3)产品维持成本,即与产品种类有关的资源耗费,包括获得某种产品的生产许可、包装设计等方面的成本。该层次的作业成本取决于产品的范围及复杂程度。

(4)工厂级成本,即与维持作业生产能力有关的资源耗费,包括折旧、安全检查成本、保险等。该层次的作业成本取决于组织规模和结构。

与传统成本制度相比,作业成本计算采用的是比较合理的方法分配间接费用。该方法首先汇集各作业中心消耗的各种资源,再将各作业中心的成本按各自的作业动因分配到各产品中去。归根到底,它是采用多种标准分配间接费用,是对不同的作业中心采用不同的作业动因来分配制造费用。而传统的成本计算只采用单一的标准进行制造费用的分配,无法正确反映不同产品生产中不同技术因素对费用发生的不同影响。因此,从制造费用的分配准确性来说,作业成本法计算的成本信息比较客观、真实、准确。从成本管理的角度讲,作业成本管理把着眼点放在成本发生的前因后果上,通过对所有作业活动进行跟踪动态反映,可以更好地发挥决策、计划和控制作用,以促进作业管理的不断提高。

作业成本核算能更准确地对环境费用进行分配和归集,更有效地追溯环境成本的来龙去脉并对之实施控制。作业成本有助于企业了解与每一产品有关的业务过程,揭示出在每一生产过程中不必要、不增值的和增值的作业,以此达到消除不增值作业,对增值作业则尽可能减少其资源消耗的目的。

作业成本计算法通过采用合理的成本动因来追踪资料的消耗,解决了制造费用分配不当所带来的问题。由于环境成本在传统账户中大多表现为共同费用,利用作业成本计算,有助于分析成本产生的真正原因,从而为正确的环境管理决策提供依据。

[例 12-1]ABC 公司在生产过程中共释放出 500 公斤的 CO_2 和 1 000 公斤的 SO_2,共发生治污费 8 500 元,治污单位成本分别是 5 元和 6 元。该企业共有三个作业中心,作业中心 1 在生产甲、乙两种产品时共释放 100 公斤的 CO_2 和 250 公斤的 SO_2;作业中心 2 在生产丙、丁两种产品时共释放 300 公斤的 CO_2 和 600 公斤的 SO_2;作业中心 3 生产戊产品时共释放 100 公斤的 CO_2 和 150 公斤的 SO_2。

第一步:将归集起来的治污费分配到每个作业中心。依照本例,作业中心1、2、3 分别承担 2 000 元、5 100 元和 1 400 元的治污费。

第二步:将每个作业中心的治污费再分配到最终产品或劳务上。首先应找出与各项作业相关的资源成本,根据作业的类型和资源成本的性质来确定成本动因,然后进行第二次分配。下面以作业成本中心 1 为例,计算出甲、乙产品应承担的治污费,同理可以计算出成本中心 2 两种产品各自承担的治污费。计算过程如表 12-1 所示。

表 12-1 甲、乙产品应承担的治污费

金额单位:元

项目	单位成本动因	甲产品		乙产品	
		成本动因	成本总额	成本动因	成本总额
直接材料	0.1元/公斤	1 000	100	3 000	300
机器调整	500元/次	1	500	1.2	600
厂房折旧	10元/小时	20	200	10	100
其 他	5元/小时	10	50	30	150
合 计			850		1 150

第三步:根据各作业中心各种产品的治污费,进行业绩评价,实施全面质量管理。

(二)生命周期核算

生命周期法可追溯到 20 世纪 70 年代的二次能源危机。当时,许多制造业认识到提高能源利用效率的重要性,于是开发出一些方法来评估产品生命周期的能耗问题,以求提高总能源利用效率。80 年代,生命周期方法日臻成熟。到了 90 年代,在美国"环境毒理学和化学学会"(SETAC)和欧洲"生命周期评价开发促进会"(SPOLD)的大力推动下,生命周期法在全球范围内得到较大规模的应用。在生命周期法下将环境成本分为以下三类:

(1)普通生产经营成本。指在生产过程中与产品直接有关的成本。包括直接材料、直接人工、能源成本、厂房设备成本等,为保护环境而发生的生产工艺支出、建造环保设施支出等。

(2)受规章约束的成本。指由于遵循政府环境法规而发生的支出。包括排污费、检测监控污染情况的成本、因违反环境法规而缴纳的罚款、向政府机构通过废弃物排放情况的成本等。

(3)或有负债成本(潜在成本)。指已对环境造成污染或损害,而按法律规定在将来发生的某种支出。包括由于环境污染严重而尚未治理、国家极有可能对企业处以的罚款,企业因污染对周围单位或个人的人身或财产造成损害而招致可能的赔付等。

对于第 1 类和第 2 类成本,因为它们是已经发生的成本,数据可直接从有关账簿中取得。对第 2 类成本,则要分析成本发生的动因,按作业成本法分配计入有关产品。对于第 3 类成本,由于尚未发生,因而无现成数据。但是企业可根据某些方法预测或有负债成本的数额,常见方法有:防护费用法、恢复费用法、影子工程法、替代品评价法、政府或法院认定法等。

生命周期核算也是环境专家常常提倡的计算环境成本的方法,它将生命周期分析的结论转化为费用形式,对环境成本加以确认、计量、记录和报告,立足于产品的生命周期全过程,并将核算范围由企业内部扩展到企业外部。

生命周期核算考虑了每种产品从策划、开发设计、材料采购、加工到生产、运输、销售、使用、回收、养护、循环利用和最终处理这样一种循环过程,在生产者成本和销售者成本间作出了科学的权衡,力求使得产品生命周期成本总额最低。生命周期核算使企业形成了建立环保的"绿色流程",推动了整个产品链企业群的发展。

生命周期核算的思想作为当代管理会计重要思想基础之一,始终贯彻于当代管理会计的新模式之中,其实践手段在作业成本管理这类先进的管理会计方法体系中都有明确的体现,它的发展必将有力地推动管理会计的进一步发展和完善。

（三）完全成本核算

完全成本核算比生命周期核算更进一步,它考虑了与产品和生产过程不直接相关的环境损失和避免环境影响所节省的费用,将产品带给环境的未来成本纳入会计核算范围,并追溯分配给各产品。完全成本核算使企业管理层站在公司长期发展的战略高度去了解和认识企业生产经营的现时成本和未来成本。

完全成本法将环境因素纳入决策过程的一种手段,可以使不同层次、不同职能部门的管理者了解内部环境成本的动因,获得有关这些成本与特定产品、服务、过程和投入之间的关系信息,从而更好地作出包括定价、资本投资等在内的决策,制定出更好的环境策略。而对于致力于可持续发展原则的主体来说,完全成本法可以使它们了解自身所带来的外部影响及其后果,以及由外部主体所承担的成本,从而更好地评价可替代的策略和方法,推动可持续发展目标的实现。

（四）总成本核算

在一般财务制度中,与环境有关的费用往往统一归到企业管理费用中,总成本核算就是将这些费用从管理费用中分离出来,并将这些成本合理地分配到各个生产环节,以便发现哪些环节最需要改进,对各个产品、流程的获利性重新认识和评价,其结果往往有利于企业实行"清洁生产"。

与传统核算不同,总成本核算可有效识别,进而分配与环境有关的、过去被忽略或往往打入管理费用中的各种现行费用和未来费用。企业的环境费用可以分为以下四个层次:

（1）直接费用,包括基建费用、原材料、运行和维护费用等;

（2）不可见费用,如监测、报告和审批费用等;

（3）责任费用,如企业所在的被污染场地的恢复费、相应的罚款等;

（4）不明显成本和效益,如环境改善后企业的市场形象提高带来的无形资产等。

通过总成本核算可以改进企业内部财务管理系统,解决把一些较隐蔽的成本与效益定量化并将它们合理分配到各个环节的问题,为正确全面地反映、评价产品生产、投资获利性和各部门业绩提供了有用的财务信息。

总成本核算吸收了管理会计的思想（如敏感性分析、投资净现值分析、内部收益率分析等）而得以不断推广和应用，但是对于成本转嫁、成本内部分配等问题还需广大学者和实践工作者的深入研究。

第三节　环境管理会计信息的披露和业绩评价

企业在生产经营过程中经常会对环境造成这样或那样的影响甚至是损害，环境同样也会对企业的财务状况、经营成果和现金流量产生影响。企业在决策时必须考虑过去、现在和未来环境对企业的影响以及企业在过去、现在对环境问题采取的措施，未来将采取的行动。为了获得这方面的信息，编制环境信息报告势在必行。

一、环境管理会计信息的披露

（一）环境管理会计信息的内容

从企业内部管理的角度来说，环境信息报告的形式可以不受约束，可以用货币或非货币手段来反映，可以用文字、图形或表格来反映，但不论形式如何均应包含以下信息：

1.环境法规执行情况。据此了解企业过去、现在有无违反国家环保机构、其他政府组织或环境监察部门有关环境法规的行为，以及企业因环境问题受到的奖励和惩罚情况。

2.企业采取的环保措施（包括产生的环境支出和环境收益）。企业应将本企业采取的环保措施与本行业其他企业的环保措施进行比较，据此了解本企业在环保方面是处于下游、中游还是上游阶段。

3.企业自身环保监督机构的建立。企业必须建立专门的环境审计部门以确保与健康、安全等有关政策的实施。

4.企业产品生产或劳务提供过程中的"绿色"程度。即企业的产品或劳务是否有利于能源的保护和环境的净化。

5.企业环保经费投入和捐赠支出情况。即企业对自身员工和顾客的环保教育和环保宣传。

6.环境质量情况。包括环境资源的利用情况、污染物的排放情况、环境指标的达标情况、污染事故情况、环境资源的耗用量等。

7.环境治理和污染物利用情况。包括污染物治理设备的运行状况、污染物处理能力状况、环境治理开支、污染物回收利用状况等。

(二)环境管理会计信息的披露方式

针对以上信息,企业可以采用以下披露方式:

1.叙述法

叙述法要求企业对以上信息通过文字形式加以表述,该方法可以比较详细地披露企业有关环境的信息,但量化指标的缺乏使得企业管理层难以作出决策。

2.收益支出法

收益支出法主要以货币量反映环境因素对企业的影响,弥补了叙述法的缺陷。该方法还辅之以非货币量的形式,是一种较好的报告形式。以收益支出法编制 ABC 公司 2001 年的环境报告如表 12-2 所示。

表 12-2 ABC 公司环境报告

2001 年 12 月 31 日   单位:元

环境收益:	
1.使企业产品销量增加带来的收益	50 000
2.废料获得的收入	10 000
3.给予的环保奖励	5 000
	65 000
环境成本:	
1.清理企业废物发生的费用	5 000
2.清理污水发生的设备安装成本	10 000
3.减少噪声污染的成本	2 000
4.环境检测与管理成本	2 000
5.由于环境污染引起的人身赔偿费	20 000
6.环境教育经费	1 000
7.环保事业捐赠支出	10 000
	50 000
环境净收益	15 000

补充资料:(1)本企业是国家授权的"绿色企业";

　　　　　(2)由于环境产生的诉讼案件由 1998 年的 10 例减至 2001 年的 1 例;

　　　　　(3)企业员工工作积极性较上年相有较大提升;

　　　　　(4)企业员工健康状况大幅改善,企业下年仍将增加治污费;

　　　　　(5)噪声治理手段与先进企业相比还有待进一步改善;

　　　　　(6)企业环境管理制度日趋健全,内审功能不断加强。

综上所述,对于环境信息的披露,不同的企业采取的方式也不尽相同,有些企业利用文字表述,有些企业利用定量指标表述,有些企业则是二者的统一。此外,企业还可以仅披露环境成本,而不包括环境收益。作为企业内部决策手段的环境报告,在企业的作用日益明显,它的规范有赖于环境财务会计的进一步规范,有赖于共同接受的专业标准的建立,有赖于财务信息的进一步量化。

3.图形法

用图形反映环境管理信息可以很直观地表示出某一指标一段时间内的走势图,并极易让读者读懂。图形法可以用于企业间、部门间、产品间环境信息的比较,也可以用于某一指标在不同年份和不同月份之间的比较。

(三)环境管理会计信息披露的意义

从总体上看,披露与环境保护有关的会计信息可以在以下四个方面发挥作用:

1.帮助企业管理者制定顾及环境和社会的决策。这可体现会计在可持续发展战略方面的决策价值,调动企业环境保护的积极性,以保证实现最佳的环境效益和经济效益。

2.在新的环境下促进我国进一步对外开放。从吸收外资方面看,增加环境会计信息的披露,能够避免引进污染严重和破坏、掠夺自然资源的生产项目。我国已经加入WTO,因此,更应当通过环境会计信息的披露,促进企业制定有效的环境保护及其与贸易相互支持的经营战略,减少因环境问题而形成的障碍。

3.有利于政府部门了解企业在环保方面的业绩。只有充分披露与环境保护有关的会计信息,才能有利于环保部门对环境总体情况的掌握,有利于政府相关部门对企业的社会贡献作出公正的评价和决策。

4.有利于社会公众及债权人了解企业环境情况和环保形象。社会公众只有了解企业与环境有关的信息,才能作出正确的投资决策;债权人也只有了解这方面的信息,才能真正把握企业的偿债能力。

二、环境业绩评价

通过业绩报告,可以对企业的环境业绩进行整体评价,从而得出企业通过环境治理所取得的经济效益和为社会带来的社会环境效益。此外,企业还需要通过把环境业绩与部门、个人收益挂钩,对各部门、各员工的环境业绩进行考核。

(一)考虑因素

(1)和企业所陈述的环境政策一致；

(2)与企业的管理努力、运作绩效或环境状态是合宜的；

(3)与内部和外部利害相关团体相关且易懂；

(4)能经济有效且定期取得；

(5)对企业环境业绩具有代表性；

(6)对企业业绩具有回应性和敏感性；

(7)能提供环境绩效目前与未来趋势的信息。

(二)考核步骤

(1)环境业绩评价规划；

(2)环境业绩评价指标的选择；

(3)收集和量测数据；

(4)分析数据；

(5)环境业绩结果审查；

(6)环境业绩评估结果的公开与交流；

(7)持续改善环境业绩评价。

环境业绩评价流程图如图 12-1 所示。

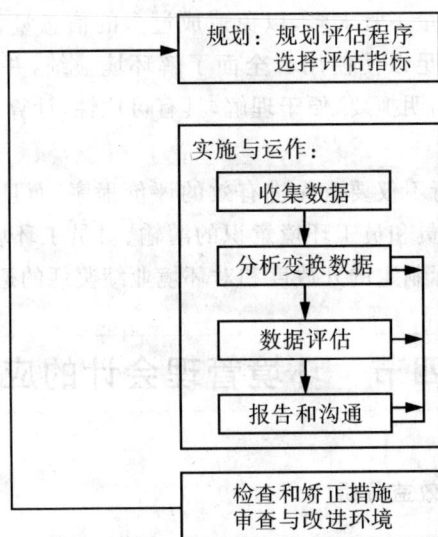

图 12-1 环境业绩评价流程图

（三）考核指标的选择

由于行业的不同或考核目标的不同，环境业绩考核指标的选择也不尽相同，企业应根据实际需要进行选择，环境指标的选择主要应考虑以下因素：

1. 企业所处的行业和经营业务的特点、设立的环境目标以及有关法规的要求

在选择中要考虑环境管理系统的发展状况和应用环境业绩指标的目的，在遵守法规为目的的第一阶段，指标的选择主要考虑环境风险管理和环境负债的信息，以能源的消耗、污染物的排放、违法的次数、罚款等指标为主。在建立环境管理体系的第二阶段，以环境管理系统的效率为主要计量内容。

2. 企业组织的结构特点

企业为高级管理当局所制定的业绩评价指标与经营单位所制定的业绩评价指标，由于其控制的责任不同而应有所不同，而且还要把战略性的环境业绩指标沿着组织结构等级自上而下，层层分解，落实到人。不同职能部门的指标应相互支持，保持目标的一致性。

3. 信息成本和可比性

不同的指标需要不同的收集方式，有的可以从生产记录中获得，有的需要专门技术手段进行监测，有的需要进行加工处理。因此，指标的设计也要考虑信息的成本，指标数量不宜太多，以免造成过多的信息量，以致得不偿失。但也不宜太少，要提供足以使使用者全面了解环境业绩，并据以进行决策的信息。同时指标必须简明扼要，便于理解，具有可比性，计算基础必须前后一致，计算必须及时。

企业的良好运行不仅要有先进有效的评价程序，而且要做好一些基础工作，如平时对管理人员和员工环境意识的灌输、对员工环境知识的培训、让员工参与环境业绩指标制定的开放度和对环境业绩奖惩的透明度等等。

第四节　环境管理会计的应用

一、环境成本的效益分析

环境成本的效益分析是根据成本与效益之间的相互作用关系，借助于两者之间的动态变化反映，通过比较和分析得出结论，以评估企业环境管理所取得的成效。从企业的角度来说，企业投入了大量的环境成本，其最终目的仍是为获得

经济利益,只不过在考虑环境因素的条件下,其方式发生了变化。在法律法规约束下,在舆论的监督下,企业要想在竞争中生存,就必须尽力降低环境负荷,树立自身的绿色形象,因此在进行环境成本效益分析时首先要计量环境负荷。

(一)环境负荷的计量

所谓环境负荷,是指企业由于环境保护方面的缺陷而给企业带来的不利于人类的影响因素之和。当企业采取环保措施时,就会降低环境负荷,就会因此而获得一定的经济利益。如对废水、废气的处理以达到达标排放,研究、开发、利用低负荷原材料的技术,采用节能设施,回收包装物等。因此正确计量环境负荷是进行成本效益分析的重要环节。

环境负荷由于起因的不同而包括很多方面,在实际运用中比较难以对其进行统一计量。例如污水排放是按立方米计量的,原油消耗是按公斤计算的,电的消耗又是按度计量的;又如不可降解材料的使用,氟利昂对环境的破坏等。目前较为成熟的做法是由德国的 Muller-Wenk 教授提出的采用环境评价因子进行核算的方法。他对每一类环境负荷分别计算其对环境的影响,并赋予相应的环境评价因子,通过环境评价因子即可实现各类环境负荷的统一。其基本公式是环境负荷总额(EP)=$\sum$按实物量计算的环境负荷(kg,m3…)$\times$环境评价因子(EP/kg,EP/M3…)。例如:某企业排放了 400 立方米的污水,消耗了 20 000 度的电,产生了 300 吨难以降解的废料,而污水、电、废料的评价因子分别是 36EP/立方米、1.0EP/度、50EP/吨。

可见评价因子的确定是确定环境负荷的关键,应该指出的是,这种评价因子的确定带有较大的不确定性,因为它需要环境科学以及其他相关学科的支持。然而这种思想是很有价值的,通过它既可全面地了解企业对环境造成的不利影响,为进一步改善环境管理指明方向,又可为国家对环境的宏观管理提供数据。

(二)环境负荷降低的指标分析

环境负荷降低的指标分析包括静态指标和动态指标。

1. 静态指标

静态指标为环境负荷总量/环境成本总额。该指标表明企业发生的环境成本与产生的环境负荷之间的比例关系。指标越小,表示在一定的环境负荷量下企业发生的环境成本越大;也说明在一定的环境成本下,企业产生的环境负荷越小。静态指标需要放到企业历年的数据中考察其变动情况,具体分析环境成本与环境负荷此消彼长的关系,以评价环境成本所取得的成效。该指标还可用于同行业间的比较。

2.动态指标

动态指标包括环境负荷降低率、环境成本增长率。该指标考虑了变量之间的变动情况，因而可以直观地反映企业增加环境成本支出的变动对降低环境负荷的贡献情况。当指标大于1时，说明环境成本支出的增加引起环境负荷更大的降低，环境成本支出是有效益的。

（三）环境效益评估

环境成本导致环境负荷的降低，并最终产生环境效益。企业的环境效益包括经济效益和社会效益两个方面。经济效益是指由于企业发生环境成本支出而降低对环境的不利影响所产生的直接的能以货币计量的那部分效益。诸如排污费、诉讼赔偿额的减少、废物再生利用收益、原材料和能源消耗的节约、环境治理的咨询服务收入、获得优惠利率环境保护贷款利息的机会成本。社会效益则包括企业形象的提高、企业绿色产品的开发与销售、企业环境风险的降低、减少职工和附近居民的疾病率、降低建筑物的侵蚀和酸雨浓度等。对环境效益的评估是环境负荷分析的延伸，只有获得良好的环境效益的环境负荷降低才是有意义的，为此发生的环境成本才是经济的。

二、环境投资评估

环境投资评估从本质上看也是一种成本—效益分析，但与上述成本的效益分析不同。环境投资评估是事前的预测、分析，其数据是来自未来的、不确定的；而环境成本的效益分析则用于事后的评价，其数据是已发生的、确定的。在方法上由于环境管理的特殊性，环境投资评估要考虑到更多的因素。投资评估任务随着未来环境成本变得日益重要与不确定，它将变得更加复杂。

（一）传统投资评估方法的局限性

传统投资评估方法是指基于传统成本计算方法的投资评价。传统成本计算方法的最大特点是不将环境成本单独核算，而是作为制造费用和管理费用的一部分合并反映的。这种方法计算的环境成本与成本动因之间无明确的关联关系，而且会造成成本分配的错误，从而影响到对投资的可能获利能力的估计，并导致决策的失败。此外，当传统的投资评估方法应用到环境投资上时还存在折现率的选用问题。在传统方法中就存在忽略折现率或操纵折现率的问题，它导致所计算的结果不反映实际的经济情况。由于环境投资贯彻的是可持续发展的思想，其收益是长远的，时间跨度较长，根据货币时间价值的概念，时间越长，未来收益其现值越小，因此选用市场利率作为折现率可能会低估未来不断增加的收益，影响投资的决策。为此有些学者建议在环境投资评估中用比市场利率更低的社会折现率,它由社会公众决定。与此同时,传统的投资评估方法很少考虑未来投资项目的选择权,这种选择权就是财务原则中期权原则的应用。在环境投资决策中这种选择权显得尤为重要。有时某个投资的净现值为负,表面上看是不经济的,但如果它能产生使企业在未来进行其他投资的选择权,则说明该环境投资项目就是有价值的,具有负的净现值只能说明该项目本身不能得到补偿,但它在公司整体战略中是非常重要的。

(二)正确的环境投资评估需要考虑的因素

在环境投资评估中,仍需要考虑成本、效益问题,只是由于环境因素的加入,使问题变得复杂起来。从环境和长期角度评价投资项目所考虑的因素要比现行管理会计评价投资项目所考虑的多得多。

1. 成本

环境投资的成本不仅要考虑项目直接导致的废物处理成本、废弃成本以及法律赔偿等直接成本,还要考虑到由此带来的对企业形象和声誉产生的影响,这种影响对企业来说是间接的、非财务的成本。后者往往比前者更重要,因为它可能影响到企业未来投资项目选择权的行使。此外,还要认识到环境成本的难以计量性,它具有很大的不确定性。对于间接成本的难以计量是无须多言的,即使是直接成本的计量也存在着环境标准可能发生的变化所导致的不确定性。随着环保意识的日益增强以及环保技术的不断发达,环保标准也会随着水涨船高。这就意味着按现有标准进行的投资将面临过时的风险,依据现有标准测算的成本数据将面临失效的可能。

考虑上述因素,并不是说环境投资评估是不可能的,只是想说明环境投资评估的复杂性。目前,完善的环境投资评估还没有形成,仍是依靠常规决策方法,因此在按常规投资决策方法进行评估时应充分认识到这种复杂性,使问题考虑得更加细致、全面。例如考虑靠环保标准可能提高,就要按较高的标准进行项目的设计规划,如果不投资某个项目所产生的间接成本较大,即使该项目不能降低直接成本,也应选择投资等等。

2. 收益

环境收益同样也存在直接收益和间接收益之分,前者包括因环境投资使废弃物减少,能源消耗降低,排污费、环境诉讼费用减少等带来的财务收益;后者则包括因环保投资使得企业树立绿色形象,提高在公众中的声誉而获得的非财务收益。在环境投资中考察环境收益就是立足于企业的战略发展目标之上,要立足于企业短期利益和长期利益的结合,在这两个基本点上权衡直接收益和间接收益。例如,企业放弃某些污染严重的项目,虽然减少了当前的财务收益,但这样做却提高了企业的公众形象,从而可以获得低息的环保贷款,提高产品的绿色含量,即可以从其他方面获得补偿,为企业长远发展奠定基础。

3.应用标准

与短期会计利润有关的评价标准不可能关注公司长期经济健康的利益。但能否找到最合适的投资项目评价的应用标准呢?应该说目前人们尚未对该应用标准达成共识。对于这个复杂问题,目前可行的解决方法应该是环境问题与传统会计指标间的协调。即先将环境问题可能产生的各种影响折算为对传统会计指标的影响,然后用折算后的会计指标作为标准去评价公司的业绩或投资项目的效益。

4.方案选择

在传统投资项目评价中,首先将一切备选方案按效益大小排列,然后再根据投资限额和项目效益大小压缩备选方案,直到选出最佳方案为止。然而这种方案选择的决策者是否考虑了其他的选择标准是至关重要的。如上所述,将重要的环境因素考虑在内,选出的投资项目可能产生预期的财务和环境的成本和收益。例如,能源价格的潜在变化可能会提供一个新的可行的投资范围,这使原来因提高能源效率而追加投资过大而不被接受的项目变为可接受项目,而原节省投资的可接受高耗能项目则变为不可接受项目。这说明,在作方案选择时,应广泛考虑环境因素,特别是要预测未来环境标准变化的影响。

5.机会成本

目前在投资项目选择中所涉及的机会成本,均没考虑到环境标准发生变化后的机会成本问题。例如一个工厂因违反环保标准而被政府关闭的损失就应该视为选择该投资方案的机会成本。随着全球环保意识的日益增强,企业所受的压力也越来越大,使得投资项目评价中必须充分考虑由环境投资而引起的机会成本问题。

从环境角度评价投资项目的效益除上述因素之外,还包括诸如项目时间确定、折现率选择、企业外部评价以及可容忍成本等诸多因素。设立这些因素的目的是促使企业从长远战略的角度正确评价投资项目。

(三)研究开发和设计

要将环保政策落实到实处,除了重视投资决策之外,还应重视产品的研究开发,以及产品和工艺等的设计。重视产品的研究开发和设计是一个带有战略性的问题,但是企业经营的短期压力使传统会计并不鼓励研究开发、设计和创新,因为这些活动会导致短期利润下降。有人估计,环保问题已使研究开发成本增加了 10%～15%,而且还会进一步增加。与环保相关的研究开发成本的支出,在不久的将来,将决定企业的产品在市场上的占有率。这一点可由市场上日益增多的环保产品所证实,常见的环保型产品有无铅汽油、绿色机电产品等等。相应地,产品设计,包括产品本身和包装物的设计均需要考虑到环保问题。不少国家专门制定了明确的促进企业按环保要求设计产品的各种规则,这使得产品设计中的环保优先思想更加受到企业的重视,企业如在产品设计中忽视环保问题,那么就可能付出惨重的代价。

在这种发展的大趋势下,会计必须改变对研究开发、设计费用的传统认识,用诸如研究开发费用资本化的方法来鼓励有关环保产品的研究开发和设计等。

(四)预算和预测

随着环保时代的来临,企业短期和长期投资预算都必须考虑环保因素,企业的折旧政策、存货估价、坏账准备金的提取等等都应充分考虑到环保的要求。例如,企业的固定资产已落后于环保标准面临提前淘汰时,其折旧率就应该提高;企业存货已不满足新的环保标准时,其存货价值就应予低估,相应地,对这类已出售的存货的坏账准备金率也应提高。这些预算方面变化的最终结果是影响到企业的业绩目标,减少财务业绩目标对企业的压力,有利于企业为环保作出更大的贡献。

除预算外,企业在进行投资预测时,必须充分考虑到环保因素,未来的环保问题会对投资项目的成败产生重大影响。因为如果企业投资项目违反环保政策法规时,轻则需要追加环保方面的投资,如排污处理设备的投资,重则会面临被强制搬迁、关闭等命运。所以,环保因素必须成为企业的一个重要预测变量,只有这样,才能适应环保时代的需要。

思考题

1. 环境会计产生的背景是什么?
2. 环境管理会计应遵循什么标准?
3. 环境管理会计的内容包括哪些? 有何特征?
4. 如何进行环境成本核算?
5. 环境管理会计应披露哪些信息?
6. 环境业绩评价应考虑哪些因素? 应如何进行?
7. 应如何进行环境投资的评估?

13

适时生产系统和
存货管理

第一节　适时生产系统的基本理论

一、适时生产系统的产生

适时生产系统(just-in-time system,JTS)在20世纪70年代由日本首先创立,随后被西方发达国家所采用,并逐渐得到广泛的推广应用。

二战结束(1945年)前后,日本企业的劳动生产率和美国等西方发达国家有较大的差距。出于提高企业的竞争力和赶超西方发达国家的目的,日本的实业界开始对传统的生产流程进行深入研究,旨在提高生产过程中的效率,杜绝浪费,促进企业的核心竞争力。在这种大背景下,日本丰田公司的大野耐一提出了后来被称为"适时生产系统"(just-in-time production system,简称JIT)的生产方式的雏形。

大野耐一是丰田公司一位工程师出身的高级管理干部。他一直致力于提高生产效率、杜绝浪费的研究。受美国当时出现的无人售货商店(即超市)思路的启发,他认为"由前一道工序向下一道工序供应工件,而不管下一道工序需不需要,需要多少"这种方式是无法"彻底杜绝浪费"的,为什么不换一种思维,"后一道工序在需要的时刻去前一道工序领取正好需要的那一部分工件"是不是可以呢?这样,"前一道工序只生产被领取的那部分工件就可以了"。只要明确表示:"某种东西需要多少",就可以作为衔接许多道工序的手段。1953年,他在其主管的机械车间里,开始了新生产方式的实验。这种方式在当时被称为"大野方式"。通过几年的改进,这种生产方式的优越性得到丰田公司上下的认可,在丰田公司的各个工厂推行。后来各个工厂在生产实践中对"大野方式"不断地加以完善,到 1970 年时,该方式正式被定名为"丰田生产方式"。可以这么说,"丰田生产方式"的核心就是后来被称为"适时生产系统"的生产管理方式。

适时生产系统的应用,可使企业减少、甚至完全消除存货,导致存货管理和产品质量控制方面的重大变革,可极大地提高劳动生产率,降低成本,提高企业的经济效益。

二、适时生产系统的实质

传统企业的生产一般从购买原材料开始,先从上游企业购买大量原材料储存于材料仓库,生产开始后产品的第一道工序从材料仓库中领用原材料,而后将材料加工制造成在制品、半成品(比如零件、铸件等),送入中间产品仓库,然后由第二道工序从中间产品仓库和材料仓库中领用生产所需的原料和半成品进行进一步的加工,以此类推,直至加工成产成品,通过产品质量检验后,进入产成品库等待销售。

从上面我们可以看出一个企业生产作业时间的组成:

$$\text{生产作业总时间}=\text{生产加工时间}+\text{准备时间}+\text{库存整理、运送时间}+\text{入库检验时间}$$

分析传统企业的生产作业可以发现,实际上有用的只是生产加工时间,因为只有它才赋予产品以价值,而剩下的辅助生产环节只是徒然增加产品的成本而已,不但不创造价值,还侵蚀已产生的价值。而且辅助生产环节的出现,还在各个生产环节产生了大量的原材料、在制品、半成品和产成品的存货,增加了存货贬值、毁损等不利情况的机会。因此用大野耐一的话来说,就是:"作业=工作+浪费"。在他的观念中,什么库存、库存整理运送、入库检验时间,甚至一部分生产加工时间都是"浪费",是可以通过管理加以消除的。

20 世纪 80 年代初期,哈佛商学院的知名教授迈克尔·波特(Michael E. Porter)在其著名的《竞争优势》一书中,提出了价值链概念。他认为,企业本身是一个由此及彼、由内到外的作业链,企业价值的产生来自作业,但并不是每一个作业都产生价值,而是有些作业产生价值,有些作业不产生价值。从这个角度来说,上述生产作业总时间的公式就可以写成:

$$\text{产品生产作业总时间}=\text{增值作业时间}+\text{非增值作业时间}$$

增值作业时间等于生产过程中对产品直接加工的操作时间,这部分时间的耗费可以为顾客创造价值;非增值作业时间为储存、等待、运送和检验等时间。非增值作业时间不增加顾客价值,纯属于浪费,即侵蚀增值作业创造的价值。这时的企业,谁能尽量消除非增值作业,谁就能降低企业成本,提高企业对变化的适应能力,建立企业的竞争优势。

适时生产系统正是针对传统生产系统的缺陷提出的一种解决方案。它以作业管理为基础,以无存货管理、柔性制造和全面质量控制为核心,辅之以计算机等自动化设备,以实现"彻底杜绝浪费",迎合市场需求的目标。

不同于传统生产系统"以生产为导向"的推进式(push)生产方式,适时生产系统确立了"以市场为导向"的需求拉动式(drag)生产方式。需求拉动式的适时生产系统要求生产企业和企业中的每道工序必须根据"顾客"要求的种类、数量、交货时间保质保量地组织生产。不过,我们必须注意的是,"顾客"在这里是一个广义的概念,不仅下游厂商是"顾客",生产中每一道工序都被看成上一道工序的"顾客"。每道工序都必须按下一道的指令进行生产:生产什么、生产多少、何时交货以及质量如何,都由下一道工序的指令规定,没有指令不允许进行生产。这样整个生产一步一步逆着生产工序向上推进,一直上溯到原材料采购部门,从而整个企业的供、产、销就形成了一个整体,各个部门彼此了解、信息畅通。企业只要在销售部门接受了订单后,直接下生产命令给最后一道工序(制造成品)就可以了,由最后一道工序根据需要向它的上道工序发出订货指令。通过这样一种方式,一个哪怕要由上万个零件组成的产品的生产也可以轻而易举地组织起来,而且浪费极少。因为没有哪一道工序会生产多余的产品,而且各道工序之间是通过流水线加以连接,所以几乎不需工人的整理、搬运,也不需要中间产品仓库,整个企业的存货几乎为零,从而避免了存货在生产各个阶段的贬值和毁损,提高效率。

三、适时生产系统的特点

适时生产系统与传统的生产系统相比,看起来只是生产组织程序的置换,实质上是一种管理方式的创新,一种思想观念的转变,两者之间存在本质的区别。传统的生产系统强调的是大批量生产,通过消除产品之间的差异来提高产量,从而降低产品的单位成本,这实际上是属于短缺经济的企业思维,"产品只要能生产出来就能销售出去",这时候的企业只要埋头生产出价廉物美的产品就行了。但是二战后,世界的经济形势发生了巨大变化。战争结束后,各国的军工企业纷纷转产,使民用产品的生产能力迅速过剩,这时的企业不但要考虑生产,还要顾及销售。同时,六七十年代西方世界兴起个性化运动,企业大批量无差异生产已无法适应日益变化的形势。于是企业迫切需要一种能适应多批少量生产的生产方式,以迎合消费者的个性化需求。于是适时生产系统应运而生。适时生产系统要求企业具备严密科学的组织规划,拥有多技能、高素质的工人队伍,要求企业实施严格的质量控制。其特点可归纳如下:

（一）以顾客为导向的生产系统

适时生产系统开始于产品制造的最后一道工序,企业接到订货商的订单后,立即通过一种叫"提货看板"的卡片给最后一道工序下达指令,上面注明需要生产的产品类型、生产数量、交货时间。最后一道工序接到指令后,签发"生产看板",作为本工序生产的依据,也明确是谁需要这些产品,然后考察生产这些产品需要哪些原料和零部件,以同样的方式用"提货看板"给其上一道工序下达指令,以此类推。这样,每一道工序都被看成上一道工序的"顾客"。没有"顾客"需求,就没有零部件的生产。这样就避免了以生产为导向下的企业,供、产、销各自为政,互不了解的情况出现,避免了产品已经销售不畅、堆积如山而采购和生产部门还在拼命地生产的尴尬局面。

（二）以柔性制造单元为基础组织生产

适时生产系统下的基础生产单位已不是生产车间,而是一个个柔性制造单元。传统的生产车间一般是按单一功能划分的单元,在这种车间里,大量相同功能的机器聚集在一起,完成单一的生产步骤,以适应大量同质化的生产,在这种车间中生产出来的产品数量一般相当巨大。适时生产系统下的柔性制造单元则不然,它是以产品为中心设置制造单元,在这些制造单元中配备的是完成功能相近的一类产品所需的多种不同的机器,利用这些机器,不作调整和作少量调整就能生产不同的产品(当然这些产品之间不能差别太大),提高对激烈市场变化的适应性。在柔性制造单元中,机器设备是按照生产的顺序排成弧形或"┓"(这有利于节省被加工产品在制造单元中的移动时间,也便于由少数几个工人操作控制),原材料或在产品就在制造单元内按加工顺序从一种设备向另一种设备转移,从最后的机器设备中制造加工出的就是可以使用的产品或者半成品。此外,制造单元彼此之间的距离很近,通过传送带就能把上游的产品送往下游,避免了中间产品的整理、搬运和库存中的种种浪费,提高了企业的整体效率。

（三）技术全面的工人

如上所述,适时生产系统下的基础生产单位已不是生产车间,而是一个个柔性制造单元,它们配备的是完成一类产品所需的多种不同的机器,因此在制造单元内工作的工人需要掌握多种不同的操作技术,会熟练使用制造单元内的不同机器和设备,会根据生产任务的性质进行机器设备的调整准备工作。此外,他们还需要具备制造单元内机器设备的维护保养能力,在设备出现异常状况时,及时停机检查,排除障碍,使生产过程流畅。最后,产品生产出来后,工人还必须对其进行质量检验,而不是在最后产成品生产出来后才由质量检测部门检查。总之,适时生产系统下的工人必须是灵活高素质的多面手,能精确无误地完成制造单元内的几乎所有工作。

（四）合理减少机器设备的调整准备时间,快速启动生产

从理论上说,少量多批的产品生产方式较能适应快速变化的市场需要,这是它的优点。但这种生产系统在提高生产的适应能力的同时,也增加了机器设备的调整准备时间:产品和产品之间即便是微小的差别,也会影响到设备加工和控制程序的改变,需要在场的工人予以调试。因此,随着产品类别的频繁变化,机器的调整准备时间也会激增。正像前面所述,这种调整准备时间不产生顾客价值,属于非增值作业时间,应该尽量消除。适时生产系统通过一些有效的手段将这种浪费控制在可以容忍的范围内:比如合理设定柔性制造单元,使其专注于生产工艺和流程相似的一组产品,同时尽量采用标准零部件和标准操作方法;利用计算机控制技术,最优化机器设备调整准备的程序,缩短其准备时间;培训生产工人,提高其准备操作的熟练度。

（五）全面质量控制

在适时生产系统下,全面质量控制是关乎企业全局的大事。正如我们所知道的,适时生产系统下是零存货,材料和零部件是"在需要的时候,按需要的数量"运抵各个柔性制造单元,不会有任何多余。只要一个制造单元的产品出现质量问题,后续环节的生产就会受影响,整条生产线将会中断,由此引发的大量停工给企业带来的损失无法估量。因此,全面质量控制是适时生产系统的必要条件。这里所谓的全面质量控制,并不是像传统的质量管理那样只进行事后的质量检验把关,它是指质量控制的思想和行动应贯穿企业生产活动的始终。在每个制造单元中,产品的制造过程同时伴随着产品的质量监控,力图把缺陷消灭在产品生产过程之中。制造单元内的生产工人同时也是质量检验员,一旦发现出现异常情况,他们应立刻着手排除障碍,不让任何有缺陷的产品进入下一道工序。

（六）预防性设备维护

传统的生产系统下,为了应付突发事件,生产的各个环节都储备了大量的库存。这样,一旦一个环节出现设备故障,整个生产系统还有一个缓冲的空

间,企业还不至于停工待料。适时生产系统实行的是"零库存",在生产的各个环节都不会备有多余的材料或零件,一旦设备故障就会造成后续环节的生产瘫痪。因此实施适时生产系统,机器设备的维护和保养是防护性的、超前的,维护和保养贯穿于生产过程之中。每个工人既是生产人员又是维护人员,通过实时的、不间断的检查和保养,使机器设备维持在最优的生产效率下。

（七）与上游供应商的关系

传统生产系统下,企业采购较为关注的是原料的价格和质量。因为企业一般都备有存货,原料的供给即使有耽搁,也不会给企业造成太大的损失,而原料的价格和质量是企业降低成本的手段,于是企业可以为了获得符合条件的原料,甚至到远隔千山的厂家处购买,使得企业的供应商相当多。这在推行适时生产系统的企业看来是极不经济的。适时生产系统下的企业除了关心原料的价格和质量外,还关心原料的运抵时间。它采用适时采购系统,要求材料、外购零部件在生产需用时保质保量地适时到达现场（抵达时间既不能推迟也不能提早）,直接使用。采购环节如果供货不及时,就会直接给企业带来巨大损失。因此,企业就会在价格、质量和到货时间三者之间平衡考虑,不一定价格越低越有优势。企业一般倾向于选择少数质量过硬、供货及时和信誉可靠的供货商,并同他们建立长期合作的伙伴关系。通过这种定点的方式,将上游厂商拉入企业的整体战略规划,整合整个产品链。以日本丰田公司为例,整个丰田公司在实行了适时生产系统后,就开始把这套系统向其上游供货商推行,要求其适应少量多批的购货方式,并签订长期的合约。所以,与少数供应商建立长期的合作伙伴关系,是适时生产对购货方式的重大影响。

四、适时生产系统的优点

适时生产系统是产品制造观念的一次深刻变革,它划时代地把有史以来的以产定销的商业法则转化为以销定产的模式,消除了不产生价值的作业和活动,把生产力提升了一个层次。它对成本的认识已脱离了传统的生产费用阶段,已经能认识到:如果不能把产品中蕴含的个人劳动转化为社会劳动,产品的生产费用再低也是社会资源的浪费,"多生产多浪费,少生产少浪费"。它给企业带来的成本节约和产生的经济效益可以归结为如下几个方面:

（一）存货成本的节约

适时生产系统带给企业的效益最大一部分来自"零存货"。存货,正如我们前面所知,是一种资源的无效占用,并不创造价值。从财务管理的角度看,存货占流动资产的很大一部分,而且是流动性最差的一种。如果企业的现金大量积压在存货上,最直接的成本就是这些被积压的"资金"所能获得的投资收益,降低企业的获利能力。从企业管理的角度看,企业材料、物资的存储损耗、过期、不适用、毁损以及仓库的修建维护等方面都会产生风险和费用。从生产管理的角度上看,存货在生产过程中的出入库和在生产各环节中的流转都会产生搬运成本。适时生产系统实行零存货,就把这些费用都省去了,提高了企业价值。

（二）质量控制方面的效益

适时生产系统在质量控制方面产生的效益往往不如存货方面的效益显而易见,然而其产生的效益和对管理的影响却是极为重大的。适时生产系统要求购货和生产各环节实现零缺陷,铲除了返工、次品、废品产生形成的根源,不但节约了成本,在创立企业质量信誉方面带来的收益将是无可估量的,在企业内部形成的全员质量控制意识所产生的影响将是非常深远的。美国 Texas Instrument 在其产品生产中使用一种电子元件,其购价为 $0.55,若在产品生产过程中发现质量不合格,替换成本将为 $5;若在最后检验时发现质量问题,补救成本为 $57;若在销售后由客户发现,退货、维修将支付 $397。因此,树立全员质量控制意识,把废、残和缺陷消灭在购货和生产过程之中,其潜在的效益是巨大的,却又是无法估量的。

（三）产品适应性方面的效益

适时生产系统实行的柔性生产,生产线上的产品能随订单的变化而变化,甚至能按顾客的要求进行个性化定制生产。通过满足顾客的需求,树立企业产品的品牌形象,提高产品顾客忠诚度。从这个角度说,它的效益是无限的。

（四）运用计算机技术提高企业控制生产的能力

传统生产系统下,企业生产按设备的生产功能划分车间进行生产。这就给大规模利用计算机网络实时记录、汇总生产数据和控制生产进程带来了困难,经常出现一种尴尬的局面,那就是用计算机来进行制造费用和辅助生产成本的分摊计算等所谓"电算化",这无异于拿计算机做高级计算器,而不是实时控制工具,这不利于企业管理水平的提高。适时生产系统是以产品为中心,按制造单元组织生产,明晰了生产成本的归属关系,不仅原材料和人工成本属于直接成本,而且制造费用也变成了直接成本,从而避免了产品成本计算过程中多层次的间接制造费用和辅助生产成本的归集与分配。这不仅提高了生产数据的精确性,而且数据信息实时汇总、汇报,为企业的经营决策和成本控制提供了更为可靠的成本信息。企业各级管理人员能得到有关的第一手资料,知道目前的生产和市场变化,了解什么产品赚钱、什么产品赔钱,据以及时调整生产线,给企业带来不可估量的潜在效益。

五、适时生产系统的适用范围

虽然适时生产系统拥有上述种种优点,但是它是和企业管理层强大的控制能力和控制手段联系在一起的,并不是什么包治百病的万金油。一般说来,一个企业要采用适时生产系统,必须具备一定的主客观条件。

(一)企业具有一定规模

适时生产系统实际上是一种适应大型企业生产管理的生产方式。大型企业生产的产品种类繁多,工序复杂,以原有的管理方式指挥生产,各种间接费用的归属难以确定,进而各种产品的实际成本的计算、分析都会有较大的误差,误导管理层的决策。而小型企业的产品数少,运用传统方法就能把产品的成本算得八九不离十,运用适时生产系统不会给企业带来明显的效益,甚至还会给企业增加额外的成本。

此外,企业的规模大,可以增加企业在对上游厂商的购货要求(比如适时采购)时的砝码,使上游厂商严格按照企业需求供货。而小企业的要求在供货商眼里"人轻言微",不可能做到这一点。

(二)拥有自动化生产能力

适时生产系统下的生产多以自动化为主,真正需要人的地方较少。生产工人的角色就像教练,而机器设备就像运动员,生产工人把机器调整到正常生产状态后,由机器根据既定程序生产产品,生产工人在一旁做监控异常情况的工作,保证产品的质量。如果一个企业还不具备自动化生产能力,通过手工生产产品,那就很难保证产品的质量和产品生产的时间,"适时"就成为一句空话。

(三)产业链条尽量集中分布于一个区域

企业内部适时生产系统的建立通过努力比较好解决,但是企业生产所需原料的适时供应就不一样了,因为上游厂商可能做不到多批少量供应,也可能做不到及时供应,这样适时生产系统中的关键一环——采购就出现了问题。但如果整个产业链都集中在一个区域内,企业可以重点扶植愿意以这种方式提供原料、配件的上游厂商,与之建立一种长期的合作伙伴方式,提供技术和资金,帮助他们建立适时生产系统。这样的好处至少有二:一是由企业提供技术和标准的定点生产企业的原料和零配件质量比较可靠,不会出现太大的质量风险;二是保证这些企业到货的及时性。我们知道,即使供货企业能按订单的要求,适时地发出材料,适时地收到材料也是困难的,因为这其中还有一个交通的问题。交通状况是无法控制的,若是碰上修路或堵塞,材料晚到三五天,企业就会出现巨额损失,这是企业无法承受的。因此通过就近购货,发挥区域经济优势,就近挑选、扶植上游零件厂商,将交通的不确定性降到最低,应为企业首选。丰田公司最早采用适时生产系统时,为了解决这个问题,用的就是这样一种办法。

六、适时生产系统和经济定货量

适时生产系统下,企业的存货管理是无存货管理。要求外购的材料和零部件适时采购,材料和零部件在生产需要时运抵现场,上道工序生产的半成品要在下道工序需用时产出,整个企业拥有的存货只是一些尚未发出的产成品。这样的生产组织购货必然是减少每次的订货数量,而增加订货次数;对生产要求减少每次投产数量,增加投产批次。这就与传统存货控制下的经济订货模型相矛盾。经济订货模型主要在存货的存储成本和订货成本之间进行折中,假设存储成本与订货成本此增彼减,存储成本与订货成本之和为最低点的订货数量即为最优经济订货量。然后根据每日生产用量,确定提前期和购货间隔期。

然而,随着计算机的应用和通讯条件的改善,订货可以采取电子信息交换系统,订货成本将大大下降。一方面,存储成本与订货成本此增彼减的假设不复存在。经济订货模型假定生产用料是均匀发生的,对材料的需求是稳定的。而在实际生产过程中,面对市场、面向客户,生产数量是变化多样的,因而对材料或零部件的需求是不均匀、不稳定的,对库存的需求是间断性的;传统存货控制的订货提前期通常偏早,从而形成库存积压,造成资金的无效占用。另一方面,由于需求的不均衡,还会造成库存的短缺,又给生产造成损失。对产品存储成本的估计,在经济订货模型中被严重地低估,如存储场地空间、存货投资上的利息支出、库存损耗和损坏、供货质量问题所发生的成本,以及对存货记录会计系统方面的成本都被排除在外。

第二节 传统存货管理

一、传统存货管理的意义

对于制造业、零售业来说,保持合理的存货是至关重要的。由于企业流动资产中,存货资金占了很大的比例,它的使用效果将直接影响到企业的财务状况和经营成果。存货水平过高,周转率下降,短期偿债能力下降,而且存货亦有呆滞的风险;存货水平过低,可能会影响生产正常进行,造成不必要的时间等待的浪费。所以,一般企业都应对存货加强管理。

存货水平的管理,对于公司建立长期竞争优势,具有重要意义。产品质量、产品工艺、加班时间、剩余生产能力、对顾客需求作出反应的能力、提前期以及公司的整体盈利能力等等,所有这些都将受存货水平的影响。一般而言,存货水平较高的公司,相对竞争者来说,有处于竞争劣势的倾向。不管是现在还是未来,存货及其管理,对公司的竞争优势,都会产生强烈的影响。存货管理政策已经成为一种重要的竞争武器。

二、存货成本

与存货有关的成本主要有采购成本、订货成本、储存成本和缺货成本。

(一)采购成本

采购成本是购买存货的买价及附加费用(如运输费用)等成本。

(二)订货成本

订货成本是为订购有关存货而发生的成本,即从发出订单至收到存货整个过程中付出的成本,如采购人员差旅费以及其他的处理费用,包括变动费用和固定费用两部分。变动部分的成本与每次订货数量大小无关,与订货次数成正比例变动的关系。固定部分的成本与订货次数多寡无关,如采购部门负责人的薪金、有关设备折旧费等,是一笔固定的支出。订货成本是每次订货量与每次订货成本的乘积。

(三)储存成本(亦称保管成本)

储存成本是企业持有存货而发生的有关成本,如仓库的折旧费、保险费、占用资金的机会成本等,也包括变动成本和固定成本两部分。变动储存成本与平均库存量成正比例关系,固定储存成本与库存量大小无关。储存成本是平均存量与单位储存成本的乘积。

缺货成本是企业未能按客户要求的时间及时将存货提供给对方产生的相应成本,是由于缺货造成的一种损失。如销售过程中因缺货失去的信誉,生产过程中由于缺货造成的停工待料,在产品积压、交货期延迟或导致加班加点等。

三、持有存货的传统理由

公司利润最大化的经营目标要求与存货相关的成本最小化。然而,储存成本的最小化,会导致小批量的订货或生产;而订货成本的的最小化则要求订货批量大、次数少。这样,储存成本最低,会鼓励保持少量存货甚至零存货;定货成本或生产准备成本最低,则会鼓励保持大量的存货。公司在选择存货水平时,要考虑的一个重要因素是两类成本之间的权衡,以使订货成本和储存成本的总和最小。

公司持有存货的第二个理由是满足不确定的产品需求。即使订货成本或生产准备成本可以忽略,由于缺货成本的存在,公司仍然会持有存货。如果产品或材料的需求量超出预计水平,那么存货可以作为一种缓冲器,使公司有能力按时交货。尽管权衡此消彼长的两类成本和应付需求的不确定性,是被企业广为引用的持有存货的主要理由,但还有其他一些因素在起作用。

由于供应上的不确定性,公司保持一定量的原材料和零配件存货,通常被认为是必须的。也就是说,当存货延迟或中断(恶劣的天气和企业破产等都可能造成这种情况)时,原材料和零配件等存货缓冲储备的存在可确保生产的畅通无阻。生产过程的不可靠也产生了保持额外存货的需要。例如,考虑到生产过程会产生大量的不合格品,公司为了满足顾客的需求,会决定按照超出需要量的生产量来组织生产。同样,为保证顾客供应和生产供应的连续性,也需要一定的存货缓冲储备。最后,组织超出正常需求量储备存货,可以获取数量折扣,避免预期的价格上升影响。

四、经济订货量:传统存货管理模型

(一)基本假设
经济订货量的基本模型必须具备以下的前提条件:
(1)有关货物的需求率是恒定的和确定的;
(2)从发出订货单至货到补充库存的提前期是已知的和固定的;
(3)不允许出现缺货情况;
(4)订货成本、储存成本固定不变;
(5)单位采购成本不受订货批量大小的影响;
(6)以批量方式订货或生产货物,一次全部到货入库。

上述假设明确了在确定经济订货量时无需考虑采购成本和缺货成本,只有订货成本和储存成本是直接相关的成本,只要这两项费用的总和达到最小,即可找到最经济的订货量。

（二）基本模型

经济订货量的总相关成本为订货成本和储存成本，但在确定基本模型时，只有变动部分的成本是与订货量相关的，而固定部分的成本是无关成本。现将有关符号代表的含义列示如下：

相关总成本＝相关订货成本总额＋相关储存成本总额

＝年订货次数×每次订货成本＋平均库存量×年单位储存成本

$$TC = \frac{D}{Q} \cdot P + \frac{Q}{2} \cdot C$$

式中：D 表示某一时期内（全年）的需求量；

$\quad\quad P$ 表示每次订货成本；

$\quad\quad C$ 表示某一时期（全年）的单位储存成本；

$\quad\quad Q$ 表示每次订货量。

由于是计算相关总成本的最小值，因此，可以求相关总成本（TC）对订货量（Q）的一阶导数，即：

$$\frac{\mathrm{d}(TC)}{\mathrm{d}Q} = \frac{D}{Q^2} \cdot P + \frac{C}{2}$$

令 $\quad \dfrac{\mathrm{d}(TC)}{\mathrm{d}Q} = 0$

得 $\quad \dfrac{-D}{Q^2} \cdot P + \dfrac{C}{2} = 0$

整理后得 $\quad Q = \sqrt{\dfrac{2DP}{C}}$

又因为 $\dfrac{\mathrm{d}(TC)^2}{\mathrm{d}Q} = \dfrac{2DP}{Q^3} > 0$，所以，以上整理后得到的订货量 Q 是使相关总成本达到最小值的订货量，即为经济订货量 EOQ。将其代入相关总成本公式中，可得到最低成本为：

$$TC_{(EOQ)} = \sqrt{2DPC}$$

[**例 13-1**]欣欣公司甲原料的全年需要量为 3 600 吨，单位价值 15 元，该批原料每次订货成本为 100 元，年单位储存成本为 2 元，该原料的经济订货量计算如下：

$$Q = \sqrt{\frac{2DP}{C}} = \sqrt{\frac{2 \times 3\,600 \times 100}{2}} = 600（千克）$$

$$TC_{(EOQ)} = \sqrt{2DPC} = \sqrt{2 \times 3\,600 \times 100 \times 2} = 1\,200（元）$$

$$一年的订货次数=\frac{D}{Q}=\frac{3\ 600}{600}=6(次)$$

$$一年的平均库存量=\frac{Q}{2}=\frac{600}{2}=300(吨)$$

五、再存货点和安全库存量

当存货的经济订货量确定了以后,按此订货量企业还应考虑当库存达到怎样的水平时,必须发出第二次订货的指令,这一库存水平就是再订货点。

(一)再存货点主要受两个因素影响

1.提前期。提前期也是交货周期,它是从办理订货手续开始到存货被运到企业验收入库为止所需的时间。一般假定提前期是固定的。

2.存货单位时间的正常耗用量,一般指每天的正常耗用量,假定也是固定的。

为了避免缺货成本的发生并降低储存成本,企业应该在存货用完之前及时发出订单,以保证最后一单位存货用完时,即收到新订的货物。在确定了提前期和存货单位时间的正常耗用量以后,再订货点的计算方法为:

再订货点=单位时间的正常耗用量×提前期

[**例 13-2**]欣欣公司存货的经济订货量为 600 吨,交货周期为 10 天,每天的正常耗用量为 20 吨,再订货点计算如下:

再订货点=20×10=200(吨)

以上计算结果说明,当企业存货的库存降到 200 吨时,应该再订货 600 吨原料。由于订货周期为 10 天,所以,当 10 天后 600 吨新存货运到企业时,原有的 200 吨存货刚好用完。

当库存量降到 200 吨时,应再订货 600 吨,当 600 吨原料验收入库,即第 30 天,库存量为零,新到的原料正好入库,可满足日常的需要。

(二)安全库存量

在确定存货再订货点时,假设提前期和存货在单位时间内的正常耗用都是固定不变的。但实际上,这两个因素有时也会发生变化。依例 13-2,如果存货单位时间的正常耗用量为 30 吨,企业在 $6\frac{2}{3}$ 天就用完了 200 吨的库存,而新的存货要 10 天后才能到达企业,这时就会发生缺货。因此,企业为了避免出现缺货情况,一般都建立一个额外的库存,即安全库存量。安全库存量的确定可以根据存货的需求概率来计算,但此法较复杂。也可以采用较为简单的

方法,计算公式如下:

安全库存量=(预计单位时间内最大耗用量-单位时间正常耗用量)×提前期

如果将安全库存量因素考虑在内,再订货点应该加上这部分库存,计算公式调整为:

再订货点=单位时间正常耗用量×提前期+安全库存量

[例13-3]依例13-2,预计单位时间内最大的耗用量为25吨,安全库存量和再订货点为:

安全库存量=(25-20)×10=50(吨)
再订货点=200+50=250(吨)

计算结果表明,考虑安全存量后,企业的再订货点提高到250吨,使存货的库存水平相应提高,这种现象是利是弊,必须与缺货成本结合起来进行分析。

第三节 适时生产系统的存货管理

在过去10~20年中,大批量生产、高生产准备成本的传统生产型公司所面临的制造环境,发生了显著的变化。一方面,市场竞争已经突破了国界的限制。运输和通讯手段的进步,积极地推动着全球竞争市场的形成。技术进步缩短了产品生命周期,产品的花色品种增加了。外国公司将高质量、低成本并且各具特色的产品推向市场,这给大批量生产、生产准备成本高的国内公司造成了巨大的外部压力,促使他们在追求提高产品质量、增加花色品种的同时,降低总成本。竞争压力导致许多公司放弃了EOQ模型,转而采用适时生产系统。适时生产系统表现为通过消除浪费,坚持不懈地追求生产率的提高。实施生产系统远远不只是一种存货管理方法,然而,在适时生产系统下,存货尤其被看成是一种浪费。它们占用了现金、空间以及劳动力等资源,另外,它们掩盖了生产经营中的低效率,使得企业的信息系统变得更复杂。因此,虽然适时生产系统不局限于关注存货的管理,但是存货的控制确实是实施适时生产系统的一项重要辅助。本节只讨论适时生产系统中与存货相关的内容。

一、拉动式系统

适时系统是一种制造方法,主张生产应由现在的需求拉动,而不是以预期需求为基础、按既定的时间安排向前推进。诸如麦当劳等许多快餐店,就是采用拉动式系统来控制产品存货的。当顾客点汉堡包时，就从货架上取下来给他们。当汉堡包的数量变得太少时，厨师就开始制作新一批汉堡包。材料由顾客需求拉动，贯穿整个系统。该原则同样适用于制造业。每一操作工序生产产品的数量，仅仅是满足下一操作工序的需求所必需的。在生产开始时，所需要的材料或部件能够适时到达，正好满足其需要。

推行适时生产系统的一个优点是能够将存货降低到非常低的水平，追求低水平存货，对于适时生产系统获取成功具有重要意义。但是，这种追求低水平存货的观念，必然对持有存货的传统理由造成冲击。这些理由也不再被视为是恰当的。

二、适时生产系统方法降低订货成本和储存成本

适时生产系统(JIT)是一种实现订货成本和储存成本之和最小化的完全不同的方法。传统方法承认订货成本的存在，并试图找到合适的订货数量，以使两类成本间达到最优平衡。相反，适时生产系统不承认订货成本存在的合理性；它还试图将这些成本降至零。当订货成本变得微不足道时，剩下就只有储存成本需要最小化了，而这可以通过将存货降至非常低的水平来实现。

(一)长期合同、连续进货系统和电子数据交货系统

发展与供应商的密切关系，可以降低订货成本。就外购材料的供应问题而言，与供应商谈判签订长期合同，能够减少订货次数以及相应的订货成本。零售商们已经找到了一种降低订货成本的方法——采用连续进货系统。在连续进货系统下，制造商为零售商承担了存货管理职能。制造商通知零售商在什么时间订购多少数量的货物。零售商复核此项建议，若认为合理，则批准订货。这时候，生产商和零售商联系密切，生产商可以相当准确地预测零售商的需求。

连续进货的过程需要得到电子数据交换系统的帮助。通过电子数据交换系统，供应商可以进入购货方的联机数据库。在知悉购货方的生产安排后，供应商就可以将购买方所需要的零配件适时送到它们发挥作用的地方。电子数据交换系统实行无纸化操作——不需要订货单或销售发票。供应商根据数据库中购货方的生产安排，确定自己的生产和送货日期。当零配件装运发出后，供应商就向购货方发出电子信息，告知对方一批货物上路了。零配件到达后，购货方用电子棒对条形码进行扫描，准备支付货款。显然，电子数据交换系统要求供应商和购货方在工作安排上紧密配合，双方的营运几乎如同一家公司，而不是两家分立的公司。

（二）降低生产准备时间

要降低生产准备时间,公司应追求新的、更有效的方法来完成生产准备。经验表明,JIT 方法可以显著地降低生产准备时间。推行 JIT 方法后,一些公司甚至节省了 75％的生产准备时间。

三、适时能力:JIT 的解决方案

适时能力衡量的是公司对顾客需求作出反应的能力。过去,公司通过储备产成品存货来确保按要求的日期交货。适时系统解决适时能力问题的方法不是储备存货,而是大幅度地减少生产准备时间。较短的时间能提高公司按要求的日期交货以及对市场需求作出快速反应的能力。这样,公司的竞争地位就得到改进。JIT 通过降低生产准备时间、提高产品质量以及采用单元式制造来削减提前期。

制造单元能缩短机器和存货间的传送距离,还能对提前期造成显著影响。例如在传统的制造方法下,公司制造一个阀门需要 2 个月。而通过将生产阀门所需要的车床和钻孔机结合成 U 形制造单元,提前期可以减少 2～3 天。

四、停产的避免与生产过程的可靠性:JIT 方法

大多数停产是出于以下三种原因之一:机器故障、材料或零件不合格、原材料或零件的供应中断。储备存货是解决上述三个问题的一种传统方法。

那些倡导 JIT 方法的人认为,储备存货并没有解决上述问题,只是将它们掩盖或隐藏起来。JIT 则重视综合预防性维修和全面质量管理,主张与供应商建立良好关系从而能从根本上解决这些问题。

（一）综合预防性维修

实现零机器故障是综合预防性维修追求的目标。给予预防性维修更多的关注,大多数的机器故障能够避免。在 JIT 环境下,这一目标较为容易达到,因为它倡导的是综合训练的劳动哲学。制造单元的工人,接受维修他所操作的机器方面的训练,这类事情并不异常。同样,由于 JIT 的拉动式特征,制造单元的工人拥有闲暇的制造时间,也不是异常的事情。让制造单元工人参与预防性的维修工作,从而将闲暇时间运用在生产上。

（二）全面质量管理

零配件不合格这一问题,是通过尽力追求零缺陷来解决的。由于 JIT 制造方法并不依靠存货来替换有缺陷的零配件或材料,无论是外购还是自制材

料,公司对其质量的重视都显著地提高了。结果是引人注目的:不合格零配件的数量能减少 75%～90%。不合格零配件数量的减少,亦削弱了基于生产过程不可靠而储备存货这一理由的说服力。

（三）看板系统

为了确保零配件或材料在需要时能够获得,人们运用了一种称为"看板系统"的制度。看板系统是一种信息系统,利用标记或卡片来控制生产。看板系统保证必要的产品在必要的时间以必要的数量生产出来,它是 JIT 存货管理的灵魂。

看板系统要用到卡片或标记——4×8 平方英寸见方的塑料片、卡纸板或金属片。看板通常放在塑料袋中,附在零配件或盛装所需零配件的容器上面。

一个基本的看板系统要利用三种卡片:领取看板、生产看板和供应商看板。前两种看板控制加工品在生产工序间的移动,而第三种看板则控制零配件在制造过程与外部供应商间的移动。领取看板注明后道工序需要从前道工序领取的加工品的数量。生产看板注明前道工序应当生产的物品的数量。供应商看板用来通知供应商运送零配件,并注明这些零配件何时被使用。

五、折扣与价格上升:适时采购与持有存货的比较

按照传统观点,公司储备存货,可以从数量折扣中受益,并避免所购物品未来价格上升造成的不利影响。储备存货的目的在于降低存货成本。JIT 以零存货的方式达到同样的目的。JIT 的解决方法是与一些经过挑选的供应商谈判签订长期合同,让供应商广泛参与企业的生产经营。这些供应商在地理上应尽可能靠近企业的生产设施。供应商的选择不只是以价格为基础。业绩、零配件的质量和按要求交货的能力,以及能否遵循适时采购是考察的关键。签订长期合同还有其他好处,合同规定了产品价格以及可接受的质量水平。长期合同还大幅度削减了下达订单的次数,有助于降低订货成本。

可见,适时生产系统下的无存货控制是存货管理上的重大创新,不仅能大幅度节约企业库存成本,而且推动了全面的质量管理和价值链的分析。适时生产系统的应用,将使企业获得巨大的收益,并对企业管理方式产生极大的影响。

思考题

1. 什么是适时生产系统？其实质是什么？

2. 适时生产系统有何特点？

3. 适时生产系统有哪些优点？其适用什么范围？

4. 适时生产系统对存货管理有何影响？

5. 适时生产系统的运用对我们有何启示？

6. JIT 采用何种方法使总存货成本最小？

7. 为什么与供应商建立长期合同关系,能够降低原材料的取得成本？

8. 请说明看板系统怎样帮助减少存货？

作业成本计算与作业管理

作业成本计算（activity-based costing，简称 ABC 法、作业成本法）和作业管理（activity-based management，简称 ABM）是自 20 世纪 90 年代以来在西方先进制造企业首先应用起来的一种全新的企业管理理论和方法，是一个以作业为对象的企业管理方法。这种方法在成本核算和成本控制等方面都与传统成本法有着很大的不同，对企业的管理水平起到了促进与提高的作用。基础的管理信息系统，是 20 世纪后期适应新的技术经济条件的发展而逐渐形成和发展起来的管理会计学中的一个新的领域，对世界各国都产生了积极的影响。

第一节 作业成本计算的产生及发展

一、作业成本计算产生的时代背景

管理会计问题被认为是技术改变以及与技术改变相关的竞争、资本密集、组织规模和生产管理模式等诸多因素共同作用的结果。作业成本计算的产生是与上述因素密切相关的。

（一）技术改变

20 世纪 70 年代以来，世界科学技术有了日新月异的发展，在高新技术基础上形成的自动化得到了广泛的应用，使各国制造企业的生产环境产生了重大变化。企业中生产自动化的实现需要两大因素：一个是作为硬件要素的柔性制造系统（FMS），它是为了适应市场中的小批量多品种而存在的需求多元化、产品生命周期短等要求的产物；二是作为软件要素的技术信息系统，包括电脑辅助设计(CAD)、电脑辅助制造(CAM),以及电脑数控机床(CNCM)等的广泛应用。自此,以"计算机集成制造系统"(CIMS)为标志,企业进入了生产经营的新时代——CIM时代。为了适应这种变化,企业不得不改变原有落后的生产方式,而采用先进的制造技术和制造模式。高度自动化设备的出现使企业降低了对机器操作工作的要求,相反,企业需要的是能够对机器设备进行调试和维护的技术人员。单个工人监督范围扩大生产方式的直接后果就是导致直接人工大幅减少,而制造费用直线上升。70年前,间接费用仅为直接人工成本的50%～60%,现在却占到了400%～500%;直接人工从以往的占产品成本的40%～50%下降到现在的占3%～5%。如此巨大的变化使传统方法以直接人工成本、直接人工工时、机器工时作为制造费用的分配标准不再适合制造环境变化后的企业成本计算,已经不能满足客观现实的需要。同时,成本控制方法也遭遇困境,实体控制对象已摆脱人为控制而直接受制于自动化机器,标准成本会计下的差异分析这一控制手段正逐渐丧失其功效,对管理控制业绩进行评价考核的责任会计方法也不再适合。

因此,为了弥补不足,适应新制造环境下企业成本计算的需要,企业迫切需要寻求一种新的现代成本管理方法与成本管理模式以适应社会市场的需求以及自身发展的需要。因此,一种新的成本计算方法——作业成本法便应运而生。

(二)管理方法和制度的创新

由于高新技术的发展及其广泛应用,企业面临着日趋激烈的竞争。在这种竞争下,企业不得不寻求先进的管理观念以及技术的变革,其中包括物流管理和价值链管理、制造资源计划、全面质量管理、战略管理、约束理论等。这些理论的出现,要求企业从追求规模生产转向以客户为导向,从追求利润转向基于价值的管理。这些新型管理的出现无不要求企业的成本会计制度能提供更加准确、及时和相关的信息。以往的成本会计必须重新设计以支持并促进新的管理方法在企业中的应用。因此,新的成本会计方法如作业成本法就应运而生了。可以说,作业成本法是新型管理思想的产物。管理的变革对技术进步有着巨大的制约和推进作用,对增强企业活力、提高企业竞争力和经济效益起着非常重大的作用。

(三)顾客需求多样化

顾客的个性化以及多样化必然会导致对产品种类需求的多样化。也就是说这种多样化在给企业机会的同时,也加剧了它们之间的竞争,迫使企业不得不改变现有的大批量生产模式,转而采用适应顾客需求的小批量、个性化的生产模式。同时,在当今全球激烈竞争的时代,对控制的需求越来越迫切。控制可以提高组织的效率,而激烈的竞争增加了对控制的需求,因此竞争影响了管理会计系统的使用频率和重要性,这就要求先进的成本计算方法的出现。

(四)资本密集度变化

资本密集度是指把投入转化为产出所使用资源的集中程度。这种资源可以以物力资本为主,也可以以人力资本为主。以设备等固定资产为主的资本密集度是传统的概念,又叫资本的有机构成。

目前,企业的生产方式已显示出了根本性的变革,随着技术的不断进步,公司自动化的比重越来越大,直接人工越来越少。许多企业已经从传统的劳动密集型生产转变为技术密集型生产,直接人工成本占总成本的比例已经从20世纪70年代的40%下降到20世纪末的10%,间接制造成本比例大幅提高,其成本构成的内容也更加复杂。同时,固定资产所占比重直接影响产品成本结构中固定成本的比重,进而影响经营杠杆系数。这些变化要求成本会计与管理人员必须更加深入地了解间接费用制造成本产生的原因即成本动因,为管理者提供更加精确的成本信息。

(五)组织规模变化

信息技术的运用带来电子商务的普及,大大缩短了生产厂家与最终用户之间在供应链上的距离,同时改变了传统市场的结构,减少了中间环节,降低了交易成本。在工业经济条件下,企业知名度与企业规模成正比,但电子商务已使规模差距的竞争变得微不足道。在网络载体上,企业不分大小,都可用大体相同的费用在网上发布电子公告,进行商品宣传,平等地利用网络提供的信息开展经营活动,积极主动地将产品信息推向主要的分销商和消费者,从而将市场动态、市场计划、R&D信息推行给战略伙伴。这就使企业不分大小都大大降低了成本,提高了产品的市场竞争能力,也因此需要更加精确的信息和控制系统。

(六)先进制造模式的产生

现今理论上认同、实践上已取得成效的先进制造模式主要有三类:以计算机为手段的集成制造系统(computer integrated manufacturing,简称 CIM)、柔性制造系统(flexible manufacturing system,简称 FMS)和适时生产系统(just in time system,简称 JIT)。

1. 以计算机为手段的集成制造系统

"集成制造"是计算机应用技术在工业生产领域的主要分支技术之一。

它的发展可以追溯到 20 世纪 60 年代美国的物料需求计划 MRP,即根据生产计划表上何时需要什么物料来订货的物料需求计划。在 70 年代又把生产能力需求计划、车间作业计划、采购作业计划等纳入 MRP,形成一个闭环系统。80 年代将生产、供应、销售和财务等功能集于一体的一个一体化的系统,称为制造资源计划(manufacturing resource planning),为了区别于 MRP 而称之为 MRP Ⅱ。现今随着以计算机为手段的集成制造系统(CIMS)的发展,MRP Ⅱ 已成为 CIMS 的重要组成部分管理信息系统(management information system,简称 MIS)的核心。CIMS 的运用,使得企业能够充分发挥它在市场竞争、生产以及库存上的优势,使企业的生产经营日益科学化。

2. 柔性制造系统

柔性制造系统是为了高效地制造呈弹性变化的多种类产品而组成的一个一体化的集合,由自动化生产线、材料搬运系统和计算机控制中心几个主要硬件设施构成,对产品的形状差异、数量变化等具有充分适应的能力。这种制造系统特别适应多品种、小批量的生产,为企业符合消费者的多样化需求提供了必要条件。在这种制造系统下,企业能够对生产经营的各个环节实施监控,对不合理的地方作出迅速调整,从而起到优化作业链的目的。由此可见,企业需要更为精确的成本信息。

3. 适时生产系统

适时生产系统是一种严格的需求带动生产制度,其目的就是使原材料、在产品及产成品等各类存货维持在最低水平,从而降低企业生产成本。该系统要求企业生产经营管理各环节紧密协调配合,原材料、零部件、产成品保质保量并适时地送到后一加工(或销售)环节,它引发了现代企业的成本倒推和成本管理的变革,对传统的管理会计形成了严峻的挑战。

通过对制造业公司的研究表明:科学技术的进步在很大程度上影响着制造业的生产经营活动,而各个国家之间贸易障碍的解除又大大加深了全球市场的竞争;二者交互影响着管理会计的组成问题。因此,对 ABC 产生背景的研究应以科技改变和竞争为主线展开。

二、作业成本法的起源和发展

(一)作业成本法的起源和历史沿革

作业成本法的起源可以追溯到 20 世纪三四十年代。当时最早提出的概念是"作业会计"(activity-based accounting 或 activity accounting)。而最早从理论上和实践上探讨作业会计的是 20 世纪杰出的会计大师,美国人埃里克·科勒(Eric Kohler)教授。科勒在 1938 年至 1941 年间曾担任美国田纳西河谷管理局的主计长和内部审计师。田纳西河谷管理局的主要收入来源是水力发电收入,因此科勒所面临的问题就是如何正确计算水力发电的成本。由于水力发电行业的成本构成与一般制造企业不同:其产品是电力,而原材料则是不需要从市场上购进的水;水力发电的主要成本是机器设备等固定资产的折旧和维护保养费等间接费用;人工成本也主要是对机器设备进行监控和维护,人工成本较低。由于水力发电行业的成本构成存在以上这些特殊性,所以采用传统的以人工小时或机器小时来分配制造费用,显然是不合理的。1952年,科勒在其编著的《会计师词典》中,首次提出作业、作业账户、作业会计等。但是限于当时的科技条件和经济状况,他提出的“作业成本计算”的基本思想并未受到重视。1971 年乔治·斯托布斯(George. I. Staubus)教授在《作业成本计算和投入产出会计》一书中,对“作业”、“成本”、“作业成本计算”等概念作了全面的阐述,这是理论上依据作业会计的第一部宝贵著作。尽管理论界对此持冷淡态度,实务界也未予采纳,但其在作业会计理论框架形成中占有重要地位。

从 80 年代开始,高新技术的迅猛发展和在生产领域的广泛应用,使得竞争加剧,资本密集程度日益提高,组织规模越来越大,传统的、以追求“规模经济”为目标的大批量生产被以满足顾客需求多样性的生产——柔性制造系统所代替。所谓柔性制造系统,就是在计算机的控制下,将仔细挑选过的设备、机器人和原材料处理系统有机地组合在一起,并同步协调的工作。很显然,传统的成本计算方法不适应新的技术和经济环境,按照传统的成本计算方法计算出的产品成本信息与现实严重脱节,成本扭曲普遍存在,且扭曲的程度令人吃惊,这促使大批西方会计学者对传统的成本计算方法进行反思。到了 20 世纪 80 年代中期,美国的会计学家罗宾·库珀(Robin Cooper)和罗伯特·卡普兰(Robert Kaplan)两位教授对作业成本计算进行了系统深入的理论和应用研究。1988 年,库珀在《成本管理》杂志上发表了《一论 ABC 的兴起:什么是ABC 系统?》。库珀认为:产品成本就是制造和运送产品所需全部作业的成本总和,成本计算的最基本对象是作业,ABC 赖以存在的基础是作业消耗资源和产品消耗作业。随后,库珀又发表了《二论 ABC 的兴起:何时需要 ABC 系统?》、《三论 ABC 的兴起:需要多少成本动因并如何选择?》和《四论 ABC 的兴起:ABC 系统看起来到底像什么?》。库珀还与卡普兰合作,于 1988 年发表了《计量成本的正确性:制定正确的决策》。这些著名的论文,对 ABC 理论的现实意义、运作程序、成本动因选择、成本库的建立等重要问题进行了全面深入的分析，奠定了 ABC 理论研究的基石，促使大批西方会计学者对传统的成本会计系统进行重新审视，使作业成本计算引起人们的极大关注，并成为会计学界研究的热点问题，从而也使 ABC 理论日趋完善。

会计理论界对 ABC 理论研究的兴趣持续高涨到 90 年代前期，在英美的《管理会计》(*Management Accounting*)、《成本管理杂志》(*Journal of Cost Management*)以及《哈佛商业评论》(*Harvard Business Review*)、《注册管理会计师杂志》(*CMA Magazine*)等会计刊物发表 ABC 论文数以百计。其后，由于一些公司在应用 ABC 理论后又因种种原因放弃使用 ABC 理论，理论界对 ABC 的研究一度趋于冷静，也有人发表文章对 ABC 理论的正确性、适用性提出质疑。但是，随着 ABC 理论在越来越多公司、行业的应用，特别是 ABC 应用软件的开发应用，近年来 ABC 理论又进入一个新的发展期。据有关资料分析，自 1999 年 1 月—4 月底，在《成本管理杂志》和《管理会计研究》(*Management Accounting Research*)杂志上发表 ABC 专论的文章就达 11 篇（总计 31 篇），另一份国际会计学界权威杂志 *Accounting Organization and Society*1999 年第 7 期、第 8 期两期刊登 3 篇有关 ABC 的论文（总共 9 篇论文），似乎 ABC 在理论界的研究又出现了新的热潮。

ABC 在实务界的应用发展相对于理论界是稳步前进的。作业成本法的应用已由最初的美国、加拿大、英国，迅速地向澳洲、亚洲、美洲以及欧洲其他国家扩展。在行业领域方面，也由最初的制造行业扩展到商品批发、零售行业，金融、保险机构，医疗卫生等公用品部门，以及会计师事务所、咨询类社会中介机构，等等。据 Foster 等人(1997)研究，在公司内部会计和财务是使用 ABC 信息最多的两个部门，其他按使用频率依次为生产、产品管理、工程设计和销售部门。ABC 应用最重要的决策领域是在确认公司发展机会、产品管理决策和作业过程改进决策等方面，应用最多的业务领域包括生产加工、产品定价、零部件设计和确立战略重点等。诸如昂贵的产品避免增加更多的技术功能，因为对成本已很高的产品，这样做的增量收入甚少；再如由于批量成本和使产品多样化的成本很高，中、低数量的订货不再保证快速送货，而且有交还分销商销售的趋势；此外这类产品现在还要求最低订货量，并要求提前更长的订货时间等等。

在 ABC 发展的进程中遇到的最大挑战之一是日益扩大的企业资源计划(enterprise resource planning，简称 ERP)的实施。ERP 及其软件的应用使企业的注意力从 ABC 转向基本资源(如人力、财务、生产、后勤资源等)的有效利用。ERP 的应用也使公司怀疑 ABC 体系能否和耗资巨大的 ERP 相适用。在美国,由于 ERP 的实施而使很多公司曾一度推迟或者放弃 ABC 计划。近年来,情况有了变化,出售 ERP 的大软件商 SAPAG 将战略转移到 ABC 市场,它力争把以管理决策为目标的 ABC 和以信息、数据流为目标的 ERP 相结合,把 ABC 的理念和方法融入 ERP 系统之中,融入从预算、计划到销售、赢利能力分析等各个方面,使公司各有关部门能通过 ERP 系统获得 ABC 数据,从而最大限度地改善公司生产经营,形成整体最优化。ABC、ERP 的结合意味着企业在考虑实行 ERP 之前就可以实施 ABC。

(二)作业成本法产生与发展的必然性

作业成本法改变了以直接人工的确认和计量为出发点的传统会计模式,转向以间接制造费用占主导地位的现代成本计量模式。这种变化符合目前生产技术的以及时代的发展,具有一定的必然性。其中主要表现在以下几个方面:

1. 适时制与作业成本法

适时制是一种新的生产经营理念,也称准时化生产方式,其含义是在需要的时间和地点,生产必要数量和完美质量的产品和零部件,以杜绝超量生产,消除无效劳动和浪费。企业适时地在生产需要时才购进零部件,或者产品在有顾客时才生产,然后在生产车间适时地进行加工完成,再将产成品适时地提供给顾客。它是一种以产品为出发点的由后向前的拉动式生产系统,强调设计与工作过程的改进。因此,适时制要求企业在其生产经营管理的各个环节紧密配合,原材料、零部件、产成品等保质保量,对其生产工作进行充分的组织与协调。这些都要求企业的成本管理深入到作业的各个层次,运用作业成本法,使企业能够有效分析在生产产品过程中所需要的作业数量以及所需资源,以满足适时制生产系统的需要。

2. 完全成本法的复兴与作业成本法

在成本会计发展历程中,变动成本法取代完全成本法曾被认为是一大进步,因为变动成本法将变动成本计入产品成本,而将固定成本作为期间成本。这种变化简化了会计核算,适应短期投资决策的需要。但是,随着在现代制造业中变动成本所占的比例越来越小,如果仍将固定费用简单地归结为期间成本,既不利于企业对日益增长的固定成本进行有效控制,也不能真正反映产品的实际成本。因而,他们更倾向于将固定成本分配到各产品中,以全部成本作为产品的长期制造成本,以提高决策的科学性。完全成本法在实务中又重新受到企业的青睐,理论界应对成本计算模式再加以改进。

3.决策相关性与作业成本法

决策相关性也称决策有用性,是指企业所提供的会计信息应当满足企业内部和外部各个利益相关者了解企业财务状况和经营成果的需要。现代企业财务报告已经不仅仅关注受托责任制,而是越来越多地关注决策有用性。这就加大了对会计信息相关性的要求,为各利益相关者的决策提供充分的信息。作业成本法与传统成本计算不同的是,分配基础不仅发生了量变,而且发生了质变,它不再局限于传统成本计算所采用的单一数量分配基准,而采用多元分配基准,并且集财务变量与非财务变量于一体。这种变化提高了其与产品实际消耗费用的相关性,能使作业成本会计所提供的产品成本信息更加准确。

4.成本控制与考核与作业成本法

成本控制是企业事前对成本进行规划,事中对作业进行指导、限制和监督,并对与规划发生偏离的事项作出及时纠正,事后对结果进行分析的过程。企业通过对成本的控制与考核,研究并分析降低企业产品成本的途径,发现资源浪费的时候积极寻找原因并加以改进。作业成本法这种对资源消耗的具体过程进行具体分析与评价的过程是传统成本会计所无法比拟的,并且该方法还引进了许多财务指标,如劳动生产率、市场占有率等等。可以说,作业成本法是成本会计的新革命,为企业的成本计算开辟了一个更为有效地新途径。

（三）作业成本法研究与应用在中国的发展

80 年代末期,国外才刚刚开始对作业成本法进行研究,而我国早期的相关研究也都是参考国外的。那么我国什么时候开始关注作业成本法,作业成本法的研究重点是什么,以及我国目前对该方法的研究现状是怎样的呢？在 1995 年之前,我国学者对作业成本法的研究寥寥无几。随着我国对外开放和市场经济的发展,国内不少先进制造企业开始逐渐运用高科技进行生产并且已参与到国际大循环,但是与之相适应的成本管理系统却尚未能跟上。随着先进制造技术被列为"九五"计划和 2010 年中长期发展规划国家科技发展重点领域,可以说,我国已经具备使用作业成本法的客观环境。作业成本法的研究因此被提上了日程。20 世纪 80 年代末美国 ABC 研究兴起不久,余绪缨(1995)教授便在《会计研究》杂志发表文章向国内介绍作业成本法。自 1995 年以来,国内不少刊物刊载了介绍 ABC 的文章。1996 年之后,我国对作业成本法的研究达到一个高潮,每年在各个刊物上发表的相关文章基本都稳定在 10 篇以上。值得注意的是,不仅会计类刊物,而且工程类刊物也刊载了有关文章。作业成本法被作为工业工程学科的研究内容,这是和该方法产生于制造业,以及国内多年来推行 MRP Ⅱ、CIMS 有关。因为作业成本法的产生和应用是与先进制造技术紧密联系在一起的,而先进制造技术又是中国 2010 年中长期发展规划中国家科技发展的重点领域之一。当然这并不否定该方法未来在商业、金融、交通运输、公用事业等行业的推广应用。可以说,现今国内关于作业成本法的研究方兴未艾。

目前,在我国对作业成本法的研究中,主要包括以下几类:(1)研究作业成本计算法,即如何以作业为基础进行成本计算;(2)研究作业管理,即如何利用作业成本计算法下的成本信息去进行作业管理;(3)作业分析,即研究如何基于作业进行分析;(4)作业会计,即对作业成本计算和作业管理进行研究;(5)其他细节研究,如:对作业成本法中成本动因、作业动因等进行研究。

对于作业成本法在中国企业中的应用研究与上述理论上的介绍研究形成鲜明对照,国内外相当一部分学者认为中国目前应用此方法进行成本计算的条件还不成熟或对大部分企业并不适用。我国目前对作业成本的研究几乎都是通过定性分析构建规范的流程来探讨企业实施作业成本法的应用基础,没有形成定量化的模型。这些理论研究基本上是以成本控制和核算为主线,缺乏战略高度的分析,因而往往忽视了与企业战略目标相结合,成本控制研究仅停留在简单的人、财、物等资源的消耗上,忽视了知识、信息、技术等资源对成本和成本控制的影响。目前,作业成本计算理论与相关的先进管理思想和管理方法的结合是零散的、缺乏系统的研究,更缺乏在实际中的运用。2002 年,由王平心主持完成的财政部重点会计科研课题《管理会计应用与发展的典型案例研究——ABC/ABM 在中国典型企业的应用研究》,在陕西农业机械厂、西安变压器厂、咸阳钢绳厂、西安高压开关厂、中原油田特车厂等五个典型的制造企业开展 ABC 应用研究,取得了一些初步结果。研究结果显示,虽然像西方企业那样在中国企业成功运用 ABC 还有一段路程要走,但中国管理素质较高的国有企业和非国有企业都具有实行 ABC 的条件,可以成功应用 ABC,并可以结合自己的情况把 ABC 用于经营决策、成本控制等方面。但是在实务上,在我国企业中迄今为止仍很少有使用作业成本法的案例。作业成本会计在我国还处在介绍阶段,企业很难从事作业成本会计的应用。其原因有三:一是管理会计是作业成本会计应用的基础,而目前管理会计在我国的应用中尚处在初始阶段,管理者对企业进行科学化管理的要求并不是很强烈;二是我国目前高新技术企业的比重还比较低,无法提供作业成本法所需要的环境;三是我国会计人员的素质也难以应对这种全新成本计算系统的挑战。

从作业成本法的产生和发展的过程可以看出，一种理论由萌芽到发展是与环境密不可分的，正所谓"时势造英雄"。即使一个人有先进的思想或创意，如果不能与环境很好地配合，则这个人的思想或创意就很可能不被当时的社会所接受或认可。但是理论总是先于实践的，对任何新鲜的事物都不要盲目肯定或否定，要等待实践的检验，毕竟实践是检验真理的唯一标准。

第二节　作业成本计算

一、作业成本计算的原理

(一)传统成本法与作业成本法的基本原理

1.传统成本法基本原理

传统成本计算方法认为，产出品成本的产生是由于其对资源的消耗，按照一定标准分配到产出上变成为其成本。这种观点表面上看起来合乎逻辑，其实它掩盖了作业在资源转化为产出过程中的作用。实际上，作业是资源转换为产出必不可少的关键环节，而传统成本法的问题在于把它掩盖在一个黑箱中，如图 14-1 所示。

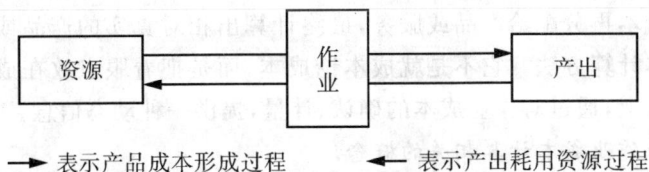

资源 ← 作业 → 产出

→ 表示产品成本形成过程　← 表示产出耗用资源过程

图 14-1　传统成本法原理图

2.作业成本法基本原理

作业成本计算是以作业消耗资源、产品消耗作业为前提的。因此，依据这两个前提，作业成本计算的基本原理可以概括为：依据不同的成本动因分别设置成本库，再分别以各种产品所消耗的作业量分摊在该成本库中的作业成本，然后，分别汇总各种产品的作业总成本，计算各种产品的总成本和单位成本。由此可见，作业成本计算是以作业为核算对象，根据作业对资源的消耗情况，将资源的成本分配到作业，再由作业根据成本动因追踪到产品的形成和积累过程，由此而得出最终的产品成本。其原理如图 14-2 所示。

市场　　　　　　　　　　　　　　　　　　　市场

外部顾客　←→　资源　→　作业　→　产品　←→　外部顾客

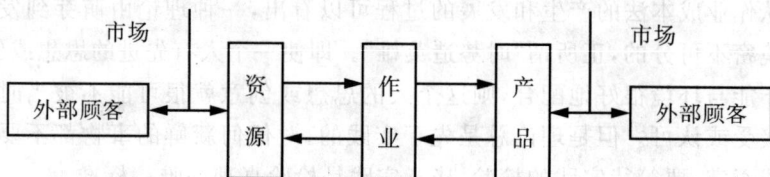

图 14-2　作业成本法原理图

（二）作业成本计算的含义

作业成本计算又叫作业成本法，它是一种全新的成本计算及管理系统，尤其是在目前科技高度发展的时代，作业成本法的广泛应用使很多公司改进了原有的会计系统，提高了公司的竞争力。这主要表现在它彻底改变了传统成本核算制度对间接费用和辅助资源的分配方法，建立起一套与成本核算同步进行的更为全面、及时的成本管理体系，开创了成本核算及控制的新观念，使成本更准确地分配到作业、产品以及服务上去。可以这样说，作业成本法的应用解决了很多传统管理会计方法所不能解决的问题，是管理会计理论发展史上的一个标志性的里程碑。

作业成本计算，是以作业为间接费用归集对象，通过对耗用企业资源的所有作业进行确认和计量，将耗用的资源成本分配给作业，然后根据成本动因将所有作业成本再分配给产品或服务，最终计算出相对真实的产品或服务成本的一种成本计算方法。它不是就成本论成本，而是把着眼点放在成本产生的原因和后果上，通过对作业成本的确认、计量，提供一种动态信息。

（三）与作业成本计算相关的概念

作业成本计算有别于传统成本计算方法，将会涉及一些新的概念。其内在联系如图 14-3 所示。图 14-3 中显示了作业成本计算中各概念之间的关系。资源按资源动因分配到作业或作业中心，作业成本再按作业动因分配到产品。分配到作业的资源构成成本要素（图中的黑点），多个成本要素构成作业成本池（中间的小方框），多个作业构成作业中心（中间的椭圆）。

为了后面讲解的方便，我们先对这些概念做一下介绍。

1. 资源

一个企业所有的消耗都来自资源，它是成本和费用的源泉。它是一定期间内，为了生产产品或提供服务而发生的各类成本、费用以及作业执行的代价。通常，从企业财务部门所编制的预算中就可以清楚地得到企业的各种资源项目。一个企业的资源主要包括直接人工、直接材料、生产维持成本（如采

管理会计

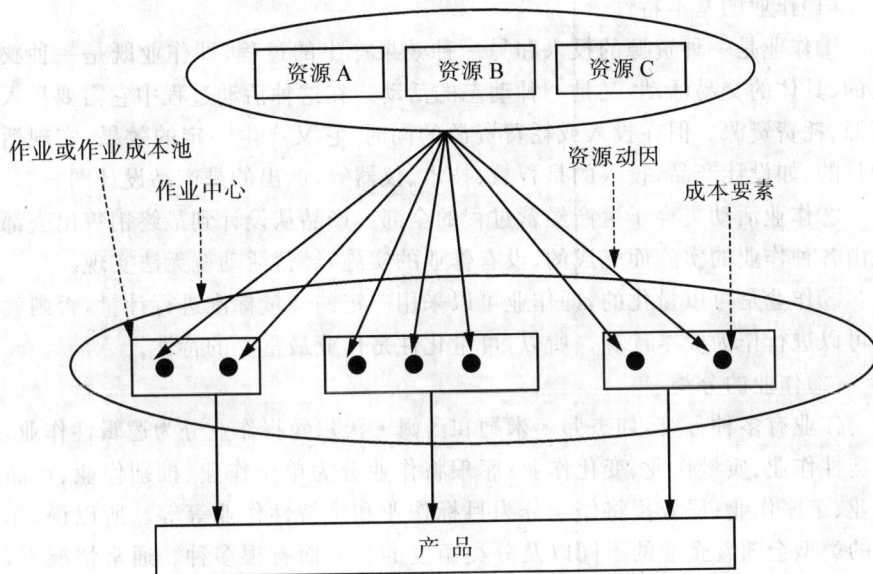

图 14-3

购人员的工资成本等)、间接制造费用,以及生产过程以外的成本(如广告费等)。例如,生产制造业的资源只包括:原材料、辅助材料、燃料、工人工资及附加、折旧、修理费、运输费等等。企业所需要的资源成本的信息主要来自总分类账,它可以提供企业今年支付了多少工资、计提了多少折旧和各项税费等信息。

2.成本对象

成本对象也可以称为成本标的,它是企业执行各项作业的原因,是成本归集的终点。成本标的的普遍性使系统设计者可以选择任何东西作为成本标的,它既可以是产品,也可以是顾客并且始终是与企业的目标紧密联系在一起的。成本对象所消耗的作业成本就是由分配到产品或顾客的成本反映出来的。一般来说,典型的成本对象有:产品、顾客、服务、销售区域以及分销渠道等等。

3.作业

作业就是指某个组织为了某一特定的目的而进行的消耗资源的活动或事项。它代表组织所实施的工作,是连接资源与成本的桥梁。从处理订单开始,到产品设计、物料供应、产品生产,以至产品销售全过程的作业很多,如创业构想、筹划、产品设计、设备安装及材料搬运等。比如,在一个顾客服务部门中,作业至少包括处理顾客订单、解决产品问题以及提供顾客报告三项作业。

（1）作业的基本特性

①作业是一种资源的投入和另一种效果产出的过程，即作业既是一种狭义的、具体的交易活动，又是一种动态的活动。在这种活动过程中它需要投入资源、耗费资源。但在投入或耗费资源的同时，它又产生一定的效果，实现活动目的，如设计产品，投入的是智慧、技术、仪器等，产出的是产品设计图案。

②作业活动贯穿于生产经营过程的全部。产品从设计到最终销售出去都是由各种作业的实施而完成的，没有作业的实施，经营活动就无法实现。

③作业是可以量化的，即作业可以采用一定的计量标准进行计量，否则就不可以进行作为成本计算。所以，可量化性是作业最重要的特性。

（2）作业的分类

作业有多种分类，如杰弗·米勒和汤姆·沃尔曼将作业分为逻辑性作业、平衡性作业、质量作业、变化作业；库琅将作业分为单位作业、批别作业、产品作业、工序作业；尼教授将作业分为目标作业和维持性作业等等。所以说，作业的类型会随着企业的不同以及分类角度的差异而有很多种。通常情况下，常见的作业分类方法是按照作业水平的不同分为：单位水平作业、批量水平作业、产品水平作业及能力水平作业。下面主要是针对以上几种分类概念的具体含义进行详细说明。

①单位水平作业（unit-related activities）。单位水平作业反映对每单位产品产量或服务所进行的工作，即使单位产品受益的作业。单位水平作业所耗用的资源量是同产品产量或服务量成比例的，或者说是同直接人工小时、机器小时成比例的。比如，对每一个产品所进行的质量检查消耗的间接人工明显与生产数量有关，机器运转消耗的润滑油、电力以及对机器的定期维修都与机器小时成比例。

②批量水平作业（batch-related activities）。批量水平作业由生产批别次数直接引起，与生产数量无关，即是一批产品受益的作业。例如，为新的生产批次准备机器，一旦机器被准备好，每批无论是生产100单位还是1000单位，准备成本都不变。又如，如果只对每批产品的第一件进行检查，这时所消耗的间接人工与批次成比例。生产计划也被认为是批量水平作业，因为每个生产周期都要制订一个生产计划，所以生产计划成本与生产周期的数量成比例，与每个生产周期内的生产数量无关。批量水平作业和单位水平作业的主要区别在于完成批量水平作业所需要的资源不依赖于每批次所包含的单位数。

③产品水平作业（product-sustaining activities）。产品水平作业是每一类产品的生产和销售所需要的工作，亦即使某种产品的每个单位都受益的作业，

其目的是服务于各种产品的生产与销售。这种作业的成本与产品产量及批数无关,但与产品种类或产品线的数量成比例变动。有关产品水平作业的例子有:制图、工艺设计、流程设计、产品改良、技术支持等,我们可以把产品水平作业这一概念扩展到工厂以外,则有顾客水平作业,如市场调研、客户支持工作,该工作能够使公司完成向个别顾客的销售,这些与向顾客销售和交付的产品数量无关。

④能力水平作业(face-sustaining activities)。能力水平作业是使企业生产经营正常运转的工作,即使某个机构或某个部门受益的作业。这些作业与产品的种类、生产的批次、每种产品的生产数量无关。能力水平作业包括机器设备的租金、折旧、保险费和税金、房屋维修费、绿化费、照明、保安等。此外,能力水平作业还包括企业管理、会计、人力资源管理费用等。

4. 作业中心(activity center)

作业中心是一系列相互联系、能够实现某种特定功能的作业集合。由于一个企业往往有数以百计的作业,如果不采用一种有效的分类方法,企业的管理层就无法从众多的成本数据中找到相应的有用信息。所以企业应将相关的作业归集到一起,构成了一个作业中心,用来提供每项作业的成本信息、资源消耗信息以及作业执行情况的相关信息等等。例如,上述的顾客服务部门就是一个作业中心,它包括处理顾客订单、解决产品问题以及提供顾客报告三项作业。

5. 作业链(activity chain)与价值链(value chain)

一个企业实际上是由大大小小的各种各样的作业有机地组合而成的。现代企业是一个为了满足顾客需要而建立的一系列前后有序的作业集合体,这个集合体相互连接,称为作业链。作业链是指企业为了满足顾客需要而建立的一系列有序的作业集合体。一个企业的作业链可以表示为:研究与开发—设计—生产—营销—配送—售后服务。企业正是通过作业链的运用取得了许多重要的进步,因而这种可以说成是流程再造的作业链方法受到了各方的重视。

作业与顾客价值观念相联系。顾客价值(customer value)是顾客实现的价值(customer realization)与顾客付出的代价(customer sacrifice)之差。顾客实现的价值是顾客对得到的产品或劳务的性能、质量、品牌和售后服务等因素满足程度的综合表现,其数量是以以上诸因素效用函数值加权平均数为基础的顾客期望值。顾客付出的代价是指顾客付出的买价与顾客发生的附加成本(如学习如何使用产品花费的时间)。顾客价值越高,产品或劳务的市场越大,其盈利能力越强,企业的经营业绩就越好。

由价值来表现的作业链或作业链的价值表现称为价值链。按照作业成本法的原理,产品消耗作业,作业消耗资源。也就是说每完成一项作业就消耗一定量的资源,同时又有一定的价值量和产出转移到下一个作业,由此逐步转接下去,直到最后一个步骤将产品提供给顾客。所以说,企业每项作业的产出均形成一定的价值,作业的转移伴随着其价值的转移,最终产品是全部作业的集合,同时也表现为全部作业的价值集合。因而作业链的形成过程同时也是价值链的形成过程。虽然说作业可以形成价值,但并不是所有作业都可以转移到顾客的价值。那些不能增加价值的作业就形成了浪费。所以,企业管理应当尽可能增加可以增加顾客价值的作业,减少浪费作业,从而提高资产运作效率,减少资源消耗,节约企业生产成本。

6. 成本动因(cost driver)

一般来说,成本动因是指导致成本发生的任何因素,即成本的诱因,又称成本驱动因素,它是成本与其直接关联的作业和最终关联的资源之间的中介因素。作业和成本标的是其起因,资源的消耗是其结果。成本动因是成本形成的起因,是确定成本的决定性因素。如采购订单便是采购作业的成本动因。出于可操作性考虑,成本动因必须能够量化。可量化的成本动因包括生产准备次数、零部件的件数、不同的批量规模数、机器小时数等。成本动因具有隐蔽性,不易识别,需要对成本行为进行仔细分析才能得到。每一项作业,都有与其相对应的作业成本动因。

四种作业类型及相关作业成本动因如表 14-1 所示。

表 14-1　四种作业类型及相关作业成本动因

种　类	代表性作业	作业成本动因
能力水平作业	机器设备的管理、会计和人力资源管理、房屋维修、照明、租金、折旧	场地面积
产品水平作业	产品设计、零部件管理、工艺设计、修改产品特性	产品种类、零部件数量、工艺改变单
批量水平作业	机器准备、首件产品检查、处理顾客订单、材料搬运、生产计划	准备小时、检查小时、订单数量、材料移动次数、产品生产
单位水平作业	产品检查、直接人工监督、直接动力、燃料费用	产品数量、直接人工小时、机器小时

(1)确定成本动因的因素

在作业会计中应该如何确定成本动因的个数呢?这要考虑两个因素:

①成本动因与实际制造费用的相关程度。在既定的精确度下,运用相关

程度较高的成本动因时,则成本动因的数目就较少;反之,如果缺少与实际制造费用相关程度较高的成本动因,则为达到一定的精确度水准,必须增加成本动因的数量。

②产品成本的精确度和产品组合的复杂程度。倘若对产品成本的精确度要求比较高,则成本动因的数目就必然增加;反之,则会减少。产品复杂程度低,则多个作业成本可汇集在同一个作业成本库中;反之,汇集就比较困难,所要求的成本动因数目也相应增多。

(2)成本动因的选择

在成本动因的数目确定后,又该如何选择适当的成本动因呢? 这要考虑三个因素:

①相关性。作业成本计算的核心思想是根据每种产品消耗的作业动因量来将作业成本分配给产品。这实际上是以产品消耗成本动因的数量作为产品消耗的作业的计量标准。因此,成本分配的准确性依赖作业的消耗与成本动因的消耗之间的关联关系。例如,要计算产品所消耗的设备调整成本,可以采用设备调整次数或设备调整时间作为成本动因。如果不同产品的调整时间、资源无显著差异,则以次数为成本动因即可揭示其关系;如果不同的调整所消耗的时间、资源存在显著差异,则调整时间与该作业的实际消耗才是更为相关的。

②成本与效益。作业成本的成本库越多,所需成本动因越多,成本计算越精确,但其信息取得成本也越高。因此应考虑成本效益原则。同时,成本动因应易于计量,在经济上可行,而不是需要新的计量方法。例如,投料次数易于观察和计量,而投料速度则不易确定,不宜作为成本动因。

③行为因素。成本动因的选择应有助于激励企业业绩的改进。成本系统的设计可能对管理者产生有利或不利的行为影响,成本动因选择时应考虑这个因素的存在。例如以联系的供应商数为向供应商询价成本的动因,有可能使得管理者减少询价的次数,从而丧失了联系到有利的(高质量或低成本)的供应商的机会。反过来,以材料搬运次数作为存货处理作业的成本动因时,有可能促使管理者采取减少搬运次数,从而减少处理成本的行为。

(3)成本动因的分类

成本动因构成复杂,难以辨认,需要对其进行必要的分类:

①根据成本动因在资源流动中所处位置可将其分为资源动因和作业动因。前者指作业耗用资源的种类及决定因素,它反映作业量与资源耗用间的因果关系,用来连接资源和作业。如购货作业的资源动因是从事这一活动的职工人数;后者即为成本对象所需作业种类和数量的决定因素,它反映成本对

象使用作业的频率和强度,用来连接作业和产品。如购货作业的作业动因即为订购单数。

②根据其对生产是否有利可分为积极性成本动因和消极性成本动因。前者指有助于形成产品、产生收入和利润的成本动因,如销售订单;后者指已导致资源的耗费,而无助于增加产品价值,对利润产生不利影响的成本动因,如报废单。

③根据成本形态可将成本动因分为数量基础成本动因、作业基础成本动因和固定成本动因。其中数量基础成本动因与变动成本的发生相关,它是变动成本分配的基础。作业基础成本动因导致了作业成本的发生,是长期变动成本分配的依据。固定成本动因导致了企业固定成本的发生。

7. 资源动因(resources driver)

资源动因是衡量资源消耗量与作业之间关系的某种计量标准,它反映了消耗资源的起因,是资源费用归集到作业的依据。在分配过程中,资源是一项一项地分配到作业中去的,分配到作业的每一种资源就成为该作业成本池或作业成本库(activity cost pool)的一项成本要素。最后通过对作业成本库的分析,研究如何改进或降低作业成本。例如,当把"检验部门"定义为一个作业中心时,那么,"检验小时"就成为一个资源动因。即:作业量的多少决定着资源的耗用量,资源耗用量的高低与最终产出量没有直接的关系。

8. 作业动因(activity driver)

作业动因是指作业发生的原因,是将作业成本库中的成本分配到成本对象里的依据,也是沟通资源消耗与最终产出的中介。它反映了成本对象对作业消耗的逻辑关系,是解释发生成本的作业的特性的计量指标,可以解释执行作业的原因和作业消耗资源的大小。典型的作业动因例子如:产品 X 比产品 Y 有更大的市场需求量,所以产品 X 有比产品 Y 更多的订购原材料、零部件的订货单,显然产品 X 应从采购成本库中分配到更多的相关成本。本例中产品 X 与 Y 是成本标的,订货单的数目就是作业动因,通过发出的 X、Y 产品订货单数目,能够较准确地把材料采购成本分配到 X、Y 产品上去。又如:产品设计消耗的资源与设计部门设计的品种数目具有正相关性,因此,产品设计作业的作业动因就是设计产品品种数目。

9. 作业成本库(cost base)

成本库是指将同一(或同质)成本动因导致的费用项目归集在一起的成本类别,即相同成本动因的作业成本集。成本库的建立把间接费用的分配与产生这些费用的原因,即成本动因联系起来,不同的成本库将选择不同的成本动因作为分配标准,它是作业中心的货币表现形式。例如,材料采购部门发生的和"材料的计划与订购"有关的费用同材料的取得来源有着直接的联系,它要和每一个材料供应商打交道,进行函电联系和合同签订、货款结算等因此,其费用的多少同材料供应商的数量有着直接的联系,但和材料供应量的多少没有直接联系。这样,同"材料的计划与订购"有关的费用可以归入一个成本库,以材料供应商的数量为其成本动因,并以此为标准对该成本库汇集的成本进行分配。

10. 成本动因比率(cost driver rate)

成本动因比率是指成本库成本(作业成本)和相应成本动因数量的比率,也叫成本库分配率(作业成本动因分配率)。其计算公式为:

$$作业成本动因分配率(R) = \frac{作业成本(C)}{作业成本动因数量(X)}$$

(四)作业成本计算的具体步骤

1. 确认作业及主要的作业,划分作业中心

作业是作业成本计算和作业管理的核心,无论是作业成本计算还是作业管理都要从作业的确认入手,只有明确了计算和管理的对象才能进行后面的工作。不同的企业,其经营规模、工艺流程和组织结构各不相同,因而其所要认定的作业也就不尽相同了。一般而言,作业的认定可以采取以下两种方法:一是根据企业生产工艺的流程,通过调查分析,区分不同的作业。如果作业太多,则可适当地将同类或类似的作业归并在一起。二是通过企业各个职能部门进行分析,区分不同性质的作业,并进行适当的汇总。这两种方法各有利弊,要根据实际情况因地制宜地选择作业认定的方法。而且作业的认定要考虑到成本效益原则和信息需要的详细程度。不要只追求准确性而不顾为此付出的代价,也不能因追求完美而忘了重要性原则,不顾企业的实际需要。总之是要兼顾两者的平衡,不能顾此失彼。

一个作业中心就是生产程序的一个部分,例如,一个检验中心就是一个作业中心。按照作业中心披露成本信息,便于管理当局控制作业、评估业绩。

2. 按同质作业建立作业成本库,并按照资源动因将归集起来的投入成本或资源分配到每一个作业中心的成本库中

成本库是按相同的成本动因所确定的,所以归结在一个成本库里的成本应具有同质性。选择成本库时,需确认引起间接计入成本的主要作业,并按照作业的不同种类,设置四种成本库:单位水平作业库、批次水平作业库、产品水平作业库以及维持水平作业库。

每一个成本库所代表的是它所在的那个中心所执行的作业。该步骤的任务是要确认每一个成本中心的资源耗用量。同时这一步骤的分配工作，反映了作业成本计算的基本前提，即作业消耗资源，作业量的多少决定着资源消耗量，但资源耗用量的多少与最终产出量没有直接的关系。资源动因是本步骤分配的基础。

3.选择作业动因，按照作业动因将各个作业中心的成本分配到最终产品、产出、劳务或顾客上

这一步骤包括以下几个方面：

(1)确认各作业的作业动因，并统计作业动因的总数，据此分别计算各作业的单位作业动因的制造费用分配率。

(2)统计各产品所消耗的作业量。计算产品所承担的制造费用，并开列产品成本单。例如，抽样检验作业的作业动因是生产批次；钢板打眼作业的作业动因是打出的眼数；组装的作业动因是直接人工小时。该步骤的分配工作反映了作业成本计算法的另一个基本前提：产出量决定着作业的耗用量。

上述计算步骤如图 14-4 所示。

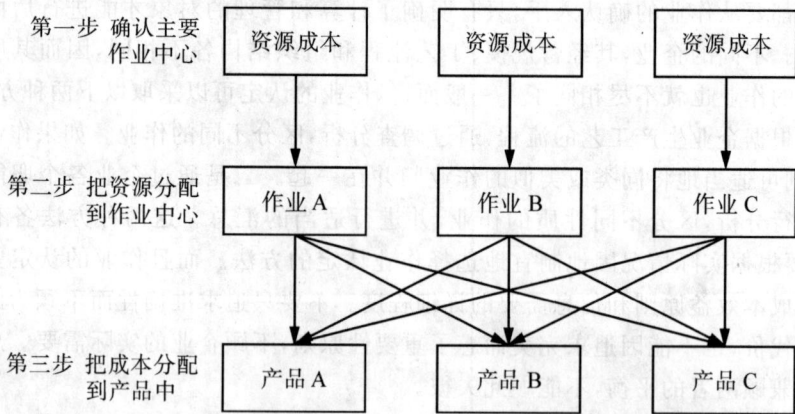

图 14-4　按作业动因分配产品成本步骤图

因此，作业成本计算法是把企业消耗的资源按资源动因分配到作业以及把作业收集的作业成本按作业动因分配到成本对象的核算方法。

二、作业成本计算法与传统的成本计算法的比较

作业成本计算法是在传统成本计算法的基础上产生和发展起来的，两者既有联系，又有区别。

（一）作业成本计算法与传统成本计算法的区别

1. 成本核算对象不同

传统成本核算对象仅仅是企业所生产的产品，并且一般是最终产品，人们更关注产品成本结果本身。而作业成本计算法作为一种与生产的高度电脑化、自动化相适应的成本计算方法，ABC不仅修正了传统成本信息的扭曲，而且拓宽了成本核算对象的范围，即成本作业法不仅关注产品成本结果，而且更关注产品成本形成过程以及形成原因。把着重点放在成本发生的前因后果上。因此，它的成本核算对象包括作业、作业中心、产品和劳务（完成一定的作业之后所提供的顾客价值的载体）、顾客（企业内外部接受产品或劳务的购买者）、市场（企业提供的最终产品的销售区域）。作业成本法将作业的成本分配给上述各成本计算对象，可以获取不同决策所需的相关成本信息。

2. 成本计算程序不同

在传统成本计算中，企业按照制造费用项目归集各生产费用要素并按照产品分配制造费用项目；而作业成本计算法则要分三个步骤：(1)确认和计量各种资源消耗，将资源耗费价值归集到资源库；(2)确定作业，将特定范围内各个资源库汇集的价值分配到各作业成本库；(3)将各作业成本库价值分配到最终产品的成本中去。

3. 成本核算的观念不同

传统成本计算法只是为了存货估价而将已发生的费用分配到成本计算对象，而作业成本计算法则是为了管理决策，改进企业的经营过程而将已发生的费用分配到成本计算对象。

4. 费用分配的标准不同

在传统成本计算法下假定所有的间接费用都与直接人工或机器工作小时或产出物数量线性相关，并以这些项目的数量为依据分配间接费用。作业成本法认为，资源的耗费、成本的产生取决于成本动因，间接费用的分配应以成本动因为尺度。成本动因是决定作业的工作负担和作业所需资源的因素，是决定成本的结构和金额的根本原因。它可以揭示执行作业的原因及作业耗费资源的多少。例如，采购订单数决定着采购作业的作业负担和资源耗费，于是采购订单数便是采购作业的成本动因。因此，将资源分配到成本对象的标准应是成本动因。

5. 产品定价不同

在传统成本法中，高产量的产品成本被高估，获利水平被低估；相反，低产量的产品的成本被低估，导致利润被高估。在作业成本法下，管理当局对于那些产量高、复杂程度低的产品，可适当降低其价格，以提高市场占有率，来获取更多的利润；对于那些规格特殊、价格弹性低的产品则可提高其价格水平。若顾客接受企业则可以赚取高额的利润；若顾客不接受，企业可以减少此类产品的生产，将多余的生产力分配到获利能力更高的其他产品中去。

（二）作业成本计算法与传统成本计算法的联系

1.作业成本计算法是以传统计算法为基础的，在直接材料和直接人工方法上并无差异。在计算间接费用时，则是根据实际情况在保留原有的分配标准的同时，把那些与机器小时或人工小时联系不大的费用根据成本动因选择另外的分配标准。

2.两者的最终目的都是准确计算出产品成本。只是由于时过境迁，在某些条件下，运用传统成本计算法所计算的结果较作业成本计算法计算结果显得准确性和客观性比较差，但其目的却是相同的。

（三）对作业成本计算法的评价

实践证明，作业成本计算法不仅适用于工业、商业，也可以应用于金融公司、财务公司、卫生等服务行业。美国、加拿大以及新加坡等国的大银行也纷纷采用作业成本法，进行银行作业管理。生产过程复杂、产品种类多的公司使用该方法，可以获益不小，但它不太适用于生产过程简单、产品种类少的公司。因为该方法本身较为复杂，需要良好的专业技能，而且费时。因此，是否采用此方法主要取决于公司生产过程的难易程度、管理会计师的专业技术水平等，各公司应根据成本—效益原则判断是否采用作业成本法计算产品成本和进行作业管理。现将实施作业成本计算的利弊总结如下：

1.实施作业成本法的优越性

（1）有利于提高成本信息质量，为企业提供及时准确的成本信息，特别是在与产量不相关的制造费用较大、企业产品线多样化时更为有效。由于作业成本法是按照各种产品的实际消耗与间接成本相关的作业量多少来分配其应负担的间接成本，所以保证了成本计算的准确性，为企业提供了更真实、更丰富的产品成本信息。而传统的成本计算方法由于产量与其所消耗的间接资源不一定成正比例，所以对于间接费用采用数量相关动因进行分配是不合适的，这样会导致制造成本信息扭曲，进而导致管理者的决策失误。

（2）有利于促使管理人员进行有效的成本控制，根据 ABC 提供的作业成本信息，分析成本升降的原因。由于作业成本法下的间接费用是采用多种标准进行分配的，在分配过程中会产生多种成本动因。因此，通过此方法能够确认引起各种间接费用的原因，管理人员就可以根据这些原因，从源头入手来重新分析各种间接成本,以便达到降低产品成本的作用。因此,采用作业成本法能够使管理人员对成本进行有效的控制,使之成为该方法的一大优点。

(3)有利于完善责任成本管理,建立一种以作业基础的责任会计体系;有利于建立新的责任会计系统,调动各部门挖掘盈利潜力的积极性,进行业绩评价。企业的作业链同时也是一条责任链,以成本库为新的责任中心,分析评价该库中费用发生的合理性,以能否为最终产品增加价值作为合理性的标准,建立责任系统,并按是否提高价值链的价值为依据进行业绩评价,充分发挥资源在价值链中的作用,以促进经济效益的提高。

(4)有利于改进决策的科学性。在作业成本法下,可以用成本动因来解释成本形态,将成本划分为:短期变动成本、长期变动成本以及固定成本。按照这种方法来对成本进行分类,可以有效避免在决策时只考虑短期变动成本、忽视长期变动成本的行为。这样会使成本信息更加准确,使决策更加科学。

(5)作业成本法可以改进业绩的评价。通过作业成本法的计算和有效控制,将能够克服传统的以产量为基础的成本系统中间接费用责任不清的缺陷,使许多在传统方法下不可控的间接费用在作业成本法下变成可控的,也将使得各间接费用责任清晰,这对于评价企业内部各部门的业绩将会有一定的改进作用。此外,由于作业成本法能够提供较为准确的成本信息,通过该法计算出的成本也是比较精确、实际的成本。因此,从这一方面来说它也能改进企业的业绩评价。

2.实施作业成本法的局限性

(1)作业成本法所提供的信息仍以历史成本为基础,并且作业成本管理虽然深入到了企业内部各个作业层次,但是它仍然具有内部导向,着重于战术型的成本动因以及对生产领域的成本控制,以便提高企业的内部效率。作业成本法的局限性在于其未能将成本管理扩大到企业的外部领域,未能考虑到企业战略层次的成本动因,与未来的战略决策缺乏战略相关性。因此在以顾客为导向的现代生产环境下,作业成本管理的内向性很难维持企业的竞争优势,使企业长期立于不败之地。

(2)作业成本管理忽视了从总成本的高度出发所考虑的因素。因为作业成本法的工作流程是先设计产品,后计算成本,最后再估计该产品是否有销路,所以作业成本管理没有对总成本进行事前规划,没有明确的成本目标,因此,其降低成本的作用也是有限的。

(3)作业成本管理的工作量大,企业作业过程复杂,作业中心多,在选择很多成本动因的同时,还要搜集大量的数据,做许多基础工作。如果在企业規模较大、业务量较多、性质复杂的情况下,使用作业成本法将使信息成本提高。

(4)成本动因选择也有一定的难度,甚至可能会带有主观性,特别是对于广告费、外部审计费、商誉摊销等。由于选择正确的成本动因应该说是进行成本计算的基础,如果成本动因的选择出现错误,就必然会导致成本失真。再加上在实际操作中,人们在动因选择上带有较强的主观随意性,这样必然会加大产生误差的概率,影响作业成本的计算。

总之,作业成本计算法与传统成本计算法是在不同的历史背景下产生的,两者没有绝对的优劣之分,只是环境不同,选择方法不同罢了,正所谓"时势造英雄"。

第三节　作业成本管理

作业成本计算的出现最初是为了精确的计算成本,解决共同成本的分配问题。但是后来人们发现,他所提供的信息可以被广泛地应用于预算管理、生产管理、产品定价、新产品开发、顾客盈利能力分析等诸多方面,这使得作业成本计算很快超越了成本计算本身的意义,而上升为以价值链分析为基础的、服务于企业战略需要的作业管理。

一、作业管理的含义及特点

(一)作业管理的含义

作业成本计算以作业为中心,可以提供更加准确、动态的信息,但其意义远非如此。作业成本计算法所体现的思想现已从成本的确认、计量方面转移到企业管理的诸多方面,这种新的企业管理的思想——作业管理,正日益受到人们的重视。所谓作业管理(activity-based management,简称ABM),就是把管理的重心深入到作业层次的一种新的管理观念,它根据作业信息对企业经营过程中的作业进行评价,尽可能地消除不增值作业,改进增值作业,从而作出战略性和经营性决策,使企业价值链优化,最终增加顾客价值和企业价值。

作业管理的目的主要有两个:一是从外部顾客的角度出发,尽量通过作业为顾客提供更多的价值(即顾客就企业提供给他们的产品或服务所愿支付的金额);二是从企业自身的角度出发,尽量从为顾客提供的价值中获取更多的利润。

（二）作业管理的特点

作业管理的出发点是将企业看作是由顾客需求驱动的系列作业组合而成的作业集合体，在管理中以努力提高增值作业、减少乃至消除不增值的作业为方向。作业管理的思想与传统管理思想有所区别：一是适应企业面临的日益激烈的竞争环境，树立"以顾客为中心"的管理思想，把及时地、最大限度地满足顾客需要放在首位；二是改变了传统成本管理中只注重成本本身的现象，作业管理关注的重点是作业，它把着眼点放在作业的价值是否增值，以增值为目标，不再以成本本身高低为标准。正是由于作业管理的先进性，作业管理具有如下的几个特点：

1. 通过作业分析进行管理

由作业管理的目标就可以看出，作业管理必须深入到作业水平，对作业进行分析，才能作出相应的决策。作业分析大致包括以下几个步骤：

（1）分辨作业是否增值。在进行作业管理时，首先要对企业的各项作业有一个清醒的认识，要分辨出哪些作业是增值的，哪些是不增值的，哪些是必要的，哪些是可以省略的。增值作业是指企业生产经营所必需的，且能为顾客带来价值的作业。例如，采购订单的获取、在产品的加工以及完工产品的包装均属于增值作业。对于增值，企业要做的是努力提高其执行效率。非增值作业是指对增加顾客价值没有贡献，或者凡经消除而不会降低产品价值的作业，比如储存、移动、等待及检测等作业。非增值作业是企业作业成本管理的重点。实际上，在一个企业所从事的作业中，非增值作业占有相当大的比重，存在巨大的改进潜力。企业应合理安排作业及作业之间的联系，竭力减少非增值作业的执行。一般来说，一个企业的非增值作业主要有：

①计划作业。该作业要耗费时间和资源来决定如何生产、生产多少、何时生产。

②移动作业。该作业要耗费时间和资源将原材料、在产品和产成品从一个部门（车间）转移到下一个部门（车间）。

③等待作业。原材料或在产品未被下一道工序及时加工而存在等待作业，这一作业也要耗费时间及资源。

④检查作业。该作业要耗费时间和资源来确保产品符合标准。

⑤储存作业。该作业要消耗时间和资源来保存原材料或产品。

（2）分析哪些作业是必要的，哪些作业是不必要的。这要从客户和企业两方面分析，如果某项作业对客户而言是必要的，那么该作业就是必要的作业，它能为最终产品增加价值；如果某项作业对企业而言是必要的，那么该项作业也是必要的。反之，那些对客户没用的、不能为最终产品增加价值的作业，或者对企业功能的发挥没有用的作业，都是不必要的作业。这项分析要将产品分析和价值链分析结合在一起，其目的是在成本产生之初就消除不必要的作业，从而消除不必要的成本。

(3)找出重要的作业进行分析。重要的作业一般主要是指重要的增值的作业，因为企业的作业可能有很多，对这些作业一一分析是不可能的，也是不必要的，只能对那些相对于客户和企业而言比较重要的作业进行分析，只要抓住重点就可以事半功倍。

(4)找出合适的对比作业。因为一个企业只局限于自身，往往很难作出判断，要寻找同行业或类似行业中的先进作业水平与本行业进行对比，从而可以知己知彼。

(5)分析作业之间的联系。作业之间的联系有疏有密，如何使作业之间联系紧密、减少重复，是作业管理对作业进行分析的目标之一。

(6)对作业的有效性进行分析。对作业的有效性的分析就是对作业执行情况的分析，我们可以用业绩计量来分析作业所做的工作和作业所取得的结果。业绩计量包括对作业效率的计量和完成作业所需时间的计量以及对所做工作质量的计量。对作业效率的计量是由作业的产出量和作业所耗的资源决定的，通过计算单位作业的耗费来评价作业的效率。

2.通过作业成本计算将适时生产系统和全面质量管理联系起来

作业管理离不开作业成本计算，作业管理把作业分成增值的作业和不增值的作业。由于不增值作业对最终产品的价值没有贡献，消除它不会影响顾客对产品的满意程度，有其存在则是一种浪费，所以作业管理要消除不增值的作业。同理要改进和增加增值的作业，所有这一切都要通过作业成本计算来完成，使作业成本计算贯穿于作业管理的始终。但光有作业成本计算还达不到作业管理的目标，要有适时生产系统和全面质量管理来配合。适时生产系统要求零存货，即在供应阶段，各个生产环节密切配合、协调一致，前后工序要"适时"地完成；在销售阶段，把合格的产品"适时"地送到顾客手中，力求消除一切不必要的作业，优化企业的作业链和价值链。要使适时生产系统顺利进行，必须要实施全面质量管理。只有三者同步进行，相辅相成，才能全面提高企业的经济效益，增加企业的价值。

3.顾客不仅指外部顾客还包括内部员工，即树立以人为本的管理思想

作业管理是要通过使顾客满意而增加企业价值，这里的顾客是最终体现在外部顾客上的。但要使外部顾客满意，必须先要使员工满意，才能使企

业上下团结一致,为总体目标服务。因此,作业管理强调以人为本的柔性管理理念。

二、作业管理的方法与应用

管理者在进行了作业成本分析、了解了产品成本之后,就会采取各种可行的策略来增加产品系列的获利能力。管理者利用作业信息所采取的行动即为作业管理,其主要内容包括:产品重新定价、替代产品、重新设计产品、改进生产过程和经营策略、技术投资和产品削减等。

(一)作业管理方法

1. 作业消除

作业消除就是消除不增值的作业,即先确定不增值的作业,进而采取有效措施予以消除。例如将原材料从集中保管的仓库搬运至生产部门,将某部门生产的零部件搬运到下一个生产部门等都是不增值作业。如果条件许可,将材料供应的交货方式改变为直接将原材料送达使用部门,改善工厂布局,缩短运输距离,这些均会削减甚至消除不增值作业,从而降低成本。

2. 作业选择

作业选择就是尽可能列举各项可行的作业并从中选择最佳的作业。不同的策略经常产生不同的作业,例如不同的产品销售策略,会产生不同的销售作业,而作业引发成本,因此不同的产品销售策略会引发不同的作业及成本。在其他条件不变的情况下,如选择作业成本最低的销售策略,将可以降低成本。在产品设计中也有这种情况,不同的产品设计会有不同的作业链,也会有不同的成本。因此,要选择成本最低的作业链。

3. 作业减少

作业减少就是以改善方式降低企业经营所用的时间和资源,也就是改善必要作业的效率或者改善在短期内无法消除的不增值的作业。例如减少整理准备次数,就可以改善整理准备作业及其成本;或者剔除归集在作业里的闲置资源,并对其进行重新配置,就能实现作业成本的降低。

4. 作业分享

作业分享就是利用规模经济效应提高必要作业的效率,即增加成本动因的数量但不增加作业成本,这样可以降低单位作业成本及分摊到产品的成本。例如新产品在设计时如果考虑到充分利用现有产品所使用的零部件,就可以免除新产品零部件的设计作业,从而降低新产品的生产成本。

企业在进行作业管理降低成本时,往往需要将四种方法结合起来考虑。

基本思想就是持续改善、不断消除浪费。但是，需要注意的是企业消除非增值作业，提高增值作业的效率，往往会造成作业能力的闲置。闲置能力表现在厂房、设备、人员等方面的资源多余。如果不能将闲置的资源充分利用或处置，则消除浪费的效果就不能得到充分的实现。

（二）作业管理实例

1.产品定价

一些公司在产品定价方面很少有自主权。它们生产大量的产品并在高度竞争的市场上销售，这使得人们很难从质量和性能的角度上对产品品种进行区分，顾客也能够非常容易地转换供应商以获得最低价格的产品。一个公司只是被一个大公司控制的行业中的一个小分子，除非这个小公司的顾客非常忠诚（或者顾客的转换成本很高），否则这个公司就必须遵循行业领导者的价格政策。在这种情况下，即使是经过了一次详细的成本分析，公司也不能变更其价格政策。这些公司必须注重于经营策略而不是用定价来提高他们产品的获利性，这些经营策略包括重新设计、替代、削减产品或改进生产。

然而许多公司在价格调整方面拥有自主权，尤其是对于那些高度顾客化的产品。在产品不在高度竞争的市场上销售的情况下，管理者通常是根据对产品标准成本的补偿或根据现有的类似产品价格的推断来定价的。当价格政策来源于传统的标准成本制时，由于制造费用的分配是通过直接人工或机器小时来实现的，管理者只能制定出很差的价格政策，例如，高产量的蓝黑笔的价格是在激烈竞争的市场上建立起来的，特殊的产品如紫红色笔，虽然外表和生产过程都类似，但由于其独特的性质，价格就会稍高于普通的蓝黑笔，除了此分析之外还要为这种产品付出很高的关于产品发展、产品改进、购买、接收、检查、准备以及保持这种特殊颜色所需资源等方面的成本。在通常情况下，对于一位顾客来说，购笔的这项花费只是他全部花费中很小的一部分（购买特殊颜色的笔用来书写婚礼请柬的钱还不到整个婚礼花费的 0.01％），同时顾客也许愿意为高品质、可靠的产品以及特殊产品的独特性能付出相当高的价格。在进行初步的作业成本分析之后，公司往往能将那些特殊的、顾客化的和豪华产品的价格上升 50％ 或更多。相反地，一旦那些低产量的特殊产品的成本被正确地分配了以后，那些高产量普通产品的成本就会下降，而且，成熟产品的成本可能会降低 5％～8％。虽然这样的成本下降看上去是比较小的，但高产量的成熟产品通常在竞争市场上销售，达到 3％～5％ 的边际增长都是很难的。事实上，如果这些产品没有被分配它根本没有耗用的资源资本，那么它们早就可以取得更高的边际收益了。在这种情况下，公司可能采取积极的价格策略以提高这些获利产品的销售量。管理者们会发现,这些产品增加的产量只引起了单位水平费用的增加,而没有引起批量费用和生产费用的增加。

2.产品代替

与提高低产量、特殊订货产品的价格可达到相同效果的方法是,用现有的低成本的可供选择的产品对其进行替代。在许多情况下,顾客对于需要耗用高成本的产品的一些特色是冷淡的,他们可能希望拥有一支紫红色的笔,但一支已经被大量生产的紫色笔因其价格较低,也许就会很好地满足顾客的需要。

定价和产品替代是相互补充的行为,销售代理可以为顾客提供一种选择,即以高价格获得专门指定性能的产品和以低价格获得一种低成本的替代品并放弃性能上的要求。运用作业成本分析提供的信息,销售代理可以同顾客进行一次易于理解的基于事实的讨论,以使顾客了解性能、独特性和价格之间的交替关系。因此,如果一位顾客不愿意为独特产品付出 50％的价格溢价,产品的销售代理就可以向其显示一种相同功能的现有产品,也可以满足其技术上的要求,而这种产品不需要付出价格溢价。一些公司已经给他们的销售代理配备了装有作业成本规模的笔记本电脑,这样代理部门就可以同顾客进行一次关于产品特性同价格之间交替情况的现场讨论。

3.重新设计产品

一些产品之所以昂贵是由于设计不合理。在没有作业成本引导产品设计的情况下,工程师们往往忽略许多部件及产品多样性和复杂的生产过程的成本。他们为性能而设计产品却不考虑添加独特部件的成本、新买主和复杂生产的需要。通过出色的设计来削减产品成本的最好机会是产品的初次设计。作业成本分析将揭示一些设计中存在的非常昂贵的复杂部件以及独特的生产过程,它们很少增加产品的绩效和功能,故可以被删除或修改。产品的重新设计是非常有吸引力的选择。因为它经常不会被顾客发现,如果设计成功了,公司也不必进行重新定价或替代其他产品。

4.改进生产经营过程

对作业成本法计算的产品水平成本进行仔细分析也会给改进生产过程带来机会。传统的复杂产品成本的计算是通过一个由最终产品所需的全部零部件和配件组成的材料清单来进行的,但还需要作业清单。在作业清单中除了要显示材料、人工和机器小时等单位水平作业成本外,还要揭示生产产品所需的批量水平和产品水平的作业,如订购部件、安排生产、处理顾客订单、机器准备、加工产品清单、设计产品和生产过程。在前面,我们讨论了如何利用这些信息进行定价和同顾客讨论使用更便宜的替代产品的可能性,作业清单能提供额外的一系列可以降低产品所需资源成本的行为。例如,公司可以通过订购材料、加工产品、订单、机器准备、处理订单、发运、收款来改进其经营过程。

在公司的生产经营过程被改进以后,完成相同任务就会需要更少的资源。这种效率上的收益将通过较低的作业成本动因比率的形式,在未来的作业成本模型中予以量化,较低的作业成本动因又会反过来导致对使用这些作业的产品分配更少的成本,这是因为作业成本分析将显示出在经营作业和过程上的改进是怎样导致了较低的产品成本的。

5.技术投资

柔性制造系统是为了高效地制造呈弹性变化的多种类产品而组成一个一体化的集合,它由数控机床、自动传送带机器仓库、工业机器人与计算机控制中心这几个硬件设施构成,这些设施对零部件的形状差异、数量变化等具有充分的适应能力。柔性制造系统的构成解释了先进的制造技术是怎样解决大量生产的效率与灵活性之间的矛盾的。柔性制造系统和其他信息密集型的制造技术如电脑辅助设计(CAD)、电脑辅助工程(CAE)和计算机辅助软件技术(CASE),极大地降低了批量与产品水平作业成本,而同时又保持了高度自动化生产的效率。因此,在这些高级且复杂的信息密集型制造技术上的投资,实际上是出于降低传统制造技术导致的批量水平作业和产品水平作业成本的愿望。然而这些成本只有在工厂为计算批量水平作业和产品水平作业而采用了作业成本制度时才是可视的。这些大量的、可视的批量水平作业和产品水平作业成本成了计算机综合制造技术的主要缩减任务。

6.削减产品

上面介绍的方法都是将不获利产品转变为获利产品的方法,如果上述方法不能奏效,那么管理者将不得不采取最后的办法:终止不获利产品的生产。即使有些产品不能获利,但销售人员也不愿放弃。他们认为,这些产品是对获利产品的补充。从满足顾客需要和销售的角度来讲,企业必须拥有全面的产品线。在这种情况下,如果不获利产品确实能够增加整体产品的获利性,通过不获利产品和获利产品组合能使企业利润达到最大化,可以继续对不获利产品进行生产和销售;否则,要对之进行停产处理。

三、作业管理和作业成本计算的应用及前景

(一)作业管理和作业成本计算的应用概况及在我国的应用分析

1.作业管理和作业成本计算的应用概况

作业管理和作业成本计算是适应经济科技的发展而形成和发展起来的,

具有较为科学的一面,但并不是完美无缺的。例如,作业成本计算法虽然可以使成本计算更精确,但这需要信息的支持。如果收集不到必要的信息或信息收集与处理方面需要付出很大的代价的话,作业成本计算也许就不是一种可行的方法了。作业管理和作业成本计算在应用时主要体现的是一种思想,而不是死板的内容。作业管理和作业成本计算最早产生于西方发达国家,从1988年美国第一家企业推行至今,已经在西方国家获得了较多的应用。它主要适用于基本实现生产自动化的高新技术企业。在这类企业中,产品成本中的制造费用所占比重很大,采用作业成本法后可以更清楚地反映制造费用产生的原因,从而便于确定制造费用新的分配方法,便于找出不能产生价值增值的成本消耗,借以降低产品成本。应用行业也从制造业推广到服务业、国防乃至金融等领域。在我国,近些年来对作业成本法的应用研究也有了进展,但还主要局限在对该理论的介绍和探讨阶段,真正付诸实施的企业较少。作业管理思想在一些企业局部性管理经营中有所体现,如产品、工艺设计、质量管理等,而不是全局性地贯穿于企业各个方面的管理当中,而且有意识地在作业管理理论指导下运用的几乎没有。

2. 作业管理和作业成本计算在我国的应用分析

目前,作业成本管理在我国还处于初步推广阶段,只是在我国的一些行业得到应用,由于我国企业的组织规模、信息技术、人员素质结构等因素的影响,作业成本管理并没有得到很好的推广。影响因素主要有以下几个方面:

(1)组织规模。在组织规模较大的情况下,企业利用成本信息进行产品决策、获利能力分析,供应商选择的机会较大,对成本信息的准确性要求也较高。由于投入资源的多少与作业成本管理的成功率是正相关的关系,因此,作业成本管理在规模较大的企业应用具有较大的现实性和可行性,而规模较小的企业为避免耗费企业大量的人力资本和物资资源,不会改变现行的成本管理。

(2)信息技术。成本管理将成本管理的重心从"产品"深入到"作业",使成本管理更加精细化与准确化。但同时也加大了成本计算的复杂性和难度,成本动因的选择基于作业的成本分配,这一切都有赖于企业的信息技术水平。所以,信息化水平较高的企业比信息化水平较低的企业更有能力采用作业成本管理。

(3)企业文化。企业文化是企业共有的价值和信念体系,它代表了企业成员所持有的共有观念。对我国绝大多数企业来讲,作业成本管理是一个新鲜的事物,因此,企业的文化越是大力鼓励创新,企业推广和应用作业成本管理的阻力将会越小,成功率就会越高。

（4）人力资源。作业成本管理是一项系统工程，不仅需要企业领导人的积极倡导，也更需要企业全体员工的全力支持和参与，所以企业优秀的人力资源水平将会大大地提高作业成本管理的应用水平。企业在推行和实行作业成本管理中会遇到很多问题，这不仅需要企业领导人拥有丰富的知识、创新的头脑和超强的毅力，也更需要全体员工的支持和参与。如果企业员工的思想比较新，容易接受新的事物，那么企业推广和应用作业成本管理的阻力就会较小，成功的几率就越高。

（二）作业管理和作业成本计算的发展前景

作业成本计算是在先进制造企业中产生并有显著效果的。但是它并不仅仅适用于先进制造企业，国外一些非制造行业，如金融保险业、商业、医疗卫生业等都有成功应用 ABC 的案例。目前，在我国有很多企业实行多元化经营战略，采取多品种、少批量方式生产，以这些企业为试点推广运用 ABC，不但会给它们提供相对准确的成本信息，方便其制定科学有效的经营决策、相关资本支出决策，提高企业竞争能力，而且还会通过作业管理的实施提高其管理水平，促使管理现代化，增加企业的价值。

作业管理把管理的重心深入到作业层次，以"作业"作为企业管理的起点和核心，比传统的以"产品"作为企业管理的起点和核心，在层次上大大深化了。企业管理把管理重心深入到作业层次而形成的作业管理，可视为本世纪初泰罗创立"科学管理学说"以来，在企业管理上又一重大的革命性变革，它对企业管理的理论和实践将产生深远的影响。

有人认为，作业成本计算和作业管理只有在高新技术条件下才可以发挥作用，而我国整体上没有达到应用作业成本计算和作业管理的水平，所以，作业成本计算和作业管理在我国的发展前景并不乐观。其实，这是一种误解。因为作业成本计算和作业管理给人最大的启示在于他们的思想，而不在于具体内容，充分理解了这种思想，就会使我们的视野豁然开朗。学会原理，因地制宜地运用这些思想来解决实际问题比在纸上争论有用还是没用要有意义得多，相信作业成本计算和作业管理的发展前景是非常广阔的。单从理论上讲作业成本计算法也具有较好的应用前景。这是因为，作业成本法产生的基础，以及它的促进成本分配的精确化、提供成本信息的决策相关性、提供有意义的非财务信息、拓展成本服务的范围等特点，表明与现代企业相适应的成本控制制度，应是建立在作业管理基础上的；它将形成产品的各项作业作为责任和控制中心，从成本发生的根源上展开分析，区分增值作业和不增值作业，建立最优的动态的增值标准，从财务和经营两个方面对作业业绩进行评价，不断改变作业方式,从而达到持续降低成本的目标。所以说,作业管理和作业成本计算法还是有广阔的发展前景的。

尽管作业管理和作业成本计算法有其先进的一面,但是,它们并不是完美无缺的。正像许多人指出的那样,作业成本计算法仍然离不开历史成本,他所提供的信息也还是历史成本信息,所以要发挥决策作用就必须要有附加条件。作业成本计算法虽然大大减少了先行方法在计算产品成本上的主观分配成分,但并未从根本上消除主观因素,也就是说,作业成本计算法的基础材料来源于现行的权责发生制,因此其计算结果必然受诸如折旧等成本期末分配中任意性的影响。这样,作业成本计算法计算的结果的正确性和客观性就会受到影响。最重要的是,作业成本法的核心内容即成本库的归集和成本动因的选择无法做到尽善尽美。因此,我们在运用作业成本计算法和作业管理时,要考虑周全,不要盲目崇拜。

思考题

1. 简述作业成本法的产生背景。
2. 什么是作业成本法?它是如何发展的?
3. 作业成本计算程序如何?
4. 作业成本计算程序与传统成本计算程序有何区别?
5. 什么是作业管理?如何进行作业管理?

15

人力资源 第十五章
管理会计

第一节 人力资源会计的产生与发展

一、人力资源会计产生的背景

在所有资源中,人力资源是最重要和最宝贵的组织资源。但是,这种观念在第二次世界大战之前相当长的历史时期内,并没有被人们深刻地认识到。当时,工业发达的国家只强调资本的重要性,贫穷的国家则认为落后的根本原因在于缺钱,因而当时人们只是一味重视资本的流通、转移和积累,对人力资源因素视而不见。早期的劳动管理主要是生产管理,重心集中在生产过程上。随着经济的发展,人开始在经济活动中起着越来越重要的作用,人们也逐渐认识到管理实际上就是对人的管理。直至第二次世界大战之后,经济全面崩溃的日本和西德在一片废墟中迅速崛起,经济的发展取得举世瞩目的奇迹,人们才透过这谜一般的事实,意识到人力资源的重要性,并在 20 世纪 50—60 年代逐步推广和完善。70—80 年代之后,随着现代科学技术的高度发展和知识经济的来临,人事管理又发展到了更新的阶段——人力资源开发与管理阶段。

人力资源管理(human resource management)的产生是经济发展的必然结果。当经济发展到一定水平,产业完成了从资源密集型、劳动密集型向知识密集型的转换之后,社会经济的发展便越来越依赖于人力资源的开发和利用。正如里·德斯勒《人力资源管理》中引用的一位国际知名企业总裁所总结的:"许多年来,人们一直都在说,对于处于发展中的行业来说,资本是一个瓶颈。

而我已经不再认为这种看法是正确的了。我认为真正构成生产瓶颈的是劳动力以及公司在招募及留住优秀劳动力方面的无能。我还没有听说过任何一项以完美的思路、充沛的精力和真诚的热情为后盾的重要计划会因为资金的短缺而终止。我只知道那些增长陷于部分停滞或完全被遏制的行业是由于它们不能维持劳动力的效率和工作热情，并且我认为，这种判断在将来会越来越显示出其正确性……"依据美国学者的看法，人力资源管理的产生和发展经历了四个阶段：手工艺制度阶段、科学管理阶段、人际关系运动阶段和目前的组织科学人力资源方法阶段。

手工艺制度阶段的人力资源管理产生于古埃及和古巴比伦时代，当时的经济活动组织形式是家庭手工工场的方式，为了保证工人的合格技能，便产生了对工人技能有组织的培训活动。13 世纪开始，手工艺培训在西欧流行起来，由一些手工业行会中工作经验丰富的师傅对学徒进行培训。这便是人力资源管理发展的第一个阶段，适合于家庭工业生产，此时对人力资源的管理是直接的、简单的、命令式的，也是一对一的管理。科学管理阶段开始于 19 世纪末 20 世纪初，是以一种管理活动的方式正式进入企业的管理活动范畴的。在这一阶段资本主义生产由工厂手工业向机器大工业过渡，"科学管理之父"泰勒被认为是科学管理的创始者，芒斯特伯格（H. Munsterberg）在 1913 年出版的《心理学与工作效率》一书对人力资源管理作出了重大的贡献。霍桑实验标志着人际关系运动阶段人力资源管理的产生，霍桑实验认为在工作中，影响生产效率的关键变量不是外界条件，而是员工的心理状态。同时霍桑实验的研究结果启发了人们进一步研究与工作有关的社会因素的作用。组织科学人力资源方法建立在组织行为学基础上，对个体、群体以及组织在工作中的行为进行研究，将人体的研究管理与群体组织的研究管理结合起来，从而对人力资源进行有效管理。具代表性的是怀特·巴克（E. Wight Bakke）在 1958 年出版的《人力资源功能》一书，书中详细阐述了有关人力资源的问题，把管理人力资源作为管理的普通职能来加以讨论。巴克认为，人力资源的管理职能对于组织的成功来讲，与其他职能如会计、生产、金融、营销等一样是至关重要的，人力资源管理的职能包括人事行政管理、劳工关系、人际关系以及行政人员的开发等各个方面。他强调对人力资源的管理是建立在企业中的每一个个体都是有价值的资源这一基础之上的，而且还必须对他们进行全面的管理。这一阶段将人事管理理论推到了一个全新的发展阶段，即我们今天所讲的人力资源管理。

最早专职的人事关系管理部门出现于科学管理阶段，这是因为科学管理要求挑选熟练掌握标准化操作规程、使用标准化工具和器材的"第一流的工人"，而且要实行有差别的工资制，而工头难以负担所有的这些工作，必然需要专职人员来管理这些事务。从科学管理阶段到人际关系运动阶段完成了以物为中心到以人为中心的转变，梅奥的行为主义理论是实现这一转变的理论基础。之后，在20世纪50—60年代发展起来的行为科学对人的心理和行为运动规律的研究更加科学化，使以人为中心的管理不仅有了丰富的理论基础，而且形成了许多切实可行的制度和方法。20世纪60—70年代，强调整个组织而不仅仅是员工个体的组织行为科学的发展，使人们认识到组织本身对人们的表现具有造就、限制和调整的作用，而且人的行为还要受到各种职位上的权威、工作和技术要求的影响，因此不能简单地认为人们在组织中的行为方式就是人际关系。目前的人力资源管理理论实际上是组织行为学与前几个阶段的员工管理实践相互结合的产物。

随着社会生产力的迅猛发展，人类对自然的认识也进一步加深，人们终于意识到：资源是有限的，而且人类使用的大部分资源都是不可再生的，如何更好地利用资源才是发展的关键。现代企业在招聘、培训和开发高素质和高智商人才方面需要进行巨额的投资，这就是人力资本投资。其数额可能超过某些设备的投资。例如，一个企业购买一台用于数据处理的小型电子计算机，仅需花费30 000～50 000元，而招聘一位技术专家或高级企业管理人员的招聘广告费和高级职员介绍所咨询费，通常高达200 000～500 000元。然而，根据传统的会计观念，购买小型计算机的支出作为投资处理，资本化为相应资产的价值，而高级技术人员或管理人员的招聘费用，却作为当期费用处理。其结果必然使会计报表无法全面反映企业的经济价值，歪曲了企业的财务状况和经营成果。像美国微软公司这样的"头脑公司"，其员工都是高素质和高智商的人力资源，公司的经济价值也在于此。离开这些高素质和高智商的人力资源，微软公司也就没有什么价值了。如果按照传统会计观念，微软公司恐怕资产数额不大，但是，又谁都无法否认其经济价值。因此，在工业经济转向知识经济的过程中，无论是企业的资本结构还是企业的资产结构都发生了巨大的变化。这时，会计信息系统如何适应社会经济环境的新变化，向企业内外部相关利益者提供更为有用的会计信息呢？人力资源管理会计正是适应社会经济环境的新变化而逐步形成的。

二、人力资源会计的产生及发展

（一）国外人力资源会计的发展进程

人力资源会计（human resource accounting，简称HRA）虽然是在20世

纪 60 年代才开始出现的一个会计分支,但其发展过程大致经历了五个阶段:
萌芽阶段、发展阶段、迅速发展阶段、间歇阶段和深入发展阶段。

1.萌芽阶段(1964—1966 年)

这一阶段主要是学者们对人力资源会计产生兴趣并从其他的相关学科衍
生出人力资源的基本概念的过程。这些相关理论中最有影响的是西奥多·舒
尔茨有关人力资本的经济理论(1960),他的人力资本投资经济理论认为,人力
的取得不是无代价的,人力——包括人的知识和技能,是资本的一种形态,称
之为人力资本。

1964 年,美国密歇根(Michigan)州立大学企业经济研究所的赫曼森
(Hermanson)发表了《人力资产会计》(Accounting for Human Asset)一文,
该文是人力资源管理会计研究的起点。他在文中明确地提出了人力资源会计
的概念。他认为人力资源构成了大多数企业最有效的经营资产,为了使会计
报表更为完善,对企业管理人员更为有用,其内容应当包括人力资源。

1965—1966 年,美国会计学会对人力资源会计理论进行了较系统的研
究。

这一阶段人力资源成本(human resource cost)、人力资源价值(human
resource value)等一些人力资源会计的基本概念也被陆续提出,这些理论研
究为人力资源会计的发展奠定了理论基础。

2.创立阶段(1966—1971 年)

此阶段主要的成果——适时生产系统是计量人力资源成本模型(历史
成本和重置成本)和人力资源价值模型(货币和非货币)的开发,并以这些模
型来评价人力资源管理有效性。此外,人力资源管理会计成为人力资源管
理人员和部门经理等在管理过程中的有力工具,并且具有较强的现实意义
和潜在用途。

1967 年,赫基缅(Hekimian)和琼斯(Jones)在《哈佛商业评论》(Harvard
Busuness Review)上撰文,建议计量近似于机会成本的人力资源价值。同年,
利克特(Lihert)出版的《人力组织:它的管理和价值》(The Human Organiza-
tion:Its Management and Value)有一章专门论述人力资源会计,强调人力资
源在企业中的重要性。他认为,在企业资产负债表中不包括人力资源项目,就
像资产账面价值与实际市场价值之间的巨大差异一样,会导致企业管理人员
作出错误的经营决策。1968 年至 1969 年间,布鲁米特(Brummnt)和利克特
等人合作,在《会计评论》、《管理会计》等权威的会计刊物上发表了一系列关于
人力资源管理会计具体实施的文章。文章涉及如何估价人力资源以及如何将

人力资源管理会计纳入传统会计系统的意见和建议。以此为基础,他们还将设计出来的人力资源管理会计程序和方法,应用于一些小型工业企业。

1967 年底,美国密歇根大学创立了人力资源会计研究小组,其中该小组成员在俄亥俄州的巴里公司进行人力资源历史成本的计量研究,首次报告了人力资源会计的有关信息。这代表着人力资源管理会计开始走向实践,一些小型工业企业也开始应用人力资源会计的程序和方法。因此,这一时期人力资源会计的基本概念、基本理论和基本技术处理方法逐渐形成,是人力资源管理会计在实践中开始试行阶段。

3. 迅速发展阶段(1971—1975 年)

学术界和实务工作者在这五年间表现出了对人力资源管理会计的极大兴趣,人们发表了很多论文,很多企业也纷纷尝试进行人力资源会计核算与报告,使人力资源管理会计得到迅速发展。美国会计学会在 1971—1973 年间成立了人力资源会计委员会,组织和支持一些人力资源会计项目的开发,并陆续发表了有关人力资源管理会计的研究报告,对人力资源会计作了积极的评价,并对这个新领域的未来研究提出了建设性意见。1974 年,迪克逊公司出版了弗兰霍尔茨(Flamholtz)的《人力资源会计》一书,该书系统、全面地介绍了人力资源会计的理论、方法及其应用。这是人力资源会计历史上具有重大意义的两件大事,极大地推动了人力资源会计的发展。

此外,美国、英国、澳大利亚等国家的会计和企业管理刊物上也陆续发表了许多有关如何计量人力资源,以及如何将人力资源管理会计纳入传统会计制度的论文。它们不仅发展了人力资源会计理论,而且还设计出了几种人力资源会计程序和方法。因此,这一阶段是人力资源会计的迅速发展时期,人力资源会计从理论到实践全面发展并迅速成熟。

4. 间歇阶段(1976—1980 年)

20 世纪 70 年代后期,理论界和实务界对人力资源会计的兴趣开始下降。这主要是因为相对容易的初级研究已经完成,所遗留的问题都是难以处理的会计难题,更深一步的工作需要较高水平的专家来进行,而且需要企业自愿继续充当实验对象。许多高难度的工作需要在企业深入实际进行解决,研究成本很高,效益又难以预测,因此很少有企业愿意再继续该实验,这使人力资源会计研究暂时处于低潮,进入了发展的间歇、停滞发展阶段。

5. 广泛应用和发展阶段(1980 年至今)

进入 20 世纪 80 年代后,美国和日本企业在国际市场上竞争日趋激烈,这就促使美国企业更加关心如何提高企业职工的劳动生产率,而人力资源会计又是提高职工劳动生产率的一个重要工具。于是，一些大型企业和金融机构，如美国电话和电报公司、德克萨斯仪器公司、通用电气公司、加拿大林菲尔德航空工业公司、六大国际会计师事务所等都开始采用人力资源会计，连美国海军研究所也将人力资源会计信息用于海军人力资源管理决策。而许多会计组织机构，如美国注册会计师协会（AICPA）、美国会计学会（AAA）等也努力进行着人力资源会计的研究。1985 年，弗兰霍尔茨的《人力资源会计》第二版问世。该书在第一版的基础上，增加了相当篇幅列举了 30 个应用人力资源会计最新发展的具体案例，阐述了企业管理人员在经营决策和人力资源管理决策中需要应用人力资源管理会计信息及其所取得的研究成果，他本人也因此成为人力资源会计研究方面的权威。因此，随着知识经济时代的来临，80 年代以后，人力资源会计进入广泛应用和发展阶段。

目前，人力资源管理会计的应用范围越来越大，人力资源会计专家认为人力资源管理会计已经进入一个深入广泛的发展时期，并且将会对传统会计产生重大影响。

(二)我国人力资源会计研究进程

由于受经济发展水平的限制，我国人力资源会计的起步较晚，20 世纪 80 年代以后人力资源会计得到介绍和研究。著名会计学家潘序伦在上海《文汇报》发表文章，提出我国必须开展人力会计的研究，建议企业要计量人力成本，也要讲求效益，率先在国内提出了人力资源研究的问题。此后开始相继有学者介绍国外的理论成果并就中国现实进行了一些有意义的研究。许多会计杂志也刊登了这方面的文章。1986 年陈仁栋翻译了弗兰霍尔茨所著的《人力资源管理会计》，第一次系统地介绍了人力资源会计的内容。此后关于人力资源会计介绍性的文章，不时见诸报刊。进入 90 年代，人力资源会计才从介绍转向以研究为主，1991 年陈仁栋出版了《人力资源会计》，1993 年阎达五主编的《会计准则全书》中将人力资源会计作为准则来设计，1994 年徐国君著的《行为会计学》则从人的行为角度探讨人力资源的价值核算和管理。与国外人力资源会计研究步伐放慢相反，我国目前对人力资源会计的研究方兴未艾。1997 年首都经贸大学出版的《人力资源会计》(刘仲文著)和中国财政经济出版社出版的《劳动者权益会计——人力资源会计的新模式研究》(徐国君著)代表了我国 20 世纪 90 年代人力资源会计发展的最高水平。这两本书的重大意义在于其在一定程度上突破了国外将人力资源会计限制在管理会计领域研究的状况，力图与传统财务会计接轨，争取早日实现人力资源价值信息的对外报告。1999 年中国会计学会的人力资源会计作为重点科研课题之一。随着科学技术的进步、劳动力水平的日渐提高、人力投资的不断增长,大批理论和实务工作者热情参与、积极投入研究,人力资源管理会计在我国将会得到迅速的发展。

第二节 人力资源会计基本理论

一、人力资源会计的基础理论

人力资源会计的基础理论包括人力资本理论、人力资源管理理论、行为科学理论等。

(一)人力资本理论

18世纪著名的资产阶级古典经济学家亚当·斯密在其名著《国富论》中,将全体国民后天获取的有用的能力作为资本的重要组成部分,他认为人要获取能力需要进行投资。19世纪,马克思的《资本论》系统阐述了剩余价值理论,揭示出了资本和剩余价值的本质,因而劳动者在社会大生产中的重要地位得到确认。19世纪末,马歇尔在其《经济学原理》中也指出,所有资本中最有价值的是对人本身的投资。马歇尔这一观点的提出在当时是很有创见的,因为和他同时代的许多经济学家都没有将人力资源看作资本。对人力资本理论作出贡献最大的当属美国著名的经济学家、芝加哥大学的教授西奥多·W.舒尔茨。他发表了《人力资本——经济学家的看法》、《人力资本投资》、《制度和不断增长的人的经济价值》等一系列关于人力资本的文章。他认为研究经济增长问题,有必要在传统的"资本"概念中包含"人力资本"概念,并重视和加强对其投资。因为事实证明,人力资本的收益率高于物质资本的收益率。他还指出,受过教育和培训的专业人员给组织带来了成套知识、技能和经验,它们构成资本的一种形式——人力资本,应对之例行估价并在会计报告中披露。

(二)人力资源管理理论

随着人力资源地位的重要性逐渐得到认识,许多大企业都建立起员工培训中心,还对员工进行其他必要的开发投资。由于人力投资的加大,企业从重视物质的管理转向重视对人的管理,把人作为一种使企业在激烈竞争中生存、发展、始终充满生机和活力的特殊资源加以发掘。这样,人力资源管理学作为管理学中一个崭新的分支学科就应运而生了,并在实践中日臻完善和成熟。

企业的人事管理从过去招收职工、评定和计算工资等级、管理人事档案等琐碎工作转为现在由吸收、录用、保持、发展、评价及调整等六个职能组成的人力资源管理系统。随着人力资源管理趋于科学化、系统化,企业还需要人力资源定量化的信息,如各类员工的投资成本、投资效益。此外对人力资源相关问题的预测和决策也成为人力资源管理学所要研究的问题,而这些实际上已超出人力资源管理的研究范畴,而应将其归入人力资源会计。

(三)行为科学理论

行为科学产生于20世纪50年代,它是一门综合社会学、心理学、经济学等一系列学科的科学成果而成立的综合性学科。行为科学研究人类行为的规律,分析人们各种行为产生的原因、影响因素,探讨激发人的主观能动性和行为积极性的条件以及行为的预测、控制和评价等问题,以利于达到某一预期的目标,同时个人也获得满足和发展。近十年来,行为科学被广泛运用到企业管理方面,成为现代企业管理理论的重要组成部分。具体到会计领域来说,会计行为本身以及作为会计研究对象的与价值运动相联系的生产经营行为,都属于行为科学所涉及的范围。如何把握人的行为规律,调节企业中人与人的关系,调动企业人员的积极性和创造性,从而实现企业的总体目标,使企业在竞争日益激烈的环境中得以健康发展,可以说是行为科学和人力资源会计共同的目的。从这个意义上说,行为科学也是人力资源管理会计的基础理论之一。

二、人力资源会计的基本概念

(一)人力资源

人力资源是指存在于人体内的、可创造物质财富和精神财富或为社会提供劳务和服务的人的脑力和体力的天然来源,它是指某个人口总体所具有的劳动能力的总和。人力资源有质和量的规定性。质的规定性是指人力资源具有的体质、智能、知识、技能等,量的规定性是指可以推动物质资源的人数。人是人力资源的载体,把人本身单纯作为劳动的存在来看,人也是物质实体,也可以视为一种资源和物质资源相比较,人力资源具有如下特征:

1.人力资源可再生

这一特征包含两层意思,其一是指人经过劳动消耗体力、脑力后,经过休息、补充营养,人力可以得到修复;其二是指通过人口的再生产,可以实现人力资源的更新换代。

2.人力资源作用的发挥取决于诸多因素

人具有能动性,较其他生产要素活跃,人力资源作用发挥的大小既靠人自身素质的提高、自身积极性主动性的提高,也需要外部的激励。

3. 人力资源是一种组织性资源

单独个人的人力资源需要被结合成一个整体才能发挥最大作用,而且组合方式不同,最终产生的效用也不同。

4. 人力资源具有能动性

即人力资源的活动处在经济活动的中心,具有发起、操作、控制其他资源的能动作用,可以说人力资源是经济活动中唯一起创造作用的因素,人力资源在经济活动中起主导作用。

5. 人力资源是特殊的资本性资源

首先人力资源是社会和个人投资的产物;其次人力资源能够在适当的期间带来收益,这些收益可能以货币或者非货币的形式出现;再次,随着劳动者的衰老和知识技能的老化,人力资源也会出现有形和无形的损耗。因此人力资源具有类似资本资源的特征。

(二)人力资本

人力资本理论正式形成于 20 世纪 50 年代,以美国的舒尔茨、贝尔等人为代表。他们在研究经济增长时发现,如果按照传统的经济理论,只考虑物质资本和劳动力人数增加的作用,无法解释巨额的"经济剩余"。因此,人力资本学派的经济学家认为,全面的资本概念应包括人和物两方面,即人力资本和物力资本。人的知识、技能、体力是一种资本,是个人长期计划投资的产物,这种投资以远比非人力资本快得多的速度增长,形成了现代经济活动中最显著的特点。与物力资本一样,人力资本在经济活动中发挥着重大作用,但它对经济增长的贡献,却远大于物力资本和劳动数量的增加。

经济学上对人力资本下的定义是宏观的,立足于全体国民,指体现在劳动者身上的以数量和质量表示的资本,是劳动者的体力、知识与技能的集合,是体现在劳动者身上的可以赢得收益的价值。人力资本和其他资本一样,是由投资形成的,会计上人力资本是个微观的概念,表示某一时期一个特定会计主体拥有或控制的人力资产投资的总量。人力资本按投资主体的不同,可以划分为个人资本和组织资本。个人资本由劳动者个人及其家庭进行投资形成,组织资本是在劳动者进入劳动力市场后,企业为发挥个人资本的效益而追加到个人资本上的投资。

人力资源和人力资本是相互联系,但同时又有差别的两个概念。人力资源的范围要大于人力资本,可以说人力资源包括自然人力和人力资本;人力资源质量的提高依赖于人所拥有的知识和技能的增长,这表现为人力资本量的增加。同时人力资源理论是以人力资本理论为依据的,人力资本理论是人力资源理论的重要内容和基础部分,人力资源经济活动及其收益的核算是基于人力资本理论的。

但是另外一方面,人力资源将人的能力与社会财富的创造相互联系进行研究;而人力资本则是从人的能力角度来研究其对经济增长的重要作用。两者的主要区别是:

1.侧重点不同

人力资源作为一种经济资源,具有稀缺性和有用性,它侧重于强调人力作为生产要素在生产过程中的创造能力;而人力资本首先是一种资本,强调以某种代价获得,并要求得到更大的收益回报。

2.研究内容不同

由于两者研究的侧重点不同,人力资本主要考虑投资的成本带来的价值量的多少、价值增值幅度的大小;而人力资源除了人力资本的研究之外,还分析人力资源形成、开发、使用、配置和管理的规律和形式。

总之,人力资源将人力资本研究的视角、内容都进一步深化了,可以说人力资源是资本性的资源,是人力投资的结果,人力资源质量的提高取决于后天的社会投资和个人投资的程度。

(三)人力资产

投入企业的人力资源形成企业的人力资产。人力之所以可以称作资产是因为其本质符合会计上"资产"要素的内涵。首先,作为人力资源,其创造的新价值总是大于人力资源本身的价值,并且具有服务绩效潜力,会给企业带来经济效益,即能够"提供未来经济利益";其次,当企业聘用某一劳动者时,在聘用期内企业要支付工资等费用,这意味着取得或控制了劳动者资源的使用权,满足为特定个体所"拥有或控制";再次,人力资产的取得和其他资产的取得一样必须花费相应的成本,也同样存在资产价值的折旧和摊销等类似问题。因此归结起来,人力资产可以定义为"企业在一定时期,拥有或控制的、能以货币计量的、可以为企业带来未来经济利益的人力资源。"

人力资产是一种无形资产,它与专利权、商誉等一般意义上的无形资产一样,都没有具体的形态,但是,人力资产与一般的无形资产又有所不同:

(1)一般的无形资产无论是自创还是外购,都必须先支付较大的费用,而人力资产在取得时只需支付较少的招聘费用(个别高层管理人员除外),他们的价值在加盟后以年薪或分红的方式来体现。

（2）无形资产的转移主要以出售等经济实体间的交易来实现，而人力资产的流动性很大，转移也更具不确定性，有时无须借助外力，只是在利益的驱使下，就可以自主发生。

（3）人力资产的价值会通过不断地再教育和再培训以及经验值的提高而上升，但无形资产的价值一般是不会升高的。

三、人力资源会计的目标

人力资源会计的基本目标是向企业信息使用者提供他们所需要的有关人力资源变动和现状的、以财务信息为主的经济信息。人力资源管理会计的目标可以细分为以下三点：

1. 向企业内部的管理者提供评价人力资源决策方案以及其他战略决策所需要的信息

企业的人事管理中，管理者经常会遇到这样的问题：企业是直接从外部招聘还是通过内部培训得到所需的专业技术人员；是否值得以高薪聘请一位优秀的高层管理人员；在经济萧条时期，是应该裁减员工以降低成本还是保持人力资源以避免经济复苏时巨额的招聘和培训费用；等等。这些问题都已经超出了传统会计的范围，必须依靠人力资源管理会计来解决。除了这些人力资源决策方案以外，一些战略性的决策也需要人力资源会计的支持，尤其在企业的发展日益依赖于科技的今天，许多企业战略性的扩张都取决于企业是否拥有掌握最先进科学技术的专业人员，因此其决策必须考虑到自己是否拥有这样的人员或者能够付出多大代价从外界获得这样的人员。

2. 向企业外部的投资者、潜在投资者和债权人提供有助于合理地进行投资和信贷决策的信息

传统会计报表并不向投资者、潜在投资者和债权人提供人力资源的变动情况及其对企业经营成果的影响，把人力资本投资作为当期费用处理，而不是列为资产在以后的期间摊销，这样不仅歪曲和低估了当期收益，而且还歪曲了企业实际拥有的物质和人力资源，而人力资源会计则将人力资源的信息准确客观地反映出来，从而为投资者、潜在投资者和债权人提供更正确的决策根据。同时，人力资源管理会计所披露的人力资源管理信息还能让信息使用者更全面地了解企业的状况，判断其各种资源的比例是否适当，从而对企业的发展前景有更准确的推断，对未来的投资计划或信贷计划作出更正确的决策。

3. 向政府主管机构和社会公众提供反映企业履行社会责任情况的会计信息

企业是社会经济生活的细胞，而社会就像企业生存所必需的"细胞液"，任何企业都不可能离开社会而单独存在。因此，企业除了谋求自身的不断发展之外还必须履行一定的社会责任。其实，企业从自身的利益出发，为了创造良好的企业形象、争取社会公众的支持，也应该履行一定的社会责任。企业履行社会责任就是指企业在谋求自身发展的同时，还应兼顾其职工、消费者和社会公众的利益。企业社会责任一个很重要的方面表现为企业职工的工资、福利、培训机会等各方面的待遇，这也就是企业的人力资源管理。企业通过对职工进行良好的管理来履行其社会责任的一部分。人力资源会计是提供这方面信息的一个重要来源。

四、人力资源会计的基本职能

职能是指事物的本质功能，会计具有反映、控制、评价、预测和参与决策五项职能，人力资源会计的职能则体现在以下五个方面：

1. 反映人力资源管理活动

人力资源管理会计通过确认、计量、记录和报告等程序，提供与人力资源管理活动有关的经济信息，使信息使用者能够定量地了解到企业的人力资源开发管理的基本情况，而不是对企业人力资产以及人力资本投资的状况茫然无知。

2. 控制人力资源管理活动

控制，简单地说就是对实际活动的结果脱离规定目标的偏差进行干预和纠正，在人力资源实行预算管理或成本计划管理时，人力资源会计提供的信息可以揭示计划和实际间的差别，起到反馈控制的作用。而且，在人力资源会计形成完整的体系并有相应的法规后，还可以通过自身严密的系统控制经济活动的合理性及合法性。

3. 评价企业的业绩

传统会计只能提供企业经营的经济信息，无法提供人力资源管理活动的有关信息，因此无法对企业的业绩作出全面的评价。人力资源会计填补了这个空白，使对企业业绩的评价更全面、更公正。

4. 预测人力资源需求

人力资源会计可以根据以前的人力资源信息，结合企业的生产计划预测出未来人力资源的需求情况，继而可以预测出未来人力资源管理的资金需求情况。

5. 参与决策

人力资源会计提供的人力资源成本、人力资产和人力资源价值方面的信息，不仅可以帮助人力资源管理者进行招聘、雇佣、培训和辞退等方面的决策，还可以在企业需要进行战略决策的时候起到辅助的作用。

五、人力资源会计的主体和对象

　　人力资源会计主体的范围和传统会计主体的范围并不一致。传统会计中，会计主体是指企业会计确认、计量和报告的空间范围，是会计核算和财务报告编制应当集中反映的对象。社会人力资源会计将人力资源作为社会的经济资源，从社会的角度出发，以社会为主体对人力资源数据进行会计处理，核算社会人力资源投资成本和投资收益，计量社会人力资源的价值；企事业单位人力资源会计则是以企业或者事业单位为主体，对其拥有或者控制的人力资源数据进行会计处理，从企业的角度出发，核算人力资源的总投入、总产出，明确人力资源权益。

　　人力资源会计的对象是人力资源会计主体中人力资源的价值运动，包括对人力资源的投入和相应的产出两个方面，主要表现为企业通过人力资源的投入所形成的价值增值、新创作的价值、价值分配等等。

第三节　人力资源管理会计

一、人力资源管理会计的含义

　　长期以来，人力资源会计一直被认为是管理会计的一个部分，并且取得的许多成果都被纳入了管理会计体系。诸如美国、日本、加拿大以及其他一些欧洲国家的企业、银行、航天公司、会计事务所以及金融组织等虽然都曾试行过人力资源会计，但大多数也仅限于对内报告的范畴，即管理会计的范畴。形成这样局面的主要原因是人力资源计量及权益确认上的复杂性。至今尚没有哪个国家颁布规范财务报告的人力资源会计准则或原则，虽然美国会计学会专门设立了人力资源会计委员会，但该委员会要将其研究成果付诸财务会计实践可能还要等待一段时间。正是这样几方面原因，导致了人力资源财务会计与人力资源管理会计界限不明，使本应属于人力资源财务会计范畴的研究领域通常也被纳入管理会计的范畴。例如人力资源会计的计量模式问题，从其研究的对象看应属于财务会计体系，却一度被纳入管理会计体系。然而正本清源地看,人力资源管理会计应有自己的研究内容,虽然人力资源财务会计信息也可用于内部报告,但人力资源管理会计信息还应涉及其他所有人力资源相关信息。并且由于不受准则制度的约束,人力资源管理会计研究领域的人力资源财务会计是以财务会计方法为主要手段,并以对外提供人力资源财务会计信息为主要目的,主要进行人力资源成本的确认计量、记录和报告。人力资源管理会计会比用于对外报告的人力资源财务会计的研究领域更宽广,并且研究方法及形式上也将更自由、更广泛。

任何企业的生产活动都由人、财、物三要素构成,企业经营重心也正在于对人、财、物的综合协调与配比。而管理会计正是一门广泛运用财务会计、数学、统计、经济学等相关理论,向管理当局提供有助于对企业人、财、物实现最佳经营之相关信息的边缘性科学。其中涉及"财"与"物"的管理会计部分可以称为财务管理会计、实物管理会计,涉及"人"的管理会计部分便称为人力资源管理会计。但实际上,传统管理会计理论研究是将上述这几部分结合起来进行研究的,但随着未来企业管理者对内部信息要求的更加具体,以及管理会计理论研究方法本身的自由性,这种对管理会计的细分对今后管理会计理论研究无疑开辟了一条新的途径。

由以上可见,人力资源管理会计是现代管理会计的一部分。它既与传统管理会计中涉及人力资源相关问题的理论相联系,又突出体现了人力资源财务会计给管理会计学科带来的革新变化。人力资源管理会计可定义为:它是在运用财务会计特别是人力资源财务会计信息的基础上,广泛结合其他相关信息,借助于经济数学、运筹学、统计学等基础理论,旨在为企业内部管理者规划、评价和控制人力资源管理战略、策略时提供重要的相关信息。而人力资源财务会计是以财务会计方法为主要手段,并以对外提供人力资源财务会计信息为主要目的,主要进行人力资源成本的确认计量、记录和报告。

二、人力资源财务会计与人力资源管理会计的相互关系

完整的人力资源会计理论应包括人力资源财务会计与人力资源管理会计两部分。人力资源财务会计是以对外提供人力资源信息为主的信息系统,因此应属于财务会计的一部分;相对而言,人力资源管理会计是为内部管理者提供管理信息的信息系统,广泛运用人力资源财务会计系统所提供的信息以及其他相关信息,并对这些信息进行加工、改制和延伸,使它们能更有效地服务于企业的内部管理者。为了适应现代人力资源管理的要求,人力资源管理会计创立了自己独特的理论、方法、技术,提供面向未来、为决策最满意化服务的各种相关信息。总体而言,人力资源财务会计与人力资源管理会计同属企业统一的人力资源会计信息系统中,是一种同源而分流的关系。

三、人力资源管理会计的基本前提

为了有利于人力资源管理会计研究的开展,可以设定一些先决条件作为人力资源管理会计的基本前提(或称基本假设):

1. 人力资源的价值是可计量的,并能在对外财务报表中得到体现

这实际上涉及人力资源财务会计的基本问题,因为人力资源管理会计研究的理论前提及依据便是要重视人力资源的价值。因此只有进一步地完善人力资源财务会计理论并使其得到较好的实施,才能够更充分、更广泛地开展人力资源管理会计研究。

2. 人力资源价值是管理方式的函数

这一前提是指企业人力资源的价值受管理方式的影响,不同的管理方式下人力资源价值会有不同的体现。例如,企业良好的培训、激励晋升政策能有效地提高人力资源的价值;相反,松散的或过于呆板的管理方式可能会挫伤员工的积极性,从而影响其价值的实现。这说明了人力资源管理的重要性。人力资源管理会计便要肩负向内部管理者提供与人力资源决策相关的信息的责任,从而使企业人力资源整体价值能得到很好的实现并不断地增长。

3. 人力资源管理的定量定性信息与企业经营决策密切相关

人力资源管理是现代企业管理活动的重要内容,例如人力资源招聘、培训、晋升、配置、分工、激励、工资等管理活动被视为企业经营的关键环节,因而,人力资源管理活动的定量、定性信息与企业经营决策密切相关。譬如,企业招聘成本信息将会影响到企业定员的决策,企业培训效益的预测信息将会影响到企业人力资源开发决策等。而以提供人力资源决策相关信息为宗旨的人力资源管理会计应提供可靠的人力资源管理信息,以便企业管理者作出正确经营决策。

四、人力资源管理会计的主要内容

人力资源管理会计研究的目的是提供与人力资源决策相关的有用信息,因此它研究的主要内容也将围绕着人力资源管理各项活动而进行。结合传统管理会计体系及其自身的特殊性,以及综合现今人力资源管理会计研究理论

的成果,并通过对其未来发展趋势的预测,可以将人力资源管理会计研究内容界定为以下几方面:

(1)有关人力资源投资、开发、运用的预测与决策理论;

(2)有关人力资源成本预算分析与规划的理论;

(3)有关岗位责任分配及控制的理论;

(4)有关人力资源投资效益分析的理论;

(5)有关行为会计学的理论;

(6)有关代理人理论(其中行为科学与代理人理论已被视为现代管理会计理论研究的开拓性领域)。

五、传统管理会计的革新意义

传统管理会计研究范畴主要集中在企业的"财"与"物"之上,但人力资源管理会计肯定了"人"是企业的资源,故同样应成为管理会计研究的主要范畴,它的出现将使传统管理会计面目焕然一新。人力资源管理会计不是彻底否定传统管理会计,相反,它是在弥补传统管理会计缺陷的基础上使管理会计体系更加健全。因此,人力资源管理会计只是现代管理会计的一个有机部分。

人力资源管理会计对传统管理会计理论的革新主要体现于如下几个方面:

1. 本量利分析方面

传统管理会计进行本量利分析时,将影响目标利润的因素分为产品销量、产品单位价格、单位变动成本、固定成本。由于产品销售量与产品单位价格的变动受到当今"买方市场"经济形势的制约,企业增利的潜力主要从单位变动成本及固定成本中挖掘,而在这两块成本项目中,人力资源费用占了较大比例。例如:单位变动成本中的单位人工费用,固定成本中的管理人员薪金及员工培训费用摊销等。在科技日新月异的今天,这部分人力资源费用降低的可能性十分大,特别是在那些高新技术行业。人力资源管理会计将重点研究影响企业利润中人力资源成本这一块,使传统成本性态分析与本量利分析在内容上更加翔实、完备,从而为企业降低成本、提高利润服务。

2. 预测与决策会计方面

预测与决策会计是传统管理会计的核心,但传统管理会计侧重于企业经济活动中有关财务指标的预测及经营与投资活动的决策,而对人力资源管理活动的预测及决策很少进行深入研究。人力资源管理会计的预测与决策部分正是针对传统管理会计这一不足系统地提出的。人力资源预测与决策会计涉及人力资源需求预测、供给预测、结构预测、劳动效率预测、招募决策、开发决策、配置决策、晋升决策、激励决策、工资决策、管理政策决策等方面,这种对人力资源与决策问题的细分有利于研究工作的深入进行。人力资源预测会计结合不同问题,运用不同的预测理论,如线性回归法、趋势平均法、指数平滑法、马尔柯夫模型法及其他定性预测方法都可运用于人力资源预测分析,而在人力资源决策分析方面,可运用线性规划、运筹论、概率模型、模糊数学、灰色理论、期望理论、效用理论等相关知识进行具体分析。

因此从方法论上看,人力资源管理预测与决策会计在研究方法及体系上与传统的预测决策会计基本上是一致的。

综上所述,人力资源预测与决策会计在传统的预测与决策会计基础上,深入细致地研讨了在各种环境条件下,人力资源的变动及运筹信息,为企业管理者提供可靠的决策支持信息。在"人本主义"的企业理念日渐深入人心的今天,强调人力资源的预测、决策工作无疑是现代企业发展的必然要求。

3. 在责任会计方面

传统管理会计按照"分权管理"的原则划分企业责任,划分责任的前提假定是:经济利益是企业员工工作积极性的最主要驱动力。这一假定受到不少质疑,如马斯洛的需求层次理论及赫茨伯格的双因素理论等都说明个体工作积极性受多因素影响,起支配性作用的因素会随着个人需求层次的变动而变动。人力资源管理会计研究责任会计便从这些因素出发,利用效用、组织、激励等理论,重点分析责任关系人之间的委托受托关系。事实上,人力资源管理会计对责任的分析涉及一块新兴的管理会计研究领域——行为科学,而行为科学从其研究对象与本质上看,应属于人力资源管理会计的研究范畴。

另外,传统管理会计对责任的研究也仅限于企业内部责任,实际上企业经营过程中还必须承担社会责任。近几年兴起的"社会责任会计"着重研究的便是有关企业与社会的责任关系问题。其中涉及企业对职工进行培训、兴办雇员福利项目、改善员工工作环境、提取失业与养老基金等与人力资源管理相关的活动。人力资源管理会计在此方面的研究任务便是要为企业规划这一方面社会责任的实施提供相关信息。

4. 在控制会计方面

传统管理会计研究控制问题主要集中在成本控制与存货控制两个部分,实际上企业中人力资源的控制也应作为控制的重点。尽管成本控制中涉及了人工费用问题,但这种研究只是根据有关计算,规定了一些人工费用的标准,以及实际执行与标准的差异。至于员工对这种控制制度的效用如何，以及涉及人力资源定员成分等控制问题时，传统管理会计并没有深入研究下去。因此，人力资源管理会计的出现标志着它要承担诸如此类的涉及人力资源控制问题的研究。例如企业常面临的问题是：一个企业为保证其既定目标的实现，其最佳的定员数量以及结构应该如何确定。人力资源管理会计研究这类人员控制问题的方法主要涉及线性规划、运筹论、矩阵数学等，但是许多定性的方法也值得借鉴。

六、人力资源管理会计研究的两个特殊领域

以上阐述了人力资源管理会计与传统管理会计中具有共性的一些问题。由于人力资源这一生产要素的特殊性，人力资源管理会计的内容又有其独特性，如 20 世纪 60 年代以来，管理会计领域对行为科学及代理人理论的引进与应用，可视为人力资源管理会计特殊性的两个典范。

1. 行为科学

行为科学（behavioral science）形成于 20 世纪中叶，主要运用心理学、社会学及人类文化学等学科的概念、原理和方法来研究人产生各种行为的主观动机和客观原因，揭示人的各种行为的规律性，为在各种环境下理解、预见和引导人的行为提供基本的线索和依据。

管理会计对行为科学的引进与应用开始于 20 世纪 60 年代，经过几十年的发展，现已成为现代管理会计研究的重要领域。由于行为科学研究的主要对象是人的行为，因此现代管理会计涉及行为科学的研究就被列于人力资源管理会计研究范畴之内。

行为科学涉及组织理论、激励理论、领导方式理论，以及由这些理论产生的决策模型。它的核心观点是重视人的因素，并且认为人的行为由动机所决定。现代管理会计引用行为科学解决的不是某一个问题，而是用行为科学指导整个管理会计理论的研究。如遵循目标管理形式进行各项决策分析和预算编制时，建立责、权、利相结合的责任会计制度，实行参与性预算制度，运用最满意原则制定各项成本标准等。

行为科学被现代管理会计所借鉴，说明了管理会计研究也必须重视对人的行为的研究，并要将行为科学作为现代管理会计的基本理论进行探讨，因为管理会计研究的对象如决策、控制、预算等问题毕竟都离不开人的参与。人力资源管理会计作为现代管理会计的一个有机部分，为现代管理会计借鉴、引用、发展行为科学提供了合适的阵地。从这一点上看，人力资源管理会计在现代管理会计体系中也起着基础指导性的作用。

2.代理人理论

代理人理论(agent theory)又称为"代理理论"、"代理人说",它作为一种经济学起源于美国。20世纪70年代,西方管理会计研究人员对传统管理会计的经济模型进行了修改,先后把不确定性和信息成本引进了管理会计模型,而不确定性与信息成本是代理人理论研讨的主要问题,这标志着现代管理会计对代理人理论的引用与借鉴的开始。在这方面值得一提的是英国曼彻斯特大学的斯卡彭思教授,他在1985年出版的《管理会计最近发展的评论》专著中曾对代理人理论有专门研究,并把人的行为因素纳入经济数学模型,这些模型涉及代理人的成果函数、代理人的报酬函数、代理人的效用函数、委托人的效用函数、委托人的目标函数及约束条件,这些相关理论促进了代理人理论在现代管理会计中的运用。

代理人理论把企业看作是由许多委托受托关系组成的契约体,如股东与董事会、董事会与经理、经理与雇员之间都存在着委托受托的关系。因此代理人学说解决的也是企业人力资源关系的问题,即股东、董事会、经理与雇员都是企业广义的人力资源。所谓广义的人力资源是指从事企业经营活动的所有人员,包括资本的提供者。所以,现代管理会计代理人理论同样视人力资源为管理会计研究的范畴,同行为科学类似,现代管理会计代理人理论同样涉及对传统管理会计程序或方法的重新评价,以及对传统管理会计忽略的问题进行理论上的分析和概括。它涉及的问题有:责任会计、参与预算、差异调查、转移价格、成本分配、监控系统、指标考核、信息系统选择权的分配以及报酬制度等。因此,现代管理会计代理人研究有广阔的领域,它与行为科学应成为人力资源管理会计两个特殊且十分有意义的研究领域。

七、战略管理会计与人力资源管理会计

1.战略管理会计的概念

战略管理会计(strategic management accounting 简称 SMA),即管理会计与企业战略的结合。战略管理会计旨在提供关于企业外部市场和竞争者的信息,同时用战略的观点来看待内部信息,帮助企业制定卓越的战略,这些都是企业取得持久竞争优势的重要手段。战略管理会计研究始于20世纪80年代的西方,近几年在我国亦有不少学者开始研究战略管理会计,并将战略管理会计视为未来的管理会计。由此可见战略管理会计在现代管理会计发展中的地位,开展人力资源管理会计研究是战略管理会计的基本要求。

2.战略管理会计下的人力资源管理会计研究

人力资源管理一直被视为战略管理会计的重点内容,它包括为企业和个人绩效而进行的人事战略规划、日常人事管理以及一年一度的员工绩效评价。战略管理会计的核心是以人为本,通过一定的方法和技能来激励员工以获得最大的人力资源价值,并采用一定的方法来确认和计量人力资源的价值与成本,进行人力资源投资分析。按照美国哈佛大学迈克尔·波特教授的观点,实行战略管理会计的简要步骤是定义一个企业的价值链,而人力资源管理是这个价值链上的关键一环。另外,战略管理会计在成本动因分析(涉及产品成本发生原因的分析)方面也特别强调人力资源因素的分析。如战略成本管理会计将成本动因分为结构性成本动因和执行性成本动因两大类(源自美国学者Riley 的观点)。而结构性成本动因包括职工工作经验与生产技术水平因素,执行性成本动因包括员工的参与程度与全面质量管理意识(即员工对质量的认识与重视程度)。为了适应战略管理会计的这些特点,人力资源管理会计研究必须具有开阔的视野和超前的意识。按战略管理会计的要求,人力资源管理会计研究应遵循如下基本原则:

(1)要用战略的眼光看待企业人力资源管理活动,即在谋求企业长期利益的基础上,重视那些对企业未来发展有重大影响的人力资源管理活动。与此相一致,人力资源管理会计须为此种战略性的人力资源管理活动提供规划性的相关信息。

(2)对企业人力资源招募、开发、晋升、激励、定员、配置等活动的预测、决策、控制方法应建立在企业长期健康发展的基础上。

(3)重视企业外部人才、劳务市场的研究,将人力资源管理的各项活动视为整个社会人力资源管理活动的一部分,即在超越本会计主体范围的前提下研究人力资源管理会计问题。

(4)在人力资源决策问题研究时,要重视企业未来发展的全局性谋划,对外部人力资源信息的变化不仅要能迅速作出反应,更重要的是能对人力资源的这种变化信息进行预测,体现"现时决策的未来性"。

因此,人力资源管理会计作为现代管理会计的一个部分,其研究同样要符合企业未来战略管理的要求,并要以提供具有战略全局性的人力资源管理决策相关信息为其宗旨。

八、人力资源管理会计的应用

1.人力资源的决策

在人力资源的决策过程中,人力资源管理会计在综合分析人力资源财务信息的基础上,运用科学的理论,尤其是经济数学的一些分析方法,制定若干个可供选择的方案并作出符合企业利益的选择。

　　人力资源管理人员在提出决策内容后,会计人员首先应设计出几种可供选择的决策方案,提出实施人力资源决策的具体对策,在决定备选方案时,通常需要使用会计、经济数学、统计等方法来对每一个方案的支出和未来可能带来的收益进行估计,这对于人力资源决策是一个很重要的环节,如果这个环节出现错误,那么以后的所有工作都将变成徒劳。这是因为决策的基础不对,即使决策方法再精确再细致也不会有正确的结果。在备选决策方案确定之后,要做的工作便是对已形成的方案按照经济分析的方法来权衡利弊、评价优劣。这是整个人力资源决策过程中关键的环节,如果出现差错,将会直接影响到企业的利益。选择方案的常用方法有差量分析法、投资回收期分析法、效用理论、净现值分析法、线性规划、网络图决策法及期望理论等。

　　决策并没有在作出决策方案选择后便完结,作出的决策还需要实施,并且,在实施过程中反馈回来的信息往往可以指导我们对决策方案进行调整或对下次类似的决策有所帮助。因此,会计人员还需要对那些在实施过程中反馈回来的信息及时加以记录、提炼,并在以后的决策过程中加以运用。理论就是在不断的实践中发展起来的,而更完善的理论同时又可以更好地指导实践。

　　(1)人力资源招募决策

　　企业为了更好地发展或在人员空缺时经常会需要在某些职位上招聘新的员工,在进行招聘决策时经常会遇到这样的问题:是从外部招聘还是从企业内部提拔,是通过中介机构(如猎头公司、人才中心等)招聘还是通过媒体向社会公开招聘,是否需要新设某个职位以供招聘新的员工或者取消某个职位将员工调离,等等,还有许多类似的问题。往往管理人员会因为得不到准确的数字信息而不知该如何取舍,人力资源管理会计可以在这方面给管理者一定的信息和建议。

　　[例 15-1]海冠公司需要招募一位销售部经理,通过分析、统计和估算,会计人员提出了 A、B 两种方案:

　　方案 A:从销售部副经理中提拔,因而销售部副经理的职位需要从外部招聘,原销售部副经理的年薪是 70 000 元,提拔为经理后年薪为 90 000 元,向外界招聘销售部副经理的年薪为 70 000 元,招聘费用为 5 000 元。

　　方案 B:销售部副经理位置不变,直接向社会招募经理,估计年薪为 90 000元,招募费用为 6 000 元。

在方案A下,可使企业每年现金流入比往年增加2 000元,在方案B下可使企业每年现金流入增加2 500元。假设公司资本平均报酬率为8%,并且按公司规定,招募费用按10年分摊。公司应该选择哪种方案?

可以用差量分析法来进行决策,如表15-1所示。

表 15-1　差量分析表

单位:元

摘　　要	方案 A	方案 B	年差量成本
年工作成本	90 000＋70 000＝160 000	70 000＋90 000＝160 000	0
年招募费用分摊	5 000/PR(8%,10)＝745	6 000/PR(8%,10)＝894	149
年差量成本汇总			149
年现金流入量	2 000	2 500	500
年差量损益			351

通过差量分析可知,尽管向外招募经理的招募费用较高,但由于其每年带来的收益高于内部提拔,每年可多351元的收益,因此应选择方案B。

最困难的事情是估计方案中所涉及的现在甚至连将来都无法确定的数据,如估计以上两个方案中企业未来每年增加的现金流量,这样的估计没有科学的方法作为支撑,往往只能根据经验和历史数据来判断,如何对这些未来数据作出更近似的估计,也是有待研究的问题。

(2)人力资源开发决策

人力资源开发是以发掘、培养、发展和利用人力资源为主要内容的一系列有计划的活动过程,它包括人力资源的教育、培训、管理及人才的发现、培养、使用与调剂等环节。人力资源开发的决策主要涉及对哪些人员进行培训、选择培训方式和培训内容等。

[例15-2]海冠公司准备晋升一位员工为人事部门经理,要对其进行培训。现在有A、B两种方法:

方法A:用在职培训的方法,即让一个人通过实际做某项工作来学会做这项工作。公司设置人事经理助理的职务来完成这种培训。

方法B:脱产培训的方法,让该员工带薪在某大学进行脱产培训,为期一年。

A、B两种方法投资和收益的情况如表15-2所示。

表 15-2　A、B 两种方法的投资和收益

单位:元

期　限	项　目	方案 A	方案 B
0	初始投资	20 000	30 000
1	净收益	9 000	8 000
2	净收益	9 500	15 000
3	净收益	10 000	20 000
4	净收益	15 000	25 000
5	净收益	20 000	30 000
6	净收益	15 000	25 000

表 15-2 中的净收益项是指培训后能增加的收益,一般可以对接受培训前后的效果进行直接的观察并加以评估而获得这一项数据。

用投资回收期法和净现值法两种方法来进行分析:

投资回收期法,由表 15-2 中数据可知:

方法 A 的投资回收期=2+500/10 000=2.05(年)

方法 B 的投资回收期=2+5 000/20 000=2.25(年)

方法 A 的投资回收期比方法 A 稍短。

净现值法,由表 15-2 中数据可知:

方法 A 的净现值=[9 000×(1+8%)$^{-1}$+9 500×(1+8%)$^{-2}$+10 000×(1+8%)$^{-3}$+15 000×(1+8%)$^{-4}$+20 000×(1+8%)$^{-5}$+15 000×(1+8%)$^{-6}$]-20 000

=38 511(元)

方法 B 的净现值=[8 000×(1+8%)$^{-1}$+15 000×(1+8%)$^{-2}$+20 000×(1+8%)$^{-3}$+25 000×(1+8%)$^{-4}$+30 000×(1+8%)$^{-5}$+25 000(1+8%)$^{-6}$]-30 000

=60 689(元)

方法 B 的净现值(60 689 元)比方法 B 的净现值(38 511 元)多,故应选择方法 B 来对该员工进行培训。

2.人力资源管理会计中的激励机制

在企业中,如何对员工的工作动机进行引导和激励,是绝大多数管理者一直考虑的重要问题之一。激励就是通过高水平的努力实现组织目标的意愿,而这种努力以能够满足员工个体的某些需要为条件。激励的过程直接涉及员工的个人利益，直接影响到能否调动员工的积极性。

人力资源管理的学者们提出了许多有关员工激励的理论，如马斯洛的需求层次论、X 理论、Y 理论、期望理论及公平理论等。但是由于激励涉及职位、工作性质、人的性格和偏好、企业所在地的社会环境及风俗习惯等诸多极其复杂的因素，因此并没有一种唯一的最佳答案。但是，长期以来的实践也形成了一些有效的方法，如：对生产工人进行激励的计件工资、标准工时制和班组或团队激励计划，对中高层管理人员进行激励的年度奖金、股票期权计划，以及对企业整体激励的利润分享计划、雇员持股计划、收益分享计划等。那么，人力资源管理会计在激励计划的制订和实施过程中能起到什么样的作用呢？

这些应用问题还属于人力资源管理会计研究的薄弱环节，学者们都少有涉及，这一方面是因为人力资源管理会计研究尚在起步阶段，研究尚未深入，另一方面则是因为激励问题本身带有很大的不确定性和模糊性，难以用科学和经济数学方法进行定量的分析和决策。由于人力资源激励问题本身的特点，决定了人力资源管理会计在激励计划的制订和实施过程中只能起到提供参考信息以辅助决策的功能，而无法像固定资产更新、长期投资项目或企业内部转移价格等问题一样，通过使用一定的分析方法就可以得出明确的结论。

（1）企业工资制度的确定

工资制度是企业的一项基本制度，合理公平的工资制度也许并不能起到很大的激励作用，却是确保公平、避免员工产生不满和消极情绪的基本要求，是激励计划实施的基础，而且，金钱确实也是激励的一种重要手段。

在企业制定工资方案的过程中，管理人员在保证内部公平和外部公平的前提下，确定不同职位的工资等级，并通过工资曲线确定不同等级的工资。在工资方案初步确定后，会计人员需要按照方案中所确定下来的工资，估计测算每期是否有足够的现金流量来支付员工工资，或者在支付员工工资后是否有足够的现金流量来进行其他需要支付现金的经营活动。工资是企业每期都必然发生的大笔现金流出，管理人员必须考虑到它给企业现金流量带来的影响。另外，企业员工工资尤其是生产人员工资将会直接分配到产品成本中去，这样，会计人员就需要确定一定的工资方案会对企业产品成本产生的影响，以及由此会对企业产品定价或利润带来的影响。会计人员应该将这些反映工资对企业经营及财务状况影响的信息提供给管理者，以便于管理者有根据地对工资方案进行修正或进一步的确定。

（2）年度奖金的确定

很多企业利用年度奖金计划来激励中高层管理人员提高短期绩效，工资一旦确定下来一般不会随绩效的下降而削减，而短期激励奖金的总额很容易随绩效的改变而发生波动。年度奖金的确定依赖于员工个人的绩效和整个企业的绩效（即企业当年利润），这样在确定年度奖金的金额时首先需要会计来提供有关企业本年利润及本年可分配利润的金额以确定企业可以用于发放年度奖金的红利基金，会计人员还必须明确下期的现金需要量以及下期是否有较大的投资需求。一般管理人员的分红基金有以下可行的方案：

分红基金＝净利润×（1－5％）×10％，其中扣除的是5％的资本投入

分红基金＝净利润×（1－6％）×12.5％，其中扣除的是6％的股东收益

分红基金＝净利润×（1－6％）×12％，其中扣除的是6％的资本净额

在确定了红利基金的数额后，企业可以再根据员工的个人绩效情况确定向各个员工发放年度奖金的金额。

（3）经营者的年薪制

企业经营者的年薪由三个部分组成：基本年薪、增值年薪和长期激励年薪。

基本年薪由经营者的能力决定，主要根据高级管理人员现期或上期的贡献确定，因此其标准主要是上一年度的业绩。新聘任的高级管理人员则可以用以前的现实表现和经营业绩作为标准。

增值年薪取决于经营者当期的业绩表现，确定时要考虑公司业绩、高级管理人员的业绩和劳动力市场上相似人才的报酬情况。增值年薪的金额以基本年薪为基础，同时要考虑到企业的净利润增长率、净资产增长率和销售增长率，另外还要结合经营者的管理贡献率和企业经营业绩综合指数。

长期激励报酬年薪决定于企业经营者的贡献，股票期权就是一种典型的长期激励报酬年薪。股票期权（stock option）是公司给予高级员工的一种权利。持有这种权利的高级管理人员可以在规定的时间内以股票期权的行权价格购买本公司股票，购买的过程称为行权。在行权以前，股票期权所有人没有任何现金收入，而行权过后，个人收益为行权价与行权日市场价之间的差价。高级管理人员可以自行决定在任何时间出售行权所得股票。股票期权计划的主要目的是为了将企业高层管理人员的利益与企业的长期发展联系起来，这样可以避免企业经营者为了在职期间的利益而放弃一些可能在短期内会给公司财务带来不利影响而对企业长远发展有利的计划。因为，企业经营者的业绩评价主要依靠经营损益的数据，而当经营者的薪酬只由基本工资和奖金构

成时,他们为了较高的奖金会关注短期经营损益甚于企业长期利益。股票期权计划可以改善这种状况,将企业经营者的利益系于企业长期利益,对企业高层管理人员产生有效的激励作用。

(4)雇员持股计划(employee stock ownership Plan)

雇员持股计划的基本形式一般是公司把其中一部分股票(或可以购买同量股票的现金)交给一个信托委员会(它的作用就是为雇员购买一定数额的企业股票),其数额通常依据雇员年报酬总额的一定比例确定,但一般不超过15%。信托委员会将股票存入雇员的个人账户,在雇员退休或不再工作(假设他们工作的时间很长,已积累了足够的股票)时再发给他们。会计人员必须核算发给每一个雇员的股票数额并对企业股权的变更进行登记和相应的会计处理。

3.人力资源的预测和计划

企业中有时会出现一些空缺职位无法从组织内部挑选合适的人选,在这种情况下,许多管理者都是等到职位出现空缺时才去想办法尽力找人来填补,这种方法对于小企业来说也许是有效的,但是对于大企业和优秀的管理人员来说,必须做适当的人力资源预测和计划。

人力资源计划应当具有外部一致性和内部一致性。外部一致性是指人员计划应当同企业的整体计划相配合。例如开一家新公司、建一家新的分店或因衰退来临而需要缩小经营规模,都会对组织的人力资源工作有很大的影响。内部一致性是指人力资源计划应该同所有其他人事工作的环节如招募、培训、工作分析等计划一致或协调。例如,聘用50名新员工的计划就意味着必须对他们进行培训并制定相应的薪资预算。

人力资源预测会计是整个管理会计体系中很关键的一部分,它不仅是人力资源决策的基础,也是企业其他预测如成本预测、利润预测等的基本环节。传统会计的全面预算中没有涉及人力资源预测的问题,实际上根据企业计划销售量的不同,企业人员也会出现变化,而人力资源成本和工资成本将随之变化,从而导致全面预算利润的变化,因此,人力资源预测是人力资源管理会计中一个不可忽视的环节。

在制定人力资源计划时,需要进行三个方面的预测:人员需求预测、外部候选人供给预测和内部候选人供给预测。

(1)人员需求预测

人员需求预测是这三个方面预测中最关键的一环,在人员需求预测中主要考虑的是生产和销售的需求,同时还应该注意到企业可能发生的雇员流动、

企业有关提高产品质量或服务质量的决定,以及雇员的质量与性质是否需要改变等问题。在进行人员需求预测时有三种主要的方法:

①趋势分析法。趋势分析法是指通过分析企业过去五年左右时间内的聘用趋势,然后以此为依据来预测企业未来人员的需求。可以以整体趋势或各类人员的聘用趋势来预测未来人员的需求。

[例 15-3]某企业过去五年内各类人员年末的数量如表 15-3 所示。

表 15-3

单位:人

年　份	生产人员	销售人员	管理人员	总人数
1	200	60	40	300
2	240	70	50	360
3	260	76	52	388
4	300	82	54	436
5	320	88	54	462

从表 15-3 的数据可以看出,生产人员正以每年大约递增 20 人的趋势上升,销售人员每年的增长大约为 6 人,而管理人员则每年增加大约 2 人。按照趋势分析法来预测,本年度生产人员的人数应为 340 人,销售人员人数应为94 人,管理人员人数应为 56 人,总人数为三者加总额即 490 人。

趋势分析法在只作为一种初步分析预测时是很有价值的,但这还远远不够,因为聘用水平很少只由过去的状况决定,其他很多因素(如销售额的变化、生产的扩大等)都会影响到对未来人员的需求。

②比率分析法。比率分析法是以影响人员需求的各种因素以及一订单位的这些因素所需人员数量为根据来预测人员需求的。

[例 15-4]从过去几年的数据中发现,一名销售人员每年一般能实现 120万元的销售额,在过去的一年中,企业拥有 10 名销售人员,实现销售额 1 200万元,现在管理人员计划在下一年将销售额提高至 1 800 万元,如果每个销售人员能够实现的销售额不变,则在下一年需要增加 5 名新的销售人员来完成要求增加的 600 万元的销售额。

假设企业销售人员和文秘人员之间的比率为 5∶1,则可据此推断企业尚需增加 1 名新的文秘人员。

在上面的例子中,假定企业销售人员的销售能力不变,即单位销售量所需的销售人员数量不变。比率分析法总是在单位因素所需人员数量不变的假定

管理会计

下进行的,而实际上,这个假定并不总是成立,人员的生产率因人而异并且可以通过激励得到很大的改变,在这种时候根据历史比率进行的人员预测就不太准确了。

(2)组织内部候选人供给预测

人员需求预测解决了需要多少雇员的问题,在决定从组织外部雇佣新的人员时,必须首先弄清楚有多少空缺职位的候选人可以从组织内部获得。一般来讲,从组织内部直接晋升员工比直接从外部招聘要更稳妥,而且可以节约很多招聘费用和培训费用。

组织内部候选人供给预测主要由人事部门工作人员运用工作公告、人事档案、员工绩效记录、雇员技能库等多种手段来完成。工作公告是将职位空缺信息公之于众,并列出工作的资格要求、主管人员姓名、工作时间表、薪资等级等,以供企业内部员工申请该职位。为避免企业内部"近亲繁殖",在不宜用工作公告时,则可以由人事部门根据员工绩效和员工人事档案及员工技能库等提供的信息分析确定空缺职位的候选人。

(3)组织外部候选人供给预测

如果企业中没有足够的内部候选人可供挑选,企业就必须从外部招聘新的员工,同时企业内部人员晋升后也会有新的空缺职位需要从外招募。

企业的外部候选人一般来说是能够满足企业需要的,但企业需要对总体经济情况、地方劳动力市场,及职业市场状况作出预测,以了解企业未来招聘的难度、预计花费的费用多少等。通常失业率越低,劳动力供给就越少,招募的难度就越大。地方劳动力市场状况的预测可以让管理者了解在本地劳动力市场招募的难易程度,如果难度过大,可以选择未来到劳动力供给较丰富的外地劳动力市场招聘所需人才。而职业市场状况预测则可以让企业了解其所需要的特定职业的潜在候选人的供给情况。

在人力资源管理会计人员完成了以上三个方面的预测之后,可以据此测算出人力资源变动对产品成本及利润的影响,以将人力资源预算纳入传统会计全面预算的体系。

[例15-5]某企业计划在明年扩大销售量,企业作出的人力资源预算为:明年企业将新招聘100名生产工人,月薪800元;3名生产车间管理人员,月薪1 500元;10名销售人员,月薪1 600元;两名销售部门管理人员,月薪2 000元;一名高层管理人员,月薪6 000元。根据对总体经济情况、地方劳动力市场和职业市场的预测,预计将花费招聘费用9 000元,人员培训费用预计为1万元。企业确定的人力资产摊销年限为10年。

考虑预测的人力资源随销售计划的变动之后,会对传统会计的全面预算产生如下的影响:

每季度的销售费用预算将增加:

$$10 \times 1\,600 \times 3 + 2\,000 \times 2 \times 3 = 60\,000(元)$$

每季度的直接人工预算将增加:

$$100 \times 800 \times 3 = 240\,000(元)$$

每季度的制造费用预算将增加:

$$1\,500 \times 3 \times 3 = 13\,500(元)$$

每季度的一般管理费用预算将增加:

$$6\,000 \times 3 = 18\,000(元)$$

每季度现金预算的支出总数将增加:

$$60\,000 + 240\,000 + 13\,500 + 18\,000 = 331\,500(元)$$

其中第一季度现金预算的支出总数将增加:

$$331\,500 + 9\,000 + 10\,000 = 350\,500(元)$$

全年税前收益将减少:

$$331\,500 \times 4 + \frac{(9\,000 + 10\,000)}{10} = 1\,327\,900(元)$$

思考题

1.什么是人力资源会计?其产生的背景如何?

2.人力资源、人力资本和人力资产有何区别与联系?

3.什么是人力资源管理会计?它与人力资源财务会计有何联系?

4.人力资源管理会计的基本前提是什么?

5.人力资源管理会计的参与决策的职能体现在哪些方面?

6.人力资源的激励方法有哪些?

附录一　复利终值系数表

期数 \ 利率	1%	2%	3%	4%	5%	6%	7%	8%	9%	10%	11%	12%	13%	14%	15%	16%	17%	18%
1	1.0100	1.0200	1.0300	1.0400	1.0500	1.0600	1.0700	1.0800	1.0900	1.1000	1.1100	1.1200	1.1300	1.1400	1.1500	1.1600	1.1700	1.1800
2	1.0201	1.0404	1.0609	1.0816	1.1025	1.1236	1.1449	1.1664	1.1881	1.2100	1.2321	1.2544	1.2769	1.2996	1.3225	1.3456	1.3689	1.3924
3	1.0303	1.0612	1.0927	1.1249	1.1576	1.1910	1.2250	1.2597	1.2950	1.3310	1.3676	1.4049	1.4429	1.4815	1.5209	1.5609	1.6016	1.6430
4	1.0406	1.0824	1.1255	1.1699	1.2155	1.2625	1.3108	1.3605	1.4116	1.4641	1.5181	1.5735	1.6305	1.6890	1.7490	1.8106	1.8739	1.9388
5	1.0510	1.1041	1.1593	1.2167	1.2763	1.3382	1.4026	1.4693	1.5386	1.6105	1.6851	1.7623	1.8424	1.9254	2.0114	2.1003	2.1924	2.2878
6	1.0615	1.1262	1.1941	1.2653	1.3401	1.4185	1.5007	1.5869	1.6771	1.7716	1.8704	1.9738	2.0820	2.1950	2.3131	2.4364	2.5652	2.6996
7	1.0721	1.1487	1.2299	1.3159	1.4071	1.5036	1.6058	1.7138	1.8280	1.9487	2.0762	2.2107	2.3526	2.5023	2.6600	2.8262	3.0012	3.1855
8	1.0829	1.1717	1.2668	1.3686	1.4775	1.5938	1.7182	1.8509	1.9926	2.1436	2.3045	2.4760	2.6584	2.8526	3.0590	3.2784	3.5115	3.7589
9	1.0937	1.1951	1.3048	1.4233	1.5513	1.6895	1.8385	1.9990	2.1719	2.3579	2.5580	2.7731	3.0040	3.2519	3.5179	3.8030	4.1084	4.4355
10	1.1046	1.2190	1.3439	1.4802	1.6289	1.7908	1.9672	2.1589	2.3674	2.5937	2.8394	3.1058	3.3946	3.7072	4.0456	4.4114	4.8068	5.2338
11	1.1157	1.2434	1.3842	1.5395	1.7103	1.8983	2.1049	2.3316	2.5804	2.8531	3.1518	3.4785	3.8359	4.2262	4.6524	5.1173	5.6240	6.1759
12	1.1268	1.2682	1.4258	1.6010	1.7959	2.0122	2.2522	2.5182	2.8127	3.1384	3.4985	3.8960	4.3345	4.8179	5.3503	5.9360	6.5801	7.2876
13	1.1381	1.2936	1.4685	1.6651	1.8856	2.1329	2.4098	2.7196	3.0658	3.4523	3.8833	4.3635	4.8980	5.4924	6.1528	6.8858	7.6987	8.5994
14	1.1495	1.3195	1.5126	1.7317	1.9799	2.2609	2.5785	2.9372	3.3417	3.7975	4.3104	4.8871	5.5348	6.2613	7.0757	7.9875	9.0075	10.147
15	1.1610	1.3459	1.5580	1.8009	2.0789	2.3966	2.7590	3.1722	3.6425	4.1772	4.7846	5.4736	6.2543	7.1379	8.1371	9.2655	10.539	11.974
16	1.1726	1.3728	1.6047	1.8730	2.1829	2.5404	2.9522	3.4259	3.9703	4.5950	5.3109	6.1304	7.0673	8.1372	9.3576	10.748	12.330	14.129
17	1.1843	1.4002	1.6528	1.9479	2.2920	2.6928	3.1588	3.7000	4.3276	5.0545	5.8951	6.8660	7.9861	9.2765	10.761	12.468	14.426	16.672
18	1.1961	1.4282	1.7024	2.0258	2.4066	2.8543	3.3799	3.9960	4.7171	5.5599	6.5436	7.6900	9.0243	10.575	12.375	14.463	16.879	19.673
19	1.2081	1.4568	1.7535	2.1068	2.5270	3.0256	3.6165	4.3157	5.1417	6.1159	7.2633	8.6128	10.197	12.056	14.232	16.777	19.748	23.214
20	1.2202	1.4859	1.8061	2.1911	2.6533	3.2071	3.8697	4.6610	5.6044	6.7275	8.0623	9.6463	11.523	13.743	16.367	19.461	23.106	27.393
21	1.2324	1.5157	1.8603	2.2788	2.7860	3.3996	4.1406	5.0338	6.1088	7.4002	8.9492	10.804	13.021	15.668	18.822	22.574	27.034	32.324
22	1.2447	1.5460	1.9161	2.3699	2.9253	3.6035	4.4304	5.4365	6.6586	8.1403	9.9336	12.100	14.714	17.861	21.645	26.186	31.629	38.142
23	1.2572	1.5769	1.9736	2.4647	3.0715	3.8197	4.7405	5.8715	7.2579	8.9543	11.026	13.552	16.627	20.362	24.891	30.376	37.006	45.008
24	1.2697	1.6084	2.0328	2.5633	3.2251	4.0489	5.0724	6.3412	7.9111	9.8497	12.239	15.179	18.788	23.212	28.625	35.236	43.297	53.109
25	1.2824	1.6406	2.0938	2.6658	3.3864	4.2919	5.4274	6.8485	8.6231	10.835	13.585	17.000	21.231	26.462	32.919	40.874	50.658	62.669
26	1.2953	1.6734	2.1566	2.7725	3.5557	4.5494	5.8074	7.3964	9.3992	11.918	15.080	19.040	23.991	30.167	37.857	47.414	59.270	73.949
27	1.3082	1.7069	2.2213	2.8834	3.7335	4.8223	6.2139	7.9881	10.245	13.110	16.739	21.325	27.109	34.390	43.535	55.000	69.345	87.260
28	1.3213	1.7410	2.2879	2.9987	3.9201	5.1117	6.6488	8.6271	11.167	14.421	18.580	23.884	30.633	39.204	50.066	63.800	81.134	102.97
29	1.3345	1.7758	2.3566	3.1187	4.1161	5.4184	7.1143	9.3173	12.172	15.863	20.624	26.750	34.616	44.693	57.575	74.009	94.927	121.50
30	1.3478	1.8114	2.4273	3.2434	4.3219	5.7435	7.6123	10.063	13.268	17.449	22.892	29.960	39.116	50.950	66.212	85.850	111.06	143.37

续表

期数	19%	20%	21%	22%	23%	24%	25%	26%	27%	28%	29%	30%	31%	32%	33%	34%	35%	36%
1	1.190 0	1.200 0	1.210 0	1.220 0	1.230 0	1.240 0	1.250 0	1.260 0	1.270 0	1.280 0	1.290 0	1.300 0	1.310 0	1.320 0	1.330 0	1.340 0	1.350 0	1.360 0
2	1.416 1	1.440 0	1.464 1	1.488 4	1.512 9	1.537 6	1.562 5	1.587 6	1.612 9	1.638 4	1.664 1	1.690 0	1.716 1	1.742 4	1.768 9	1.795 6	1.822 5	1.849 6
3	1.685 2	1.728 0	1.771 6	1.815 8	1.860 9	1.906 6	1.953 1	2.000 4	2.048 4	2.097 2	2.146 7	2.197 0	2.248 1	2.300 0	2.352 6	2.406 1	2.460 4	2.515 5
4	2.005 3	2.073 6	2.143 6	2.215 3	2.288 9	2.364 2	2.441 4	2.520 5	2.601 4	2.684 4	2.769 2	2.856 1	2.945 0	3.036 0	3.129 0	3.224 2	3.321 5	3.421 0
5	2.386 4	2.488 3	2.593 7	2.702 7	2.815 3	2.931 6	3.051 8	3.175 8	3.303 8	3.436 0	3.572 3	3.712 9	3.857 9	4.007 5	4.161 6	4.320 4	4.484 0	4.652 6
6	2.839 8	2.986 0	3.138 4	3.297 3	3.462 8	3.635 2	3.814 7	4.001 5	4.195 9	4.398 0	4.608 3	4.826 8	5.053 9	5.289 9	5.534 9	5.789 3	6.053 4	6.327 5
7	3.379 3	3.583 2	3.797 5	4.022 7	4.259 3	4.507 7	4.768 4	5.041 9	5.328 8	5.629 5	5.944 7	6.274 9	6.620 6	6.982 6	7.361 4	7.757 7	8.172 2	8.605 4
8	4.021 4	4.299 8	4.595 0	4.907 7	5.238 9	5.589 5	5.960 5	6.352 8	6.767 5	7.205 8	7.668 6	8.157 3	8.673 0	9.217 0	9.790 7	10.395	11.032	11.703
9	4.785 4	5.159 8	5.559 9	5.987 4	6.443 9	6.931 0	7.450 6	8.004 5	8.594 8	9.223 4	9.892 5	10.604	11.362	12.166	13.022	13.930	14.894	15.917
10	5.694 7	6.191 7	6.727 5	7.304 6	7.925 9	8.594 4	9.313 2	10.086	10.915	11.806	12.761	13.786	14.884	16.060	17.319	18.666	20.107	21.647
11	6.776 7	7.430 1	8.140 3	8.911 7	9.748 9	10.657	11.642	12.708	13.862	15.112	16.462	17.922	19.498	21.199	23.034	25.012	27.144	29.439
12	8.064 2	8.916 1	9.849 7	10.872	11.991	13.215	14.552	16.012	17.605	19.343	21.236	23.298	25.542	27.983	30.635	33.516	36.644	40.037
13	9.596 4	10.699	11.918	13.264	14.749	16.386	18.190	20.175	22.359	24.759	27.395	30.288	33.460	36.937	40.745	44.912	49.470	54.451
14	11.420	12.839	14.421	16.182	18.141	20.319	22.737	25.421	28.396	31.691	35.339	39.374	43.833	48.757	54.190	60.182	66.784	74.053
15	13.590	15.407	17.449	19.742	22.314	25.196	28.422	32.030	36.062	40.565	45.587	51.186	57.421	64.359	72.073	80.644	90.158	100.71
16	16.172	18.488	21.114	24.086	27.446	31.243	35.527	40.358	45.799	51.923	58.808	66.542	75.221	84.954	95.858	108.06	121.71	136.97
17	19.244	22.186	25.548	29.384	33.759	38.741	44.409	50.851	58.165	66.461	75.862	86.504	98.540	112.14	127.49	144.80	164.31	186.28
18	22.901	26.623	30.913	35.849	41.523	48.039	55.511	64.072	73.870	85.071	97.862	112.46	129.09	148.02	169.56	194.04	221.82	253.34
19	27.252	31.948	37.404	43.736	51.074	59.568	69.389	80.731	93.815	108.89	126.24	146.19	169.10	195.39	225.52	260.01	299.46	344.54
20	32.429	38.338	45.259	53.358	62.821	73.864	86.736	101.72	119.14	139.38	162.85	190.05	221.53	257.92	299.94	348.41	404.27	468.57
21	38.591	46.005	54.764	65.096	77.269	91.592	108.42	128.17	151.31	178.41	210.08	247.06	290.20	340.45	398.92	466.88	545.77	637.26
22	45.923	55.206	66.264	79.418	95.041	113.57	135.53	161.49	192.17	228.36	271.00	321.18	380.16	449.39	530.56	625.61	736.79	866.67
23	54.649	66.247	80.180	96.889	116.90	140.83	169.41	203.48	244.05	292.30	349.59	417.54	498.01	593.20	705.65	838.32	994.66	1 178.7
24	65.032	79.497	97.017	118.21	143.79	174.63	211.76	256.39	309.95	374.14	450.98	542.80	652.40	783.02	938.51	1 123.4	1 342.8	1 603.0
25	77.388	95.396	117.39	144.21	176.86	216.54	264.70	323.05	393.63	478.90	581.76	705.64	854.64	1 033.6	1 248.2	1 505.3	1 812.8	2 180.1
26	92.092	114.48	142.04	175.94	217.54	268.51	330.87	407.04	499.92	613.00	750.47	917.33	1 119.6	1 364.3	1 660.1	2 017.1	2 447.2	2 964.9
27	109.59	137.37	171.87	214.64	267.57	332.95	413.59	512.87	634.89	784.64	968.10	1 192.5	1 466.6	1 800.9	2 208.0	2 702.9	3 303.8	4 032.3
28	130.41	164.84	207.97	261.86	329.11	412.86	516.99	646.21	806.31	1 004.3	1 249.0	1 550.3	1 921.3	2 377.2	2 936.6	3 621.9	4 460.1	5 483.9
29	155.19	197.81	251.64	319.47	404.81	511.95	646.23	814.23	1 024.0	1 285.6	1 611.0	2 015.4	2 516.9	3 137.9	3 905.7	4 853.3	6 021.1	7 458.1
30	184.68	237.38	304.48	389.76	497.91	634.82	807.79	1 025.9	1 300.5	1 645.5	2 078.2	2 620.0	3 297.2	4 142.1	5 194.6	6 503.5	8 128.5	10 143

期数＼利率	1%	2%	3%	4%	5%	6%	7%	8%	9%	10%	11%	12%	13%	14%	15%	16%	17%	18%
1	0.990 1	0.980 4	0.970 9	0.961 5	0.952 4	0.943 4	0.934 6	0.925 9	0.917 4	0.909 1	0.900 9	0.892 9	0.885 0	0.877 2	0.869 6	0.862 1	0.854 7	0.847 5
2	0.980 3	0.961 2	0.942 6	0.924 6	0.907 0	0.890 0	0.873 4	0.857 3	0.841 7	0.826 4	0.811 6	0.797 2	0.783 1	0.769 5	0.756 1	0.743 2	0.730 5	0.718 2
3	0.970 6	0.942 3	0.915 1	0.889 0	0.863 8	0.839 6	0.816 3	0.793 8	0.772 2	0.751 3	0.731 2	0.711 8	0.693 1	0.675 0	0.657 5	0.640 7	0.624 4	0.608 6
4	0.961 0	0.923 8	0.888 5	0.854 8	0.822 7	0.792 1	0.762 9	0.735 0	0.708 4	0.683 0	0.658 7	0.635 5	0.613 3	0.592 1	0.571 8	0.552 3	0.533 7	0.515 8
5	0.951 5	0.905 7	0.862 6	0.821 9	0.783 5	0.747 3	0.713 0	0.680 6	0.649 9	0.620 9	0.593 5	0.567 4	0.542 8	0.519 4	0.497 2	0.476 1	0.456 1	0.437 1
6	0.942 0	0.888 0	0.837 5	0.790 3	0.746 2	0.705 0	0.666 3	0.630 2	0.596 3	0.564 5	0.534 6	0.506 6	0.480 3	0.455 6	0.432 3	0.410 4	0.389 8	0.370 4
7	0.932 7	0.870 6	0.813 1	0.759 9	0.710 7	0.665 1	0.622 7	0.583 5	0.547 0	0.513 2	0.481 7	0.452 3	0.425 1	0.399 6	0.375 9	0.353 8	0.333 2	0.313 9
8	0.923 5	0.853 5	0.789 4	0.730 7	0.676 8	0.627 4	0.582 0	0.540 3	0.501 9	0.466 5	0.433 9	0.403 9	0.376 2	0.350 6	0.326 9	0.305 0	0.284 8	0.266 0
9	0.914 3	0.836 8	0.766 4	0.702 6	0.644 6	0.591 9	0.543 9	0.500 2	0.460 4	0.424 1	0.390 9	0.360 6	0.332 9	0.307 5	0.284 3	0.263 0	0.243 4	0.225 5
10	0.905 3	0.820 3	0.744 1	0.675 6	0.613 9	0.558 4	0.508 3	0.463 2	0.422 4	0.385 5	0.352 2	0.322 0	0.294 6	0.269 7	0.247 2	0.226 7	0.208 0	0.191 1
11	0.896 3	0.804 3	0.722 4	0.649 6	0.584 7	0.526 8	0.475 1	0.428 9	0.387 5	0.350 5	0.317 3	0.287 5	0.260 7	0.236 6	0.214 9	0.195 4	0.177 8	0.161 9
12	0.887 4	0.788 5	0.701 4	0.624 6	0.556 8	0.497 0	0.444 0	0.397 1	0.355 5	0.318 6	0.285 8	0.256 7	0.230 7	0.207 6	0.186 9	0.168 5	0.152 0	0.137 2
13	0.878 7	0.773 0	0.681 0	0.600 6	0.530 3	0.468 8	0.415 0	0.367 7	0.326 2	0.289 7	0.257 5	0.229 2	0.204 2	0.182 1	0.162 5	0.145 2	0.129 9	0.116 3
14	0.870 0	0.757 9	0.661 1	0.577 5	0.505 1	0.442 3	0.387 8	0.340 5	0.299 2	0.263 3	0.232 0	0.204 6	0.180 7	0.159 7	0.141 3	0.125 2	0.111 0	0.098 5
15	0.861 3	0.743 0	0.641 9	0.555 3	0.481 0	0.417 3	0.362 4	0.315 2	0.274 5	0.239 4	0.209 0	0.182 7	0.159 9	0.140 1	0.122 9	0.107 9	0.094 9	0.083 5
16	0.852 8	0.728 4	0.623 2	0.533 9	0.458 1	0.393 6	0.338 7	0.291 9	0.251 9	0.217 6	0.188 3	0.163 1	0.141 5	0.122 9	0.106 9	0.093 0	0.081 1	0.070 8
17	0.844 4	0.714 2	0.605 0	0.513 4	0.436 3	0.371 4	0.316 6	0.270 3	0.231 1	0.197 8	0.169 6	0.145 6	0.125 2	0.107 8	0.092 9	0.080 2	0.069 3	0.060 0
18	0.836 0	0.700 2	0.587 4	0.493 6	0.415 5	0.350 3	0.295 9	0.250 2	0.212 0	0.179 9	0.152 8	0.130 0	0.110 8	0.094 6	0.080 8	0.069 1	0.059 2	0.050 8
19	0.827 7	0.686 4	0.570 3	0.474 6	0.395 7	0.330 5	0.276 5	0.231 7	0.194 5	0.163 5	0.137 7	0.116 1	0.098 1	0.082 9	0.070 3	0.059 6	0.050 6	0.043 1
20	0.819 5	0.673 0	0.553 7	0.456 4	0.376 9	0.311 8	0.258 4	0.214 5	0.178 4	0.148 6	0.124 0	0.103 7	0.086 8	0.072 8	0.061 1	0.051 4	0.043 3	0.036 5
21	0.811 4	0.659 8	0.537 5	0.438 8	0.358 9	0.294 2	0.241 5	0.198 7	0.163 7	0.135 1	0.111 7	0.092 6	0.076 8	0.063 8	0.053 1	0.044 3	0.037 0	0.030 9
22	0.803 4	0.646 8	0.521 9	0.422 0	0.341 8	0.277 5	0.225 7	0.183 9	0.150 2	0.122 8	0.100 7	0.082 6	0.068 0	0.056 0	0.046 2	0.038 2	0.031 6	0.026 2
23	0.795 4	0.634 2	0.506 7	0.405 7	0.325 6	0.261 8	0.210 9	0.170 3	0.137 8	0.111 7	0.090 7	0.073 8	0.060 1	0.049 1	0.040 2	0.032 9	0.027 0	0.022 2
24	0.787 6	0.621 7	0.491 9	0.390 1	0.310 1	0.247 0	0.197 1	0.157 7	0.126 4	0.101 5	0.081 7	0.065 9	0.053 2	0.043 1	0.034 9	0.028 4	0.023 1	0.018 8
25	0.779 8	0.609 5	0.477 6	0.375 1	0.295 3	0.233 0	0.184 2	0.146 0	0.116 0	0.092 3	0.073 6	0.058 8	0.047 1	0.037 8	0.030 4	0.024 5	0.019 7	0.016 0
26	0.772 0	0.597 6	0.463 7	0.360 7	0.281 2	0.219 8	0.172 2	0.135 2	0.106 4	0.083 9	0.066 3	0.052 5	0.041 7	0.033 1	0.026 4	0.021 1	0.016 9	0.013 5
27	0.764 4	0.585 9	0.450 2	0.346 8	0.267 8	0.207 4	0.160 9	0.125 2	0.097 6	0.076 3	0.059 7	0.046 9	0.036 9	0.029 1	0.023 0	0.018 2	0.014 4	0.011 5
28	0.756 8	0.574 4	0.437 1	0.333 5	0.255 1	0.195 6	0.150 4	0.115 9	0.089 5	0.069 3	0.053 8	0.041 9	0.032 6	0.025 5	0.020 0	0.015 7	0.012 3	0.009 7
29	0.749 3	0.563 1	0.424 3	0.320 7	0.242 9	0.184 6	0.140 6	0.107 3	0.082 2	0.063 0	0.048 5	0.037 4	0.028 9	0.022 4	0.017 4	0.013 5	0.010 5	0.008 2
30	0.741 9	0.552 1	0.412 0	0.308 3	0.231 4	0.174 1	0.131 4	0.099 4	0.075 4	0.057 3	0.043 7	0.033 4	0.025 6	0.019 6	0.015 1	0.011 6	0.009 0	0.007 0

续表

利率 期数	19%	20%	21%	22%	23%	24%	25%	26%	27%	28%	29%	30%	31%	32%	33%	34%	35%	36%
1	0.840 3	0.833 3	0.826 4	0.819 7	0.813 0	0.806 5	0.800 0	0.793 7	0.787 4	0.781 3	0.775 2	0.769 2	0.763 4	0.757 6	0.751 9	0.746 3	0.740 7	0.735 3
2	0.706 2	0.694 4	0.683 0	0.671 9	0.661 0	0.650 4	0.640 0	0.629 9	0.620 0	0.610 4	0.600 9	0.591 7	0.582 7	0.573 9	0.565 3	0.556 9	0.548 7	0.540 7
3	0.593 4	0.578 7	0.564 5	0.550 7	0.537 4	0.524 5	0.512 0	0.499 9	0.488 2	0.476 8	0.465 8	0.455 2	0.444 8	0.434 8	0.425 1	0.415 6	0.406 4	0.397 5
4	0.498 7	0.482 3	0.466 5	0.451 4	0.436 9	0.423 0	0.409 6	0.396 8	0.384 4	0.372 5	0.361 1	0.350 1	0.339 6	0.329 4	0.319 6	0.310 2	0.301 1	0.292 3
5	0.419 0	0.401 9	0.385 5	0.370 0	0.355 2	0.341 1	0.327 7	0.314 9	0.302 7	0.291 0	0.279 9	0.269 3	0.259 2	0.249 5	0.240 3	0.231 5	0.223 0	0.214 9
6	0.352 1	0.334 9	0.318 6	0.303 3	0.288 8	0.275 1	0.262 1	0.249 9	0.238 3	0.227 4	0.217 0	0.207 2	0.197 9	0.189 0	0.180 7	0.172 7	0.165 2	0.158 0
7	0.295 9	0.279 1	0.263 3	0.248 6	0.234 8	0.221 8	0.209 7	0.198 3	0.187 7	0.177 6	0.168 2	0.159 4	0.151 0	0.143 2	0.135 8	0.128 9	0.122 4	0.116 2
8	0.248 7	0.232 6	0.217 6	0.203 8	0.190 9	0.178 9	0.167 8	0.157 4	0.147 8	0.138 8	0.130 4	0.122 6	0.115 3	0.108 5	0.102 1	0.096 2	0.090 6	0.085 4
9	0.209 0	0.193 8	0.179 9	0.167 0	0.155 2	0.144 3	0.134 2	0.124 9	0.116 4	0.108 4	0.101 1	0.094 3	0.088 0	0.082 2	0.076 8	0.071 8	0.067 1	0.062 8
10	0.175 6	0.161 5	0.148 6	0.136 9	0.126 2	0.116 4	0.107 4	0.099 2	0.091 6	0.084 7	0.078 4	0.072 5	0.067 2	0.062 3	0.057 7	0.053 6	0.049 7	0.046 2
11	0.147 6	0.134 6	0.122 8	0.112 2	0.102 6	0.093 8	0.085 9	0.078 7	0.072 1	0.066 2	0.060 7	0.055 8	0.051 3	0.047 2	0.043 4	0.040 0	0.036 8	0.034 0
12	0.124 0	0.112 2	0.101 5	0.092 0	0.083 4	0.075 7	0.068 7	0.062 5	0.056 8	0.051 7	0.047 1	0.042 9	0.039 2	0.035 7	0.032 6	0.029 8	0.027 3	0.025 0
13	0.104 2	0.093 5	0.083 9	0.075 4	0.067 8	0.061 0	0.055 0	0.049 6	0.044 7	0.040 4	0.036 5	0.033 0	0.029 9	0.027 1	0.024 5	0.022 3	0.020 2	0.018 4
14	0.087 6	0.077 9	0.069 3	0.061 8	0.055 1	0.049 2	0.044 0	0.039 3	0.035 2	0.031 6	0.028 3	0.025 4	0.022 8	0.020 5	0.018 5	0.016 6	0.015 0	0.013 5
15	0.073 6	0.064 9	0.057 3	0.050 7	0.044 8	0.039 7	0.035 2	0.031 2	0.027 7	0.024 7	0.021 9	0.019 5	0.017 4	0.015 5	0.013 9	0.012 4	0.011 1	0.009 9
16	0.061 8	0.054 1	0.047 4	0.041 5	0.036 4	0.032 0	0.028 1	0.024 8	0.021 8	0.019 3	0.017 0	0.015 0	0.013 3	0.011 8	0.010 4	0.009 3	0.008 2	0.007 3
17	0.052 0	0.045 1	0.039 1	0.034 0	0.029 6	0.025 8	0.022 5	0.019 7	0.017 2	0.015 0	0.013 2	0.011 6	0.010 1	0.008 9	0.007 8	0.006 9	0.006 1	0.005 4
18	0.043 7	0.037 6	0.032 3	0.027 9	0.024 1	0.020 8	0.018 0	0.015 6	0.013 5	0.011 8	0.010 2	0.008 9	0.007 7	0.006 8	0.005 9	0.005 2	0.004 5	0.003 9
19	0.036 7	0.031 3	0.026 7	0.022 9	0.019 6	0.016 8	0.014 4	0.012 4	0.010 7	0.009 2	0.007 9	0.006 8	0.005 9	0.005 1	0.004 4	0.003 8	0.003 3	0.002 9
20	0.030 8	0.026 1	0.022 1	0.018 7	0.015 9	0.013 5	0.011 5	0.009 8	0.008 4	0.007 2	0.006 1	0.005 3	0.004 5	0.003 9	0.003 3	0.002 9	0.002 5	0.002 1
21	0.025 9	0.021 7	0.018 3	0.015 4	0.012 9	0.010 9	0.009 2	0.007 8	0.006 6	0.005 6	0.004 8	0.004 0	0.003 4	0.002 9	0.002 5	0.002 1	0.001 8	0.001 6
22	0.021 8	0.018 1	0.015 1	0.012 6	0.010 5	0.008 8	0.007 4	0.006 2	0.005 2	0.004 4	0.003 7	0.003 1	0.002 6	0.002 2	0.001 9	0.001 6	0.001 4	0.001 2
23	0.018 3	0.015 1	0.012 5	0.010 3	0.008 6	0.007 1	0.005 9	0.004 9	0.004 1	0.003 4	0.002 9	0.002 4	0.002 0	0.001 7	0.001 4	0.001 2	0.001 0	0.000 8
24	0.015 4	0.012 6	0.010 3	0.008 5	0.007 0	0.005 7	0.004 7	0.003 9	0.003 2	0.002 7	0.002 2	0.001 8	0.001 5	0.001 3	0.001 1	0.000 9	0.000 7	0.000 6
25	0.012 9	0.010 5	0.008 5	0.006 9	0.005 7	0.004 6	0.003 8	0.003 1	0.002 5	0.002 1	0.001 7	0.001 4	0.001 2	0.001 0	0.000 8	0.000 7	0.000 6	0.000 5
26	0.010 9	0.008 7	0.007 0	0.005 7	0.004 6	0.003 7	0.003 0	0.002 5	0.002 0	0.001 6	0.001 3	0.001 0	0.000 9	0.000 7	0.000 6	0.000 5	0.000 4	0.000 3
27	0.009 1	0.007 3	0.005 8	0.004 7	0.003 7	0.003 0	0.002 4	0.001 9	0.001 6	0.001 3	0.001 0	0.000 8	0.000 7	0.000 6	0.000 5	0.000 4	0.000 3	0.000 2
28	0.007 7	0.006 1	0.004 8	0.003 8	0.003 0	0.002 4	0.001 9	0.001 5	0.001 2	0.001 0	0.000 8	0.000 6	0.000 5	0.000 4	0.000 3	0.000 3	0.000 2	0.000 2
29	0.006 4	0.005 1	0.004 0	0.003 1	0.002 5	0.002 0	0.001 5	0.001 2	0.001 0	0.000 8	0.000 6	0.000 5	0.000 4	0.000 3	0.000 3	0.000 2	0.000 2	0.000 1
30	0.005 4	0.004 2	0.003 3	0.002 6	0.002 0	0.001 6	0.001 2	0.001 0	0.000 8	0.000 6	0.000 5	0.000 4	0.000 3	0.000 2	0.000 2	0.000 2	0.000 1	0.000 1

附录三　年金终值系数表

利率＼期数	1%	2%	3%	4%	5%	6%	7%	8%	9%	10%	11%	12%	13%	14%	15%	16%	17%	18%
1	1.000 0	1.000 0	1.000 0	1.000 0	1.000 0	1.000 0	1.000 0	1.000 0	1.000 0	1.000 0	1.000 0	1.000 0	1.000 0	1.000 0	1.000 0	1.000 0	1.000 0	1.000 0
2	2.010 0	2.020 0	2.030 0	2.040 0	2.050 0	2.060 0	2.070 0	2.080 0	2.090 0	2.100 0	2.110 0	2.120 0	2.130 0	2.140 0	2.150 0	2.160 0	2.170 0	2.180 0
3	3.030 1	3.060 4	3.090 9	3.121 6	3.152 5	3.183 6	3.214 9	3.246 4	3.278 1	3.310 0	3.342 1	3.374 4	3.406 9	3.439 6	3.472 5	3.505 6	3.538 9	3.572 4
4	4.060 4	4.121 6	4.183 6	4.246 5	4.310 1	4.374 6	4.439 4	4.506 1	4.573 1	4.641 0	4.709 7	4.779 3	4.849 8	4.921 1	4.993 4	5.066 5	5.140 5	5.215 4
5	5.101 0	5.204 0	5.309 1	5.416 3	5.525 6	5.637 1	5.750 7	5.866 6	5.984 7	6.105 1	6.227 8	6.352 8	6.480 3	6.610 1	6.742 4	6.877 1	7.014 4	7.154 2
6	6.152 0	6.308 1	6.468 4	6.633 0	6.801 9	6.975 3	7.153 3	7.335 9	7.523 3	7.715 6	7.912 9	8.115 2	8.322 7	8.535 5	8.753 7	8.977 5	9.206 8	9.442 0
7	7.213 5	7.434 3	7.662 5	7.898 3	8.142 0	8.393 8	8.654 0	8.922 8	9.200 4	9.487 2	9.783 3	10.089	10.405	10.730	11.067	11.414	11.772	12.142
8	8.285 7	8.583 0	8.892 3	9.214 2	9.549 1	9.897 5	10.260	10.637	11.028	11.436	11.859	12.300	12.757	13.233	13.727	14.240	14.773	15.327
9	9.368 5	9.754 6	10.159	10.583	11.027	11.491	11.978	12.488	13.021	13.579	14.164	14.776	15.416	16.085	16.786	17.519	18.285	19.086
10	10.462	10.950	11.464	12.006	12.578	13.181	13.816	14.487	15.193	15.937	16.722	17.549	18.420	19.337	20.304	21.321	22.393	23.521
11	11.567	12.169	12.808	13.486	14.207	14.972	15.784	16.645	17.560	18.531	19.561	20.655	21.814	23.045	24.349	25.733	27.200	28.755
12	12.683	13.412	14.192	15.026	15.917	16.870	17.888	18.977	20.141	21.384	22.713	24.133	25.650	27.271	29.002	30.850	32.824	34.931
13	13.809	14.680	15.618	16.627	17.713	18.882	20.141	21.495	22.953	24.523	26.212	28.029	29.985	32.089	34.352	36.786	39.404	42.219
14	14.947	15.974	17.086	18.292	19.599	21.015	22.550	24.215	26.019	27.975	30.095	32.393	34.883	37.581	40.505	43.672	47.103	50.818
15	16.097	17.293	18.599	20.024	21.579	23.276	25.129	27.152	29.361	31.772	34.405	37.280	40.417	43.842	47.580	51.660	56.110	60.965
16	17.258	18.639	20.157	21.825	23.657	25.673	27.888	30.324	33.003	35.950	39.190	42.753	46.672	50.980	55.717	60.925	66.649	72.939
17	18.430	20.012	21.762	23.698	25.840	28.213	30.840	33.750	36.974	40.545	44.501	48.884	53.739	59.118	65.075	71.673	78.979	87.068
18	19.615	21.412	23.414	25.645	28.132	30.906	33.999	37.450	41.301	45.599	50.396	55.750	61.725	68.394	75.836	84.141	93.406	103.74
19	20.811	22.841	25.117	27.671	30.539	33.760	37.379	41.446	46.018	51.159	56.939	63.440	70.749	78.969	88.212	98.603	110.28	123.41
20	22.019	24.297	26.870	29.778	33.066	36.786	40.995	45.762	51.160	57.275	64.203	72.052	80.947	91.025	102.44	115.38	130.03	146.63
21	23.239	25.783	28.676	31.969	35.719	39.993	44.865	50.423	56.765	64.002	72.265	81.699	92.470	104.77	118.81	134.84	153.14	174.02
22	24.472	27.299	30.537	34.248	38.505	43.392	49.006	55.457	62.873	71.403	81.214	92.503	105.49	120.44	137.63	157.41	180.17	206.34
23	25.716	28.845	32.453	36.618	41.430	46.996	53.436	60.893	69.532	79.543	91.148	104.60	120.20	138.30	159.28	183.60	211.80	244.49
24	26.973	30.422	34.426	39.083	44.502	50.816	58.177	66.765	76.790	88.497	102.17	118.16	136.83	158.66	184.17	213.98	248.81	289.49
25	28.243	32.030	36.459	41.646	47.727	54.865	63.249	73.106	84.701	98.347	114.41	133.33	155.62	181.87	212.79	249.21	292.10	342.60
26	29.526	33.671	38.553	44.312	51.113	59.156	68.676	79.954	93.324	109.18	128.00	150.33	176.85	208.33	245.71	290.09	342.76	405.27
27	30.821	35.344	40.710	47.084	54.669	63.706	74.484	87.351	102.72	121.10	143.08	169.37	200.84	238.50	283.57	337.50	402.03	479.22
28	32.129	37.051	42.931	49.968	58.403	68.528	80.698	95.339	112.97	134.21	159.82	190.70	227.95	272.89	327.10	392.50	471.38	566.48
29	33.450	38.792	45.219	52.966	62.323	73.640	87.347	103.97	124.14	148.63	178.40	214.58	258.58	312.09	377.17	456.30	552.51	669.45
30	34.785	40.568	47.575	56.085	66.439	79.058	94.461	113.28	136.31	164.49	199.02	241.33	293.20	356.79	434.75	530.31	647.44	790.95

期数\利率	19%	20%	21%	22%	23%	24%	25%	26%	27%	28%	29%	30%	31%	32%	33%	34%	35%	36%
1	1.000 0	1.000 0	1.000 0	1.000 0	1.000 0	1.000 0	1.000 0	1.000 0	1.000 0	1.000 0	1.000 0	1.000 0	1.000 0	1.000 0	1.000 0	1.000 0	1.000 0	1.000 0
2	2.190 0	2.200 0	2.210 0	2.220 0	2.230 0	2.240 0	2.250 0	2.260 0	2.270 0	2.280 0	2.290 0	2.300 0	2.310 0	2.320 0	2.330 0	2.340 0	2.350 0	2.360 0
3	3.606	3.640 0	3.674 1	3.708 4	3.742 9	3.777 6	3.812 5	3.847 6	3.882 9	3.918 4	3.954 1	3.990 0	4.026 1	4.062 4	4.098 9	4.135 6	4.172 5	4.209 6
4	5.291 3	5.368 0	5.445 7	5.524 2	5.603 8	5.684 2	5.765 6	5.848 0	5.931 3	6.015 6	6.100 8	6.187 0	6.274 2	6.362 4	6.451 5	6.541 7	6.632 9	6.725 1
5	7.296 6	7.441 6	7.589 2	7.739 6	7.892 6	8.048 4	8.207 0	8.368 4	8.532 7	8.699 9	8.870 0	9.043 1	9.219 2	9.398 3	9.580 5	9.765 9	9.954 4	10.146
6	9.683 0	9.929 9	10.183	10.442	10.708	10.980	11.259	11.544	11.837	12.136	12.442	12.756	13.077	13.406	13.742	14.086	14.438	14.799
7	12.523	12.916	13.321	13.740	14.171	14.615	15.073	15.546	16.032	16.534	17.051	17.583	18.131	18.696	19.277	19.876	20.492	21.126
8	15.902	16.499	17.119	17.762	18.430	19.123	19.842	20.588	21.361	22.163	22.995	23.858	24.752	25.678	26.638	27.633	28.664	29.732
9	19.923	20.799	21.714	22.670	23.669	24.712	25.802	26.940	28.129	29.369	30.664	32.015	33.425	34.895	36.429	38.029	39.696	41.435
10	24.709	25.959	27.274	28.657	30.113	31.643	33.253	34.945	36.723	38.593	40.556	42.619	44.786	47.062	49.451	51.958	54.590	57.352
11	30.404	32.150	34.001	35.962	38.039	40.238	42.566	45.031	47.639	50.398	53.318	56.405	59.670	63.122	66.769	70.624	74.697	78.998
12	37.180	39.581	42.142	44.874	47.788	50.895	54.208	57.739	61.501	65.510	69.780	74.327	79.168	84.320	89.803	95.637	101.84	108.44
13	45.244	48.497	51.991	55.746	59.779	64.110	68.760	73.751	79.107	84.853	91.016	97.625	104.71	112.30	120.44	129.15	138.48	148.47
14	54.841	59.196	63.909	69.010	74.528	80.496	86.949	93.926	101.47	109.61	118.41	127.91	138.17	149.24	161.18	174.06	187.95	202.93
15	66.261	72.035	78.330	85.192	92.669	100.82	109.69	119.35	129.86	141.30	153.75	167.29	182.00	198.00	215.37	234.25	254.74	276.98
16	79.850	87.442	95.780	104.93	114.98	126.01	138.11	151.38	165.92	181.87	199.34	218.47	239.42	262.36	287.45	314.89	344.90	377.69
17	96.022	105.93	116.89	129.02	142.43	157.25	173.64	191.73	211.72	233.79	258.15	285.01	314.64	347.31	383.30	422.95	466.61	514.66
18	115.27	128.12	142.44	158.40	176.19	195.99	218.04	242.59	269.89	300.25	334.01	371.52	413.18	459.45	510.80	567.76	630.92	700.94
19	138.17	154.74	173.35	194.25	217.71	244.03	273.56	306.66	343.76	385.32	431.87	483.97	542.27	607.47	680.36	761.80	852.75	954.28
20	165.42	186.69	210.76	237.99	268.79	303.60	342.94	387.39	437.57	494.21	558.11	630.17	711.38	802.86	905.88	1 021.8	1 152.2	1 298.8
21	197.85	225.03	256.02	291.35	331.61	377.46	429.68	489.11	556.72	633.59	720.96	820.22	932.90	1 060.8	1 205.8	1 370.2	1 556.5	1 767.4
22	236.44	271.03	310.78	356.44	408.88	469.06	538.10	617.28	708.03	812.00	931.04	1 067.3	1 223.1	1 401.2	1 604.7	1 837.1	2 102.3	2 404.7
23	282.36	326.24	377.05	435.86	503.92	582.63	673.63	778.77	900.20	1 040.4	1 202.0	1 388.5	1 603.3	1 850.6	2 135.3	2 462.7	2 839.0	3 271.3
24	337.01	392.48	457.22	532.75	620.82	723.46	843.03	982.25	1 144.3	1 332.7	1 551.6	1 806.0	2 101.3	2 443.8	2 840.9	3 301.0	3 833.7	4 450.0
25	402.04	471.98	554.24	650.96	764.61	898.09	1 054.8	1 238.6	1 454.2	1 706.8	2 002.6	2 348.8	2 753.7	3 226.8	3 779.5	4 424.4	5 176.5	6 053.0
26	479.43	567.38	671.63	795.17	941.46	1 114.6	1 319.5	1 561.7	1 847.8	2 185.7	2 584.4	3 054.4	3 608.3	4 260.4	5 027.7	5 929.7	6 989.3	8 233.1
27	571.52	681.85	813.68	971.10	1 159.0	1 383.1	1 650.4	1 968.7	2 347.8	2 798.7	3 334.8	3 971.8	4 727.9	5 624.8	6 687.8	7 946.8	9 436.5	1 1198
28	681.11	819.22	985.55	1 185.7	1 426.6	1 716.1	2 064.0	2 481.6	2 982.6	3 583.3	4 302.9	5 164.3	6 194.5	7 425.7	8 895.8	1 0650	1 2740	1 5230
29	811.52	984.07	1 193.5	1 447.6	1 755.7	2 129.0	2 580.9	3 127.8	3 789.0	4 587.7	5 551.8	6 714.6	8 115.8	9 802.9	11 832	14 272	17 200	20 714
30	966.71	1 181.9	1 445.2	1 767.1	2 160.5	2 640.9	3 227.2	3 942.0	4 813.0	5 873.2	7 162.8	8 730.0	10 633	12 941	15 738	19 125	23 222	28 172

附录四 年金现值系数表

期数＼利率	1%	2%	3%	4%	5%	6%	7%	8%	9%	10%	11%	12%	13%	14%	15%	16%	17%	18%
1	0.9901	0.9804	0.9709	0.9615	0.9524	0.9434	0.9346	0.9259	0.9174	0.9091	0.9009	0.8929	0.8850	0.8772	0.8696	0.8621	0.8547	0.8475
2	1.9704	1.9416	1.9135	1.8861	1.8594	1.8334	1.8080	1.7833	1.7591	1.7355	1.7125	1.6901	1.6681	1.6467	1.6257	1.6052	1.5852	1.5656
3	2.9410	2.8839	2.8286	2.7751	2.7232	2.6730	2.6243	2.5771	2.5313	2.4869	2.4437	2.4018	2.3612	2.3216	2.2832	2.2459	2.2096	2.1743
4	3.9020	3.8077	3.7171	3.6299	3.5460	3.4651	3.3872	3.3121	3.2397	3.1699	3.1024	3.0373	2.9745	2.9137	2.8550	2.7982	2.7432	2.6901
5	4.8534	4.7135	4.5797	4.4518	4.3295	4.2124	4.1002	3.9927	3.8897	3.7908	3.6959	3.6048	3.5172	3.4331	3.3522	3.2743	3.1993	3.1272
6	5.7955	5.6014	5.4172	5.2421	5.0757	4.9173	4.7665	4.6229	4.4859	4.3553	4.2305	4.1114	3.9975	3.8887	3.7845	3.6847	3.5892	3.4976
7	6.7282	6.4720	6.2303	6.0021	5.7864	5.5824	5.3893	5.2064	5.0330	4.8684	4.7122	4.5638	4.4226	4.2883	4.1604	4.0386	3.9224	3.8115
8	7.6517	7.3255	7.0197	6.7327	6.4632	6.2098	5.9713	5.7466	5.5348	5.3349	5.1461	4.9676	4.7988	4.6389	4.4873	4.3436	4.2072	4.0776
9	8.5660	8.1622	7.7861	7.4353	7.1078	6.8017	6.5152	6.2469	5.9952	5.7590	5.5370	5.3282	5.1317	4.9464	4.7716	4.6065	4.4506	4.3030
10	9.4713	8.9826	8.5302	8.1109	7.7217	7.3601	7.0236	6.7101	6.4177	6.1446	5.8892	5.6502	5.4262	5.2161	5.0188	4.8332	4.6586	4.4941
11	10.368	9.7868	9.2526	8.7605	8.3064	7.8869	7.4987	7.1390	6.8052	6.4951	6.2065	5.9377	5.6869	5.4527	5.2337	5.0286	4.8364	4.6560
12	11.255	10.575	9.9540	9.3851	8.8633	8.3838	7.9427	7.5361	7.1607	6.8137	6.4924	6.1944	5.9176	5.6603	5.4206	5.1971	4.9884	4.7932
13	12.134	11.348	10.635	9.9856	9.3936	8.8527	8.3577	7.9038	7.4869	7.1034	6.7499	6.4235	6.1218	5.8424	5.5831	5.3423	5.1183	4.9095
14	13.004	12.106	11.296	10.563	9.8986	9.2950	8.7455	8.2442	7.7862	7.3667	6.9819	6.6282	6.3025	6.0021	5.7245	5.4675	5.2293	5.0081
15	13.865	12.849	11.938	11.118	10.380	9.7122	9.1079	8.5595	8.0607	7.6061	7.1909	6.8109	6.4624	6.1422	5.8474	5.5755	5.3242	5.0916
16	14.718	13.578	12.561	11.652	10.838	10.106	9.4466	8.8514	8.3126	7.8237	7.3792	6.9740	6.6039	6.2651	5.9542	5.6685	5.4053	5.1624
17	15.562	14.292	13.166	12.166	11.274	10.477	9.7632	9.1216	8.5436	8.0216	7.5488	7.1196	6.7291	6.3729	6.0472	5.7487	5.4746	5.2223
18	16.398	14.992	13.754	12.659	11.690	10.828	10.059	9.3719	8.7556	8.2014	7.7016	7.2497	6.8399	6.4674	6.1280	5.8178	5.5339	5.2732
19	17.226	15.678	14.324	13.134	12.085	11.158	10.336	9.6036	8.9501	8.3649	7.8393	7.3658	6.9380	6.5504	6.1982	5.8775	5.5845	5.3162
20	18.046	16.351	14.877	13.590	12.462	11.470	10.594	9.8181	9.1285	8.5136	7.9633	7.4694	7.0248	6.6231	6.2593	5.9288	5.6278	5.3527
21	18.857	17.011	15.415	14.029	12.821	11.764	10.836	10.017	9.2922	8.6487	8.0751	7.5620	7.1016	6.6870	6.3125	5.9731	5.6648	5.3837
22	19.660	17.658	15.937	14.451	13.163	12.042	11.061	10.201	9.4424	8.7715	8.1757	7.6446	7.1695	6.7429	6.3587	6.0113	5.6964	5.4099
23	20.456	18.292	16.444	14.857	13.489	12.303	11.272	10.371	9.5802	8.8832	8.2664	7.7184	7.2297	6.7921	6.3988	6.0442	5.7234	5.4321
24	21.243	18.914	16.936	15.247	13.799	12.550	11.469	10.529	9.7066	8.9847	8.3481	7.7843	7.2829	6.8351	6.4338	6.0726	5.7465	5.4509
25	22.023	19.523	17.413	15.622	14.094	12.783	11.654	10.675	9.8226	9.0770	8.4217	7.8431	7.3300	6.8729	6.4641	6.0971	5.7662	5.4669
26	22.795	20.121	17.877	15.983	14.375	13.003	11.826	10.810	9.9290	9.1609	8.4881	7.8957	7.3717	6.9061	6.4906	6.1182	5.7831	5.4804
27	23.560	20.707	18.327	16.330	14.643	13.211	11.987	10.935	10.027	9.2372	8.5478	7.9426	7.4086	6.9352	6.5135	6.1364	5.7975	5.4919
28	24.316	21.281	18.764	16.663	14.898	13.406	12.137	11.051	10.116	9.3066	8.6016	7.9844	7.4412	6.9607	6.5335	6.1520	5.8099	5.5016
29	25.066	21.844	19.188	16.984	15.141	13.591	12.278	11.158	10.198	9.3696	8.6501	8.0218	7.4701	6.9830	6.5509	6.1656	5.8204	5.5098
30	25.808	22.396	19.600	17.292	15.372	13.765	12.409	11.258	10.274	9.4269	8.6938	8.0552	7.4957	7.0027	6.5660	6.1772	5.8294	5.5168

续表

期数＼利率	19%	20%	21%	22%	23%	24%	25%	26%	27%	28%	29%	30%	31%	32%	33%	34%	35%	36%
1	0.840 3	0.833 3	0.826 4	0.819 7	0.813 0	0.806 5	0.800 0	0.793 7	0.787 4	0.781 3	0.775 2	0.769 2	0.763 4	0.757 6	0.751 9	0.746 3	0.740 7	0.735 3
2	1.546 5	1.527 8	1.509 5	1.491 5	1.474 0	1.456 8	1.440 0	1.423 5	1.407 4	1.391 6	1.376 1	1.360 9	1.346 1	1.331 5	1.317 2	1.303 2	1.289 4	1.276 0
3	2.139 9	2.106 5	2.073 9	2.042 2	2.011 4	1.981 3	1.952 0	1.923 4	1.895 6	1.868 4	1.842 0	1.816 1	1.790 9	1.766 3	1.742 3	1.718 8	1.695 9	1.673 5
4	2.638 6	2.588 7	2.540 4	2.493 6	2.448 3	2.404 3	2.361 6	2.320 2	2.280 0	2.241 0	2.203 1	2.166 2	2.130 5	2.095 7	2.061 8	2.029 0	1.996 9	1.965 8
5	3.057 6	2.990 6	2.926 0	2.863 6	2.803 5	2.745 4	2.689 3	2.635 1	2.582 7	2.532 0	2.483 0	2.435 6	2.389 7	2.345 2	2.302 1	2.260 4	2.220 0	2.180 7
6	3.409 8	3.325 5	3.244 6	3.166 9	3.092 3	3.020 5	2.951 4	2.885 0	2.821 0	2.759 4	2.700 0	2.642 7	2.587 5	2.534 2	2.482 8	2.433 1	2.385 2	2.338 8
7	3.705 7	3.604 6	3.507 9	3.415 5	3.327 0	3.242 3	3.161 1	3.083 3	3.008 7	2.937 0	2.868 2	2.802 1	2.738 6	2.677 5	2.618 7	2.562 0	2.507 5	2.455 0
8	3.954 4	3.837 2	3.725 6	3.619 3	3.517 9	3.421 2	3.328 9	3.240 7	3.156 4	3.075 8	2.998 6	2.924 7	2.853 9	2.786 0	2.720 8	2.658 2	2.598 2	2.540 4
9	4.163 3	4.031 0	3.905 4	3.786 3	3.673 1	3.565 5	3.463 1	3.365 5	3.272 8	3.184 2	3.099 7	3.019 0	2.941 9	2.868 1	2.797 6	2.730 0	2.665 3	2.603 3
10	4.338 9	4.192 5	4.054 1	3.923 2	3.799 3	3.681 9	3.570 5	3.464 8	3.364 4	3.268 9	3.178 1	3.091 5	3.009 1	2.930 4	2.855 3	2.783 6	2.715 0	2.649 5
11	4.486 5	4.327 1	4.176 9	4.035 4	3.901 8	3.775 7	3.656 4	3.543 5	3.436 5	3.335 1	3.238 8	3.147 3	3.060 4	2.977 6	2.898 7	2.823 6	2.751 9	2.683 4
12	4.610 5	4.439 2	4.278 4	4.127 4	3.985 2	3.851 4	3.725 1	3.605 9	3.493 3	3.386 8	3.285 9	3.190 3	3.099 5	3.013 3	2.931 4	2.853 4	2.779 2	2.708 4
13	4.714 7	4.532 7	4.362 4	4.202 8	4.053 0	3.912 4	3.780 1	3.655 5	3.538 1	3.427 2	3.322 4	3.223 3	3.129 4	3.040 4	2.955 9	2.875 7	2.799 4	2.726 8
14	4.802 3	4.610 6	4.431 7	4.264 6	4.108 2	3.961 6	3.824 1	3.694 9	3.573 3	3.458 7	3.350 7	3.248 7	3.152 2	3.060 9	2.974 4	2.892 3	2.814 4	2.740 3
15	4.875 9	4.675 5	4.489 0	4.315 2	4.153 0	4.001 3	3.859 3	3.726 1	3.601 0	3.483 4	3.372 6	3.268 2	3.169 6	3.076 4	2.988 3	2.904 7	2.825 5	2.750 2
16	4.937 7	4.729 6	4.536 4	4.356 4	4.189 4	4.033 3	3.887 4	3.750 9	3.622 8	3.502 6	3.389 6	3.283 2	3.182 9	3.088 2	2.998 7	2.914 0	2.833 7	2.757 5
17	4.989 7	4.774 6	4.575 5	4.390 8	4.219 0	4.059 1	3.909 9	3.770 5	3.640 0	3.517 7	3.402 8	3.294 8	3.193 1	3.097 1	3.006 5	2.920 9	2.839 8	2.762 9
18	5.033 3	4.812 2	4.607 9	4.418 7	4.243 1	4.079 9	3.927 9	3.786 1	3.653 6	3.529 4	3.413 0	3.303 7	3.200 8	3.103 9	3.012 4	2.926 0	2.844 3	2.766 8
19	5.070 0	4.843 5	4.634 6	4.441 5	4.262 7	4.096 7	3.942 4	3.798 5	3.664 2	3.538 6	3.421 0	3.310 5	3.206 7	3.109 0	3.016 9	2.929 9	2.847 6	2.769 7
20	5.100 0	4.869 6	4.656 7	4.460 3	4.278 6	4.110 3	3.953 9	3.808 3	3.672 6	3.545 8	3.427 1	3.315 8	3.211 2	3.112 9	3.020 2	2.932 7	2.850 1	2.771 8
21	5.126 8	4.891 3	4.675 0	4.475 6	4.291 6	4.121 2	3.963 1	3.816 1	3.679 2	3.551 4	3.431 9	3.319 8	3.214 7	3.115 8	3.022 7	2.934 9	2.851 9	2.773 4
22	5.148 6	4.909 4	4.690 0	4.488 2	4.302 1	4.130 0	3.970 5	3.822 3	3.684 4	3.555 8	3.435 6	3.323 0	3.217 3	3.118 0	3.024 6	2.936 5	2.853 3	2.774 6
23	5.166 8	4.924 5	4.702 5	4.498 5	4.310 6	4.137 1	3.976 4	3.827 3	3.688 5	3.559 2	3.438 4	3.325 4	3.219 3	3.119 7	3.026 0	2.937 7	2.854 3	2.775 4
24	5.182 2	4.937 1	4.712 8	4.507 0	4.317 6	4.142 8	3.981 1	3.831 2	3.691 8	3.561 9	3.440 6	3.327 2	3.220 9	3.121 0	3.027 1	2.938 6	2.855 0	2.776 0
25	5.195 1	4.947 6	4.721 3	4.513 9	4.323 2	4.147 6	3.984 9	3.834 2	3.694 3	3.564 0	3.442 3	3.328 6	3.222 0	3.122 0	3.027 8	2.939 2	2.855 6	2.776 5
26	5.206 0	4.956 3	4.728 4	4.519 6	4.327 8	4.151 1	3.987 9	3.836 7	3.696 3	3.565 6	3.443 7	3.329 7	3.222 9	3.122 7	3.028 4	2.939 7	2.856 0	2.776 8
27	5.215 1	4.963 6	4.734 2	4.524 3	4.331 6	4.154 2	3.990 3	3.838 7	3.697 9	3.566 9	3.444 7	3.330 5	3.223 6	3.123 3	3.028 9	2.940 1	2.856 3	2.777 1
28	5.222 8	4.969 7	4.739 0	4.528 1	4.334 6	4.156 6	3.992 3	3.840 2	3.699 1	3.567 9	3.445 5	3.331 2	3.224 1	3.123 7	3.029 2	2.940 4	2.856 5	2.777 3
29	5.229 2	4.974 7	4.743 0	4.531 2	4.337 1	4.158 5	3.993 8	3.841 4	3.700 1	3.568 7	3.446 1	3.331 7	3.224 5	3.124 0	3.029 5	2.940 6	2.856 6	2.777 4
30	5.234 7	4.978 9	4.746 3	4.533 8	4.339 1	4.160 1	3.995 0	3.842 4	3.700 9	3.569 3	3.446 6	3.332 1	3.224 8	3.124 2	3.029 7	2.940 7	2.856 8	2.777 5